破壊の社会学

社会の再生のために

［編著］荻野昌弘
足立重和
山　泰幸

関西学院大学出版会

はじめに――なぜ破壊なのか

これまでの社会学には、〝破壊〟をタイトルにする書はなかったと言っても過言ではない。なぜなかったのかと言えば、単純にその言葉にはやや否定的な意味があるからだろう。あるいは、社会学の出自をたどれば、〝自明なものを疑う〟という反面、社会改良のための規範科学としての一面も持ち合わせているため、多くの社会学者は、〝創造〟を取り上げることはあっても、〝破壊〟を扱うことにはためらいを覚えたのだろう。しかし、編者のひとりである荻野が取り扱った資本主義、文化遺産、戦争、いじめ、震災、死、詐欺、開発などのテーマを眺めると、それらに共通するのは、何がしかの破壊的行為がともなっているということである。ここで言う破壊とは、個人の人格・尊厳・財産から社会や国家さらにはグローバルな状況にまでおよび、破壊を引き起こすアクターは必ずしも人間だけに限らず自然や天変地異も含まれ、そのような破壊をアクターたちは意図的・非意図的に引き起こす。そう考えるならば、荻野の著作は、ありとあらゆる破壊現象を引き受けてきたと言えよう。

このような破壊を社会学のテーマにする場合、どうしても陰鬱なものに見えてしまうのがふつうだ。だが、荻野の場合、そういった陰鬱さはない。むしろどことなくあっけらかんとしていて、事の重大さを十分に認識しているのかと問いたくなるほど、荻野は、個人や社会などが徹底的に破壊される行為そのものと、その破壊に秘めたエネルギーをつぶさに観察してきた。どうしてこのような筆の運びになるのかといえば、荻野は、徹底的に破壊されつくしたあとに、新たな秩序や社会が生成するのを見届けようとするからである。たとえば、市民革命という破壊的行為は、新たに近代社会を生んだ。大震災が起こった直後に〝この世の終わり〟と思われた地域は徐々に復興を果たす。つまり、破壊は新たな秩序や社会の萌芽や発露であること、徹底的に破壊しつくされたという絶望のなかに必ず微かな希望があることを荻野は見逃さないからこそ、荻野の理論的・実証的研究には破壊特有の陰鬱さが漂わないのだ。

以上のような社会像の転換を意図した本書は、これまでの社会学が積極的に論じてこなかった〝破壊の社会学〟という新たな領域を浮き上がらせようとする試みである。そこで、本書は、まず序章において、破壊という視点からどのような社会問題が見えてくるかについて、社会階層差、犯罪、公害、戦争などによる個別的な生の破壊の諸相を描きながら、それが同時に復興・再生への道筋を生んでいることを示した後、四部構成で、破壊の社会学の可能性について探っていく。

第Ⅰ部は、「死から捉える社会」と題している。死は単なる身体の破壊を示す現象ではない。それは同時に社会を再生し、かつ持続させていく。しかし、西欧においては、社会を背後で支えている死者の存在は、しだいに社会を認識するうえで埒外に置かれ、社会を構成するのは、生者のみとなる。社会学において、死そのものがまったく考慮されていなかったわけではなく、社会学の古典において、エミール・デュルケームは自殺を研究し、マックス・ウェーバーは、資本主義の精神を形づくるプロテスタンティズムの倫理が生まれる契機として、死後の「救い」の希求を想定している。ただし、これはあくまで死が研究対象となっている場合であり、死そのものが社会においていかに表象され、また、いかに死者の存在が社会秩序を維持するうえで意味を持っているかについては、本格的に理論化されてはいない。その理論化を進めていくうえで、人間存在以外の事物を対象にしていくことが、第Ⅰ部の隠された論点である。

たとえば、遺品や墓は社会秩序の持続を保証する事物であるはずだが、家族においても、地域においても、それがかつてのような象徴的な意味を持たなくなり、その一方で、「文化遺産」という概念で、学術的な意義が保証されているように見える事物だけが保存されている。文化遺産について問うことは、単に社会学における新たな一領域を切り開くというにとどまらず、社会に関する新たな理論構築にもつながる。そこでは、記憶や時間を社会学においていかに捉えるかが、重要な課題となっていくはずである。

第Ⅱ部「破壊と社会秩序」は、災害という社会を破壊してしまうようなできごとを中心に、災禍がもたらす人びとの移動、そしてそれが新たな文化の創造にもつながっていることを明らかにする。

少なくとも日本社会は、一九四五年の敗戦を機に、直接、戦争に関与したことは、いまのところない。一方で、大量の犠牲者を生むできごととして、地震や津波のような災害が起こることは、食い止めようがない。とりわけ、一九九五年に起こった阪神・淡路大震災は、都市直下型地震として、大量の死者を生み、戦後社会の開発主義に対する反省が生まれた。その後も、二〇一一年の東日本大震災の地震・津波、そして福島第一原発事故は、災害が単なる自然現象の結果ではなく、人為的被害をともなう社会的事件であることを明らかにした。

災害から生き延びた被災者は、できるだけ安全な場所に避難することを余儀なくされる。つまり、破壊的なできごとは、人びとの移動を生み、難民というカテゴリーが世界規模で増加していく。難民は受け入れ先の社会への適応が難しいが、一方で、新たな文化創出の担い手になる可能性を秘めている。しかし、社会学は、社会の成員は定住しており、帰属できる地域を失った流動民の存在については、理論的にまったく顧慮していない。あたかも誰もが「終の住処」を持っているような前提に立っているのである。しかし、イスラエルに攻撃されて行き場を失っているガザの人びとのように、今日の社会学の根本問題のひとつは、行き場がない人びとをいかに理論的に位置づけるかにある。

第Ⅲ部の「社会の余白と暴力」は、規制の社会秩序から外れた「社会の余白」で生じるさまざまな暴力の諸相を描き、現代社会において暴力がいかに噴出しているのかを示す。

社会は、さまざまな規則によって成り立っていると同時に、規則が意味を成さない社会の余白が存在する。この余白では、創発的な試みが生まれ、場合によっては、そこから新たな規則が作られる。一方で、社会の余白であるがゆえに、物理的暴力から言語による暴力にいたるまで、何らかの破壊行為が噴出する場を構成することもある。その破壊行為は、端的に戦争のような物理的暴力の衝突であることもあれば、「性」をめぐる暴力であることもある。また、戦場という余白で、性暴力が噴出することもあるだろう。そして、家族といういまや閉鎖性が増している場においても暴力が生まれることもある。さらには、近年のインターネット空間における「炎上」は、新たなタイプの言語の暴力を生み出している。社会の余白を問うことは、破壊の社会において、重要な意味を持っている。

理論的には、社会の余白は、南方熊楠が指摘した翠点と性格が似ている。それは、異なるふたつの要素が交錯する点であり、そのため、それが衝突を起こすこともあれば、新たな何かを生む契機ともなる。

第Ⅳ部「社会の再生のために」は、社会の余白で起こる大なり小なりの破壊のあとに仄かに生成する新たな秩序や公共性について論じたものとなっている。第Ⅲ部で見たように、社会の余白では破壊行為が生じるが、同時にそれが、新たな創造の契機となる。それは大別して、ふたつのパターンが存在する。ひとつは、すでに一定の規律に基づく関係性が存在している場が、戦争や災害、感染症の拡大のような破壊的なできごとによって危機に陥るなかで、新たなタイプの関係性、コミュニティが、さまざまな潜在的資源の発掘・利用や、新たな戦略の創出によって築かれるケースである。第Ⅰ部で扱われた文化遺産の利用もそうした戦略のひとつとなる。

もうひとつは、より開かれ、匿名性が担保されている場において余白が生まれ、新たな関係性や文化的創造が生まれるパターンである。とりわけ、都市は余白が生じる機会が偏在している。残念ながら、地域や都市を扱ってきた社会学に、破壊が持つ積極的な意味を見出す視点は存在していない。しかし、これからは、社会の破壊が同時にその再生を生み出すという視点が導入されていくべきであろう。

なお、第Ⅰ部から第Ⅳ部までの本書の構成を基礎づける理論を提示してきた編者のひとり荻野の社会学について、中国人研究者がいかに捉えているかについて論じた第25章と、荻野社会学の背後に控える人間観や社会観を、著者みずからが率直に語った第26章を、本書の最後に添えている。これらの章は、本書の試み全体を理解する助けになるだろう。

かつての時代に比べ、縮みゆく現代日本社会において、文化や経済だけでなく、学術、特に社会学も縮小再生産の傾向にあるなかで、本書の試みは、そういった社会学ひいては社会一般に一石を投じるものとなるだろう。

足立重和
荻野昌弘

破壊の社会学　目次

第Ⅰ部　死から捉える社会

第Ⅱ部　破壊と社会秩序

第Ⅲ部　社会の余白と暴力

第Ⅳ部　社会の再生のために

序　章　破壊から捉える社会

荻野昌弘

一　K子の死

ある友人の話から始めよう。友人の名は、K子という。K子は、私がかつて住んでいたマンションの近くで、ひとりでスナックを営んでいた。駅から遠く、繁華街とは言えない場所にあったせいか、スナックの客足が途絶えてしまうときがある。そのようなとき、K子は電話をしてきた。私のほかには客がいない店で、K子の話を聞くことになった。

あるとき、K子は、どうしたら客を増やせるかと私に相談してきた。このとき、K子は、すでに二〇年以上の接客業の経験があったはずである。私がアドバイスできる立場にはないと思ったが、それでも私は、教師にとって学生は「お客さん」だと考え、いかに客に接するべきかを話した。

もちろん、私のいい加減なアドバイスが即効薬となって、客が増えるということがあるはずがない。相変わらず、誰も客がいない日々が続き、私は、ただひとりの客としてK子のスナックに通った。そのうちに、K子は身の上話を始めた。「先生（と私は呼ばれていた）は、同和って、知っとるか」。K子は、「私は同和なんや」と言った。

小学校のときには、不良グループのリーダーと見なされていたという。たまに店に顔を見せるK子の同級生だったという男性は、「ママ（K子のこと）は昔は怖くて、話かけることなどとてもできなかった」と語る。そのうちに、K子は、警察が窃盗の疑いで自分を捜しているということを知った。家に戻り、父親にその話をすると、父親は一万円を自分に握らせて、「すぐ逃げろ」と言った。そこですぐに家を出て、大阪の繁華街に逃げ込み、水商売の道に入った。一二歳のときである。

その後、K子は作詞家を夢見て上京し、働きながら、売れない詞を書き続けた。ある日、ある高名な作詞家Yに紹介するという話をもちかけられた。そうすれば、作詞家として、デビューできると言われ、手数料として二五〇万円渡した。しかし、K子は作詞家としてデビューすることがかなわなかったばかりか、手数料をだましとられたことがわかった。K子が大量の睡眠薬を飲み、自殺を図ったのはその直後だった。結局、死ぬことはできず、K子は、大阪に戻ることにした。

大阪に戻って、K子はスナックを始めた。K子は、「私は、大嫌いなのに、やくざにばかり好かれるねん」と言っていた。結局、やくざと付き合うはめになったこともあった。その後、結婚、離婚を経験し、別の店を始めた。それが、私の知るスナックである。私が、スナックに通い始めたとき、K子は公務員の男性と二度目の結婚をしていた。K子が、この夫や前夫について話したことはほとんどない。このとき小学生の娘がひとりいたが、娘はふたりの夫とのあいだにできた子どもではなかった。

K子の店は、その後、しだいに持ち直していった。飲食業関係者、日雇い労働者、定職を持たない者など、さまざまなひとたちが、飲みにやってきた。そのなかに、ひとり暴力団関係者Tがいた。原則として「暴力団関係者はお断り」だが、TだけはK子の幼なじみということで、たまにひとりだけで飲みにきていた。あるとき、Tはどうしているかと K子に聞くと、「Tは自殺した」という答えだった。店では、ときどきこのような「客の突然の死」

を聞くことがあった。

そうこうするうちに、阪神・淡路大震災が起こった。K子の店が入っていた建物は全壊となり、K子とは一時連絡が途絶えていたが、半年ほどしてK子の方から連絡があった。K子は隣町で居酒屋を開いていた。被災したスナックとは違い、駅から近いので、客が入っていたようである。「サラリーマン客が多い」とK子は言っていた。私が初めて訪ねたときには、同和教育の問題について、口角泡を飛ばして話している男がいた。K子は、男が帰ってから、「あの男は好かん。女の問題で、職場を首になったんやけど」とこぼした。

K子はこのとき、すでに二回目の離婚をして、別の男性と付き合っていた。幼なじみで、元やくざである。定職はなかった。私が、この男性とはじめて会ったのは、まだ震災前のことだった。そのとき、自分は習字を習っていると少し自慢げに話していた。そして、小学校の教師は箸の持ち方さえ教えられないと、箸の持ち方について長々と講釈していた。このK子の新しい「だんな」は、「やくざぐらい弱い人間はいない。気が小さいからいばりたがるんだ」とも言った。K子が居酒屋を始めてから、ほかの飲み屋で酔いつぶれ、K子が迎えに行くことがよくあったようである。その後、「だんな」は、銃刀法違反で逮捕され、実刑判決を受けた。覚せい剤にも手を出していた。K子のひとり娘は、高校に入学したが、すぐにやめてしまい、だんなの影響で覚せい剤に手を出すようになったという。K子自身は、淡々と居酒屋を続けていた。

私は、K子の居酒屋から足が遠のいていたが、ある日、自転車に乗ったK子に偶然出会った。話があるので喫茶店で待っていてくれないか、用事を済ませて一時間後に来るからと言う。私が指定された喫茶店で待っていると、K子が現れた。一見、元気そうに見えたが、居酒屋は繁盛していたこと、しかし、半年ほど前に倒れてしまい、検査を受けるとガンだったこと、一時入院していたが、いまは退院し、医者からは、自由にしてよいと言われていることなどを、少し興奮した調子で話した。そして、放射線治療したと言って、かぶっていた帽子をとった。放射線治療のせいで、K子は頭髪をなくしていた。

K子は、それから仕事の話を始めた。それは、いわゆる「マルチ商法」だった。シャンプー、石けんなどをすでに売り歩いているようである。マルチ商法の販売員の勧誘で用いられるような、いかに合理的な組織で、販売員の営業努力によっていかに利益が得られるのかについて、K子は、熱弁をふるった。ただ、すぐに大きな利益が上がるわけではないので、ビル清掃作業の受託会社を作ろうかとも考えているがどうだろうかと訊いた。清掃業は、人を雇わなければならないので大変ではないかと私は答えた。K子は、それではやはり飲み屋をやるしかないかとこぼした。そして、宝石類を担保に渡すから、お金を貸してくれないかと言った。私は、承諾した。K子は、「いつまで生きられるのかわからないが、いま、死ぬわけにはいかない。娘と「だんな」を養わなければならない」と最後に付け加えた。

それから、しばらくして、K子は、シャンプーなどを持って、家にやってきた。K子は、私の妻にシャンプーの効用を宣伝していたが、少し前に生まれた私たちの子どもと遊び始めた。そして、「生まれたときから差がついている」とふとこぼした。K子は、「こんなに、可愛がられている子もあれば、親にひどい仕打ちを受ける子どももいる」と言った。「私のまわりには、パチンコに行ってばかりで、子どもをほったらかしの親がいる」と付け加えた。その後、K子は子どものために絵本を買ってきてくれ、新しい店がオープンすると連絡してきた。借金の話は喫茶店以来、一言も口に出さなかった。オープンには、行くことができなかったが、妻が店に電話すると、かなり賑わっているようだった。K子は、それから一週間経って亡くなった。

二　個人的な倫理

K子はきわめて倫理的な生き方をしていた。

K子の倫理には、いくつかの特徴がある。まずひとつは、みずからの置かれた状況を嘆かずに、それといかにうまく付き合い、生きていくかを行為選択の基準としているという点である。人は、どこに生まれるか選ぶことができない。裕福な家庭に生まれるか、貧しい家庭に生まれるか、日本に生まれるか、それともどこか別の国に生まれるか生まれてくるまでわからない。あらかじめ選択できないような状況を「運命」と呼ぶならば、K子は運命と付き合う術を知っていた。

K子は小学生のとき、不良グループの中心にいると見られていた。この点について、K子は「自分はけっして逃げなかった」と話していた。K子は、自分の体験を無理に美化したり、失敗を自分以外の誰か（あるいは何か）に押しつけることを一切しなかった。それが、「自分は逃げなかった」ということばになったのだが、おそらくK子は、他の「仲間」をいつもかばっていたのであろう。仮に「盗みの疑い」をかけられたとしたら、それは濡れ衣だったと思われる。

K子のように、運命と付き合う術を知っている人物は、生存への強い意志を持っている。K子は自殺未遂を起こしているので、生存への意欲を失ってしまったこともあるように見える。それは作詞家になるという夢が破れたからで、これをまだうまく運命と結ばれていなかったからだと説明することも可能であろう。しかし、自殺未遂は、K子が他人に依存しようとしない性格であることを示している点が、むしろ重要である。自立心が強いと同時に、自分に依存しようとする人間を拒まない点も、K子の倫理の特徴として挙げられる。最後に付き合っていた「だんな」は、みずから弱い人間であることをなかば吐露しており、覚せい剤に溺れてしまったのは、それを示す事実である。このような弱い人間をK子はそのまま受け入れていた。ただ、K子によれば、だんなはけっして自分に依存して生きているだけの人物ではなかった。かつて、（K子たちが住んでいた）地域が荒れていてどうしようもない状態だったとき、だんながまとめ役になってうまくいったので、それ以来だんなを尊敬しているとK子は語った。その後のだんなの「失敗」は、本人の責任ではないと感じていたのかもしれないが、K子がそのような弁解がましいことを言うことはなかった。

自立心が強く、居酒屋などを経営しながらも堅実な生活を好んでいたK子が、一攫千金を夢み、例外的にマルチ商法に手を出そうとした。それは、K子の倫理に反するようだが、それは抗えない運命、つまり死を意識していたからであろう。死ぬ前に、娘とだんなが生活できる基盤を築いておきたかったのである。結局、新しい店を開いたところで、K子は亡くなる。

もちろん迷うこともしばしばあったはずだが、K子は、人生においてさまざまな「事件」が起こるたびに、それを運命として受け入れながら、打開策を考えていた。それは、常に自立の精神に基づいていた。しかし、K子が病に倒れ、亡くなってしまったあと、私は、K子の倫理的な人生に強い敬意の念を抱くとともに、不条理と呼べるような感覚を覚えた。それは、死の数か月前に、K子が、ひとはけっして平等に生まれてこないということばを漏らしたことも手伝っていた。

三　「破壊」を扱う社会学

死には人生をまっとうしたという印象を与える死と、K子の死のように突然やってくる死がある。社会学的研究の必要性が出てくるのは、このうち後者の方であろう。もし、K子が突然の死を迎えなければ、私はK子について何かを書こうという気持ちにはならなかったはずである。私たちは、人間の死のうち自殺や殺人、事故死に表されるように自然死ではない死に悲しみや悔しさを感じ、それがなぜ引き起こされたのかを問おうとする。社会学にわずかなりともその存在価値があるとすれば、この問いに答えようとする努力のなかにあるだろう。この努力は、身近に生じた死の意味を問うことから始まる。ここでいう身近な死は、家族や知人の死ばかりではない。同時代に社会的に引き起こされた不条理な死について問うことに意味があるはずなのである。これは、個々の人生を破壊するできごとや、人生が破壊されていく過程に焦点を当てる必要性があることを示している。

社会学では、死にいたるまでの人生が「不幸」である場合、階層化された社会構造の存在を問題視する傾向にある。たとえば、平等を建前とする社会であるにもかかわらず階層差があるという認識から、運命と不幸な結ばれ方をしている点を剔出しようとするのが、そのパターンのひとつで、ピエール・ブルデューの「再生産」論などがその典型である（Bourdieu et Passeron 1970）。ブルデューは、生まれた階層に特有の「ハビトゥス」が身に付いているので、それに応じた行動をするし、またそうせざるを得ない点を強調する。社会は、生まれてくる者それぞれに対して、あらかじめ運命を用意しており、これを甘受せざるを得ないというのである。通常は、この点をみな経験的に理解しているので、運命の敷いた道を踏み外すことはない。「庶民階層（classe populaire）」は、社会的に上昇することなど考えられない。それは、不幸なことかもしれないが、いかんともしがたい。運命そのものが、不幸なのである。この再生産論のようなタイプのアプローチは、差異を同一性に回収しようとする論理にしたがっている。差異が、何らかの同一性（アイデンティティ）を得て、社会的な居場所を見つけることが良いとされるのである。それは、人間は社会的存在であるという前提に基づいている。

しかし、人間は制度に回収されない部分を持つという立場に立てば、再生産論などとは異なる社会学理論が必要とされてくる。それは、社会的に構築された差異ではなく、社会的区分/階層がそもそも存在しないような地点から社会を捉えようとする理論である。エミール・デュルケームのアノミー概念のなかに、それは萌芽的に現れている。デュルケームは、「アノミー」概念を通じて、一九世紀後半のフランス社会において、伝統的な階層構造が解体し、欲望だけが無制限に広がった状態が広がりつつあると捉えた。それは、デュルケームの言葉を借りれば「産業が発展」し、平等が価値とされた社会で生じるとされている。[1] 実際には、当時アノミー状態の兆候が見られたのはパリのような大都市であろう。しかし、もはや階層構造を明らかにするだけでは現実は把握できないという点を示そうとした点で、アノミー概念は独創的な意味を持っていた。差異から出発するのではなく、社会的な差異を無に帰してしまう次元から現実を捉える必要があるのである。たとえば、エリアス・カネッティの「群衆」概念がそうである(Canetti 1966)。これは、個々の人間の差異が消滅し、一塊になってしまうことである。群衆は、突然何もなかったところから生じる。そして、破壊し始める。しかし、前触れもなく消滅する。群衆の発生には根拠がない。群衆が指し示している根拠のなさ、根源的な不確定性の方が、本質的なのである。

ここで、K子の人生に戻ってみよう。もし、社会的な差異が無効になるような地点から人間存在を捉えようとするなら、K子の生涯をある特定の社会的カテゴリーに帰属し、それに固有のライフコースをたどるというように見るのではなく、K子を自由な存在として捉えることが必要であろう。K子は自由であり、その自由は運命と付き合う術を知っていたからこそ、確保されていたのである。

四 暴力、破壊する力

人間存在は、根本的に自由だといっても、けっして無制限に自由であるわけではない。自由は、「事件」に巻き込まれることによって、阻害される。事件が自由を阻害する程度に応じて、事件の暴力性の程度は高くなる。K子にとってのガンは、この意味でもっとも暴力的であったろう。

現代社会は、事件を通じて秩序を維持しようとする傾向がある。たとえば、「9・11以後」という観点がその典型である。二〇〇一年九月一一日に起こったアルカイダによる世界貿易センタービルの破壊というできごとは、世界的事件として認知され、同様のテロ事件を防ぐという目的で、さまざまな対策が世界的規模で講じられた。しかも、結果的に米英軍がイラクを攻撃し、フセイン政権を倒すという事件にまで発展した。

事件には、いくつかの特徴がある。

第一に、事件は、突然、起こる。それは、少なくとも事件直後には偶発的に起こったように見える。それは、予測不可能な事態であり、事件に直接巻き込まれた人びとも、事件が起こるまで、まさか何かの事件の被害者になるとは思ってもいない。事件の原因に関するさまざまな分析が試みられるが、それは遡及的に行われるにすぎない。第二に、事件は、その被害者が、「無作為抽出」されているような印象を与える。たまたま、そこに居合わせただけで、被害を受けたいわば巡り合わせの悪さが強調される。

このような事件の特徴を十分に認識したうえで、事件を分析した社会学的研究は、まだ数少ない。それは、殺人を犯した者のような加害者にのみ焦点が当たり、加害者の運命の不幸だけが強調されるからである。小説家も評論家も社会学者も、そしてニュースの視聴者や新聞も読者も、検事や裁判官になったかのように、犯人の殺害動機を探そうとする。しかし、事件の被害者は無視される。一九歳の少年が引き起こした連続殺人事件について、殺された犠牲者（夜間の警備員やタクシー運転手）がどのような境遇であったかについては、ほとんどふれない。しかし、犠牲者にも目を向けなければ、事件の特徴がどこにあったかわからないだろう。少年と犠牲者のあいだには面識がなかった。犠牲者は、見ず知らずの少年に殺されるとは、思いもよらなかったであろう。それは、突然の死だっ

た。そして、彼らは、その後、小説家によっても、社会学者によっても、語られることなく、忘れ去られていく。(2)
事件の特徴を考えるうえでむしろ興味深いのは、「動機なき犯罪」に関する朝日新聞の次のような記事である。

今年は、精神病者や変質者による犯罪が目立った。国家公安委員長が引責辞職したライシャワー大使殺傷事件、長男が弟を惨殺した三鷹市の女性検事一家の悲劇、東京・城西地区の人たちを震え上がらせた連続通り魔、練馬の娘さんを刺した通り魔殺人、そして今度の裁判長刺傷事件。他にもイライラ殺人とか、ムシャクシャしたから刺した、というのも多い。警視庁の統計でも刑法犯の二十%は精神障害者の犯行だという。理由にならないような理由での犯罪。この一年、われわれはそんな事件に悩まされ、考えさせられてきた。

城西地区の少年通り魔は二十六日につかまったが、昨年春の第一回犯行以来、実に二年近くかかった。ある被害者の母親は、下腹部を残酷に傷つけられた息子(十二)の将来を思うと不安でたまらないという。「警察の問題というより、こういう変質者を野放しにしておく世の中全体の共同責任だという気がします」と訴える。

この事件の警視庁捜査本部係長・秋葉警部は「二十年近く捜査をやってきたが、こんな難しい事件ははじめてだった。学校へ捜査に行っても手ごたえがない。毎日生徒の顔を見ている先生がわからないのだからやりようがない。ふだんは何の変わりもない男が、瞬間的におかしくなるのだから見つけにくい。変質者犯罪はこれからの防犯、事件捜査の大きな問題だろう」

今までの事件は、被害者とのカン(面識がある)の線から犯人が割れることが多かった。ところが変質者の場合は、行きずりとか巻き添えの犯行が多い。野放しの変質者とともに、事件捜査も大きな曲がり角にきているようだ。

師走も押し迫ったある日。上野・不忍池のほとりにある都生活厚生相談所の待合室。乳児を抱いた母親がションボリ立っている。「アル中の夫にたまりかねて家を飛び出してきたらしいですが、こんなケースはまだいいです。面と向かって話している途中で、いきなり素っ裸になって、腹巻きからキラリと短刀をとりだしてかかってくる男もありますよ」、町田武一相談係長は、そういって肩を落とした。

この新聞記事は、一九六四（昭和三九）年一二月二七日付のものである。「理由にならないような理由での犯罪」「行きずりとか巻き添えの犯行」が増加しており、記事は犯罪者の特徴に変化がある点を指摘している。いまから六〇年前の新聞記事であるが、近年の少年犯罪で指摘されている特徴とほとんど変わらない。被害者の家族にふれている点でも先見性がある。はたして、一九六〇年代に、現在起るさまざまな事件と同様の特徴を持つ事件の起源があるのか。それとも、動機なき犯罪は、ある特定の歴史的条件に結びついたものではないのか。少なくとも言えるのは、偶然に見知らぬ者と接触する機会が増大すればするほど、行きずりの犯罪が増加する可能性が増すという点である。

五　事件と被害

事件には、殺人のような犯罪だけではなく、より多くの被害者を出すものがある。その典型は、戦争である。戦争ほど事件の暴力性をあらわに示すものはない。現代の戦争が、事件としての様相を強く帯びるのは、ひとつには科学技術と軍事兵器の開発が結びつくことで、大量の犠牲者が出るだけでなく、被害が、兵士以外の者にまで及ぶようになってきたからである。広島、長崎への原爆投下は、この特徴を端的に示している。広島、長崎の市民にとって、日本が戦時下にあるという事実と原爆とは、すぐに結びつかなかった。原爆の光と音（ピカドン）は、突然何の前触れもなくやってきた事件であり、それは、広島市民のなかに存在していた社会階層を凌駕し、それを無に帰してしまった。

ベトナム戦争の場合では、よりいっそう、兵士と市民とのあいだの境界はあいまいになっている。ベトナム戦争では、戦争の期間が長かったことが手伝い、戦場(あるいは潜在的な戦場)そのものが、いくつかの異なる空間に分離された。まず、サイゴンのような大都市がある。これに対して、農村部は、南ベトナム軍の管轄下にある地域、ベトナム民族解放戦線の管轄下にある地域、混合地域(南ベトナム軍と解放戦線が競合する地域)などに分かれており、どの地域で生活するかによって、被害の程度は変わっていた(本多 一九八一)。戦闘は当然のことながら、地政学的判断に基づいて行われる。しかし、農民は地政学的判断をしながら、生活しているわけではない。家屋が焼き討ちに遭うかどうか、枯れ葉剤を散布されるかどうかは、農民にとっては、偶然に左右される部分が大きい。

もちろん、戦火にある市民にとって、戦災は予期されている。防空壕を掘り、戦災に備える。しかし、原爆や枯れ葉剤の被害は、予期された範囲をはるかに超えてしまう。しかも、原爆、枯れ葉剤、湾岸戦争における劣化ウラン弾のような兵器の特徴は、後遺症が残るという点である。それは、直接の被害者だけでなく、被害者の胎児にまで及ぶ。原爆の被害が、投下直後だけでなく、長期にわたる後遺症と被爆者の緩慢な死をもたらしたことは周知の通りであるし、枯れ葉剤や劣化ウラン弾は、直接の被害者の胎児にまで障害が起こっていることがわかっている。

想像がつかない被害は、不確定性を生む(リスクは予測できるのに対して、不確定性は、予測を超える部分を指す)。この不確定性が戦争に事件の様相を与える。しかし、近代戦争が常にはらんでいる不確定性は、考慮されることは少ない。それは、欧米の社会理論が、むしろ、戦争のような暴力を通じて、秩序が構築される点を強調してきたからである。(3)

たとえば、ホロコーストに関する社会学的研究で、ジークムント・バウマンは、文明化の過程で、暴力の行使が道徳的な配慮から切り離され、合理性の原則に制御されると指摘する（Bauman 1992）。したがって、ホロコーストは、近代社会が胚胎している合理的な官僚制から生まれ、官僚制に忠実であることによって進められたという。しかし、映画作家のクロード・ランズマンは、ホロコーストがこうした構造的要因ではなく、「絶滅作戦」という何の前触れもなく開始された作戦によって、突如引き起こされた現象であり、それはあらゆる「歴史的説明」を峻拒するものだという。ランズマンは、『ショアー』邦訳の序文で次のように書いている。

現在までのところ、ホロコーストをとりあげようとしたすべての作品は、歴史と年代記の助けを借りて、この出来事が自然のうちに出現したかのように描こうと試みた。（……）ヨーロッパ・ユダヤ人の絶滅は、こうした前提体系から、論理的、あるいは数学的に演繹されることはできない。絶滅を可能にした諸条件と、絶滅そのもの――絶滅という事実――とのあいだには、断絶があり、ズレがあり、飛躍があり、深淵がある（ランズマン　一九九五）。

ホロコーストに限らず、二〇世紀の大量殺人は、事件の性格を帯びる。二〇世紀における暴力を考えるには、バウマンのように、近代社会が構造的にはらむ暴力性に着目するのではなく、突如として起こる、一見偶発的な事件を通じて秩序が構築されるという点から出発するべきなのである。

そのためには、事件の特質を不確定性という視点から捉える必要がある。ふたつの勢力のあいだに互いに不確定な部分がある場合、そこに対立が生じることがある。一方が他方より優位にあることを認めないことによって、戦争状態に入ることもある。この意味で、ホッブズが、「自然状態」ではみなが平等であり、それゆえに戦争状態にあると論じたのは誤りではない。つまり、戦争は、互いに相手に屈することをよしとしないふたつの勢力のあいだに起こるのである。それでは、なぜふたつの勢力は、相手を屈服させようとするのか。レヴィ・ストロースは、ほとんど知られていない論文「南米インディアンにおける戦争と商業」で（Lévi-Strauss 1943）、「商取引は戦争の可能性を平和に解決したことを示しており、戦争は取引が不幸にも失敗に終わった結果である」と指摘している。レヴィ・ストロースは、戦争と交換は紙一重であると考えているのである。

レヴィ・ストロースは、南米のインディオ社会に関して論じており、現代社会の暴力の問題に、それがすぐに当てはまるかどうかは議論する必要がある。ただ、レヴィ・ストロースが、他者との接触が、戦争になるか、交換が成立するかのどちらかであると捉えている点は参考になる。現代社会の場合、交換は、商品交換を指すことになる（これに対して、レヴィ・ストロースが直接問題にしたのは贈与交換である）。ベトナム戦争を例にとろう。その背景に冷戦があったことは言うまでもない。それは、市場を認めながら平等な社会を築くのか、それとも市場を否定することによって平等な社会を築くのかという選択の問題から生じた対立だった。アメリカは、東アジア・東南アジアにおいて、貨幣を通じた交換を行うことで、「平等」を実現していく市場主義に支配された社会の構築をめざした。しかし、それがかなわなかったので、ベトナム爆撃を開始したのである。つまり、交換か（商品交換を容認するか）、戦争か（商品交換を認めずに闘争を招くか）は、ある意味で紙一重だった。

ここで、現代社会学が、解明するべき問題を立ててみよう。

第一に、市場経済の導入と暴力の関係に関する理論的問題がある。この問題がとりわけ社会学にとって重要なのは、本章でここまで展開してきたように、社会問題の発生がもはや社会的区分／階層に起因するのではなく、「平等」な交換を原則とする市場経済が浸透する過程自体のなかで、社会問題がさまざまな事件として生じているからである。したがって、対等な二者間の商品交換を実現しようとすると、いかなる対立と紛争が生じるのか、いかなる条件において、暴力が発生するのかといった一連の問いに答えていく必要がある。また、実際に市場経済が広範囲に浸透したときに、暴力はもはや生じないのかどうかという問題も考えていかねばならない。

第二に、いかなる地域、時代に市場経済の導入が暴力を生んだのかを問う経験的な問題がある。第一の問題と第二の問題は、言うまでもなく切り離すことはできない。本章では特に、第二の問題を中心に考えてみよう。

六　時代の問題

本論で取り上げた具体的な事件は、一九六〇年代に集中している。これは、偶然ではない。一九六〇年代は、世界にとっても、日本にとっても大きな転換期だった。ベトナム戦争は、東アジア、東南アジアが、米ソの「冷戦」に巻き込まれていく過程でのできごとである。ベトナムはもちろん、韓国人・香港人兵士や日本、特に沖縄の米軍基地、米軍兵士の休息地タイにいたるまで、アジアは戦争に巻き込まれた。冷戦後に「グローバリゼーション」が起こったように言われるが、実は、この時代からアジアと世界は、戦争を通じて緊密な関係を持つようになっていた。

「べ平連」などの運動があったものの、日本にとって、一九六〇年代、ベトナム戦争は、「他人事」のような周辺的なできごとに位置づけられていた。沖縄はまだ返還されていない。「高度成長期」であり、急速な市場経済化によって、日本人の生活様式（衣食住）は大きく変わりつつあった。同時に、日本国内の人口は流動化する。東北や九州の鉱山は閉山し、大量の労働者が、東京や関西に流れる。先に言及した少年は、中学卒業後、集団就職で東京にやってきて、なんとか高校を卒業しようとするが、果たせず、結局殺人事件を起こしてしまう。

ベトナム戦争以上に、一九六〇年代忘れられていたのが、水俣における公害である。水俣病は、チッソ株式会社が、プラスチックの可塑剤原料であるアセトアルデヒドの生産工程で生成されるメチル水銀を不知火海に排出したことから引き起こされた。それは、一九六八年に、化学工業の原料石油化によって、アセトアルデヒド製造が停止されるまで続いた。しかも、一九五九年に「見舞金契約」が一部患者とチッソのあいだで取り交わされた後、一九六八年に政府が水俣病を公害と認定するまで、行政レベルでは、「終わったもの」（水俣病患者審査協議会）とされていた。安易に、ベトナムと水俣を結びつけるのは危険である。しかし、このふたつの大事件には、共通点がある。

それは、ともに、化学工業の成果によって、大きな被害がもたらされているという点である。ベトナム戦争における枯れ葉剤の使用が、大きな後遺症を招いていることは知られている。ハノイのある病院の一角には、枯れ葉剤の被害を受けた胎児性患者が治療を受けている。一九七五年には、ベトナム戦争は終結したとされているが、三〇年経っているにもかかわらず、相変わらず胎児性患者が生まれているのである。

化学兵器として用いられた枯れ葉剤は、元来農薬として開発されたもので、そこに有機塩素化合物であるダイオキシンが含まれている。ダイオキシンは、農薬などの生産過程において不可避的に発生するほか、化合物廃棄物の焼却によっても生じる。チッソ水俣工場は、一九四一年に日本で初めてポリ塩化ビニルの工業生産に成功し（宇井一九八五：一〇二）、一九五〇年代には、その市場において圧倒的に優位に立っていた。このポリ塩化ビニルの廃棄が、今日ダイオキシンを生成する元凶のように言われているのである。

ところで、一九六八年に、政府が水俣病を公害として認定した後、チッソがすぐに責任を認めたわけではない。『実業の日本』一九七一年一二月号の「ゆがめられたマスコミの報道——水俣病補償問題の真相」という記事で、当時社長だった島田賢一は、次のように語っている。

三十四年十月以来、水銀をふくむ排水は一切、海に流さない方法をとってきました。（中略）したがって、このときの再補償要求は、いうなれば古傷をほじくりかえされたようなものですよ。

この発言が虚偽に満ちていることは、実際には一九六八（昭和四三）年の政府見解発表を受け、アセトアルデヒドの生産停止を決定するまで、チッソが工場排水を垂れ流していたことが、今日明らかになっている事実が示している。しかも、その後チッソは一九七二年には「水俣病問題の十五年」という冊子を社員に配布し、そこでも、水俣病の原因を工場排水ではなく、水俣地区で使われ始めたセレサン石灰を含む農薬のせいではないかと主張している。一九七三年に水俣病訴訟判決が出、原告である患者側の勝訴に終わり、東京チッソ本社で、島田と患者との直接交渉が始まるが、この場でも、島田は、「深くお詫びを致したい」と断りながら、すぐに「後から後から出てこられる患者さんに会社の財力の限界がきてね、この前の補償さえもできなくなったら、実は非常に困るんですよ」と言い、みずからに都合がいいように協定書の文言を変更させようとしている（石牟礼一九七四）。

水俣病患者の支援団体だった相思社の水俣病考証館に行くと、チッソの製品を原料としたさまざまな製品が展示されている。それは、高度成長期に商品化されたものであり、チッソがいかに日本経済の成長にかかわったかがよくわかる。一九六〇年代は、衣食住のすべてのレベルで大きな変化が見られた。それは、一言で言えば、衣食住の商品化が進んだ時代である。その際、チッソによる合成素材の開発が大きな役割を果たしていた。

一九六〇年代に何が起こっていたのか。

明らかなのは、東アジア・東南アジアにおいて、貨幣を通じた対等な交換を原則とする市場主義が新たな展開を始めたという点である。市場経済の原則が、東アジア・東南アジアに浸透しようとしており、それが、地域、家族などさまざまなレベルにおいて、異なるリズムで広がると同時に、摩擦を引き起こしていたのである。その際に、市場経済は、ふたつの現象を促す。ひとつは「移動」であり、いまひとつは「分断」である。このふたつの現象は連動しており、ともに暴力を誘発する可能性がある。
水俣の例を見てみよう。S氏は、次のように言う。

魚は獲れるんだけども、食べないの。誰も。買わない。組合がもう。商店街が全部戸を閉めて、鮮魚、魚を売る店が一軒もない。ここだけじゃないんだよ、別に。水俣はもちろん、ここの沿岸では誰一人として漁に出る人いなくなったんや。もう食べないもん、みんなが。自分、われわれとしても食べない。だから、あんた、どうやって、漁で生計をやっていくか。大変な境遇に陥ってしまった。とてもじゃないけど、生活ができない。何よりも、わし自身も関節や何やら痛みだして、船に乗ったらふらつく。もうとてもじゃないけども、わし自身も、もうそういうすごい影響が出始めた。(……)内海の魚いうたらみんなわかるから、外海で獲れる魚をこちらに持ってきて、したらみなが買ってくれるやろう、食べてくれるやろうと。もちろん食べよったから。(……)それ(外海の魚)をこっちに持ってきて、売り始めたんや。ところが、まったくわれわれが頭下げて買ってください言うても、いうてしたことがないやろ。もう魚は自分で獲ったのは、もうみんなが頭下げて買いに来よったから。買うてくださいいうことしたことない。そういう商いのこと、まったく経験がない。だからあんた、儲かるはずがない。(4)

奇病の噂が立ち、不知火海の魚が売れなくなると、みずから市場で魚を売る者が出てくる。しかし、それはうまくはいかない。S氏は、「親父は、飲んだ勢いで、もうどんどんどん、(売り物の魚)をくれてしまいよるや」と言う。これは、貨幣による交換が、贈与交換の様相を呈しており、交換する者のあいだに不均衡を生む(一方だけが大きな利益を上げることがある)ことが容認されていたからである。S氏は、一九六〇年に、妻と子どもふたりを連れて、北九州に行き、「サラリーマン」になる。S氏と同じように、一九六〇年を境に、大阪や名古屋に働きにいった漁民は数多くいる。連続殺人事件を起こした少年も、集団就職で上京した。

資本主義を促す装置（工場に代表される）は、さまざまなタイプの移動を誘発する。まず、資本主義的生産に対して周辺的な産業（農林業、漁業や各種の自営業）を解体し、解体された産業に従事していた者の移動を促す。一九六〇年代は、これに加えて、鉱山の閉山が相次いでいる。鉱物資源の発掘は、資本の蓄積につながるが、鉱山開発自体が、独自の経営で一種の「社会」を築いていた。多くの鉱山は、鉱山労働者とその家族のために、学校から娯楽施設まで整え、鉱山町で生活できるようにしていた。しかし、鉱山の閉山で、労働者とその家族は移動を余儀なくされ、新たな土地で生活を始めなければならなかった。そこでは、衝突も生まれたであろう。つまり、移動は、移動先での対立と暴力をも生むことがあるのである。

移動が始まると同時に、分断も始まる。これも、水俣の事例に典型的に表れている。S氏の証言に戻ろう。S氏は次の点を強調する。

地域の破壊、これ。環境破壊とか自然破壊よりも、人間自体の破壊。これがいっちばん苦しいわ。いちばんこれ。これ、水俣病は。それも。それもね。例えば、ひとつの、一家庭の、家庭の中でさえでも、二つに分かれたような破壊のされ方がある。どうしてかて、わかるやろ。同じね、あの当時、魚を、大きな鍋いっぱい炊いて、その鍋のものをみんなで、家族がつきあって食べる、近所のもんも呼んで食べる。食べて汚染された魚をどんどん。一つの鍋、つきあって。ところが、こんだ、患者認定制度ゆう制度ができて、どんどん申請を、勇気を出してして、検診を受けて、で審査会にかかったら、子供ば認定して親ば認定しない。保留棄却。親は認定して子供は認定しない。そればっかりある。一家族、全員認定されたところもある。そういうところ、六人か七人。同じところの地域で。名前言わないけども。な。そういうような、差別的なようなことを行政やりはじめたわけだ。症状はあるんよ、みんな。それなのに、認定しない。保留。棄却。もう保留になった人、多い人は五回も六回も審査会にかかって保留保留。実際的に症状が見えておっても。させない、認定を、国が。認定する段階で、させない。だから昔は、同じ巾着網のあるころは、一網で三十人くらいいれよったから、それがここにはいっぱいあった。もう、みんながもう助け合って、そう、分け合って生活してきよった。ところが、この水俣病の、この件で、もう人間関係がもうめちゃくちゃになってしまった。同じ患者同士で。地域の破滅。これが。とてもじゃない。対話が、もう、途絶えてしまった。要するに人間関係がもうめちゃくちゃや。ああ。それも、血を引いた身内の中でさえもそうなってしまった。

このS氏の証言を読めば、資本が人間関係の分断につながることは、手に取るようにわかる。そして、水俣病の根本問題がどこにあったのかもわかるであろう。非倫理的な資本主義的生産は、家族と地域を分断していく。これは、水俣病の被害地域に端的に現れているが、資本主義的生産が行われる場所に生じる「事件」である。ただ、S氏は、その後また水俣に戻ってきて、地域の連帯を再び築こうとする。S氏に限らず水俣は、単に分断をそのまま受け入れたわけではなかった。

七　平等への偏執

貨幣は、交換を媒介する。しかし、この交換は原則として見知らぬ者同士の交換である。アダム・スミスは、「たとえば狩猟民族のあいだで、一匹のビーバーを仕留めるのに、一頭の鹿を仕留める労働の二倍はふつう費やされていると、ビーバー一匹は当然、鹿二頭と交換されるべきである」(Smith 1776=一九七八)と言う。この場合、ビーバーの狩人と鹿の狩人は、そもそも見知らぬ者同士であることが前提とされている。これは、家族のような集団では、貨幣による関係の媒介は、子どもにこづかいを与えるといった贈与の性格が強いものを除いては、排除されていることを意味している。家族に限らず、漁民における網元・網子の関係も、疑似家族的な人間関係であった。また、「友情」や「愛情」によって結ばれる関係にも、貨幣は本来介在しない。一九六〇年代に起こったのは、貨幣が対等な交換を実現することが原則となる市場主義が浸透しようとするなかで、本来、貨幣を媒介としない関係にまで貨幣が容赦なくちん入してきたという事態である。このちん入自体が暴力的な事件であるが、それは、さまざまな暴力の連鎖を生む(家族内の対立など)。

しかし、市場主義の暴力をともなう浸透は、結果的に他に類例を見ないほど市場主義が行き渡った社会を日本に誕生させることになった。以前のようには飢えが存在しない、一見豊かな社会が実現したのである。日本列島ほど、二四時間、モノを消費する可能性に満ちた空間はほかにない。コンビニエンスストアはその象徴である。世界の主要都市中心部では、二四時間営業の小売店はあるが、日本の場合、中小都市の住宅街でさえ、コンビニは存在する。

コンビニは、充足性、無臭性、安全性を兼ね備えた「透明な空間」である。充足性とは、コンビニにおいては、日常生活で必要な商品が揃うということであり、コンビニがあれば飢えることはない。また、食品を扱っているが、清潔で、消毒されており、臭いがない。かつての魚屋、八百屋は、商品の性格上、臭いが立ちこめていたが、コンビニでは本来食材が持っている臭いは消されている。そこで、「弁当」として売られている食品を包むプラスチックのパック(化学工業の産物である)が大きな役割を果たしている。そして、もう一点、安全性が確保され、場合によっては「癒し」の空間になっているように見える。コンビニは明るく、住宅街にある場合、唯一そこが安全な場所のように感じられる。完全無欠のユートピア的空間が、そこに現出しているような印象を与えるのである。

暴力的に創出されていった市場主義が、実現した空間がコンビニである。それは、チッソがかつてリードしていた化学工業が生み出した合成素材の勝利でもある。考えてみれば、ダイオキシンは、防虫剤や除草剤に含有されており、有機化学は、「害」虫や「雑」草を駆除し、「汚れ」のない空間を構築するうえで大きな役割を果たしている。コンビニに陳列された商品も、有機化学の産物が多い。チッソが、一九五九年に水俣病患者の一部と見舞金契約を締結し、その後一九六八年まで有機水銀を含んだ排水を不知火海に垂れ流していた事実を隠蔽し続けた経緯はすでにふれた。これは、情状酌量の余地がまったくない犯罪であるが、その間チッソが生産したアセトアルデヒドや塩化ビニルが、今日の透明な空間を構築する礎にもなっているのである。

ところで、こうして市場主義が支配し始めると、対等な交換が自明であり、対等な交換がほんの少し阻害されるだけで、暴力性を感じる者が出てくる。アメリカにおける訴訟社会の出現はこれを示しているが、日本の場合には、別の展開を遂げているようである。たとえば、「引きこもり」と呼ばれる現象がそうである。引きこもっている若者は、コンビニに行くことはいとわないという。コンビニの透明な空間においてだけ、貨幣を用いて対等な交換ができるからで、そこでは暴力に出会う可能性がないからである（引きこもりの若者は、異常なほどの清潔好きでもあることが多い）。

八　エピローグ

最後に、K子の話に戻ろう。K子は、「生まれたときから差がついている」とこぼした。このような話は、階層的な社会構造が存在しているという再生産論に結びつきやすい。しかし、本章では市場主義を原則とする社会は、事件を通じて秩序を編制するという命題を提示している。事件は、階層化された社会構造ではなく、平等原理が働き、暴力が一見排除されたように見える透明な空間において起こる。平等原理は、商品交換に代表されるように、互いに見知らぬ他者同士の関係を支配している。だが、見知らぬ者同士のあいだで平等原理が働くためには不確定性が前提とされていなければならず、そこから暴力が生じる可能性が常に伏在している。

通り魔殺人や不治の病のように、抵抗しても抗しきれない暴力がたしかに存在する。しかし、抵抗できないような暴力を含むあらゆるタイプの暴力に立ち向かう意志を持つかどうかで、資本主義社会における格差が測られるべきである。この暴力に立ち向かう意志は、贈与への意志と結びついている。仮に、与えるだけ、贈与するだけで、何らの見返りがなくとも、そのこと自体意に介さないのが、贈与への意志である。商品交換を通じた形式的な平等の世界に埋没するのではなく、暴力との遭遇を恐れずに、他者に与え、他者から受け取る贈与への意志が、事件の不確定性を乗り越えることを可能にするのである。コンビニでしかモノを買わずに、家に引きこもっているのは、もっとも贈与への意志を欠いた態度である。K子が語った「パチンコばかりして、子どもを顧みない親」も贈与への意志を欠いている。なぜなら、この「親」は、みずからのためだけに消費しているからで、コンビニで買い物をするだけの引きこもりの若者と変わりがない。反対に、自分に依存しようとする者を拒むことはなかったK子には、贈与への強い意志があった。贈与へといかに人びとを誘うかを真剣に考えなければならない。

注

(1)商品交換が欲望を引き出すという命題は、デュルケームに限らず、日本の一九世紀思想にも見られる。特に、水戸学や国学では、盛んにこの点が指摘されている。

(2)直接、殺人の罪には問われなかった事件の被害者については、水俣病患者を扱った石牟礼道子の『苦界浄土』があった(石牟礼 一九七二)。また、最近では、村上春樹の『アンダーグラウンド』のように、被害者に焦点を当てる文学作品が出ていることも事実である。村上は、一九九五年に起こったオウム真理教による地下鉄サリン事件の被害者に対するインタビューを行い、これをもとに小説『アンダーグラウンド』を発表した(村上 一九九九)。無差別殺人の加害者であるオウム真理教徒ではなく、事件の被害者が、どのような人生の軌跡を辿っているのかを記した。しかし、この場合、被害者に焦点が当てられ、反対に、加害者の存在はかすんでしまう。社会学は、文学とは異なり、別の方向に進むべきであろう。それは、加害者でも被害者でもなく、両者の邂逅と、それを可能にする場に焦点を当てることである。

(3)欧米の社会理論には、次のような特徴がある。(一)秩序編成の契機を暴力の行使に見る。(二)その際の根拠を未開社会に求める傾向がある。(三)秩序編成の契機となった暴力の行使は隠蔽される(と暴露する)。

秩序編成の契機を暴力の行使に見てしまう社会学者の姿に、実は、近代社会そのものの秘密が隠されている。フランス革命に典型的に示されているように、敵対勢力を殺害することで、近代国家は成立した。いまでこそ、フランス革命を否定する者は数少なく、それは自由と平等を理想とする社会を創り出したという点で高く評価されている。実際には、二〇〇万人とも言われる大量の死者を生んだという事実は、通常ふれられることはない。近代国家こそが、その成立時に暴力を要したという事情は隠蔽され、それは必ずしも近代国家のように、暴力を必要としていたのかどうかわからない「未開」社会のなかに投影されたのである。この意味で、暴力を行使して社会を創り出したのは、未開社会ではなく、近代社会である。

(4)インタビューは、二〇〇四年二月に行った。

文献

Aron, R., 1969, *Les Désillusions du progrès*, Calmamn-Lévy.
Bauman, Z., 1992, *Modernity and the Holocaust*, Polity Press.
Bourdieu, P., et Passeron, J-C., 1970, *La Reproduction*, Ed. De Minuit.
Bourdieu, P., et al., 1993, *La Misère du monde*, seuil.
Canetti, E., 1966, *Masse et puissance*, Gallimard.
本多勝一、一九八一、『戦場の村』朝日新聞社。
石牟礼道子、一九七二、『苦界浄土』講談社。
石牟礼道子編、一九七四、『天の病む』葦書房。
クロード・ランズマン（高橋武智訳）、一九九五、「出会うまでに十年の歳月を要した、日本の読者に」『ショアー』作品社。
Lévi-Strauss, C., 1943, "Guerre et commerce chez les Indiens de l'Amérique du Sud," *Renaissance*, 1: 122-139.
村上春樹、一九九九、『アンダーグラウンド』講談社。
荻野昌弘、二〇〇一、「ブルデューと現代フランス社会学」情況出版編集部編『社会学理論の〈可能性〉を読む』情況出版、二六一―二六九。
Smith, A., 1776, *An Inquiry into the Nature and Causes of the Wealth of Nations*, Strahan and Cadell（=大河内一男監訳、一九七八、『国富論I』中央公論社）。
宇井純編、一九八五、『技術と産業公害』国際国連大学。

（付記）本章は、『先端社会研究』創刊号（関西学院大学大学院社会学研究科二十一世紀ＣＯＥプログラム、二〇〇四年）に掲載された論文「近代社会の暴力――人類の幸福に資する社会調査に向けて」を加筆・修正したものである。

第Ⅰ部　死から捉える社会

第1章　「追憶の秩序」再考
――「両義的な他者」から「媒介的知識人」へ

山　泰幸

一　「他者」とは何か

他者とは、社会の内にも外にも属しているような両義的な存在のことであり、社会を常に生成状態におく動因として定義される。他者の認知は社会が行うが、他者の選択にある程度の幅がある限り、社会は不安定な状態にある。そこで、明確な他者像を構成することによって社会的区分を生成し、社会秩序を安定化させることになる（荻野　一九九三：二九八）。

これは荻野昌弘の論文「社会的区分の生成と他者像」からの引用である。続けて荻野は次のように述べる。

近代国家の特質は、両義性を兼ね備えた、市場を支える理想的な行為者としての「個人」が他者像となるとともに、支配の及ばない社会の外部にも「未開人」や「外国人」のような他者像を求め、それが秩序形成において欠かすことができない役割を果たしている点にある（荻野 一九九三：二九八）。

社会の内にも外にも属しているような両義的な存在である他者は、社会秩序を不安定にするため、近代国家は明確な他者像を構成し、他者像を固定することで、そこに不安定な他者を位置づけて、理解可能な対象とすることで、社会秩序を安定させるのである。

このような観点から、荻野は、資本主義システムの起源を探った著書『資本主義と他者』において、江戸期の知識人の思想を取り上げて、たとえば、本田利明の蘭学、会沢正志斎の水戸学、平田篤胤や佐藤信淵の国学など、西欧崇拝や蔑視、あるいは植民地主義的なものまで、肯定的あるいは否定的なものも含めて、さまざまな他者像の構成について論じ、資本主義システムを可能にする新たな秩序としての近代国家の成立過程を明らかにしている（荻野 一九九八）。

E・サイードのオリエンタリズム批判以降、近代西欧の自己確立過程において、他者の表象が果たした役割については、文学のみならず、社会学、歴史学、思想史など多様な分野から批判的な検討がなされており、近代日本の他者表象についても多くの検討がなされてきた。ここでいう「他者像の構成」という観点も、以上のような他者表象をめぐる議論のひとつとして理解されるかもしれない。しかし、重要なのは、社会を不安定な状態に陥れる「他者」との関係において、社会秩序を安定させるために「他者像の構成」が要請されることを指摘している点である。他者像はあくまで「像＝イメージ」であり、実際に具体的な交渉の場で立ち現れる生身の身体を持った他者とは異なっており、他者が社会を常に生成状態におく動因であるならば、既存の他者像には回収しきれない他者が、次々と現れることになる。社会変動を論じようとするならば、その動因としての両義的存在としての他者についてこそ論じる必要があるだろう。この点について、荻野は次のように述べる。

他者と他者像の社会学のすべてが言い尽くされたわけではない。……ここで問題にされた他者とは、あくまで他者とみなされた存在にすぎない。いいかえれば、議論は他者像を通じての支配のありように焦点が絞られている。……他者とみなされた、いわば受動的な他者だけではなく、自ら進んで他者となる存在、つまり、既存の社会的区分を破壊しようとするような「群衆」や「漂泊者」「革命家」の分析が不可欠である。このような能動的な他者に検討を加えることは、……国家が構成する他者像とは別の他者像がいかなるかたちで存在しうるのかという問いに答えることにもつながるであろう（荻野 一九九三：三一一―三一二）。

社会を不安定な状態におく両義的な他者には、ふたつのタイプがあるとされる。他者像によって回収されてしまう「受動的な他者」と、それに対して、他者像に回収されることなく、既存の社会的区分を破壊する「能動的な他者」である。他者像に回収されてしまう受動的な他者のみを扱っているかぎりは、他者表象の議論一般と変わりない。重要なのは、他者像に回収されない、みずから他者となる能動的な他者である。他者と他者像の社会学には、既存の社会的区分を破壊する能動的な他者とそれがもたらす他者像に着目する、「破壊の社会学」という課題が残されているのである。

このような能動的な他者の例として、「群衆」や「漂泊者」「革命家」が列挙されている。既存の社会的区分を破壊するためには、身体をともなった行動によってみずから既存の他者像を揺るがすだけでなく、新たな他者像を構成することによって、既存の社会的区分を破壊することも含まれるだろう。そこで注目したいのは、「革命家」である。実際に行われる革命的な行動だけでなく、その思想的営為が破壊をもたらすことを考えれば、広い意味での「知識人」も能動的他者として挙げることができるだろう。また、「革命家」が革命を成功させるためには、既存の社会的区分を破壊するのみならず、新たな社会的区分を創造し、それに基づいて社会秩序を安定させる必要がある。荻野が取り上げている江戸期の知識人は、まさにみずからの思想を語り出すことによって、他者像を構成して、既存の社会的区分を破壊するとともに、新たな社会的区分を創造していると言える。

本稿では、このようなみずから他者像を創り出す能動的な他者に着目しつつ、他者と他者像の社会学の残された課題である、破壊の社会学あるいは破壊と創造の社会学の可能性について、荻野の議論を手掛かりに考えてみたい。それは両義的な他者によって脅かされ、不安体な状態におかれる既存の秩序、すなわち荻野が設定する共同体秩序の理論モデルである「追憶の秩序」について再考を促すことになるだろう。

二　追憶の秩序

M・モースは『贈与論』において、共同体成立の根底に、生者と死者（の霊）とのあいだの原初の交換を見る。ここで言う交換とは、死者からの恵みと、それに対する生者からの儀礼的な返礼を指しているが、それは物質的なモノばかりでなく、同時に、畏怖や感謝の念など精神的なモノの交換であり、モースはそこに大きな意味を見出した。特に、重要なのは、生者と死者とのあいだの原初の交換を根拠として、共同体外の存在である他者との交換が可能になる点である（Mauss［1950］1978＝一九七三）。

以上のような、死者（の霊）といった不可視の存在への想像力に準拠した他者との交換システムに示される共同体の秩序のあり方を、荻野は、「追憶の秩序」と名づけている。追憶の秩序とは、資本主義システム形成の契機になった変化を明らかにするという、荻野が設定した課題を遂行するための理論モデルであり、商品経済が共同体内部に拡大することを制約する共同体の習俗の秩序を意味している。

では、そもそも秩序とは何であろうか。荻野によれば、秩序が問われるのは、秩序が安定しているときではなく、秩序が危機に陥っているときである。したがって、秩序という用語を説明するためには、秩序を脅かすものが何かを問うことから始めなければならない。それでは、秩序を脅かすものとは何か。それは、死、そして死をもたらすものである。したがって、社会秩序の形成とは、まずは死や死をもたらす事象を意味づけするシステムを構成することである。死を意味づけするシステムに基づいて、共同生活が円滑に営まれていることが秩序安定の第一条件なのである（荻野 一九九八：六五）。

荻野は、以上のような前提のもと、柳田国男の『遠野物語拾遺』の説話に拠りながら、（1）記憶の喚起、（2）聖なる空間の設定、（3）未知の理解システム、（4）霊的存在への返礼、以上の四つの要素からなる構造的モデルとして、追憶の秩序を提示する。以下、引用してみよう（荻野 一九九八：一二一―一二三）。

（1）記憶の喚起―先に挙げた神隠しにあった娘の話をはじめ、『遠野物語拾遺』の説話のほとんどが、何らかのかたちで死者の霊にまつわるものである。この意味で、説話は死者の記憶を共同体の成員に喚起する装置のひとつであるといえよう。追憶の秩序では、説話を通じて、かつて共同体の成員であったり、共同体と何らかの関わりがあった死者の霊への記憶を喚起することで、共同体秩序が編成、再生産されていく。

（2）聖なる空間の設定―遠野では、六角牛山が聖なる空間とされている。これは、死者の霊を喚起するためにはまず、死者の霊が棲む聖なる空間を、共同体の外部に設定しなければならないことを示している。六角牛山以外にも、「村々には諸所に子供らが恐れて近寄らぬ場所がある」。森の中にある堀、洞などがこのような場所にされており、やむを得ず通らなければならない場合には、「神様の御機嫌にさわらぬようにせねばならぬ」。追憶の秩序の形成は、聖なる空間の設定から始まるわけで、村境の設定などによる日常空間の構成も、これに基づいている。

（3）未知の理解システム—追憶の秩序では、天人児の説話に示されているように、未知なもの・珍しいものは死者の霊や神々がもたらしたと理解することで、はじめて受け入れ可能になる。一見新奇にみえるものも、実は共同体と関連性がある点が示されるわけである。これは、富に関しても同様で、富の獲得は自力によってではなく、死者の霊によってもたらされると了解されている。

（4）霊的存在への返礼—富が死者の霊や神によってもたらされたものである以上、彼らには借りがある。モースの「恩を感じる相手として、居るべくして居たのは、死者の霊と神々だった」はこの点を指している。フリードリッヒ・ニーチェも、共同体の維持は、先祖への借りを供物を通じて返していくことによって可能になると指摘している。追憶の秩序は、霊的存在への返礼を、さまざまな儀礼を通じて行うことによって、再生産されるのである。

追憶の秩序は、共同体の成員と同一性を持ちながら、どこか異質なところがある両義的な存在、すなわち「両義的な他者」が、共同体内部で活動することを制約し、共同体の危機に際しては、こうした他者をスケープゴートにすることで解決を図る排除のメカニズムを備えている。

このような共同体の対応を色濃く表現しているのが、一夜の宿の代価のために、村人によって殺害され金品を強奪される旅人についての伝承、いわゆる「異人殺し伝説」である。この伝説は、江戸期以降に各地で語り出されたものとされ、その発生の背後には民間宗教者（シャーマン）の託宣があったとされる。この伝説は、顕在的には、村落共同体の特定の家で生じた何らかの不幸について、シャーマンの託宣によって、かつて村落で起こったとされる殺人事件とその被害者である殺された異人の霊の祟りに原因を求めて説明を与えることで、村落内部の不幸による秩序の混乱を回収する機能を持っている。一方で、潜在的には、村落共同体への商品経済の浸透にともなう、急速に起こった村落内部での富の不均衡による秩序の混乱を回収する機能があるとされる。特定の家が急速に豊かになり、やがて没落するという現象を、この伝説は説明することによって、特定の家を排除し、村落内部にくすぶる不満を解消する機能があるとされる（小松 一九八九）。異人殺し伝説もまた、特定の家をスケープゴートにすることによって、秩序を回復しようとする、追憶の秩序に根差したものなのである。

この伝説が興味深いのは、異人殺しを噂されて、スケープゴートにされる特定の家の者が、村落共同体の外部の存在である貨幣に価値を認めていることを告げている点である。特定の家の者と村人とは同一性を帯びながらも、特定の家の者は貨幣を介して村落共同体の外部に通じている点で村人とは異質な存在であることを意味する。その意味で、特定の家の者は、商人のような「両義的な他者」なのである。異人殺し伝説は、このような他者の両義性を顕在化させるのである。追憶の秩序は、商人のような両義的な他者が共同体のなかで活動することを、スケープゴートによって制約することによって、商品経済が共同体内部に拡大することを規制するのである。

しかし、商品経済の浸透という事態に対して、特定の家をスケープゴートにしても、それは一時的な対処にしかならず、根本的な解決は得られない。

荻野によれば、資本主義システムは、死者（の霊）に準拠した他者認識のシステムを備えた追憶の秩序を崩壊させ、商品交換を可能とする商人のような両義的な他者の存在を受容する社会秩序、すなわち近代社会の成立を要請する。その契機となった変化が、「他者像の構成」であるという。

たしかに、両義性を兼ね備えた、市場を支える理想的な行為者としての「個人」が他者像として構成されることによって、商人のような両義的な他者をそのまま受容する社会秩序が形成されるだろう。しかし、ここで構成される他者像は、それによって回収される、受動的な他者である。既存の社会的区分を破壊するとともに、新たな社会的区分を創造するためには、みずから行動し、語り出すことによって、他者像を構成する「知識人」のような能動的な他者が不可欠なはずである。

三　能動的な他者

そこで注目したいのは、荻野が引用する『遠野物語拾遺』の説話である（以下の説話は、荻野が原文をまとめ直したものである）。

神隠しに遭った娘が三年ほどして帰ってくる。今までどこにいたのか聞くと、六角牛山の主のところへ嫁いでいるが、里がどうしても恋しくなり、一時的に帰ってきたという。夫からもらった宝物で家を豊かにするといい残して、娘は山に戻る。娘の家はその後、本当に豊かになったという。これは、中沢の新蔵という家の先祖の話である（柳田 一九八九：一二七）。

荻野によれば、このような説話が、死者への記憶を共同体に喚起する方法のひとつとされ、かつては共同体の成員でありながら、いまは聖なる空間に棲む死者への追憶に支えられている秩序編成のあり方が追憶の秩序とされる。注目したいのは、荻野が指摘するように、「娘は聖なる空間である六角牛山と、俗なる空間にある家との媒介者として、家に『富』をもたらしている」という点である（荻野 一九九八：九）。娘は「里が恋しい」という意図を持ってふたつの空間を行き来する媒介者であり、能動的な他者なのである。また、この説話は、娘が語った内容をもとに構成されている点も重要である。聖なる空間、すなわち村人にとっての他者像を娘がみずからの語りによって構成しているのである。その意味でも、娘は能動的な他者と言うことができる。

『遠野物語拾遺』によれば、家の者は、すでに娘は死んだものとして、神隠しに遭った日を命日にして仏供養を営んでいたという。そこから推察すれば、仏供養の際に口寄せ（シャーマン）によって、娘の霊が語った内容が組み込まれて説話となったと考えることもできる。異人殺し伝説もまた富の起源を説明するために、シャーマンによって語り出された話であったことを考えると、あり得ないことではないだろう。とするならば、娘ではなく、物語を語り出す媒介者としてのシャーマンこそが能動的な他者ということになる。

このような媒介者としての能動的な他者の役割を明らかにするうえで、手掛かりになるのは、共同体に危機が生じたときである。荻野によれば、実際の村落共同体は、旱魃のような天変地異による危機はもちろん、村の内部での対立関係や、外部からの入ってくるさまざまな人、事物によってもたらされる変化によって、不安定な状態に陥る可能性がある。追憶の秩序は、そのような共同体崩壊の危機が生じたときの処方箋なのである（荻野 一九九八：一一四）。

その例として、荻野が引用する『遠野物語拾遺』の説話は次の通りである。

> 盗みのような災難にあった場合、その犯人をみつけるために三峰様という神の力を借りる。佐々木芳太郎という人の家で、綿がせが盗まれたときに、この三峰様を呼んで祈禱をした。家中の明かりを消して、奥座敷に御神体を据え、集まっていた村人がひとりひとり拝みに行くのだが、なかにひとり怖がって奥座敷に行けない女性がいた。無理に行かせようとすると、血を吐いて倒れたので、この女が犯人ということになった。女はその夜のうちに、盗品を村人の前に差し出した（柳田 一九八九：一〇一―一〇二）。

この説話では、盗難に際して、犯人を捜すために、三峰様という神を呼んで祈禱をしているように、追憶の秩序が秩序を乱す者に対して制裁方法として機能していることを描いている。注意したいのは、盗難という問題を解決するために、儀礼が行われている点である。ここには儀礼を執行するシャーマンの姿が見え隠れしている。もちろん、それは村の長であったかもしれず、家の主人であったかもしれない。しかし、重要なのは、三峰様と村人を媒介して、儀礼を執行する媒介者の存在が見え隠れしている点である。追憶の秩序において、問題解決するためには、儀礼を執行するシャーマンのような媒介者が必要であると考えられるのである。

このような考えを裏づけるのが、荻野が引用する『遠野物語拾遺』のもうひとつの説話である。

ある巫女が一人娘に婿を取ったが、気に入らず、何とかしようと機会を待っていた。その頃、用水の取り入れ口が毎年崩れるので、村人は巫女に伺いを立てた。巫女は明後日の夜明けに白衣白馬の者が通るから、その人をつかまえて堰口に沈め、堰の主になってもらえと答え、当日、婿に白い服を着せ、白い馬に乗せて、使いに出した。村人は巫女の託宣通りの者が通ったので、堰の主になってくれるように頼んだ。婿は、神のお告げならばと快く引き受けたが、昔から人身御供は男女が揃うべきものだからと妻を呼び寄せ、二人で水の底に沈んでしまった。すると、雷が鳴り大雨が三日三晩続いた。出水が引くと堰口に大きな岩が現われていた。これを足場にして、新しい堰口が築かれた。夫婦は堰神様と崇められ、今でも毎年祭りが営まれる。巫女は、自分の思惑に反して、娘まで殺してしまうことになったので、悲しんで同じ場所に入水した。母也明神とは、この巫女を祭った祠であるという（柳田 一九八九：一〇一―一〇二）。

この話では、用水の取り入れ口が毎年崩れるという、村人にとって深刻な問題を解決するために、巫女は霊的な媒介者であるシャーマンとして、人身御供という対処方法を村人に助言している。この点で、巫女は災害対応に関して助言をする現代の知識人と同様の役割を占めている。また、注目したいのは、娘の婿を殺害したいという意図を持って行動を起こしている点である。白衣白馬で訪れる他者を、人身御供という他者像に回収して、スケープゴートに仕立て上げているのである。この点で巫女は能動的な他者でもある。しかし、結果的には、巫女の意図に反して、娘も失うことになり、最終的には巫女は自殺し、神として祭られている。この点から、娘夫婦と同様に、巫女もスケープゴートと捉えることができるかもしれない。しかし、荻野によれば、スケープゴートとは、「霊的な存在から利益を得るための供物として、意図的に殺害された者と定義できる」とされる。その意味では、巫女はスケープゴートには当てはまらない。実際、荻野は、スケープゴートに選ばれる者として、「乞食や巫女の娘婿のように、通常の村人と異なる人々であることが多い」として、巫女にはふれていない（荻野一九九三：一八）。

荻野によれば、「共同体に居住しながら、完全に定着していない者、例えば、未婚の娘のように、同一の根を持ちながら、いずれは他家に嫁いでいく者や、用水の確保のような共同体の共同利益に関係のない非農業民は、異質な存在」とされ、このような「村人と同一性を持ちながら、どこか異質な存在」が「村人にとっての両義的な他者」であり、このような両義的な他者がスケープゴートに選ばれるのである（荻野一九九三：一九）。

以上の両義的な他者の定義からすれば、巫女も当てはまるはずである。しかし、巫女がスケープゴートとされないのは、それが両義的な他者でありながら、スケープゴートとして回収される受動的な他者ではなく、能動的な他者だからである。巫女が能動的な他者であり得るのは、ふたつの世界をつなぐ媒介者であるからと考えられるのである。このような媒介者としての能動的な他者が、追憶の秩序を運営していくうえで、不可欠の脇役あるいは隠された主役として潜伏しているのである。

四　「あの世」という他者像

筆者は、近代社会の成立には、他者像の構成とともに、もうひとつの重要な契機があったと考えている。それは、死者（の霊）という観念・イメージの再構成という契機である。近代社会は、追憶の秩序を破棄するのではなく、むしろ積極的に再編し、死者に対する記憶や情念を取り込むことで成立する「追憶する社会」ではないか、という見立てをしている（山 二〇〇九）。死者を追憶する社会として近代社会を再編成するうえでも、巫女のような媒介者としての能動的な他者が重要な役割を果たしたのではと考えられるのである。

そこで筆者が着目するのが、荻野が『資本主義と他者』で言及する国学者の平田篤胤による他者像の構成である。江戸期の知識人の思想上に構成されたさまざまな他者像が、明治近代以降の学知による他者像に基本的に連続しているのに対して、平田篤胤が構成した他者像は、それらとは異なっているからである。

平田篤胤の思想の特徴は、「あの世」に異常なまでの関心を示し、それらに関する知識を熱心に収集した点にある。篤胤は、それらあの世に関する知識の収集と並行して、「鬼神」の実有を証明する意図を持って幾多の書物を著している。

荻野は、この点について、神隠しに遭ったという少年寅吉の話を平田篤胤が聞き書きした『仙境異聞』のような書物も、「結果的に世界に関する知識を構成することにつながっている点」において、「他者像を構成する試み」と述べている（荻野 一九九八：八八）。

「あの世」に関する知識の収集も他者像の構成とすると、特に、江戸末期の一時期に平田派の国学者たちが各地で類書を集中的に著した点を考慮するならば、その後に登場する近代国家の他者像とはどのような関係にあるのか、また彼らが構成した他者像はどのような意味を持つのかを考える必要がある。それは死者への想像力が、近代国家の他者像の構成に果たした役割を明らかにするためにも必要な作業である。

以上のような関心から、筆者は平田派の国学者であり、神官であった宮崎大門が著した『幽顕問答鈔』という、大門がみずから行った憑きもの落としの際に憑依霊とのあいだで交わした「対話」の一部始終を記録したテキストを分析したことがある。ここでの関心に沿って概略を紹介してみよう（山 二〇〇九）。

この事例では、大門は憑依霊との対話の過程で、憑依霊自身がみずから語るように、それが自殺した旅人の霊であり、真実の人の死霊であると認めたために、結果的に、祓い落とすべき憑きもの（動物霊）を見失いながら、憑依霊である死霊が身体を離れて解決されるという奇妙な屈折が生じていた。このようなことが生じる理由は、大門が共同体の追憶の秩序に根差して儀礼を執り行いながら、一方では、「あの世」の知識を収集しようとする国学的知識人であったからである。つまり、大門は、巫女と同様に共同体の追憶の秩序に沿って儀礼を執り行う媒介者でありながら、同時に思想的な関心から追憶の秩序に微妙に手を加えて再編する能動的な他者なのである。

以上の検討から見えてきたのは、大きくふたつの点である。ひとつ目は、平田派による「あの世」という他者像の構成の役割である。

篤胤は『霊能真柱』において「抑人の死て、魂の行方の安定は、今も古も世に有とある人の、心にかかる事と見えて」と述べる。つまり、死は貴賎や貧富の差を越えて万人に共通する問題であると篤胤は認識していたのである。荻野によれば、死を前にした平等の認識が人間概念の抽出を可能にし、これによって日本も西欧をはじめとする外国も同じ人間という同一性の認識を前提としてそれらを他者像として構成することが可能になったのである（荻野 一九九八：一四四）。

同様に、大門が持ち込んだ人の死霊と動物霊の区別の意味も明らかとなる。篤胤が死霊の存在を媒介として外国人との間に同一性としての「人」を設定したように、大門は霊的存在という同一性を設定したうえで、動物霊と人の死霊と間に差異を持ち込む。そして人の死霊のみを真実とし、動物霊を虚偽として退けることで、死霊を媒介として動物とは異なる「人」という概念を分節化しているのである。その後、この虚偽とされた動物霊による憑依は、近代医学の登場により、精神医学的対象へと囲い込まれていき、一方、真実とされた人の死霊（あるいは死者の記憶という形式）は、近代国家においても根強く存続することになるのである。

ここには近代国家が構成するふたつの他者像が登場している。ひとつは「外国人」「未開人」であり、もうひとつは、後に精神医学的対象となる他者像である。この事例の特徴は、「あの世」の表象を経由することで、「人」という同一性を分節化し、これらふたつの他者像を可能にする条件を生み出している点に求めることができる。

平田派の国学は「あの世」の表象という迂回路を取りながら、結果的に「人」という同一性の概念を析出し、近代国民国家の他者像の構成を可能にする条件を創出していた。近代国家における他者像の構成が、その自己確立において不可欠な条件をなしているとするならば、死者への想像力が近代化によって破棄されるのではなく、むしろそれを積極的に利用することが、近代国家という新たな共同体の成立にも必要な条件をなすのではないかという予測を立てることが可能となる。

もうひとつ見えてきたことは、共同体の追憶の秩序と同時により広い社会性（言説空間）の場の両方に関与可能な能動的な他者、このような意味での媒介者としての知識人の存在を対象化し、その独自の役割や創造性を積極的に捉えていくことの重要性である。このような媒介者としての知識人が新たな他者像を構成することによって、既存の社会的区分を破壊し、新たな社会的区分を創造するのである。

五　媒介的知識人

以上のような媒介者である知識人の役割に着目することによって、その後、筆者は「媒介的知識人」という概念を提唱することになる（山　二〇二〇）。

筆者は、災害および過疎からの地域復興をテーマに、現地の役場職員や住民有志と協働しながら、一方では、地域復興・まちづくりの活動に外部支援者として実践的に関与し、他方では、エスノグラフィックな調査研究の一環として、約一五年以上にわたり現地とのかかわりを続けてきた。その過程で気づいたのは、地域復興やまちづくりの現場には、必ずと言っていいほど、特徴的な性格を持った担い手が存在している点である。このような担い手を筆者は「媒介的知識人」と名づけている。重要なのは、外部支援者である研究者が、その支援を可能にするためには、地域のなかの「媒介的知識人」を発見し、彼らと協働することが、きわめて有効であり、むしろ必須の条件であると考えるようになった点である。

ここでひとつの事例の概略を紹介してみよう。筆者は二〇〇九年より徳島県西部に位置する東みよし町にて、現地の役場職員や住民有志と協働しながら、まちづくりの実践的研究を行ってきた。この町の真ん中を、吉野川が流れており、北側の山間部（旧三好町）に位置する法市集落は、二〇〇九年七月末現在で、戸数は一五戸で二九人であったが、現在は、その半数ほどになっている。

この集落では、注目すべきふたつの活動を行っていた。この集落は平地と道一本でつながっているため、豪雨や豪雪などの災害によって、道路が寸断され、孤立集落化する可能性が高い。そのため集落の自治会長が、非常時の飲用水の確保のために、貯水タンクを設置した。さらに自力で自分の土地を切り開いて、最終的には町役場や県庁、さらに自衛隊の協力まで引き出して、救助用・緊急医療用のヘリコプターが着陸するためのヘリポートを造成していた。

もうひとつの活動は、八〇年以上も使われていなかった、人形芝居用の農村舞台を改修し、人形芝居の復活公演を実現したことである。その後、人形芝居だけでなく、近隣住民の趣味の音楽グループや阿波踊りのグループも出演する地域芸術祭に発展し、毎年、集落の住民によって開催されていた。

芸術祭の開催と防災活動は、担当する役所の部署も違えば、これを扱う学問分野もそれぞれ異なっている。しかし、住民にとっては、どちらも集落を守るという点では同じ目的を持った活動である。というのも芸術祭の表面的な目的は、過疎化が進む集落を盛り上げることにあるが、集落の自治会長の狙いは、近隣地域からやってくる出演者や観光客と縁をつくり、災害時に備えて、集落の外部に支援者をつくることにあるからである。彼は、新しい祭りを創出することで、外部とのネットワークを築くための仕組みをつくったのである。

これらの活動を企画、実行してきた集落の自治会長に注目したい。彼は、まず属性として、高校卒業後、都会に出て大企業に長年勤務した経験を持っている点が注目される。出身者であるがゆえに、地域に戻ってきても比較的受け入れられやすく、企業勤務の経験から、役所と折衝し、地元地域に有益な事業を探し出し、書類を作成して申請するなど、テクニカルな面での作業が比較的容易である。また、企業での管理職の経験は、住民組織の運営に活かされていると考えられる。

以上のように、地域社会の内部にいて、有益な情報や資金、人材を外部から調達できる、ある種の知識や技術を持った人物を、前述のように「媒介的知識人」と筆者は名づけている。役場や商工会にも、このような「媒介的知識人」が存在し、筆者は外部支援者として、彼らの協力を得ることによって、多様なまちづくりの取り組みが可能となったのである（山 二〇二〇）。

おわりに

以上のような「媒介的知識人」を描いた話として捉えられる説話を、荻野は『遠野物語拾遺』から引用している。

天人児が水浴びをしている隙に、魚釣りに来ていた惣助が、その衣装を持って帰ってしまう。天人児は朴の葉をまとって、惣助に衣装を返すように頼むが、惣助はあまり珍しいものなので、殿様にあげてきたとうそをつく。天に帰ることができないとしばらく泣いていた天人児は、惣助に田を三反歩ほど貸してくれるように頼む。天人児はそこに、蓮華の花を植えて糸を引き、機を織り始めるが、その間に、惣助は衣装を本当に殿様に献上してしまう。やがて、天人児は曼荼羅という機を織って、惣助にこれを殿様にあげるように頼む。殿様は曼荼羅を大変珍しがり、天人児に望みがあれば何でも申し出るように告げる。天人児は殿様への奉公を申し入れ、殿様は喜んでこれを受け入れるが、いざ御殿に入ると、何もせずにふさいでいるばかりである。そのうち夏になり、土用乾しのときに、惣助に盗まれた衣装を見つけると、天人児は、隙をみてこれを身に付け、六角牛山の方へ飛んで行ってしまう（柳田 一九八九：一七五―七六）。

この説話について、荻野は、新蔵の家に富をもたらす娘と天人児を対比させて、前者がもともと家の身内であるのに対して、後者は村の外部に位置する存在であると指摘し、天人児について「村を通過していくさまざまな人々が昇華された姿」と解釈をしている（荻野 一九九三：一二）。しかし、娘と対比する場合、むしろ注目したいのは、天人児ではなく、村人のひとりである惣助である。惣助は、天人児の衣装という珍しいものに価値を認めて、持って帰るという好奇心旺盛な能動的な他者である。また持って帰った天人児の衣装を通じて、村にとっての聖なる空間である六角牛山を他者像として構成している。この点においても能動的な他者と言うことができる。また、天人児の衣装を村にもたらしている点では媒介者である。また、天人児の要望に応じて、土地を与えて農業をさせて機織りをさせている。その意味でも、惣助は移住者を受け入れ、織物と機織りの技術を村にもたらした媒介者である。そのうえ珍しい天人児の衣装や曼荼羅を殿様に献上する、村を超えた広い社会性、たとえば国や藩と村との媒介者でもある。さらにこれによって、国や藩などの村を超えた広い社会性においても他者像を構成しようと試みる能動的な他者である。

また、惣助が手に入れた天人児の衣装や曼荼羅を殿様に献上する行為は、一方的な贈与ではなく、殿様から惣助へ何らかの褒美があった可能性が高い。その場合、惣助と殿様とのやり取りは、贈与と返礼として語られることになるが、その内実は商品交換であると捉えることもできる。というのも殿様に曼荼羅をあげた天人児の望みを殿様が受け入れているように、惣助に対しても何らかの代価が払われたと想像されるからである。その意味で、惣助は、外部の珍しい物品を仕入れて、殿様に売り渡す、商人のような両義的な他者なのである。しかし、追憶の秩序が恐れる、商人のような両義性が顕在化しないように、贈与と返礼の物語として語られているのである。

つまり、惣助のような村人は商人のような両義的な他者として振る舞うことが可能でありながら、しかし、追憶の秩序に適合するように、その両義性を潜在化させて振る舞っているのである。荻野によれば、資本主義システムが形成されるためには、両義性を兼ね備えた、市場を支える理想的な行為者としての「個人」が他者像として構成される必要があるが、この説話が示しているのは、その前提として、商人のような両義的な他者がその両義性を潜在化しながら共同体のなかですでに活動しているということなのである。

話を戻せば、惣助のように、村人のひとりでありながら、村人一般とは異なった特別な行動を起こすことができる能動的な他者が、村のなかに、わずかながら潜在していることをこの説話は示しているのである。このような媒介者としての能動的な他者の存在によって、とりわけ、村の内部に潜伏している商人のような両義的な他者の存在によって、村の外部から物品を受け入れることが可能となる。

この点に関連して、荻野は次のように述べる。

柳田国男がふれている、京都あたりで仕込んだ金襴の小切れを「弘法様の御衣替えなさった衣切れである」と村人に売りつける旅人の事例は、この解釈があながち、うがったものとはいえないことを示している。なぜなら、旅人が金襴の小切れを売るとき、これを「弘法様」と結び付けているのは、村が、外からの来訪者を誰でも受け入れるわけではなく、すでに村で信仰されている弘法大師のような高僧と関係があるとわかって、はじめて歓待することを窺わせてくれるからである。村人は、村を通過する存在を、神や霊と関連付けて（弘法様は神に相応する）受け入れるわけで、このように外部の存在を理解するシステムが成立していることが、旅人の商いの前提条件となる（荻野 一九九八：一一一―一一二）。

以上のような荻野の説明を、ここでの関心から補足すると次のようになる。まず、弘法様の衣切れである、という説明が受け入れられるためには、村人が弘法様について知っていることが前提となる。つまり、弘法様の小切れに価値を見出し、手に入れたいと考える者は、弘法様が価値を有する外部の世界についての知識を保有している者である。しかし、それが外部の世界に関する知識である以上、共同体内部において最初にそれを獲得し、保有する者は、惣助のような媒介者としての能動的な他者のはずである。なぜなら追憶の秩序においては、共同体と関連性のない、外部にあるまったく未知の知識は、みずから能動的に獲得しようとしなければ、原理的には得られないからである。外部にある未知の知識を能動的に獲得し、保有しようと行動する点で、惣助は媒介的知識人の原像と言うことができるだろう。このような媒介的知識人の存在を前提として、外部の知識が共同体内部に取り込まれて共有されることによって、外部の存在を理解し受け入れることを可能にする未知の理解システムが機能することになる。これによって、外部から訪れる旅人の商いも可能となるのである。一方、外部から訪れる旅人も、共同体内部の知識、特に、弘法様が価値を持つような外部の世界に関する共同体の知識を保有していることが、商いの前提条件となるのである。

同様に、研究者のような外部支援者が地域社会に関与しながら、多様な活動をするうえでも、外部から訪れる研究者の存在を理解し受け入れる媒介的知識人の存在が前提条件になると考えられる。一方、研究者も地域社会に関与するためには地域内部の知識を能動的に獲得し、保有することが求められるだろう。

災害や過疎のような現代的課題に悩む共同体にとって、これを乗り越えていくうえで、地域社会の内部に存在する媒介的知識人を発見し、その創造的な役割を積極的に評価し、彼らに活躍の場を提供することが、既存の社会的区分を破壊し、新たな社会的区分を創造すること、すなわち新たな社会を創造する契機となるだろう。

＊＊＊

最後に、荻野の発想の出発点になったエピソードを紹介して、本稿を終えたい。

パリの街をぶらつきながら、とある家具屋の前を通りかかったとき、ＦＵＴＯＮという商品標示が目に止まった。そこには、日本で体操の時間に使うマットレスのようなものが寝具として売られており、私の注意を引いたFUTONが布団であることがすぐにわかった。家具屋や、FUTONが醸し出す異質な「日本的」イメージが、FUTONを寝具商品として成立させるに充分であると判断し、マットレスまがいを商品化したのだろう。これは家具屋の関心が、FUTONが寝具という商品として通用するかどうかということだけで、FUTONが正真正銘の布団であるかどうかは、問題ではなかったことを示している。家具屋は、マットレスまがいのものでも、どこか異質な響きを持ったFUTONにすれば、商品として成立すると考えたわけである。私には、このFUTONが、かつて商品交換がまだ例外的な交換形態であったときの商品の姿を垣間見せてくれたような気がした。商品は非日常的世界のイメージと緊密に結びついており、日常生活では出会うことのない「他者」との架け橋をする役割を果たしていた時代…。もちろん、商品経済が一般化すれば、日用品も貨幣によって買うことになり、商品の非日常性は薄れる。「他者」の持つ意味あいも変わってくる。それならば、この他者像の変容を分析することが、資本主義システム確立の契機を理解することに繋がるのではないと考えたのが、この研究の出発点である（荻野 一九九一：八七―八八）。

パリの街をぶらつきながら、FUTONに目を止める荻野の姿は、天人児の衣装に目を止める惣助のような能動的な他者と重なるように見える。既存の社会的区分を破壊し、新たな社会的区分を創造する能動的な他者（革命家のような）とは、荻野自身のことであったのではないか、と思われるのである。

文献

小松和彦、一九八九、『悪霊論』青土社。

Mauss, M.[1950] 1978, "Essai sur le don," *Sociologie et anthropologie*, puf（=有地亨他訳、一九七三、「贈与論」『社会学と人類学1』弘文堂）。

荻野昌弘、一九九一、「資本主義勃興期における他者像（一）――日本の場合」『関西学院大学社会学部紀要』六四：八七―九三。

荻野昌弘、一九九三、「社会的区分の生成と他者像」『社会学評論』四四（三・一二〇）：二九八―三六二。

荻野昌弘、一九九八、『資本主義と他者』関西学院大学出版会。

柳田國男、一九七九、『遠野物語』角川書店。

山泰幸、二〇〇九、『追憶する社会――神と死霊の表象史』新曜社。

山泰幸、二〇二〇、「『媒介的知識人』とは何か」『災害復興研究』一一：八三―九一。


（付記）本稿は、荻野昌弘教授の著書『資本主義と他者』の強い影響のもとに書かれた筆者の著作をもとに、本稿の関心にそって、あらためて検討を加えたものである。そのため一部記述が重なっている点をお断りしておく。この場を借りて、長年にわたる荻野教授の学恩に心より感謝したい。

第2章　高度資本主義社会における死の変容

藤井亮佑

はじめに

本稿は、高度に発達した資本主義社会における死への対処のあり方について、考察することを目的とする。

É・デュルケームの『宗教生活の基本形態』（Durkheim 1912＝二〇一四）における死や死者をいかに対処できるかが社会秩序の維持に関わっているという問題意識には、死の社会学的研究が、死を契機とする社会の破壊の危機について問う研究領域であることが示唆されている。デュルケームの死の集合表象研究では、死や死者の意味という死の象徴的側面を自明視しつつ、死者と生者の社会関係の編成の方法を明らかにしようとした。しかし、高度資本主義社会においては、合理化に基づく死の物象化という特有の条件も踏まえなければならない。そこから、現代社会特有の死別の不条理を明らかにすることが死の社会学的研究が解決すべき課題となるだろう。

現代日本の動向として、死亡数・死亡率の増加が見られる。『令和五年版高齢社会白書』（内閣府 二〇二三）によれば、日本の人口減少は二〇五五年を過ぎるころに一億人を切るペースで進行していると推計されている。人口減少の背景として少子化に加えて関心事となっているのは、戦後ベビーブームによる団塊の世代が七五歳を超えたことに危惧される問題、すなわち、彼らが寿命を迎えることを中心とする死亡数の増加である。死亡数・死亡率は、一九八〇年代から増加し続けてきたが、高齢化の進行にともなって二〇二二年度の死亡数は一五六万八九六一人、死亡率（人口千対）は一二・九となった（厚生労働省 二〇二三：八）。近年顕著となっているこの状況は「多死社会」として周知のことである。

では、この死や死別との関わりが増加していく現代日本社会において、死はいかにして社会的に対処されていくのだろうか。

死に関わる社会現象を捉えるための理論枠組みには、死のゲマインシャフト化と死のゲゼルシャフト化がある（藤井 二〇二二）。この二つは、社会が死を危機とするときの死の処理の方法である「死の社会的処理」として捉えられるものであり、両者は社会的交換の形式の違いからそれぞれ類型化される。

まず、死のゲマインシャフト化は、死への対処をめぐり人びとのあいだで起こるモノの交換形式が、J・ボードリヤールの言う死や死者の意味といった象徴の交換（＝象徴交換〔Baudrillard 1976＝一九九二〕）となっていることがその特徴である。この種の交換では、死者の遺体や死者の残した所有物である遺品には、死者が意味づけられているのであって、そこで介されるモノは使用価値や交換価値の姿としてあるのではなく、死者の象徴なのであり、それを身近に置き、象徴交換をし続けようとすることが、家族や親しい関係者ら残された生者の社会関係をより強固にする。彼らが象徴交換を維持しようとするのは、M・モースが贈与交換に指摘したことと同様に、死者の霊的な力を、モノを通して受け取り、それへの返礼の義務に駆られているからである（Mauss 1923-4＝二〇一四：一一七―一一八）。死のゲマインシャフト化と呼ぶのは、F・テンニースの用語であるゲマインシャフト（家族の共同生活）にこうした特徴が指摘されていることによる（Tönnies 1887＝一九五七〔上〕：五〇―五一）。この類型の例こそ、葬儀の実施や墓の建立などの死者儀礼であり、象徴的に死者を適したモノ・空間への配置させることで、死を解決する。

一方の死のゲゼルシャフト化は、死や死者を物象化し、合理的に交換可能なものとして処理していくことであり、たとえば、死の三徴候（自発呼吸の停止、瞳孔拡散、心停止）などの所見から判断される生物学的死や、行政での死亡診断書に基づく法的死や、死者儀礼の商品化とその消費や、マスメディアやインターネット上での記号として物象化した死が挙げられる。死のゲゼルシャフト化においては死に関わるあらゆることが物象化しており、それらの社会的交換は等価交換によって広く行われる。これはテンニースの言うゲゼルシャフト（公共生活や利益社会）と同様の特徴であることから、死のゲゼルシャフト化と呼ぶのであり、資本主義社会に特有の死の社会的処理である。その過程で、ゲゼルシャフトは、モノの象徴的な作用を覆い隠す。

死の社会的処理の二類型は、死や死者の意味の有無をめぐって、現実のモノや言語にいかに表象されているかを捉える分析枠組みであり、近代社会で死の意味が両義的な状態で存在していることを前提にしている。そのうえで、本稿は以降、単独世帯化という家族生活の変容を捉えながら、死の社会的処理の展開について検討を続けていく。

一　単独世帯化に見る家族生活の変容

近年の世帯動態に着目することは、家族や個人の所有物に起きている近代的変容を捉えるうえで重要である。また、ここで挙げる世帯動向の資料に注視すべきことは、近代化の進展として、ゲゼルシャフトの交換論理の浸透が生活環境の変容にいかに現れているかについてである。

近代的な制度として、死にまつわる諸手続は、家族に割り当てられてきた。波平恵美子は、日本において、遺体の所有権・処分権は法的な議論の対象にならないほど、死亡した人の家族がその処分権を持つと考えられ、実践されていたという（波平 二〇〇五：二二一―二二九）。そして、このことに矛盾なく、民法も、家族を相続者として位置づけている。フランス革命の基本原理に依拠したナポレオン法典は、私有財産制度の対象を特定の誰かではなく、家族に定めた。これに倣い、財産法は相続するのは家族であると定めている。これが現状の家族制度をつくっていく。

　こうした家族による死者の財産の継承に関する制度に対して、注意すべき現代社会の動向が世帯構造の変容である。世帯とは、居住と生計を同一にする集団のことであり「国勢調査」（総務省統計局 二〇二〇、二〇二二）によれば、三世代家族（大家族）や核家族を含む「親族のみの世帯数」は、一九九五年から二〇二〇年の間、横ばいであった。だが、その一方で、単独世帯化と呼びうる単独世帯（世帯人員が一人の世帯〔独居〕）数の増加、および全世帯に占める割合の増加がある。「単独世帯数」は、一九九五年の約一一二四万世帯から、二〇二〇年には約二一一五万世帯（約一・八八倍）になり、その間の一般世帯総数に対する構成割合である単独世帯率も、二五・六パーセントから三八・〇パーセントに上昇した。この一方で、親族のみの世帯率は、七三・九パーセントから六・八パーセントに減少した[1]。

　さらに、多死社会の中心的な要素である高齢者の死と関連することでは、高齢者の単独世帯の顕著な増加がある。六五歳以上の高齢者のいる総世帯のうち、一九八〇年にもっとも多いものは三世代家族であり、約四二五万世帯（高齢者を含む総世帯〔約八五〇万世帯〕に占める割合：五〇・一パーセント）だったが、二〇一九年には、約二四〇万世帯（高齢者を含む総世帯〔約二五五八万世帯〕に占める割合：九・四パーセント）に減少している（内閣府 二〇二一：九）。この期間には、高齢者人口の増加と核家族化による総世帯数の増加を考慮しなければならないが、より詳細に見たとしても、高齢者が子や孫と同居しない傾向は顕著である。高齢者と子や孫らによる二世代以上の同居率は、一九八〇年には七三・一パーセント（約六二一万世帯）であったが、二〇一九年には三八・九パーセント（約九九五万世帯）に減少した。それに対し、世帯数・割合ともに増加したのは、高齢夫婦のみの世帯（一九八〇年：約一三八万世帯〔一六・二パーセント〕→二〇一九年：約八二七万世帯〔三二・三パーセント〕）と、高齢者の単独世帯（一九八〇年：約九一万世帯〔一〇・七パーセント〕→二〇一九年：約七三七万世帯〔二八・八パーセント〕）である。特に高齢者の単独世帯数は、この三九年間で約八倍に増加した。さらに六五歳以上の男女それぞれの人口に対するひとり暮らし（単独世帯）の割合は、一九八〇年には男性四・三パーセント、女性一一・二パーセントだったが、二〇二〇年には男性一五・〇パーセント、女性二二・一パーセントに増加した（内閣府二〇二二：一〇）。

この高齢者の単独世帯化に考慮すべきは、住居や家財道具といった財産を共有する共同生活（ゲマインシャフト）のさなかにない者の死の増加である。その観点からすれば、同じく増加している高齢者夫婦のみの世帯も、この種の死の予備軍である。現代の孤独死への問題意識はここから喚起される。たとえば「無縁社会」（NHK「無縁社会プロジェクト」取材班二〇一〇）という言葉により、まったく身寄りのない人間がただただ消滅するかのような死（無縁死）が指摘されるとともに、人間関係の希薄さが問題視される。中森弘樹は、こうした無縁死の概念の登場が社会から認知されない死にわれわれの関心を向けさせたと説明する（中森二〇一一：一六六）。この視点によるものとして、呉獨立は、孤独死をめぐる社会現象に関して、新聞などの孤独死の言説、実際の団地で行われている活動などに着目し、そこに反動的に共同体やコミュニティが表れることを見た（呉二〇二一）。

孤独死への問題意識が高まる一方で、本研究が明らかにしたい点は、単独世帯化や高齢者のみの世帯の増加が示すような、家族における世代を超えた共同生活の縮小傾向があらわにする家族と死の意味の変容についてである。昨今の世帯の規模の縮小に考えるべきことは、家族の共同生活が、家計の生産の拠点でなくなってきていることである。単独世帯者の生活は、法的には家族であったとしても、世帯を基準にした家計の収入や支出は、個別的・個人的なものになっている。これは現代社会の個別化した生活の実態を示す例であり、そこでは、世帯を分けた単独生活者の消費や蓄財の姿も含めて想像しなくてはならない。すなわち、家族における所有物の非共有が引き起こす死の変化に着目し、分析する必要がある。

二　家族と所有物

（1）家族と共有財産

法的な家族制度の議論においても、家族間の象徴的な連帯が重要視されている。たとえば、川島武宜は日本の家族の基本的構成として、封建的・儒教的精神の表れとしての家父長制や、そこにある権威と恭順・服従（たとえば、孝〔父・母への義〕・忠〔国・君への義〕）などを見ている（川島［一九五〇］二〇〇〇）。これについても、家族間でのモノの社会的交換の論理について着目し、あらためて読み直す必要がある。

川島は、家族が世帯の共同の有無や、構成員の死亡・出生・結婚等による変動でも、生理的血統でもなく、非血統者も包摂する養子制度などに見られる擬制的血統によって存在していることを重視し「『家』の同一性は、姓（氏・家名）および祖先祭祠の同一性によって象徴される」（川島［一九五〇］二〇〇〇：一五五）と述べている。ここで、祖先祭祠が取り上げられているように、川島の議論のなかにも祖先、つまり死者との象徴的な連帯が家族に対して見出されている。そのうえで、家族の営む生活では共有財産をともなって権威や恭順が媒介されることについても忘れてはならない。次に示すのは、川島が家産相続の過程に見出される「恩」を指摘する部分である。

> 家長がその相続人に家産（その中には、先祖代々の特別の家宝や神聖な祭具・墳墓等も含まれている）をゆずりわたすということは、とくに他の兄弟に優先して家督相続人に特権的恩恵を与えることを意味し、したがって相続人は親から特別の「恩」をうけたことになる（川島［一九五〇］二〇〇〇：九五）。

この家族の財産の継承を通して、家族からの恩を受け取るという解釈には、共有財産を介した象徴交換を見ることができる。また、こうした家族間の共有財産を介した象徴交換は、土地の継承にも見られ、柳田国男は、家の概念に対し、先祖の念慮が意味づけられた土地の重要性を指摘する。

家の成立には、かつては土地が唯一の基礎であった時代がある。田地が家督であり家存続の要件であって、その開発なり相伝なりから家の世代を算《かぞ》え始め、必ずしも血筋の源を究めなかったということは、古くは例外も無く、今とてもなお両者を不可分と感ずる者は農民の中には多い。先祖が後裔《こうえい》を愛護する念慮は、もとはその全力が一定の土地の中に、打ち込まれていたと言ってもよかった（柳田［一九四六］二〇一三：八四）。

これらの川島や柳田の議論では、家族生活の連帯は土地や財産など物的環境を通じた象徴交換によって起きていることが示されている。財の貯蓄や、住居の建造にしても、そこには財の入れ物となり土台となる物理的な土地がなければならない。さらに土地の上に築かれる家と成員の間での日常的な所有物の共有と使用に、家族を象徴的に想い起こさせることが、家族の共同生活（ゲマインシャフト）で行われる典型的な象徴交換であり、家族間ではその交換の輪を乱さないことが義務なのである。そして、先祖を身近なものとして生活の場に置いておくこと、いわば死者と暮らすように生活することで、ゲマインシャフトの死の社会的処理の方法である死のゲマインシャフト化を日常的に行うのである。ボードリヤールが「家具の配置は、ひとつの時代の家族・社会の構造を忠実に写すイメージである」（Baudrillard 1968＝二〇〇八：一五）と言うように、代々家族に伝わるものとしての家具は、家族の象徴という社会的意味を持って彼らの住居に存在している。家族の共同生活をめぐる物理的な生活環境それ自体に、死者を含めた家族が意味づけられているのであり、いわば家財の方から象徴交換の義務を訴える強迫観念はやってくるのである。

(2) 私的所有から見る個人化——市場・法

一方で、単独世帯化は、たとえ法的に家族であっても、住居を分かち、個別的に生活する傾向を示している。そうした状態とは、個人による居住空間の専有状態である。もちろん単独世帯には、集合住宅での居住も考慮しなければならないが、単独世帯者が住居（不動産）の法的な所有者と言えなくとも、住空間の実際の専有者であり、そのなかで個人の所有物が蓄積されるのである。すなわち、家族の変容について考えるときには、家族間で非共有となった個人による私有財産が増大する傾向について考える必要がある。

個人主義の成立をめぐる議論において、たえず所有という問題は扱われてきた。まず、この議論の前提には自然状態が仮定されている。これについて、T・ホッブズは、万人の万人に対する闘争と表現した。自然状態のその背景には、人びとが心身の諸能力（肉体の力づよさや精神力・知力）において大差なく平等である点を指摘した（Hobbes 1651＝一九九二：二〇七―二〇八）。こうしてホッブズは、目標達成の希望にも平等が生じ、もしも誰かふたりが欲するものがひとつしかないような場合に、彼らはたがいに敵となって、取り合うような競争をすることとなるのだと説明する（Hobbes 1651＝一九九二：二〇八）。

こうした自然状態に所有の概念を結びつけたのが、J・ロックである。ロックは、ホッブズに指摘された自然状態での人間の心身の諸能力の平等に加えて「平等の状態」という、いわば人間とその環境をめぐる関係に着目し、次のように述べる。「そこでは、一切の権力と権限とは相互的であり、何人も他人より以上のものはもたない。同じ種、同じ級の被造物は、生れながら無差別にすべて同じ自然の利益を享受し、同じ能力を用い得る」（Locke 1690＝一九六八：一〇）。すなわち、環境も含めた自然状態は、誰もなんらの土地の囲い込みも知らず、自然を共有のものとして持つという点で、環境もその財産も平等である。[2] ロックは、こうした自然状態に対して、どのようにして所有権を有するようになったかについて、労働を重視する。まず、自らが身体および活動の所有者であること（身体の労働および手の働きは彼自身のものであるということ）に加え「樫の木のもとで拾ったどんぐり、森の中で木から採った林檎を食べて営養を得た者は、たしかにそれを専用したのである」（Locke 1690＝一九六八：三三）と言うように、労働により自然の共有の状態から何かが取り出され、そのひとの私的な所有物となることを例に、労働を契機として所有権が生まれるという（Locke 1690＝一九六八：三三一―三四）。そして、労働によって耕された土地から得た食物などの財産を腐らせずに、一生自分のものとして保存すること、すなわち、財を永続性のあるものへと変換するために、貨幣の使用が始まり、この財産使用の自由の保持・拡大のために、法と国家があるという（Locke 1690＝一九六八：五二―五四）。

こうしたロックの議論を用いて、R・カステルは、近代的個人の姿とは、まず所有者としての個人であり、その個人の支えこそ私的所有であって、それにより個人は独立するという（Castel 2009＝二〇一五：三八八―三九二）。ここでカステルは、近代化にともない所有が個人の内実を保障してくれるとして、近代初期には私有財産を持つことは市民であること（その地位も含めて）の条件であったと述べている。また、カステルは、その一方で、持たざるひとは個人ではなかったとして、たとえば、物乞い、浮浪者だけでなく、日雇い人夫や雑役夫、苦役の人びと、その日暮らしの人びとらは、最低限の独立を備えた生活を送り、自分に対して責任を持ち、他者に働きかけることができないので、全面的に社会的な安全を欠いた状態に置かれていたと説明する。

議論を整理すれば、まず、私的所有の確保が近代社会における生活の確保とも重なっていることが前提にあり、そして、その私的所有を支える社会では、法・国家によって、私有財産の交換の自由が確保されている。つまるところ、これは貨幣の自由な交換（等価交換）に基づく社会であるゲゼルシャフト（公共生活、利益社会）を前提とする。

こうした点を踏まえ、C・マクファーソンは、所有的個人主義を論じた。マクファーソンは、その基礎的仮定として「人は彼自身の身体の独占所有のおかげで自由かつ人間的であること、そして人間的社会は本質的には一連の市場関係であること」(MacPherson 1962＝一九八〇：三〇四）と説明する。また、マクファーソンは、所有者としての個人を基礎とする社会関係が、市場関係となっていることを重視し、これを所有的市場社会と呼びつつ、次のようにも説明している。「所有的市場社会における個人は、彼自身の身体の所有主としてのその資格において人間である。彼の人間性は、彼が他人たちとの自利にもとづく契約上の諸関係以外のいかなる関係からも自由であることに依っている」(MacPherson 1962＝一九八〇：三〇六)。このように、マクファーソンが言う市場関係における自由とは、貨幣が保証する取引の自由である。そして、重要なことは、個人による市場取引を前提としていることである。こうした社会では貨幣によって交換されたモノ（商品）が個人の所有物となっていくのであり、その商品の流通する市場という環境こそが私的所有における所有物の起源なのである。

三　所有物へのゲゼルシャフトの論理の浸透

労働や市場関係の発達からなる私的所有に対して、F・エンゲルスは次のように家族関係の変容を危惧していた。

労働がまだ未発達であればあるほど、労働の生産物の量が、したがって社会の富が限られていればいるほど、社会秩序は、それだけますます圧倒的に血縁紐帯《ちゅうたい》によって支配されるものとして現われる。しかし、この血縁紐帯をもとにした社会編成のもとで、労働の生産性がますます発展し、それにつれて私的所有と交換、富の差、他人の労働力を利用する可能性、それとともに階級対立の基礎がますます発展してくる（Engels 1884

＝一九九九：一一二)。

ここには、個人の所有物の起源が市場となるにつれ、家族が生産や財産の起源ではなくなることで、家族の存在意義が喪失することが指摘されている。これを恐れた例として、網野善彦によれば、中世日本では商取引が人びとの生活圏内で行われず、世俗と縁の切れた「無縁の場」(河原、中洲、浜、坂、山の根など)に市庭《いちば》を設けなければならなかったのであり、そうでなければ、あとくされなく商品を交換することができなかったという(網野二〇一七：二二六)。網野の例に見るべきことは、象徴交換というゲマインシャフトでの秩序編成に関わる交換の形式に対し、私的所有を保護し増大させる法と市場の論理(＝ゲゼルシャフトの等価交換)がゲマインシャフトのなかにまで浸透することが、ゲマインシャフトの秩序の不調和を生むようになると危惧されていたことである(3)。

同様の観点から、近代における死を前にした家族と所有物の関係に変化が捉えられる。Ph・アリエスは「個人主義の最も際立ったしるしは、私見では遺言書である」(Ariès 1975＝二〇〇六：二四七)として、一八世紀に起きた遺言の変化について言及している。アリエスによれば「一三世紀から一八世紀まで、遺言は、各人がその心底の考え、宗教的信仰、おのが愛する物や人や神への愛着、おのが魂の救い、おのが肉体の安らぎを確保するため決定したことを、しばしば非常に個人的なやり方で表明する手段だった」(Ariès 1975＝二〇〇六：五五)のであり、すなわち遺言は教会組織や家族の側の忘却に対する防御のためにあった。しかし、アリエスは一八世紀なかごろには、遺言から慈善行為の条項、墓所の選定、ミサや礼拝の設定などが見られなくなり、今日のような財産の分配の法的な証書だけのものになり、その一方で、口頭によって自分の感性、信仰心、愛情を伝えるようになるなど、遺言が法的機能のみに特化するようになったことを指摘する(Ariès 1975＝二〇〇六：五六―五七)。これにより、所有物は法制度に基づく保護の対象物として見られるようになる。家族の役割は、看取ると同時に死者が残した財産を引き継ぐこと（死者からの財産の贈与を受け取ること）でもあった。しかし、遺言に表れた法制度による私有財産の保護は、家族の所有物とともにあった象徴交換を骨抜きにする展開へと進んでいったのである。

所有物が法制度上の産物へと移り変わることで、家族は共有財産に対する日常的な象徴交換の義務から解放されていくとともに、ゲマインシャフトから離れる自由を得て、多くの人びとが郷土を離れ、賃金を求めて移動し、単独世帯化は進んでいく。Z・バウマンがリキッド・モダニティというように、流動性の高い近代社会では「個人的生活の終着点に到着するまえに、目的地は激しく、何回も変更される」（Bauman 2000＝二〇〇一：一一）。ここでは、生産の拠点が家族ではなく、個人となり、移動する個人はそのたびに居住空間を獲得し、生活の拠点と生活用品を確保するということを繰り返す。こうしたなかで蓄積される所有物は、家族との共有のない、個人の専有からなる私有財産である。ここで所有物はゲマインシャフトとの帰属関係を失い、その一方で、ゲゼルシャフトとの関係を深める。

四　高度資本主義社会の死の社会的処理

これまで、単独世帯化や核家族化に見るゲマインシャフトの縮小の内実について、所有物に対するゲゼルシャフトの論理の浸透に着目することによって、所有物を介した象徴交換の有効性が失われてきたことを見てきた。こうした観点からすれば、市場や法に見るようなゲゼルシャフトと接合した生活を維持するために、つまりは、高度に発展した資本主義社会への適応として、できるだけ他者とモノを共有せずに生活し、日常的な象徴交換を避ける傾向の極限として単独世帯化がある。核家族化の時点ですでに現れていたことであるが、世代ごとに世帯を分かつということは、親のような年長者を生活空間から排除するということである。寿命に近づくことで死を身に帯びる他者の排除、これは近代社会の死や死者の排除と関係している。すなわち、他者との共同生活をやめていくことで、生活空間から死や死者の意味を排除しているのである。すなわち、ゲマインシャフトへの経済観念の浸透は、生産年齢（一五歳以上六五歳未満）を超え、端的に先祖とのつながりを象徴的に示すようになった親世代の年長者に関心を向けさせず、むしろ、核家族化および未来の生産者であり消費者である子への投資に関心を向けさせる。

これらを背景として考えるべき現代社会の死別や看取りの問題が、遺品の処理である。ゲマインシャフト（共同生活）においては、死者の意味を身近な家財道具に見出すこと、いわば先祖の遺品と暮らすことが、成員の生活をつなぎとめていた。一方で、単独世帯化に見るべきは、その死の前の時点で、生活空間から他者と共有する所有物がなくなることである。

高度資本主義社会の私的所有においては、私有財産の起源が市場であることや、財産の管理・保護が法制度の対象とされていることで、死者の看取りや後始末においても、市場や行政が担う側面が顕在化する。法制度上、第一に家族が財産を相続することになっているが、家族が引き取りを放棄した場合、行政がその処分を執行している。まったく引き取り手のいない死亡者の法手続きが「行旅病人及行旅死亡人取扱法」（明治三十二年法律第九十三号）に定められている。行旅死亡人とは、行旅中に死亡した者もあるが、住居で亡くなり身分証明書があった場合でも、本人と断定できず、遺体や遺品の引き取り手がない死者を指す。行旅死亡人の遺体は、市町村によって火葬（または埋葬）され、遺骨が保管されるとともに（第七条）、死亡者の遺留物も市町村が保管することと制定されている（第一二条）。そして、市町村（自治体）は、官報を通じて、行旅死亡人の発見状況や身体的特徴、その他、場合によっては住所や氏名などの個人を特定できる情報を提示し、遺骨や遺留物の引き取り手を探す。行旅死亡人には、ほとんど遺留品のない者もいるが、その逆もある。たとえば二〇二〇年四月二六日、兵庫県尼崎市の住宅で孤独死した状態で発見された七五歳前後の女性は、財産として三四八二万一三五〇円を所持していたが、引き取り手が現れないために行旅死亡人として官報に報じられた。[4] 行旅死亡人をめぐっては、単に行き倒れのような死亡状況が問題となっているのではなく、定住し、自宅で生活していた者の孤独死もその対象に含むのであり、その行旅死亡人の遺骨や遺留物といった財産の処理という問題が付随しているのである。

行旅死亡人のような引取り手のない遺骨にかかわる制度のうち、火葬後の遺骨の扱いについては、具体的な取り決めがないがゆえに、自治体ごとに判断が異なる。行旅死亡人の遺骨をそれぞれの地域にある無縁墓地で納めておく場合（たとえば、高知県四万十市〔二〇二三年七月一三日 官報掲載〕）が見られる一方で、法律や条例が未整備であるにもかかわらず静岡県浜松市ではおよそ五〇〇人分の遺骨の処分があるなど、一部の自治体では遺骨の廃棄処分が行われている（NHK取材班 二〇一九：四〇）。こうした状況において、行政側から遺骨整理業者へ遺骨の買い取りを依頼することが相次いでいる。ある遺骨整理業者は、遺骨や灰を引き取ったあと、銀歯やボルトなどの金属品を専門のリサイクル業者に買い取ってもらい、残りの遺骨類を、約一六〇〇度で溶かし「スラグ」という土壌の有害物質を吸着する黒い手のひら大の石に変えるという（NHK取材班 二〇一九：四一―四二）。こうした遺骨の処分に関しては、そのほかにも、依頼者にかわって遺骨を預かり、海などで散骨を行う散骨代行サービスも現れている（NHK取材班 二〇一九：七七―七九）。また、遺品の処理の担い手として興隆する業種が遺品整理業である。

こうした行政と市場による遺骨と遺品の処分に特徴的に見られるのは、死の社会的処理のなかでも物象化した死の合理的な処理の手続きである死のゲゼルシャフト化であり、これらには高度資本主義社会の死の社会的処理の実態があると言えよう。またここで同時に考えるべきことは、遺族や親密な関係者であるゲマインシャフトの不在である。これらの事例ではもはや、遺骨や遺品といった死者の痕跡に死者の意味を見出すことができるかどうかというゲマインシャフトの苦悩が、消滅してしまったかのようである。こうした死別におけるゲマインシャフトの撤退を前提に、自分自身の死が彼個人にしか関与しなくなるような死の個人化について検討を進めていくことが、現代社会の死の社会学の課題ではないだろうか。

注

（1）社会学では、家族変動に影響を与える諸要因として、工業、商業を基盤とする近代社会において都市的地域への移動が促進されたことに加え、人口学的要因として一九二五―一九五〇年出生コーホート（同時出生集団）が親世代に比べ人口が二倍であったことから、親の家族から分離し、核家族化が進んだと説明されることがある（園井・浅利・倉重編 二〇二二：一九）。

（2）なお、このロックの説明には、キリスト教における神のもとの平等という考えがその前提に含まれており、人間はただ一人の全知全能なる創造主の作品であり、その送り主なる神の所有物であって、同様の能力を付与されているのに加え、みな同じ自然を共有財産として持っているという（Locke 1690＝一九六八：一二）。

（3）網野は、商取引が世俗から離れ、人知を超えた自然という聖なるものに結びついた空間で行われなければならなかったことから、そこで交易を生業とする商人や商工民や職人が神仏との関わりを持たなければならなかったことを含めて、中世における宗教の広がり（たとえば一遍などのすぐれた宗教家の輩出）を指摘している（網野 二〇一七）。

（4）この行旅死亡人の例については、追跡調査が行われ、その内容はルポルタージュとしてまとめられた（武田・伊藤 二〇二二）。

文献

網野善彦、二〇一七、『日本中世に何が起きたか――都市と宗教と「資本主義」』ＫＡＤＯＫＡＷＡ。

Ariès, Ph., 1975, *Essais sur l'histoire de la mort en Occident: Du moyen âge à nos jours*, Seuil(=伊藤晃・成瀬駒男訳、二〇〇六、『死と歴史――西欧中世から現代へ』みすず書房)。

Baudrillard, J., 1968, *Le système des objets*, Gallimard (=宇波彰訳、二〇〇八、『物の体系――記号の消費』法政大学出版会)。

Baudrillard, J., 1976, *L'échange symbolique et la mort*, Gallimard (=今村仁司・塚原史訳、一九九二、『象徴交換と死』筑摩書房)。

Bauman, Z., 2000, *Liquid Modernity*, Polity Press (=森田典正訳、二〇〇一、『リキッド・モダニティ――液状化する社会』大月書店)。

Castel, R., 2009, *La montée des incertitudes: Travail, protections, statut de l'individu*, Seuil (=北垣徹訳、二〇一五、『社会喪失の時代――プレカリテの社会学』明石書店)。

Durkheim, É., 1912, *Les formes élémentaires de la vie religieuse: le système totémique en Australie*, Félix Alcan (=山崎亮訳、二〇一四、『宗教生活の基本形態――オーストラリアにおけるトーテム体系』筑摩書房)。

Engels, F., 1884, *Der Ursprung der Familie, des Privateigenthums und des Staats: Im Anschluss an Lewis H. Morgan's Forschungen*, Verlag der Schweizerischen Volksbuchhandlung (=土屋保男訳、一九九九、『家族・私有財産・国家の起源』新日本出版社)。

藤井亮佑、二〇二二、「死のゲマインシャフト化/ゲゼルシャフト化――遺品整理業の作業事例にみる死の社会的処理の類型」『ソシオロジ』六六(三):四一―五八。

Hobbes, T., 1651, *Leviathan, or The Matter, Forme, and Power of a Common-Wealth Ecclesiasticall and Civill*, Andrew Crooke (=水田洋訳、一九九二、『リヴァイアサン 二』岩波書店)。

川島武宜、[一九五〇] 二〇〇〇、『日本社会の家族的構成』岩波書店。

厚生労働省、二〇二三、「令和四年(二〇二二)人口動態統計月報年計(概数)の概況」(https://www.mhlw.go.jp/toukei/saikin/hw/jinkou/geppo/nengai22/dl/gaikyouR4.pdf、二〇二四年五月九日取得)。

Locke, J., 1690, *Two Treatises of Government*, Awnsham Churchill (=鵜飼信成訳、一九六八、『市民政府論』岩波書店)。

MacPherson, C., 1962, *The Political Theory of Possessive Individualism: Hobbes to Locke*, Oxford University Press (=藤野渉・将積茂・瀬沼長一郎訳、一九八〇、『所有的個人主義の政治理論』合同出版)。

Mauss, M., 1923-4, "Essai sur le don: Forme et raison de l'échange dans les sociétés archaïques," *Année sociologique*, N.S., tome1, 30-186 (=森山工訳、二〇一四、「贈与論――アルカイックな社会における交換の形態と理由」『贈与論 他二篇』岩波書店、

五一―四六六）。

内閣府、二〇二二、「令和四年版高齢社会白書（全体版）」（https://www8.cao.go.jp/kourei/whitepaper/w-2022/zenbun/04pdf_index.html、二〇二二年六月二一日取得）。

内閣府、二〇二三、「令和五年版高齢社会白書（全体版）」（https://www8.cao.go.jp/kourei/whitepaper/w-2023/zenbun/05pdf_index.html、二〇二四年五月一〇日取得）。

中森弘樹、二〇一一、「『無縁死』概念の社会学的意義――死の社会学におけるその位置づけをめぐって」『社会システム研究』一四：一五七―一六八。

波平恵美子、二〇〇五、「死の『成立』、死体の処分、死者の祭祀をめぐる慣習と法的環境との齟齬」『法社会学』六二：一九―三〇。

NHK「無縁社会プロジェクト」取材班、二〇一〇、『無縁社会――〝無縁死〟三万二千人の衝撃』文藝春秋。

NHK取材班、二〇一九、『さまよう遺骨――日本の「弔い」が消えていく』NHK出版。

呉獨立、二〇二一、『「孤独死現象」の社会学――実在、言説、そしてコミュニティ』成文堂。

園井ゆり・浅利宙・倉重加代編、二〇二二、『第四版 家族社会学――基礎と応用』九州大学出版会。

総務省統計局、二〇二〇、「平成二七年国勢調査 最終報告書『日本の人口・世帯』統計表三六 世帯の家族類型（一六区分）別一般世帯数、一般世帯人員及び一世帯当たり人員 全国（平成七年―二七年）＊平成二二及び二七年調査の家族類型」（https://www.e-stat.go.jp/dbview?sid=0003411761、二〇二〇年六月一一日取得）。

総務省統計局、二〇二二、「令和二年国勢調査 就業状態等基本集計」（https://www.e-stat.go.jp/dbview?sid=0003450661、二〇二二年六月二一日取得）。

武田惇志・伊藤亜衣、二〇二二、『ある行旅死亡人の物語』毎日新聞出版。

Tönnies, F., 1887, *Gemeinschaft und Gesellschaft: Grundbegriffe der reinen Soziologie*, Fues（=杉之原寿一訳、一九五七、『ゲマインシャフトとゲゼルシャフト――純粋社会学の基本概念』岩波書店）。

柳田国男、［一九四六］二〇一三、『先祖の話』KADOKAWA。

第3章　破壊と保存の社会学
――文化遺産論からの社会理論のために

小川伸彦

はじめに

文化遺産とは、何かを「保存」することに関わっている。ゆえにそれは本書のテーマである「破壊」とは一見無縁に思われるかもしれない。しかし本稿で見るように実際には保存と破壊は表裏一体と言えるほどに深く結びついている。

そこで以下では、「破壊」にかかわる諸現象を社会学がこれまでどのように扱ってきたかをまず概観し、次に文化遺産をめぐる多様なフェーズにおける保存―破壊関係について具体例を挙げつつ整理・分析したうえで、最後にそれらの作業を通じて見出される文化遺産論と社会理論の関係の考察につなげたい。

一　破壊と社会学理論

そもそも社会学とは何か。多様にあり得る答えのひとつとして、社会的な秩序問題を扱う科学、という規定が可能であろう。パーソンズを経てホッブスへと遡上し得るこの問題圏の根底にあるのは、そもそも人間とは放置しておけば万人の闘争へと向かう存在であり、何らかの仕組みや装置（例：国家・社会契約・規範の内面化・相互作用儀礼の遂行など）によってようやくその闘争状態に歯止めがかかっているのだという社会／人間観である。

達成された秩序が崩れ、まさに破壊された状態が「闘争」や「無秩序」とされるわけだが、〈そもそも何が常態なのか〉という問いを立てると、興味深いことに気づく。というのも、この社会観に基づけば人びとは放っておけば闘争状態に傾くのであり、何らかの仕組みによって脆くも維持されているのが秩序だということになるからである。つまり、エントロピー理論を引き合いに出すまでもなく、無秩序こそが本来のあり方であり、常態であるとさえ言えるのである。文学や映画などさまざまなジャンルにおいて、人間の命や生活が崩壊に追い込まれる状況や、逆に、他者を破滅に追い込もうとする側のあり方がつぶさに描かれ、破壊や悪の不可避性やそこに潜むある種の魅力に目が向けられてきたのも、無秩序へと不可抗力的に引き戻されてしまう人間存在の姿に正面から向き合った結果であろう。

ただし、不可避であり原理的に常態だからとしても望ましいとされるわけではない。社会学において、「破壊」の具体的諸相は、たとえばシカゴ学派の場合であれば「社会解体（disorganization）」という概念で理論的に可視化され、さまざまな調査研究が積み上げられていった。日本でも、環境社会学や社会的ジレンマ論の文脈で、「社会の自己破壊性」という視点が提起されたことがある（舩橋 一九九八）。

社会学の語彙の財産のなかにおける「破壊（destruction）」概念の関連語としては、ほかにも「カタストロフ／大災厄（catastrophe）」がある。地球規模のカタストロフ的課題への検討を哲学的に展開したものとしては、J・P・デュピュイの一連の著作があり「賢明なカタストロフィスム」論（Dupuy 2002=二〇一二）などが展開されている。しかし同じフランスのカタストロフィー論でも、社会学者H・P・ジュディの「カタストロフへの欲望」論

（Jeudy 2010）の方が人間存在のより深い部分を探索していると言えよう。

社会学以外の分野においても、災害論や地球環境論などにとどまらず、破壊論はさまざまに展開されてきた。たとえば都市空間論や歴史学などにおけるヴァンダリズム研究やラッダイト運動論なども破壊がテーマである。さまざまな時代・地域で起きた革命の研究も既存体制の破壊現象を論じるものであり、さらに言えば、マルクスやマルクス主義等における革命理論も実践的破壊論として読み直すことができよう。ミクロな位相においては、自傷行為や心理的外傷などのテーマを扱う心理学的な研究も破壊論の一種である。

一方社会学諸理論の別の鉱脈においては、秩序の一時的解体こそが次の秩序創造への途である、という理解も存在する。これを代表するのが、デュルケームの「集合的沸騰」概念であろう。『宗教生活の基本形態』で論じられたように、人びとが忘我の状況にいたり、日常の秩序原理が停止するような沸騰状態こそが聖なるものを生み出し、その尊重が共同的紐帯の維持に資する、というのがデュルケームの考えだ。

もちろんこれに対しては、反論も可能だ。つまり、一定の秩序の範囲内で想定通りの沸騰や狂乱が生じているにすぎないのであり、真の破壊などは起きていない、という解釈や批判である。たしかにそのような面はあろう。しかしそうではあっても、一見破壊的に見える状態に何かの創造的意義を見出したという意味で重要な視座であることにはかわりはない。デュルケームよりさらに遡るが、たとえばヴィクトル・ユーゴーの「秩序の味方たる無秩序」（『レ・ミゼラブル』第五部第一編第二〇項）というフレーズはまさにその象徴的な表現である。また、デュルケーム以降においては、G・ギュルビッチの深さの社会学の諸層のうちの「沸騰的・革新的・創造的集合行動」やR・ジラールの集合暴力概念などにその着想は見てとれる。

これ以外に社会学や人類学の研究蓄積において重要なのは、M・モースが『贈与論』（Mauss 1923-4＝二〇一四）において展開したポトラッチ論である。

周知のようにそこでは、部族の首長同士が気前良さを競い合う贈与合戦がエスカレートし、クライマックスにおいて生じる破壊が描かれる。「消費と破壊は本当に際限がない」（同書：二一四）「ポトラッチは戦争なのだ」（同書：二一九）、ポトラッチは供犠でもあり「重要なのは物を破壊して、それを霊に引渡すことである」（同書：二二〇）など、モースの論述には鋭い着眼や印象深いフレーズが多くある。

そのポイントは、対他的な暴力の行使ではなく、もっぱらみずからの財産が破壊されるという点にある。〈こんなに貴重な自分の宝を惜しげもなく壊してしまうほど自分は気前がよいのだ〉という演劇的行為による他者の圧倒がポトラッチにおける破壊なのである。相手が乗ってきたカヌーなど他者の財産が破壊される場合もあるが、それも、あとでもっと良いカヌーをプレゼントするという気前良さの表現のためである。

ポトラッチとは、自己の一部である所有物を徹底的に破壊することによって相手の面子を潰し「ぺしゃんこにする」（同書：二二五）という二重の破壊であり、屈折に満ちた行為形態だ。しかしこのように手の込んだ破壊によってもたらされるのは、破壊的な結果ではまったくない。それどころか、自分や一族の名誉（同書：二一三）の保持や増強がめざされているのであり、自己の「保存」が究極的な目的となっている(1)。

このように破壊と保存は意外と近い位置にある。これらを踏まえ次節からは、文化遺産をめぐる破壊と保存について見ていきたい。

二　破壊がもたらす保存——開発とアイデンティティ

「はじめに」でふれた通り、文化遺産の保存や保全は、実は「破壊」と深いつながりがある。それは、保存すべきものが壊されてしまったというような一見わかりやすい関係だけではない。両者は複雑にからみあっている。そこでまず本節では、〈破壊が保存をもたらす〉というパターンを見ていきたい。

（1）事例

文化遺産保護の歴史は、破壊事象の歴史とともにあったと言っても過言ではない。遺跡や古い建造物の「保存」が問題となるとき、まるで二枚貝の片割れのように登場するのがこの「破壊」の二文字である。

まず考古学の分野において、遺跡の破壊は常に大きな問題だ。たとえば、戦前から戦後かけて長年考古学界を中心的に牽引してきた考古学者のひとりである末永雅雄の「眼前に破壊される遺跡を見殺しにするわけにはいかない」（末永　一九九〇）といった言葉は、その状況を如実に物語る。

具体的な事例として有名なのは、今日百舌鳥古墳群と呼び慣わされている地域にあるイタスケ古墳の場合であろう。[2]私有地であった同古墳は、開発業者に売られ宅地造成のために破壊されようとしたが、反対する市民運動が広がり、最終的に自治体（大阪府堺市）が古墳を買い取って、その後、史跡指定された。現地にある案内碑文[3]には、「昭和三十年、宅地造成に伴う削平計画とともに起こった保存運動は市民運動にまで発展し全国の文化財を守る保存運動の先がけとなった」とある。

その後、関西に限っても、たとえば難波宮保存運動が大きな裁判にまで発展するといった動きがあったが（難波宮跡訴訟記録保存会編　一九八〇）、それらの原点にあるのがこのいたすけ古墳の事例と言えるのである。なお堺市博物館では、二〇一五年に保存運動六〇周年を記念した企画展が開催されたが、その展示企画の名称は「イタスケ古墳を護ろう――破壊から保存、そして世界文化遺産へ」であった。副題にある「破壊から保存、そして世界文化遺産へ」のフレーズは、まさに本稿のテーマと呼応するものである。

破壊と保存の相即的な関係は、遺跡だけにとどまらない。たとえば一八七一（明治四）年五月二三日付で出された布告「古器旧物各地方ニ於テ保存（いわゆる〈古器旧物保存方〉[4]」には次のような当時の現状認識が冒頭に示されている。

古器舊物ノ類ハ古今時勢ノ變遷制度風俗ノ沿革ヲ考證シ候爲メ其裨益不少候處自然厭舊競新候流弊ヨリ追々遺失毀壞ニ及ヒ候テハ實ニ可愛惜事ニ候條各地方ニ於テ歴世藏貯致シ居候古器舊物類別紙品目ノ通細大ヲ不論厚ク保全可致事（後略）（傍線引用者）

現代の言葉で要約するなら、「昔といまの変遷や制度・風俗の沿革を考証するために少なからず役立つ古器旧物の類が、旧いものを嫌がり新しさを競い合う風潮によりどんどん遺失し毀壊していくのは非常に残念なことである。ついては、各地方に蔵しているものを別紙の品目リストに従って細大もらさず手厚く保全するように」となるだろうか。

ここに言う「古器旧物」とは、祭器・古玉宝石から古仏像並仏具や化石まで計三一種の文物を指す。建造物が入っていないことを除けば非常に包括的なものである。時期は「神代ヨリ近世」、範囲は「和品舶齎ニ不拘」とあり、海外からのものでもよいとされた。

この布告の背景のひとつが破壊運動としての廃仏毀釈である。江戸から明治に時代が移り、一八六八（明治元）年三月にいわゆる神仏判然令が出された。この布告の正式名は「神号々仏語ヲ用ヒ或ハ仏像ヲ神体ト為シ鰐口梵鐘等装置セシ神社改正処分」であり、そこには「仏像を神体としている神社は改め、本地などと唱えて仏像を社前に掛けたり鰐口・梵鐘・仏具等を置いている場合ははやく除けよ」という趣旨の条があった[5]。ここに含まれていた「早々取除可申事」という七文字が、以後、全国で苛烈に進展した廃仏毀釈という破壊運動の引き金を引いたと言える。明治初年以来の開化意識の広がりも相まって「厭舊競新候流弊」が強まり、「遺失」や「毀壊」といったかたちでの破壊が行われ、それに呼応して「保全」を呼びかけたのが、まさにこの古器旧物保存方であった。それはまさに破壊が保存をもたらすというパターンの典型例である。

ほかにも、時代がやや下るが、一八八六（明治一九）年には岡倉覚三（天心）が、「美術保存ニ付意見」として次のような檄を飛ばしている。

京都奈良高野幷ニ滋賀県下ノ諸寺院ニ就キ絵画彫刻等考究ノ際最モ小生ノ注意ヲ喚起シタルハ美術保存ノ方法是ナリ蓋シ今日通常ノ寺院に在テハ（第壱）美術ノ如何ナルヲ知ラス（第弐）美術保存ノ必要ナルヲ知ラス（第参）美術保存ノ資力ナキヲ以テ大家ノ製作モ破毀損滅スルノミナラス往往商賈ノ手ニ帰スルモノアリ今日ニシテ其保存ニ着手セサレハ我日本ノ名誉タル東洋美術品ハ数年ヲ出スシテ散失滅亡シ悔ユルモ亦及ハサルニ至ルヘシ豈注意セサルヘケンヤ保存ノ方法大体二種アルヘシ（岡倉 一九九三〔傍線引用者〕）

ここでは、「美術」がキーワードである。絵画彫刻等を保有する寺院がその価値について蒙昧で財源もないために、「大家ノ製作モ破毀損滅」や流出の危機に瀕しているという認識を展開しつつ、「保存ノ方法」が提起されている。これもまた破壊への危機意識が保存への志向を引き寄せている例と言えるだろう。

戦後においては、一九四九年に起きた法隆寺金堂壁画の焼損が翌年の文化財保護法制定の引き金となったという事例が、破壊が保存をもたらすシークエンスの典型例である（小川 二〇〇五）。また、世界に眼を転じても、たとえば、世界遺産保護制度が創設されるきっかけ自体に破壊が関わっている。広く知られているように、ナイル河畔のアブ・シンベル神殿の水没の危機をひとつの契機としてユネスコにおいて協議が深まり、「世界遺産」という概念と条約の策定が進められたからだ。さらに遡れば、「武力紛争の際の文化財の保護に関する条約」（一九五四年）なども破壊事象が保存制度を引き寄せた事例のひとつである。

（2）開発とアイデンティティ――〈破壊がもたらす保存〉をもたらすもの

これらを見渡せば、破壊と保存の関係においてまず生じるのは何か引き金となる「事件」であることがわかるだろう。その流れは、〈破壊する行為・事件→その発覚→反破壊の行動・運動や立法→保存への動き〉と整理できる。ここでの破壊の原因は多岐にわたる。列挙してみると、自然によるもの（風化や災害）・各種の造成・戦争・価値や意識の更新、などである。

ただし、ここから破壊の要因が単に多様であるという結論を導き出すだけでは不十分だろう。非常に多彩な破壊のタイプがあるように見えていても、大きく把握するならば、戦争に起因するもの以外は、すべてなんらかの意味で「開発」に関係があると言えるからだ。

狭義の「開発」は、日本であれば高度成長期などにおいて、宅地開発やインフラ整備が進むなかで、考古学的な遺跡が破壊されるようなものだ。また廃仏毀釈や旧さを厭い新しさを競うような流弊（＝前述の古器旧物保存方より）など、支持されてきた価値の大幅な入れ替え現象も広義での「開発」だ。

したがって、そのような原因による「破壊」に抗して「保存」が唱えられ追求されるのは、狭義および広義での「開発」への異議申し立てと解釈できる。ではなぜそこまでして「開発」に抗するのだろうか。

煎じつめれば、その駆動因は、「集合的なアイデンティティ」の確認・維持にあると言えそうだ。ここでの集合性の範囲は、地域社会であったり、国家であったり、人類であったり多様ではあるが、共通するのは、過去への参照によって確認される何らかのアイデンティティ保持の論理が、現在や未来のための「開発」に対置させられている、ということだ。ここで参考になるのは、長年にわたり文化遺産論の分野をリードしてきた地理学者D・ローウエンサールが『遺産十字軍』において述べる次の部分である。

ここ（文化遺産化の進展）には一連の現象が関わっており、その前提や約束や問題はまさしくグローバルなものである。これらの現象は、自分が家族と疎遠になったり、家族が地域社会から孤立したり、地域社会が国から疎外されたり、現在の自分たちが過去の自分たちから隔てられるといった事柄を引き起こしている。こうした変化は生活のさまざまな側面、つまり寿命の伸びや、家族の解体、家庭環境の喪失、早まる陳腐化、大量虐殺、大量移民、技術に対する恐怖心の高まりによるものである。これらは、未来に対する期待を損ねる一方で、過去の再認識につながり、多くの人々の間に、自分たちには遺産が必要であり、その遺産のおかげであるという見方を浸透させている……喪失と変化に悩まされている私たちは、安定の名残りにしがみつくことで、かろうじて自らの姿勢を保とうとするのだ。（Lowenthal 1997: ix〔カッコ内および傍線は引用者〕）

傍線を施した部分が、まさにアイデンティティ保持の動きである。もちろん、開発とアイデンティティは論理的には相容れないものではない。一九七〇年の大阪万博のように、「進歩と調和」の成果が人々の新しい自己同定のイメージを提供する場合もあるだろう。しかし、未来に明るさを見出しにくい時期におけるさまざまな開化・開発の波に対しては、破壊されようとしている過去にアイデンティティの拠りどころを求める動きが強まるのである。(6)

三　〈保存の破壊〉と〈破壊の保存〉

ここまでは、〈破壊がもたらす保存〉について見てきた。続く本節では、まず〈保存の破壊〉に焦点を当て、さらに〈破壊の保存〉事象の検討へと論を進めたい。

(1) 保存の破壊——イコノクラスム

〈保存の破壊〉とは何か。これを本稿では、何らかの主体が大切に「保存」しようとしている文化遺産的な事物を、別の主体が意図的に毀損しようとする行為を念頭に置いている。これを広義に解して、対象が指定された文化遺産でなくとも、ある主体が高い価値を付与しているもの一般が破壊される行為全般にまで広げれば、前節の話題とも地続きとなる。

ここで参考になるのが、ブリュノ・ラ・トゥールのイコノクラスム（聖像破壊）をめぐる議論である。彼は論考「聖物衝突」において、宗教に限らず、科学や政治を含んだ聖像への批判的・破壊的態度のあり方を大きくA型からE型の5タイプに分類している（Latour 2009=二〇一七）。

【聖像破壊的な所作の分類】

A型：すべての像（image）に反対する

B型：像に反対するのではなく静止像の注視に反対する

C型：まったく像には反対ではないが敵の像には反対である

D型：意図せずに像を破壊する

E型：聖像破壊者をも、聖像愛好者をもどちらも信用しない

これは一見したほど単純な分類ではなく、AもBも結局Cなのではないかなど、ラ・トゥールの論述は複雑に入り組んでいる。しかしさしあたり本論を展開するうえで注目すべきは、破壊の根拠に少なくとも二種類あるという点だ。

仮に命名するなら、ひとつは反image型であり、もうひとつは反敵対者型、と言えよう。前者は像（image）という存在そのものを否定することが目的であるような破壊であり、ラ・トゥールの分類ではA型である。一方後者は敵対者を否定するさまざまな方途のひとつとしての像の破壊である。これはほぼラ・トゥールのC型に相当する。別の表現をするなら、前者は像の破壊自体が目的であるような破壊という意味で〈破壊目的型〉、後者は相手を否定するための手段として破壊がなされるという意味で〈破壊手段型〉と名づけ得るものであり、このように表現すれば両者の違いは、形式的には明確となる。

しかし現実には、このふたつのタイプは排他的ではない。つまり〈破壊目的型〉でありかつ〈破壊手段型〉でもあるという二重性を有した行為が実際にはある。近年の代表的な事例がバーミヤン大仏の破壊だ。

よく知られているように、これは、二〇〇一年三月にアフガニスタンで当時政権を掌握していたイスラム勢力タリバーンが、支配地域内のバーミヤン渓谷の岩壁を穿って作られた巨大な大仏二体を徹底的に破壊した行為である。なぜこのようなことが起きたのだろうか。そしてそれは何をもたらしたのか。以下では、破壊と保存の文脈でこの事案を詳しく検討しているR・ハリソン（Harrison 2013=二〇二三）の論を参考に、検討しておこう。

まず、「なぜ」についてであるが、これには大きく三つの見方があると整理できそうだ。ひとつは宗教的な原理

に基づく反偶像崇拝的動機である。この証左として各種の論考が当時の報道などから[7]しばしば引用するのは、アフガニスタンの最高指導者ムッラー・モハメド・オマルが二〇〇一年二月二六日に語ったとされる次の言葉である（これを動機Xとする）。

この国のすべての像は破壊されねばならない。なぜなら、これらの像は以前にもイスラム教の信者以外によって偶像や神々として扱われてきたからである（Harrison 2013=二〇一三：二一七）。

しかし次のような、資金の流れの優先順位を変えさせる必要性を訴える語りもあったとされる（これを動機Yとする）。

隣で子どもたちが栄養失調で死んでいるのに、彫像（の保存や修復のため）に金が流れているのなら、それは有害なものであり、だから私たちはそれを破壊するのです（同書：二一八、カッコ内引用者）。

さらに、グローバルでポリティカルな次元では、次のような解釈もかなり流通している（これを動機Zとする）。

タリバーンがバーミヤンの仏像を破壊するという決定は、仏像そのものではなく、一般には世界遺産、そして特には世界帝国主義の象徴としての国連に向けられたイコノクラスムの一形態である（同書：二一九）。

上に示したタイプ分けに照らせば、動機Xは反image型（＝破壊目的型）であり、偶像のひとつである大仏を破壊すること自体が目的だ。動機Ｚは、国際政治における示威行動や存在証明の一環としての破壊であるから反敵対者型（＝破壊手段型）である。興味深いのは動機Ｙであろう。西欧社会の眼を地域の困窮に向けさせるためという意味では手段だが、資金の流れを付け替えさせるという意味では、他のものではなくまさにその大仏こそを破壊する必要があり、大仏破壊は単なる手段ではない。一方、一見は目的型に見える動機Ｘにしても、宗教的信念を追求・実現しようとする指導者の確固たる姿勢を示すことによって国内からの政治的支持を調達することが目論まれていたのならば、大仏の破壊は最終目的ではなく手段であったということになる。

とにかくこの事例で重要なのは、破壊行為が目的型と手段型に大別できるということ、および、その区別は実践のフェーズにおいては複雑にからみあうということである。では大仏の破壊行為は何をもたらしたのか。この点は、第四節（２）で扱うこととしたい。

（２）破壊の保存――負の遺産と廃墟趣味

〈破壊の保存〉とは何か。以下では、いわゆる負の遺産の保存のことを中心に論じつつ、廃墟趣味にもふれたい。負の遺産に関する研究はかなりの蓄積が内外にある（Tunbridge and Ashworth 1996：竹沢編 二〇一五ほか）。それらを踏まえつつ、破壊というキーワードを動員して諸事例を俯瞰することで見えてくるものは何だろうか。

たとえば広島には、「原爆ドーム」として保存されている旧広島県物産陳列館のむき出しの姿があり、原爆資料館に展示された三輪車や黒こげの弁当箱などが破壊の瞬間をいまに伝えている。周知のように原爆ドームは世界遺産に登録されているが、ユネスコはそれを次のように位置づけている。

原爆ドームは（中略）人類がこれまでに作り出した最も破壊的な力の際立って強力な象徴であるだけでなく、

世界平和とすべての核兵器の究極的な廃絶への希望も表現しています。[8]

ほかにも、第二次世界大戦に関わる負の遺産は世界中に広がっている。たとえば原爆投下の一年以上前、一九四四年六月にナチスによって焼き討ちされ、多数の村民が殺害されたのは、フランスの田舎町オラドゥール＝シュル＝グラヌである。いまも現地では当時の惨状がそのまま保存され、記憶のための施設（Centre de la mémoire d'Oradour）も作られている。そのウェブサイトには設立の趣旨について次のようにある。

一九四四年六月一〇日土曜日：平和なリムーザンの町オラドゥール・シュル・グラヌの生活は、武装親衛隊ダス・ライヒ師団の一部による残忍で組織的かつ計画的な行動により、数時間で破壊（anéantie）された。このような行為はいかにして実行され、準備されたのか？　いわゆる解釈センターを創設することによって、この特定の記憶を確立する時が来た。このセンターは、保存された殉教者の村のかけがえのない感情的で記念的な側面を完成させるものである。[9]

戦争だけでなく、災害の記憶・記録や継承も〈破壊の保存〉である。たとえば、被災地の範囲が広大な東日本大震災の場合、「震災遺構」という言葉そのものが構築されるという現象が生じ（小川 二〇一五）、それと並行しつつ非常に多くの地域で石碑の建立・遺構の保存・伝承館といった施設の整備がなされていった。その数は、カウント方法によって二五〇件とも三五〇件ともされる。[10]　そしてそのなかには、南三陸町の次の事例のように、一三年にもわたる長い検討期間を経て、ついに恒久的な保存が決定された遺構もある。

東日本大震災の津波で町職員ら43人が犠牲となり、鉄骨だけの姿となった宮城県南三陸町の旧防災対策庁舎は、7月1日から町が管理する震災遺構となる。[11]

さらに以上のような戦争・災害だけでなく、生命、人生、暮らしや生業を日常の生活の場から奪い破壊するものとしての公害も、たとえば次の水俣のように、各地で記憶・記録・保存・継承されている。

水俣病資料館は、水俣病の歴史と現状を正しく認識し、悲惨な公害を再び繰り返してはならないという切なる願いと、貴重な資料が散逸しないよう収集保存し、これを後世へ継承していくことを目的として、平成5年1月に開館いたしました。[12]

ここまで紹介した事例は[13]、負の遺産の諸研究においてもしばしば言及される代表的なものであるが、〈破壊の保存〉という切り口を設定したことで、あらためてひとつの着眼が可能になる。それは、「破壊」にふたつの位相があるということだ。

ひとつは〈モノ〉の側面である。つまり、破壊された〈遺構・遺物や痕跡〉や、破壊行為があった空間そのもの、という位相だ。上に挙げた例のほかにも、災害関係では阪神・淡路大震災関係など各地の保存施設、戦争関係ではナチスの強制収容所や日本では沖縄の戦跡などがその例だ。

しかし、それらの遺構や遺物の保存は、そのモノそのものの保存だけがめざされているのだろうか。この点を勘案すると見えてくるのが、破壊のふたつ目の位相である。それは、〈破壊力〉という位相だ。

モノとして目に見える形で保存されているのは、遺物や遺構である。ではなぜそれらが保存されるのか。それは、それらの可視的なものを通じて見えないものを見えるように可感化するためである。その見えないものとは〈エネルギー〉だ。具体的には、原子力、地震によるゆれや津波をもたらす力のことだ。教訓を継承し、未来への警鐘を鳴らすべき真の対象はエネルギーの炸裂（噴火や地震、核反応エネルギー）に対してである。破壊力そのもの、もしくは破壊の意志を間接的に保存し可視化してくれるのが、遺構や遺物なのである。そして、人為的な破壊である場合、破壊しようという意思もまた負のエネルギーとして認知されていることになる。

なお、〈破壊の保存〉を論じるうえで本来扱うべきもうひとつのテーマは廃墟である。たとえば、一八世紀の英国における廃墟趣味（木村 二〇一四：三五—三九）やロマン主義文学における廃墟への憧憬などが重要なテーマだ。社会学系の廃墟論としては、ジンメルの「廃墟」（Simmel 1919＝一九七六）がある。そこでの主役は自然である。人間が時間をかけて上に向かって建設したものを、今度は自然が重力と時間をかけて廃墟という作品にしていくという着想に基づく議論が展開されている。

本稿では廃墟論をこれ以上展開する余裕がないが、いわゆる文化遺産保護との関係についてふたつだけ指摘しておきたい。

ひとつは、右で見た負の遺産の保護における「エネルギー」論と廃墟趣味には一定の親和性があるという点だ。廃墟趣味も破壊をもたらすエネルギーに関心を寄せており、ジンメルの風化論も重力エネルギーを念頭に置いているからだ。

一方、廃墟趣味と文化遺産保護とは大きく異なる面もある。歴史的に見れば、廃墟趣味が文化遺産保護概念の出現にとって事実上の「下地」（木村 二〇一四：三九）を形成したという側面はあるだろう。しかし、保存することで何かを歴史的に確認したり継承したりといった遺産保護的な意図が動因となっているのではないという点で、廃墟趣味や廃墟愛好は文化遺産保護とは異質な指向性を持っている。

文化遺産保護においては、過去を参照・保存することで現在の自己の位置を確認し、さらにそれを未来に継承するという、一連のシークエンスがその根底にある。自己のアイデンティティを確認したり、未来にバトンタッチしたりというような能動性がそこにはあるのだ。一方廃墟趣味は、朽ち果てたものの姿が発する不気味さと甘美さを味わいつつ、人為の儚さなどを感受しようとする繊細でメランコリックな受動性がベースにある。

能動性と受動性。この対比は、破壊や壊れることという現象一般が人間におよぼし得る作用や反作用の形式に、大きくふたつのパターンがあることを示唆している。

四　保存がもたらす破壊——三つの位相

破壊と保存の関係を考究するうえでの、最後の論点は、〈保存が破壊をもたらす〉というパラドキシカルな状況についてである。

(1) 保存がもたらす物理的破壊

事物の物理的な側面で保存が破壊をもたらす事例は少なくない。文化財保護の分野における近年の代表的な事例は、高松塚古墳壁画の劣化問題であろう。

奈良県明日香村において「飛鳥美人」などと大々的に報道された極彩色の壁画が発見されたのは一九七二（昭和四七）年である（小川 二〇一三）。その後、異例の速さで古墳は一九七三年に特別史跡に指定され、さらに壁画は翌一九七四年に国宝となった。発見後、現地で文化庁の管轄のもと保存管理されてきたが、文化庁が二〇〇四年に出版した写真集『国宝高松塚古墳壁画』およびそれに関する報道で、壁画へのカビの発生や退色が深刻な状況であることが広く知られるにいたった。これを受けて、石室の解体による壁画の修理が決定され、二〇〇七年にはすべての壁石をバラバラにして修理施設に移すという前例のない大工事が行われた。一二年かけて二〇二〇年に壁画の修復が完了し、その後は修理施設で期間を区切って公開されている。巨大な手術室のような空間に全一二枚の分厚い壁石が壁画を上にしてずらりと横たわる様子を、見学者はガラス越しに眺めるのである。

一連の経緯を本稿のテーマに照らして読み解くならば、重要なポイントはふたつあるように思われる。

ひとつは、文化財的遺物の保存技術や保存体制の問題だ（国立文化財機構奈良文化財研究所 二〇二三：大脇 二〇二一ほか）。

出現時の壁画は、一三〇〇年ほどを経たものにしては、あまりにも鮮明な状態であった。そのまま保存するにも適切な前例がなく、さまざまな知見を総合しながらも手探り的に進めるしかなかったのである。

さらに、遺物（この場合は壁画）そのものにいかなる保存処理を施すか／施さないか、だけでなく、それが置かれる環境の保全も重要になってくる。具体的には、温度・湿度の管理や、雨水・樹木の根・昆虫等の生物・空気中に含まれる細菌など侵入する可能性のあるさまざまなもののコントロールである。これについても正解があるわけではなく、過去の経験や実践例から最善と思われる方法を割り出していくしかない。そのような保全策を講じたうえで同時に重要となってくるのは、モニター体制の構築だ。生々しい状態で出現した遺物を現地保存する場合には、中長期的にその状態をモニターし続けることが必要だが、一方で、モニター行為自体が対象を傷める可能性もある。実際に、人間が石室内に入っての検査は、外部から湿気や細菌を持ち込む原因になったり、修復作業中のミスで壁画面を損傷するなどのことが生じたのである。

ふたつ目の重要なポイントは、「発見」自体が有する破壊性である。一三〇〇年間鮮明に保たれてきた壁画の状態が、三〇年ほどで著しく劣化した原因は、大きく見れば、現代人に発見されたからだとしか言いようがない。古い時代にすでに盗掘があり人間が中に入ったにもかかわらず、それは壁画の大きな劣化の原因にはならなかった。一方、一九七二年以降に状態が大きく変化したのは、考古学という科学知からの要請によって何人もが繰り返し入室して執拗に記録や調査をしたり、その後も、単なる密封・埋め戻しではなく、保存や管理の名のもとに必要に応じていつでも入室できるような設備状況に置いたことが、大きな原因なのではないだろうか。

より一般化して捉えれば、これは特に考古学という学問においては避けがたい事象である。発掘という行為自体が、土地のひとつの層を記録保存しつつ破壊して、より深い層へと探査を進めるという、ジレンマに満ちた営みだからだ。非侵襲的な地中調査法などもさまざまに工夫されているようだが、原理的に言えばやはり大きなジレンマを抱えた学問であることに変わりはない。

ただしこれは、考古学だけに特有の現象ではない。日常生活においても、触る必要がなかったお宝を、つい綺麗にしようと（＝保全）磨いているうちに壊してしまったというような経験をしたひとも少なくないだろう。保全・保存行為は常に破壊と隣り合わせなのである。

（2）保存による認識上の転態

保存がもたらす第二の破壊は、目に見えない認識上の変化である。たとえば古社寺保存法（一八九七〔明治三〇〕年）や文化財保護法（一九五〇〔昭和二五〕年）による国宝や重要文化財の指定・保存制度の導入がその例だ。筆者は以前、以下のように論じたことがある。

仏像を聖なる存在と考えるならばこのような指定は宗教の領域にとって負の意味をもつ。なぜなら……、文化財指定とは宗教的価値に対する俗なる尺度の制度的導入に他ならないからである。それは、つぎの二つの意味で俗の介入である。

1. 宗教的価値を、他の様々な文化的ジャンルの一つに過ぎないものとして相対化する
2. 宗教的な事物どうしの価値関係を、俗なる尺度によって、「重要文化財であるか／ないか、国宝であるか／ないか」というように再序列化する（小川 一九九一：一二三）

聖なる存在であった仏像が、国宝に指定されることは慶賀すべきことのように見えているが、実際に起きているのは、文化財的秩序への転送・組み込み作業であり、本来あった文脈は破壊されている、ということである。

先ほど例に挙げたバーミヤン大仏の場合はどうか。ハリソン（Harrison 2013=二〇一三）は、かなりの紙幅を割いて「不在ヘリテージ（absent heritage）」という概念を提起し、議論を展開している。これは、「毀損または解体された建造物やモニュメントの、亡霊のような痕跡を積極的に保全すること」という概念であり、アメリカ・マンハッタンの9・11で破壊された貿易センタービル跡地にあるモニュメント（＝水を湛えた巨大な方形の窪み）などもハリソンはその例として挙げている。

そして、バーミヤン大仏の場合、次のことが生じたという。

皮肉なことに、ユネスコと西洋の文化的物質主義の原則を損なうことを意図したタリバンによる仏像の破壊は、仏像が脅威にさらされていなかった場合に達成できたであろう以上の成果を世界遺産とユネスコのグローバルな覇権にもたらした。かつて仏像のあった空虚な岩壁の窪みは、ユネスコと世界遺産の世界的なシンボルとなった。いわば、世界的な遺産イニシアチブの必要性と、後期近代のグローバル化がもたらすリスクに対する遺産の脆弱性を示す「象徴的な場所（poster site）」となったのである（同書：二三二―二）

つまり、〈保存→破壊→破壊の保存→再破壊?〉と整理できるような循環構造がそこにはあるのだ。

ここで注意が必要なのは、〈破壊の保存〉というフェーズが、破壊されたものの復元・保存だけを意味するのではない、ということだ。もちろん、火災で破壊された首里城やノートルダム大聖堂の場合であれば、保存の主眼は復元にある。しかしながらバーミヤン大仏の場合、再建は試みられているが完遂はあまりにも困難であり、一方岩壁に残った巨大な空隙や復元のための足場は、圧倒的な存在感を持って迫ってくる。たとえ再建は困難でも、破壊された姿にまなざしが注がれ続けることで、その空隙は文化遺産の脆弱性を表現する遺産へと変貌しているというのが右記の引用の主旨である。それは不在性の存在感がもたらすねじれた現象だと言え、ハリソンはこれを「不在の現前（absent presence）」（同書：二三四、二四一、二四八）と呼んでいる。

つまり、ハリソンの言う「皮肉」とは世界的な覇権を握るユネスコの文化遺産保護レジームが、タリバーンの攻撃にもかかわらず、いやむしろタリバーンの攻撃があったがゆえに、一層強化されることになったという意味である。

しかしこの問題を、先ほどの文化財論（＝再序列化や相対化）のロジックで踏み込んで検討するなら、破壊されたバーミヤン大仏は、文化遺産の危機性のいわば生証人となったこと(14)によって、狭い意味での宗教的な彫像ではなくなったと言えるのではないだろうか。大仏の破壊跡が世界中の文化遺産の危機的状況を象徴する存在になったということは、タリバーンの意図した通りではないにしても、大仏がもはや純粋な大仏ではなくなったということである。ユネスコのいわばメッセンジャー役へと大仏が俗なる変身を遂げたのであれば、宗教的な偶像を破壊するというタリバーンの当初の目的はなかば達成されたと言えるのではなかろうか。

破壊後に大仏跡を含むバーミヤン渓谷がユネスコの世界遺産（Cultural Landscape and Archaeological Remains of the Bamiyan Valley）に指定されたことについて、タリバーンの意図が皮肉にも裏目に出た、というような評価がなされがちだ。しかし実際には、ユネスコや西欧的世界が反タリバーンの努力をすればするほど、大仏が文化遺産化・世俗化し、宗教上の位置づけに変化が生じてタリバーンの目的が達成されてしまうという点にこそ皮肉があると言うべきだろう。そして、これほど劇的な例でなくとも、発見と保存の措置が意図せざる認識上の破壊につながる事例は、見逃されているだけで原理的には広汎に及んでいるはずだ。

（3）保存による未来の破壊？

文化遺産を指定し保護するということは、五年後、一〇年後といった近未来において、その事物が消えずに存在することを確実にする、ということである。NHKの番組タイトル『未来への遺産』（一九七四―一九七五年度）に象徴されるように、文化遺産は未来世代への贈り物であると表象されることがある。しかしその維持には経費も発生し、空間的な専有も生じる。遺贈された側の未来世代にとってそれはいわばお荷物になりかねず、どんなにポジティブな遺産であっても一種の債務（＝負の遺産）となりかねないのである。東欧革命で各地のさまざまな旧体制のモニュメントが引き倒されたような事例は記憶に新しいが（菅原 二〇二〇）、逆に言えば、革命的なことが生じたり、贋作であると判明したりしないかぎり、受け取った遺産を破棄することは困難なのだ（von Tunzelmann 2021）。

そのような事態の発生を真剣に考えず、現今世代が「かろうじて自らの姿勢を保とうとする」（Lowenthal 1997: ix）ために、あらゆる事物の保存（＝遺産化）が進められている状況は、未来に手を突っ込んであらかじめわが物にしてしまうという意味で、時間を超えた破壊的所業とも言えるのではないだろうか。

むすびにかえて――文化遺産研究は社会理論たり得るか

これまで筆者は比較的長い期間、文化財保護制度や文化遺産について考えてきたが、そこでめざしてきたのは、単に文化遺産を研究するのではなく、そこを足がかりにしてより根源的な諸問題へと展望を広げていくことであった〔小川 二〇〇六〕。それは、文化遺産研究の社会理論化の試みと言い換えてもよいだろう。

一般に「社会理論」とは、社会や文化の構造・作動様態・変動の諸相を、そこに生きる人びとのあり方と相関させつつ、一定の視座に基づいて一般的かつそれなりの包括性をもって分析し得る枠組みもしくはその視座、であると考えることができる。機械的連帯／有機的連帯、ゲマインシャフト／ゲゼルシャフト、ＡＧＩＬ図式など、骨太の理論枠組みはいずれもこの要件を満たしている。

では、文化遺産論や少子化論、いじめ論、総力戦体制論……といった個別の社会学のテーマは、社会学諸理論や「社会理論」とどのような関係にあると言えるのだろうか。図式的に整理するとおそらく四つほどのパターンがありそうだ。すなわち、ⅰ：個別テーマのあり方やその社会的機能などが社会学の諸理論や着眼によって分析・説明される〔例：文化遺産や記憶の共有は集団のアイデンティティの構築や強化に役立つ、空間の保存や保全は地域へのまなざしのあり方に関係している〕、ⅱ：個別テーマ研究の事例等が既存の社会（学）理論の有効性の検証に役立つ、ⅲ：個別テーマのあり方や動向が社会全体の状態を反映する徴候として読み取れる〔例：文化遺産の産業化の原因論〔Hewison 1987〕、文化遺産信仰と未来への閉塞感〔Lowenthal 1997〕〕、ⅳ：個別テーマ研究の成果が社会理論の新展開につながる新しい問題設定や命題をもたらす〔例：〈物質の社会性・社会の物質性〉・〈変化のコントロールとしての保存〉論〔堀川 二〇一八ほか〕、博物館学的欲望論〔荻野 二〇〇二ほか〕、モノからの社会科学〔Ogino 2023〕〕、の四つである。

筆者がこれまで提示してきた見解の主軸にあったのは、これらのうち、ⅰデュルケームのシンボル論に依拠しながら文化遺産が世俗的な聖物であることを指摘（小川　一九九一ほか）したり、そのことを通して、ⅱデュルケーム宗教社会学の社会理論としての有効性を傍証したりという作業であった。一方で、モノ／枠／語り（例：古いモノ／保護制度／由緒の語り）という三元構造のなかで意味秩序の構築や更新がいかに現象するかという問題意識に基づく研究（小川　二〇〇三ほか）は、ⅰ構築主義的な着想に依拠しつつも、ⅳ社会的世界におけるモノの重要性を再認識しようとするものであった。

では、ここまで展開してきた本稿は、社会理論構築の営みにおいてどのように位置づけ得るのか。ひとことで言えば、それは「間接的寄与」と表現できるだろう。

本稿で示したのは、文化遺産研究の知見に基づく〈破壊と保存の社会学〉のアウトラインである。[15]そもそも本書が開拓をめざす〈破壊の社会学〉という新しいジャンルとは何だろうか。それは単なる諸破壊事象の研究ではなく、社会と人間そのものを「破壊」という鍵概念を生かして包括的に把握するもの、つまり社会理論である。そして文化遺産研究はそこに〈破壊と保存の社会学〉という視角や知見を提供することで、この社会理論の誕生に寄与し得るのである。

そして本稿の検討を通して見出された寄与内容とは、要約すると次の三点になるだろう。すなわち、①破壊が行われたとしてもそれはさらなる保存へと次元を変えて回収されがちであること、②しかしながらそもそも保存そのものが実際には意図もされず察知もされにくい破壊であるケースが少なくないこと、③したがって破壊研究においては、保存現象も表裏一体的に論じることが有効であり必要でもあること、である。これは、文化遺産論のみならず、政治における保守／革新や、芸術・文化の分野なども含むさまざまな領域における破壊的な動向の分析に生かせるであろう。

「自分で自分を分類するなよ　壊してみせろよ　そのBad Habit」というのは近年流行した曲の歌詞である（SEKAI NO OWARI『habit』）。『うっせぇわ』（Ado）などとともに、若い世代の破壊や打破への希求を読み取ることも重要だろう。しかし、より穏やかな歌や表現のほうが何かを破壊している可能性もある。破壊と保存が共犯的に表裏一体であること、そして、保存がときに破壊よりも破壊的であることに常に眼を配っていたいものだ。

注

各サイトの最終閲覧日は二〇二四年七月三一日

（1）ただしポトラッチにおける破壊については、これを消尽的な「供犠」とみなしたり（Bataille 1949=二〇一八：一〇三）、「破滅の欲望」（岩野 二〇一七：七八）といった観点から解釈する論もある。

（2）現在は「いたすけ古墳」という平仮名標記が一般的。

（3）昭和五八年に文化庁・大阪府教育委員会・堺市教育委員会の連名で建立。

（4）国立公文書館デジタルアーカイブhttps://www.archives.go.jp/exhibition/digital/rekishihouko/h26contents/26_3161.htmlより。

（5）布告の全文は国立公文書館のデジタルアーカイブhttps://www.archives.go.jp/ayumi/kobetsu/m01_1868_03.html 参照。

（6）Z・バウマンの「レトロトピア」論（Bauman 2017=二〇一八）も、現代人の個としておよび集団としての過去への回帰現象を多様な観点から分析しており重要である。ローウェンサールの著作はバウマンも引用している。

（7）“Taliban Decree Orders Statues Destroyed,” in *The New York Times*（2001.2.27） https://www.nytimes.com/2001/02/27/world/taliban-decree-orders-statues-destroyed.htmlや、“Comments by the Taliban,” in Online News of *Archaeology*: A *publication of the Archaeological Institute of America*（2001.3.2），https://archive.archaeology.org/online/news/afghanistan/taliban.html

（8）ユネスコ公式ウェブサイト内世界遺産ページにおける登録一覧内のThe Hiroshima Peace Memorial（Genbaku Dome）https://whc.unesco.org/en/list/775 より抜粋し筆者試訳。

（9）Centre de la mémoire d'Oradour のウェブサイトhttps://www.oradour.org/lhistoire-du-centre-de-la-memoireより筆者試訳。

（10）震災伝承ネットワーク協議会事務局（国土交通省東北地方整備局企画部）のサイト（https://www.thr.mlit.go.jp/shinsaidensho/facility/index.html）によれば二二五〇件ほどであり、「3・11伝承ロード推進機構」という団体のカウント（https://www.thr.mlit.go.jp/shinsaidensho/ichiran240207.pdf）では、三三五〇件近くに上る。

（11）共同通信ネット版2024/06/28「南三陸町旧防災庁舎、震災遺構に　13年経て7から恒久保存」https://nordot.app/1179129719894197108?c=302675738515047521。

（12）水俣病資料館公式ウェブサイトhttps://minamata195651.jp/guide.htmlより。

（13）本節では筆者が実際に訪れたことのある事例に絞って取り上げた。

（14）文化遺産についての文化遺産になったという意味で〈メタ文化遺産化〉したと表現できるかもしれない。

（15）文化遺産の破壊については、考古学・美術史学・建築学や博物館学・ヘリテージスタディーズの分野でかなりの研究蓄積がある（Gonzalez Zarandona et al. 2023, Layton et al. 2001 etc.）。それらは破壊への対処やコントロールを目的としたものが多いが、そのなかから社会学的な知見を引き出すことは可能であり、今後の課題としたい。

文献

※　引用は邦訳書のままではない場合がある

Bataille, G., 1949, *La part maudite*, Minuit（＝酒井健訳、二〇一八、『呪われた部分』筑摩書房）。
Bauman, Z., 2017, *Retrotopia*, Polity（＝伊藤茂訳、二〇一八、『退行の時代を生きる――人びとはなぜレトロピアに魅せられるのか』青土社）。
文化庁監修、二〇〇四、『国宝高松塚古墳壁画』中央公論美術出版。
Dupuy, J. P., 2002, *Pour un catastrophisme éclairé: Quand l'impossible est certain*, Seuil（＝桑田光平・本田貴久訳、二〇一二、『ありえないことが現実になるとき――賢明な破局論にむけて』筑摩書房）。
Durkheim, E., 1912, *Les formes élémentaires de la vie religieuse: Le système totémique en Australie*, PUF(＝山﨑亮訳、二〇一四、『宗教生活の基本形態――オーストラリアにおけるトーテム体系（上・下）』筑摩書房）。
Gurvitch, G., 1950, *La vocation actuelle de la sociologie*, tomeI, PUF（＝寿里茂訳、一九七〇『社会学の現代的課題』青木書店）。
Gonzalez Zarandona, J.A., et al. eds., 2023, *The Routledge Handbook of Heritage Destruction*, Routledge.
Harrison, R., 2013, *Heritage: Critical Approaches*, Routledge（＝木村至聖ほか訳、二〇二三、『文化遺産（ヘリテージ）といかに向き合うのか――「対話的モデル」から考える持続可能な未来』ミネルヴァ書房）。
Hewison, R., 1987, *The Heritage Industry: Britain in a Climate of Decline*, Methuen London Ltd.
堀川三郎、二〇一八、『町並み保存運動の論理と帰結――小樽運河問題の社会学的分析』東京大学出版会。
舩橋晴俊、一九九八、「環境問題の未来と社会変動――社会の自己破壊性と自己組織性」『講座社会学12　環境』東京大学出版会、一九一―二二四。
岩野卓司、二〇一七、「マルセル・モース『贈与論』と今日」『明治大学教養論集』五二五：六五―七九。
Jeudy, Henri-P., 2010, *Le désir de catastrophe*, Circé.
木村至聖、二〇一四、『産業遺産の記憶と表象――「軍艦島」をめぐるポリティクス』京都大学学術出版会。
国立文化財機構奈良文化財研究所編、二〇二三、『発見から石室解体修理を経て――高松塚古墳壁画を伝える』国立文化財機構奈良文化財研究所。

Latour, B., 2009, *Sur le culte moderne des dieux faitiches suivi de Iconoclash*, La Découverte（=荒金直人訳、二〇一七、『近代の〈物神事実〉崇拝について――ならびに「聖像衝突」』以文社）。

Layton, R., et al. eds., 2001, *Destruction and Conservation of Cultural Property*, Routledge.

Lowenthal, D., 1997, *The Heritage Crusade and the Spoils of History*, Viking.

Mauss, M., 1923-4, "Essai sur le don: Forme et raison de l'échange dans les sociétés archaïques," *Année sociologique*, N.S., tome1: 30-186（=森山工訳、二〇一四、「贈与論―アルカイックな社会における交換の形態と理由」『贈与論他二篇』岩波書店、五一―四六六）。

難波宮跡訴訟記録保存会編、一九八〇、『難波宮跡の保存と裁判』第一法規。

荻野昌弘編、二〇〇二、『文化遺産の社会学――ルーブル美術館から原爆ドームまで』新曜社。

Ogino, Masahiro, 2023, "Social Sciences from Objects," *Kwansei Gakuin University Social Sciences Review* 27: 1-11.

小川伸彦、一九九一、「制度としての文化財――明治期における〈国宝〉の誕生と宗教・美術の問題」『ソシオロジ』三五（三）：一〇九―一二九。

小川伸彦、二〇〇三、「語りと文化遺産――ある寺院における案内解説の分析より」『研究年報』（奈良女子大学文学部）四七：六一―八四。

小川伸彦、二〇〇五、「事件・シンボル・制度――法隆寺金堂壁画焼損と「文化財」の文化社会学」『奈良女子大学 社会学論集』一二：一一五―一三八。

小川伸彦、二〇〇六、「高松塚・メディア・文化遺産論」『ソシオロジ』五〇（三）：一六一―一六六。

小川伸彦、二〇一三、「高松塚古墳壁画発見報道の文化社会学的分析――新聞記事にみる価値とイメージの生成」『奈良女子大学文学部研究教育年報』一〇：一五―三一。

小川伸彦、二〇一五、「言葉としての「震災遺構」――東日本大震災の被災構造物保存問題の文化社会学」『奈良女子大学文学部教育研究年報』一二：六七―八二。

岡倉天心、一九九三［一八八六］、「美術品保存ニ付意見」『岡倉天心全集三』平凡社。

大脇和明、二〇〇二、『白虎消失――高松塚壁画劣化の真相』新泉社。

Simmel, G., 1919, "Die Ruine," *Philosophische Kultur: Gesammelte Essais*, Alfred Kröner（＝円子修平訳、一九七六、「廃墟」『ジンメル著作集7・文化の哲学』白水社、一三七―一四七）。

末永雅雄、一九九〇、「日本考古学界の概観」『末永雅雄著作集1　日本考古学の概観』雄山閣：四―六（初出は一九六四、『日本考古学年報』一二）。

菅原祥、二〇二〇、「社会主義体制の遺産」木村至聖・森久聡編『社会学で読み解く文化遺産――新しい研究の視点とフィールド』新曜社、一五七―一六二。

竹沢尚一郎編、二〇一五、『ミュージアムと負の記憶：戦争・公害・疾病・災害――人類の負の記憶をどう展示するか』東信堂。

Tunbridge, J. E. and G. J. Ashworth, 1996, *Dissonant Heritage: The Management of the Past as a Resource in Conflict*, Belhaven Press.

von Tunzelmann, A., 2021, *Fallen Idols: Twelve Statues That Made History*, Headline.

（付記）本稿の一部は、科研費（22H00904および23K22175）の助成によるものである。

（謝辞）荻野昌弘先生が、一九九五年頃に文化財と博物館についての国際的な調査研究に誘ってくださったおかげで、筆者は文化遺産に関する社会学的な研究を続けることができました。社会と人間について根源的に考えることの重要性を教えてくださったのも荻野先生です。記して感謝申し上げます。

第4章　破壊を記念する
――リスクに向き合う装置としての原爆ドーム

濱田武士

一　「いま、ここ」で「あの日」に向き合う

いま、軍事侵攻、武力衝突、そして自然災害などによる被害とそれにともなう変動の渦中にある国や地域では、直面しているカタストロフィが再来するようなできごとがこのさき生じると、忌まわしい記憶に襲われることが予期される[1]。実際、多くの社会がそうした事態に直面し、未解決の課題が浮き彫りになるたび、再生の道のりに動揺が生じた。この、未来に及ぶ破壊が生み出す記憶問題は、悲惨な光景が広がる「あの日」にまつわる事物、つまり痕跡への取り組みと深く関わってきた。

二〇世紀、たとえば戦後日本社会では、復興と近代都市化の成長ストーリーが中心であり、古いモノや建造物などは、多くは価値のないものとされた。効率性や生産性重視の価値観のもと、開発により撤去に進む傾向は、あるときまでは一般的であった。冷戦や安全保障問題などは、戦争の余波の顕在化の契機だったが、社会はそのつど繁栄を強く意識して、被害に関する人やことを周縁化した。痕跡も例に漏れず数多くが消失した。

今日、忌まわしい記憶を社会的に忘却するあり方は下火になってはいない。近代の主要な価値観である進歩史観

は揺らいではいないが、一方で悲惨なできごとを見つめていこうとするかのような現象が国内外で見られる。日本社会にあっては、豊かな生活の見直し、平和を前提とした日常の問い直しなどは進んでいるとは言えないが、カタストロフィの発生直後から、記憶問題への強い関心が生じている。

東日本大震災後に生じた、被災の痕跡を「震災遺構」として残していくかどうかをめぐる議論はその一例である。膨大な人数の犠牲者と甚大な被害がもたらされた二〇一一年三月一一日にどう向き合うべきかが問われた。根底には、立場や意見の異なる人びとが悲惨な光景に対して抱いた、「はやく忘れてしまいたい」と「広く伝えていきたい」という対照的な思いがあった。このコンフリクトは、それをどう受け止めていくべきかというイッシューとして現れ、機能不全に陥ったまちやインフラの再建、被災した人びとの心身のケアなどと並んで、災後の復旧期における重要課題のひとつとされた。そして、一部の自治体は、震災遺構の存続決定を下した。

なかでも、岩手県南三陸町の「旧防災対策庁舎」は、ほかとは一線を画していた。四三人が犠牲になった事実を背景に持ち、痛ましさが際立っていたからである。この現場を組み込んだ震災復興祈念公園は、慰霊の場、それに関係者にとっては癒しの場など、多義的な意味を持つ空間になっていく可能性があるがゆえに注目に値する。

もっとも、悲惨なできごとの対象化と記憶化を試みるこの事例も、記憶問題の長期化や深刻化へのオルタナティブの端緒となり、たとえば、震災の余波への関心の維持につながるかどうかは現段階ではわからない。また、何よりも重要な点は、蓋然性が高いカタストロフィの再来への根本的な解決策にはならないことである。

二一世紀のいま、不確実性の常態化ともとれる状況下、現代社会が取り組むべき課題のひとつとして、大規模被害や大きな変動を前提に、近代という時代の歩みを進めていくことが挙げられる。とりわけ、犠牲の現場への取り組みに着目する本稿の目的は、リスクとともに生きる現代の人びとが、いかにしてリスクを受け入れるのかを明らかにすることである。それは、なぜ、「いま、ここ」で悲惨な光景に向き合おうとするのかを問うことである。

二　悲惨なできごとを見つめていくそのさき

日本社会では東日本大震災を契機に、遺構や遺物を災後社会の中心に据えて秩序とその生成可能性を捉えるダークツーリズムや復興のかたちが広く知られるようになった。ただし、そうした痕跡は、一方では進歩史観を重視する立場にとっては、不名誉な経験としてマイナスの意味を持つ。また他方で、実際には被害を体験していない人、アクターが集い、マスメディア等はその重要性を指摘する。悲惨な光景に対する多様な見方は、いかにしてまとまっていくだろうか。

このメカニズムについて、モーリス・アルヴァックスの集合的記憶論を手がかりに、まずはある一時点を概観してみよう。この観点に立つと、痕跡を中心に集団が形成されており、メンバーが悲惨なできごとを見つめ、その存続がアイデンティティの拠りどころになっているありようを認めることができる。

> 場所は集団の刻印を受けており、また集団も場所の刻印を受けている。それだから、集団のあらゆる歩みは空間の用語によって表現することができるし、集団の占有する場所はあらゆる用語の集合にほかならない。この場所の一々の様相、一々の細部はそれ自体、集団の成員にしか理解できない意味を持っている（Halbwachs 1968＝一九八九：一六七）

ここで、引用における「歩み」に着目してみたい。

悲惨なできごととは、犠牲になった人びとの家族、友人、関係者、さらには当時の住民などにとって受け止めることが困難な過去である。それは震災遺構の存廃論議を見れば明らかである。だが、紆余曲折を経て存続に進むケースもある。このプロセスには、合意、葛藤、それに妥協などが含まれ、「旧防災対策庁舎」では、さまざまなアクターを包括する被害集団の構成メンバーに数えられる自治体の決断が大きかった。

ここで重要なことは、「集団」というものについて、アルヴァックスは特に定義していない点である。それは、被害集団を可変的なものとして把握可能であることを意味しており、被害体験の有無とは関係なく、このさき、どのような背景を持つ主体であってもその一員に加わる未来を想定できる。

実際、南三陸町の震災復興祈念公園が開園すると、不特定多数の人びとが集まった。この、犠牲の現場の保存から空間の生産への歩みのなかで注目すべきは、さらに多くが集うことでさらなる相互作用が生じる点である。

ふつう、人びとが一か所に集い、過去に向き合う場面とは、たとえば、記念日や記念行事などである。そこでは、繁栄の歴史が紡がれ、国家などが提示するマスターナラティブが強化される。これに対し、ピエール・ノラは、社会の支配的なストーリーに関して、そうしたアクターによるものとは別の語りや多声性に着目した。「今や大切なのは、過去がわれわれに何を押し付けるかではなく、われわれが過去に何を注ぎ込むかである」（Nora 1992=二〇〇三：四四一）と論じ、記憶の再構築がもたらす新たな秩序や社会変動の把握を試みた。

再び「庁舎」に目をやると、被害集団はその存続以降、集うだけではなく追悼式等を開催した。また、公園建設の経過に見られるように、この集団には国家も復興交付金の支出などにより加わった。こうして、災後に現れた記憶の継承を望む声はローカルにとどまらず、報道や式典などを通じて、世の中に開かれていく道が開かれてきた。

したがって、悲惨な光景に対する見方は、多様な主体が向き合い、マイナスの経験を意味のあるものとすること、つまり記念を通じて、ある記憶の枠組みのもとにまとめ上げられるのではないだろうか。

いまや、カタストロフィとは偶発的にもたらされる事柄ではないとの認識は広く浸透している。日常がリスクと隣り合わせであることに加え、世界各地には犠牲の現場は少なからず存在している。それらのなかには、それぞれの社会や集団がつないできた昔からのモノや場所と同様に史跡に指定されているものもある。近年のダークツーリズムの拡がりを背景に、保存の意義は二〇世紀と比較して理解が進んでいる。

ただ、現代とは進歩史観を基盤にしていることにあらためて着目すると、保存の対象となる事物には、この時代の価値観と矛盾しないまなざしが向けられていることに気づく。悲惨な光景に向き合うことがいまほどは自明ではなかったかつて、にもかかわらずひと、アクターは犠牲の現場にどのような動機で集まったのか。

「いま、ここ」で「あの日」に向き合うさきがけの一例である、広島原爆ドームの保存と広島平和記念公園の建設を事例に、悲惨なできごとを見つめていくそのさきで記憶問題はどう受け止められていくかを見ていこう。

三　悲惨な光景とナラティブ

一九四五年八月六日、人類に対してはじめて原子爆弾が用いられた。広島市中心部は爆風と熱線にともなう火災などにより焦土と化し、死者数は、二〇一九年の広島市の発表によれば約一四万人であった。しかし、ほとんどが灰燼に帰したために実際にどれだけの人びとが亡くなったのかは定かではない。

GHQがその一帯を撮影した航空写真は有名であり、そこに認められる旧産業奨励館の廃墟は、後に「原爆ドーム」と呼ばれるようになった。そしていま、この一枚の写真に見られる様子が日常的である（写真04-1）。

修学旅行生と見られる生徒たち、それに国外から旅行にやってきたと見られる観光客はそれぞれ独立した集団の構成メンバーである。だが、集合的記憶という観点からすると、八月六日の「あの日」を見つめるひとつの集団の成員に数えられる。かつて生存者や関係者が抱いた思いは、いま、グローバルの枠組みに組み込まれているのであ

写真04-1　原爆ドーム前に集う人びと
出典：筆者撮影

る。

それは、原爆ドームがユネスコにより世界文化遺産に登録され、人類にとって後世に受け継ぎ永久に保存していかなければならないモノとして価値が与えられていることに端的に示される。この事例は、たとえ悲惨な光景であっても、それに向き合っていくことが平和の実現に向けたひとつの道である可能性を示唆している。

写真からは現代では珍しくもないありようがうかがえる。しかし、原爆ドームや平和記念公園に集うことはあまりに自明であるため、この現象はほとんど問い直されたりはしない。

本章では、第二次世界大戦後、世界各地での戦争の勃発をはじめ、特に核兵器開発、核戦争、それに原子力政策などにかかわる原子力問題が生じるたびに、市民、自治体、政府、団体、それにマスメディアなど多様なアクターが原爆ドームに向き合い八月六日の「あの日」をもとに行った語り、展示、運動、さらには表現やアピールなどに注目する。このナラティブを通じて、悲惨な光景に対するさまざまな見方が社会的コンテクストに適合して意味を付与され、そのつど立ち現れてきた不確実な状況を規定し、次の現実を生み出していくことを捉えてみよう。

(1) 科学主義のコンテクスト

一九四五年九月、原爆爆心地付近の保存案が現れた。広島県によるこの発表は、日本が当時、科学技術で劣っていた点を敗戦の理由のひとつとしていた国家のナラティブに追随するものであった。通常、悲惨なできごとを見つめていくのは困難だが、この状況下、「あの日」にいったい何が起きたのかを客観的に把握し解明しようとする意識や態度は広島社会に及んでいたことがここに見られる。

こうした動きは、被爆による火傷や負傷とは別に、原爆投下後に広島市に入市した人びとのなかから、身体の不調に悩まされる者が出てきたことも背景にあった。中国新聞は、保存案に対して、「原子爆弾のもつ害毒が相当期間残存することを考慮に入れ」（『中国新聞』一九四五年九月二日）たと見ていた。爆心地付近への立ち入り禁止によって被害の拡大を食い止めようとする経験的知見が、科学的知見に接続する一端がここに示されていた。

そして、復旧の進展は、悲惨な光景へのさらなる焦点化につながった。

それは翌年の広島市の復興審議会に見られた。広島市助役と、ＧＨＱから議論に加わった都市研究を専門とする将校とのあいだで、原爆ドームの措置について意見が交わされた。助役は、ドームに対しては「柵をして一般の人は近寄らせぬ様にする」と述べて、存続に向けた具体的な方策を提示した。将校は「あのまゝで何年持つだろうか、保存したいものである」と要望を述べた。このやり取りでは、多くの痕跡の撤去が進んでいた一方、何人が犠牲になったかも定かでない原爆ドームに対しては希少価値を認めるまなざしが共有されていた。

一九四九年に広島平和記念都市建設法が制定、施工されると、爆心地付近における平和記念公園の建設が開始した。これは復旧期から復興期への移行を示しており、東西冷戦時代の本格化はそれを後押しした。

一九五〇年からの朝鮮戦争は広島県の産業の復興に大きく寄与した（篠田 二〇〇八：一二）。それはまた、原爆ドームへの新たな意味付与の契機となった。ここで現れたのは、歴史的価値を捉えようとするアクターであった。(2) ドームを通じて認められる「惨状」、つまり悲惨な光景は、広く世の中に伝え、平和の重要性を認識する教訓と見なされた。原爆被害にまつわるさまざまな資料を展示する施設は、その構想を具現化することだった。

(2) ナショナリズムのコンテクスト

一九五四年三月、太平洋のマーシャル諸島のビキニ環礁において、アメリカ軍が実施した水爆実験により、付近で操業していた漁船が放射性降下物の「死の灰」に被曝した。この第五福竜丸事件は、新聞報道において、「三度味わった原爆の恐怖」(『朝日新聞』一九五四年三月一七日)として報じられた。一九五二年の占領解除に続き、戦争の余波を顕在化させる事柄であり、日本社会に対してナショナリズムを刺激したのである。

こうした原子力問題は、日本社会に忌まわしい記憶を想起させ、原水爆禁止が社会問題化していく契機となった。ただ、原爆ドームを位置づけた建設計画が進行していた広島平和記念公園が、その運動の拠点となることはなかった。[3] それは、原子力政策の登場と関連していた。

一九五六年五月の科学技術庁の発足は、原子力エネルギーを中心に近代化の促進を図るというねらいがあった。これに対して、広島では、批判や反対の声が高まる可能性もあったが、それを押し止めるできごとが生じた。平和公園を会場に原子力平和利用博覧会が開催され、繁栄の未来の構想が示されたのである。

これに関し、中国新聞の時評では、「生かす科学」というタイトルの印象記が掲載された。そこでは「これまでは殺す科学であったが(中略)生かす科学としてだけ、これが使われることを、(原爆資料から平和利用に関する資料に展示替えがされた原爆資料館の)外に出て、原爆ドームを望みながら思わないではおれなかった」とまとめられていた(『中国新聞』一九五六年五月二七日)。この語りには、人類と原爆の関係は、文明の野蛮さを表面化させる一面があるが、別の面ではそこから教訓を引き出すこともできるがゆえに、日本が先頭に立って世界に平和を訴えていくべきだという当事者意識がうかがえる。[4]

加えて、一九六二年のキューバ危機もまた、原子力問題に関わるできごとに違いなかった。ソ連のキューバにおける核ミサイル基地の建設が発覚し、アメリカがカリブ海で行ったキューバの海上臨検実施により、米ソ間の緊張が高まり、世界各国は核戦争の勃発を懸念した。このような状況は、日本社会にとっては、敗戦と原爆被害の経験をネガティブからポジティブに捉え直し、再生を発信する機会となった。

一九六四年開催の東京オリンピックは、戦後復興を世界中に示す象徴的なできごとであった。とりわけ、聖火リレーでは、走者が原爆ドーム脇を進むことで犠牲の現場の存続が世界に示された。また、同年一二月、分裂していた数々の平和団体は、保存を目標に団結し、広島市長に要請を行った。[5] 人類に対して原爆ドームこそが平和の重要さをアピールできるとする見方が一定程度まとめあげられたともいえる。

(3) 社会運動のコンテクスト

広島市は一九六六年一一月、原爆ドームの保存運動を開始した。風化が進行し倒壊が懸念されていたため、社会全体で実現することを目標に掲げたのである。これにかかる工費をまかなうために採用された募金運動を広島市長らが東京で行うと、「広島市長、銀座に立つ」（『読売新聞』一九六七年二月二六日）、「関心高まり、ぞくぞく」（『朝日新聞』一九六七年二月二八日）などと報じられ、全国からの協力が寄せられた。募金運動を契機に「あの日」からの歩みが顧みられると、善意を基盤に悲惨な光景に対し強い関心が向けられた。

ただし、実際には多様な向き合い方が存在しており、たとえば、怒りや憤りをもとにするものもあった。[6] もっとも、こうした思いも、新聞報道などでは取り上げられなかった。保存運動は、当時のベトナム反戦運動とともに平和運動に位置づけられ、たとえば、届いた三千通の手紙から広島市により五〇通が選ばれ『ドームは呼びかける――原爆ドーム保存記念誌』（一九六七）として発刊されて、「平和の願い」（『中国新聞』一九六七年八月五日）にまとめられると、「あの日」からの声はもはや位置を占める余地がなくなり社会的に忘却されたのだった。

原爆ドームの保存実現は、戦後約二〇年を経て、広島平和記念公園が悲惨な光景に向き合う場であるとの認識を広く社会に浸透させた。それは、この空間に集うことに新たな展開をもたらした。そのひとつが、八月六日の平和記念式典に、一九七一年から時の内閣総理大臣が出席し始めたことであった。もうひとつが、原子力問題への抗議活動が多様な意味を持つようになることだった。

一九七三年八月、南太平洋のフランス領ポリネシアの島、ムルロア環礁においてフランスがこの年四度目の核実験を行った。日本を含めて環太平洋諸国の国々は再三抗議声明を発表してきたが、七〇年代に入ると、スイスの民間シンクタンクのローマクラブが「成長の限界」を発表し、人口増加と環境汚染に警鐘が鳴らされた。

こうした状況下、広島では、当時の市長が被爆者団体の人びとと一緒に、原爆慰霊碑前で座り込みを行った。市長は、「これは被爆者の祈りであり無言の抗議だ。市民のこうしたやむにやまれぬ行動をくみとって、広島市として取るべき道を考えたい」と語った（『中国新聞』一九七三年八月二八日）。ここには、原爆被害の経験を発信する集団に市長はもとより、広島市も加わる可能性が生じたことを捉えることができる。ただ、抗議活動そのものは、意図していたかどうかとは別に、六〇年代後半からの欧米諸国における社会変革をめざす潮流を背景に、生態系の深刻な破壊に対する環境運動の意味を帯びていた。

(4) ローカリズムのコンテクスト

一九七九年は原子力問題が相次いだ。三月、アメリカ合衆国ペンシルベニア州のスリーマイル島原発の二号機で、核燃料が溶けるメルトダウンが起きた。この事故は、日本社会における原子力政策に「深刻なかげりを投げかけ」た（『朝日新聞』一九七九年三月三一日）。これは、原子力発電の安全性と使用に対する強い危機感であり、成長の行き詰まりへの懸念だったといえる。

また、一二月、アメリカを含む西側諸国の集団防衛機構、NATO（北大西洋条約機構）によるアメリカの中距離核ミサイルの欧州地域への受け入れ決定がソ連に危機感を与えた。これに対し、欧米では核戦争の勃発を危惧した市民が、一九八〇年代初期、反核平和運動を開始すると日本にも波及した。

一九八一年二月、日本を訪れていたローマ法王が原爆慰霊碑前で平和スピーチを行った。これを契機として広島平和記念公園は、悲惨な光景に向き合う拠点として位置づけられることになった。そして、国内外からの広島への巡礼は、平和行動の拡大というかたちで展開した。

翌年三月、広島市では、「三・二一ヒロシマ行動」が開催された。会場の平和記念公園には約六万人が集まり、原爆ドームの横では、核兵器の使用によって犠牲者が地面に横たわるさまを表すダイ・インを約五〇〇人が行った（『原水禁ニュースヒロシマ』一九八二年四月五日）。この運動はさらに東京で開催された「八二年平和のための東京行動」における「四〇万六千人」ダイ・イン（『朝日新聞』一九八二年五月二四日）に及んだ(7)。

その後も広島発の平和アピールは続いた。たとえば、東京や広島などの平和運動グループは、核兵器廃絶実現に向けて「平和は国籍や人種の壁を越えた共通の願いです。平和リボンの輪を広げましょう」との訴えかけをドームの前で行った（『中国新聞』一九八五年八月五日）。広島に集い、世界平和を発信することの日常化は、被害はもとより、教訓の側面を焦点化するあり方、つまり「あの日」のソフト化により進行した。

(5) 成長・繁栄のコンテクスト

一九八六年四月、ウクライナ・ソビエト社会主義共和国のキエフ州プリピャチで原子力事故が発生した。チェルノブイリ原子力発電所四号炉が動作実験中に制御不能となり爆発すると、半径三〇キロメートル圏内が居住禁止区域となった。日本社会では、事故直後のメーデーにおいて「原発はいりません」というプラカードが登場し（『朝日新聞』一九八六年五月一日夕刊）、反原発の声があがった。ここにはひとたび重大事故が発生すると、長期にわたり放射能被害が持続することについての理解、認識の世代を超えた継承が見られた。

実際、広島では、平和記念公園の原爆死没者慰霊碑前で原子力政策の転換を求める運動が行われた。原水爆禁止広島県協議会が事故の翌年から行ってきた座り込みの抗議行動は、しかしながら、二〇世紀中では全国紙でほとんど報じられてはこなかった。ここには、カタストロフィの再来に直面した社会が、原子力エネルギーの使用に関して、そのマイナス面を焦点化し再検討することよりも、成長や繁栄を追求し、価値を認めようとする姿がうかがえる。

それは戦争や原子力問題のない平和な世の中を追求することと矛盾しなかった。そして、再び原爆ドームへの関心が高まりを見せた。

一九八七年、広島市は「原爆ドーム保存調査技術検討委員会」を発足させ、風化による劣化の問題に再び着手した。中国新聞社は、広島県原水禁の事務局長の「原爆ドームは人類の共有財産」という声を紹介した（『中国新聞』一九八九年一月二六日）が、この平和団体の参入を、被爆者援護問題などの被爆被害の余波と結びつけて報じることはなかった。人類は、これまで悲惨な光景に向き合い教訓を引き出してきたのであり、たとえ原発事故により忌まわしい記憶が想起されようとも、克服していくことが重要だとするメッセージが発信されたのである。

再び実施された保存工事実現に向けた第二回募金運動は、一九八九年一一月、ドイツのベルリンの壁崩壊という東西冷戦終結の象徴的なできごとと相まって人びとの関心を高めながら、海外からも協力が寄せられる大規模の平和運動に発展した。それは、一九九六年の世界文化遺産登録へと大きく展開した。

四　破壊を記念するわざの創造

原爆ドームの保存には、戦争や原子力問題が生じるたびにフラッシュバックする悲惨なできごとに対し、復興と近代化の進展を阻害しない意味付与のメカニズムが見られた。保存が実現すると、原爆ドームとそれが位置する平和記念公園に人びとが集い、現出した不確実な状況下、さまざまな行動をもとに平和が発信されてきた。こうして、未来に及ぶ破壊に対し、人類は、「あの日」をマイナスの記憶としてしまっておくのではなく、正面から向き合い教訓を引き出し、繁栄の未来を再想像することを追求してきた。この、四〇、五〇年にわたる記憶問題の受け止め方に見られるのは、破壊を記念するわざの創造である。

アンリ・ピエール・ジュディは、原爆ドームについて、それが世界文化遺産登録されたことに対して「二重のカタストロフィ」を見ている（ジュディ 二〇〇二：八二―八三）。ひとつは原爆による破壊であり、もうひとつは、伝統の概念そのものの分裂（西欧普遍的なかたちで日本文化の伝達がなされること）だと。たしかに、原爆ドームに限らず「負の遺産」には、こうしたアイデンティティ問題が含まれる点に注意を向ける必要がある。

とはいえ、本稿が特に着目したのは、人的物理的破壊や、伝統の破壊に直面する可能性もあるにもかかわらず、犠牲の現場における悲惨な光景との持続的な対面から捉えられるように、悲惨な記憶の枠組みに多様な主体が集うことがどのような現実を生み出すか、ということでもあった。そして、ひとつ言えるのは、いつか襲ってくる忌まわしい記憶を、「いま、ここ」で復興の中心に組み込もうとすることは、東日本大震災に限らず、災後社会が直面する秩序問題へのひとつの解決策になり得るということである。そうして、われわれはリスクとともに生きるいま、各地で存続する「負の遺産」の前に立つとき、過去を見つめながら現在がより良くなっていることを感じ、さらには明るい未来を展望できるのである。

注

(1) 直野（二〇一〇）では、「記憶に襲われる」という表現について、人間ではなく記憶の方に主体性があり、人間の思い通りにはならない独自の存在様式を持つ「生き物」として記憶を把握、説明している。

(2) 一九五〇年一一月の広島県定例県議会において、原爆ドームを史跡に指定するための発議書が提出された。そこでは、「被爆の惨状を物語る唯一の史蹟として残存し…（中略）…更に原爆に関する諸資料及び記念物をドーム内に蒐集陳列し、県民は勿論、広く観光に来遊する内外人の観覧に供し、よい記念としてその保存に十全を期し、平和広島の建設は申すに及ばず、世界平和の象徴とするよう早急に措置せられることを要望」（広島県議会 一九六四：一四九一）された。

(3) 事件後の一九五四年五月、広島市は、その存続の意向を示し、周囲に堅固な金網を張ることを決めた。広島県観光連盟が、撤去反対理由のひとつに、その存在が、広島市民にとって平和を希求するシンボルと見なされているとして撤去反対を提示したことも関わっていた（『中国新聞』一九五四年五月二一日）。

(4) 国際原子力機関は一九五七年に設立されたが、その設立にともなう準備委員会に日本は選出された。それは原子力の平和利用を目的とした組織であり、中国新聞はこの事柄を「日本は平和利用の安全弁」という見出しの記事で紹介し、「日本が地域内でもっとも技術の進んだ国」（『中国新聞』一九五七年八月二日）と報じた。ここには唯一の被爆国であることに価値を付与しようとする意識が窺われる。

(5) 陳情書では、「広島原爆の遺跡は、しかし、ただ広島の惨害の記念物であるばかりでなく、人類が破滅と繁栄の岐点に立たされた原子力時代の最高の記念塔であり、また、人類がその過ちを二度とくり返してはならないという戒律の一大金字塔」（広島市議会 一九八七：八一七）として広島市に対し、保存に向けた方針をとるよう要請した。

(6) 一九六七年三月、広島市議会において取り上げられた被爆当事者の声は、「あのむごたらしいピカドンを平気で落としたアメリカに対して原爆ドームだけは浜井市長さんにどうしても残しておいてほしいと思います」（広島市議会編 一九八七：八二五）というものであった。

(7) また、一九八二年六月にアメリカのニューヨークで開催された第二回国連軍縮特別総会では、ＮＧＯや軍縮研究機関には提言を行うことが許可され、百万人近い市民のデモが行われた。

文献

Halbwachs. M., 1968, *La Mémoire Collective*, Presses Universitaires de France（=小関藤一郎訳、一九八九、『集合的記憶』行路社）。

アンリ・ピエール・ジュディ、二〇〇二、斉藤悦則訳「カタストロフィの記憶」荻野昌弘編『文化遺産の社会学――ルーヴル美術館から原爆ドームまで』新曜社、七一―九〇。

広島県議会、一九六四、『広島県議会史　第五巻』。

広島市議会、一九八七、『広島市議会史　議事資料編Ⅱ』。

Nora, P., 1992, "L'ère de la commemoration," P. Nora ed., *Les Lieux de Mémoire, Volume 7*, Gallimard（=工藤光一訳、二〇〇三、「コメモラシオンの時代」ピエール・ノラ編、谷川稔監訳『記憶の場3　模索――フランス国民意識の文化=社会史』岩波書店、四二七―四七四）。

直野章子、二〇一〇、「広島の記憶風景――国民の創作と不気味な時空間」『社会学評論』六〇（四）：五〇〇―五一五。

篠田英朗、二〇〇八、「平和構築としての広島の戦後復興」『ＩＰＳＨＵ研究報告シリーズ』四〇：二一―二四。

第5章　百舌鳥・古市古墳群の世界文化遺産登録と正辰祭
――博物館学的秩序と追憶の秩序の緩衝地帯

雪村まゆみ

一　陵墓をいかに捉えるか

二〇一九年七月に開催された第四三回世界遺産委員会において「百舌鳥・古市古墳群」が新たに世界文化遺産として登録された。その構成資産は、四五件四九基の古墳であり、大阪府堺市、藤井寺市、羽曳野市に所在する。最大規模の「仁徳天皇陵古墳」は、その前方後円墳の形状を教科書に掲載された航空写真などで確認したことがあるという者が多いことだろう。ここでは構成資産の名称に則り、「仁徳天皇陵古墳」と記したが、これらの古墳群の呼称や陵墓の保存／公開に関しては、考古学者らから問題視されてきた。具体的には、世界遺産登録に先立ち、二〇一八年九月二八日に発出された「百舌鳥・古市古墳群の世界遺産推薦に関する見解」という日本考古学協会をはじめ一二団体が連名の文書においては、「陵墓の保存や公開」についての課題のほか、「構成資産の名称の問題」を強調している。ここで事例として挙げられているのは、宮内庁が「仁徳天皇百舌鳥耳原中陵」としている「日本で最も大きい前方後円墳」の構成資産名に「仁徳天皇陵古墳」が採用されている、という点である。「学術的に被葬者が確定していないなかで、名称に特定の被葬者名を付すことは誤った理解を導く可能性があるため、学術用語として「大山（もしくは大仙・大山陵）古墳」が提言され、いまでは教科書等においても「大山古墳」や「大仙古墳」などと「仁徳天皇陵古墳」などを併記することが定着してい」ると指摘されている。[1]添付された英文の文書では、"Nintoku Tenno ryo kofun"に"Daisen kofun"or "Daisen-ryo kofun"を併記することを訴えている。[2]さらに百舌鳥・古市古墳群が世界遺産登録直後の二〇一九年七月二三日、一二団体は「百舌鳥・古市古墳群の世界遺産登録決定に関する見解」を発出した。ここでは「登録を歓迎する」とともに「百舌鳥・古市古墳群の世界遺産推薦に関する見解」と同様の課題を二点挙げている。名称に関しては、再度、「構成資産名を『仁徳天皇陵古墳』のみとすることは、被葬者が学術的に認定されたかのような先入観を世界の人びとに与えることになるでしょう」とし、学術的な観点に基づく名称との併記を求めている。[3]

古墳を学術対象として見ている考古学者による呼称への見解に対して、宮内庁書陵部陵墓調査官であった徳田誠志[4]は、「天皇陵であるから世界遺産に登録されたものではない」ことを強調している（徳田 二〇二二：七七）。「仁徳天皇陵古墳」は、「仁徳さん」、大仙古墳、大山古墳など、さまざまな呼称で呼ばれていたとすることから、「仁徳天皇陵古墳」という名称もそのひとつにすぎないと考えられていると捉えられる。構成資産の説明においても、被葬者に関する記述はなされていない。つまり、名称はともかく、百舌鳥・古市古墳群は、「日本の古墳時代そのものがもつ人類史的価値」が評価されていることが強調されているのである（徳田 二〇二二：七四）。そもそも、陵墓は、皇室典範に第二七条「天皇、皇后、太皇太后及び皇太后を葬る所を陵、その他の皇族を葬る所を墓とし、陵及び墓に関する事項は、これを陵籍及び墓籍に登録する」と定義されている。歴代天皇陵は、宮内庁のホームページにおいても初代から一二四代の昭和天皇陵まで確認することができるが、治定に関して、皇室典範に「決定を変更する手続き規定はなく」、「墓誌など明確な根拠が見つからなければ変更はしない」としている（『毎日フォーラム』二〇一九年一月号）[5]。皇室典範に則り、その「静安と尊厳の保持が最も重要であるという観点から」、宮内庁においては「陵墓の適切な保全管理に努めている」。徳田は、「皇室ご先祖のお墓」として「現に皇室による祭祀が継続」していることから「生きた墓」として捉えている（徳田 二〇一九：二〇）。「生きた墓」という考え方は国会における答弁においても示されている。国会衆議院予算委員会第一分科会（平成二三年二月二五日）において、本田清隆（宮内庁書陵部長）は、衆議院議員の吉井英勝による陵墓の年代観に関する治定のやりなおしの必要性に関する質問に以下のように答えている。

ただ、大変申しわけございませんけれども、私どもの立場として、その学説あるいは知見について評価というかコメントする立場にはないということでございます。いずれにしろ、私ども書陵部としては、治定をされた陵墓、これが現在、皇室によりまして祭祀が行われている、いわば生きた陵墓でございますので、これを適切に管理また保存して、さらには、先ほどの先生のお話にもありますけれども、きっちりと保存しまして、保護しまして、また次の世代に伝えていくということも非常に重要な使命だろうというふうに考えておるところでございます。(6)

本稿では、「生きた陵墓」という考え方の根拠となっている皇室による祭祀のなかでも、正辰祭に着目したい。正辰祭は秘匿というわけではないが、一般にはほとんど知られていない皇室の私的な祭祀である。翻って、現代においては、陵墓に関しては、「生きた墓」として管理を行う宮内庁と、文化財として学術対象とみる考古学者といった、ふたつの立場があることがわかる。百舌鳥・古市古墳群が世界遺産に登録されることによって焦点化された百舌鳥・古市古墳群の構成資産の呼称問題は、皇室用財産あるいは文化財といった陵墓のもつ二重性を端的に示している。これらは、高木博志が整理しているように、天皇家代々の「御霊」が宿る「皇室用財産としての陵墓」

と、日本古来の階層構造を示す例証として世界的に評された「古墳」群という二側面を持っていることに起因する（高木 二〇〇六：一七八―一七九）。現在は、世界遺産に登録され、文化財として、その公共性が強調されているように見えるが、完全に公開が是というわけではない。むしろ、「墓」であることから、私的なものとして秘匿される部分は変わらない。

本稿においては、世界文化遺産に登録された百舌鳥・古市古墳群に関して、対立するふたつの立場の考え方が並立している現状を読み解き、陵墓／古墳の両義性について、荻野昌弘の「墓」や「天皇」に関する論考に基づいて考察していきたい。

二　百舌鳥・古市古墳群の世界文化遺産登録

⑴　世界文化遺産としての「陵墓」

まず、「百舌鳥・古市古墳群」が世界遺産に登録された際の評価基準について確認しておきたい。iiiとivが該当しており、iiiについては、「本資産は、古墳時代において、社会階層の違いを示唆する高度に体系立った葬送文化が存在し、古墳築造が社会の秩序を表現していたことを物語っている」としている。列島に存在する一六万基以上の古墳において、百舌鳥・古市古墳群は階層構造の頂点にあり、もっとも充実した典型的な階層構造は「古墳群の群構成の規範」であり、「古墳とそこでの儀礼を通じた社会統治のあり方」は列島に見られるという点で評価されている。ivについては、「百舌鳥・古市古墳群は、日本列島独自の墳墓形式の顕著な事例である。集団や社会の力を最も明瞭に誇示するモニュメントとして祖先の墓を築造した。この列島独自の歴史段階――すなわち東アジアの政治情勢を反映した古代王権の形成・発展過程――を物語るものである」としている。また形態に関しても、前方後円墳、帆立貝形古墳、円墳、方墳の四類型を含み、規模も多様である。世界の墳墓には、棺・室に盛土、積石したものが見られるが、それだけでなく、「葬送儀礼の舞台としてデザインされ、石と埴輪で装飾され、幾何学を伴う高度な建築計画と技術をもって築造された、ユニークな建築的到達点」と評している。(7)

(2) 国内法の解釈――文化財保護法か、国有財産法か

世界文化遺産に登録するための大原則として、国内法で保存されているという前提がある。ここでいう国内法とは、日本においては文化財保護法にあたると解釈されてきた。この原則によって、これまで国内法を変更することで世界遺産対象としてきたという経緯がある。たとえば、一九九四年、世界文化遺産に採択された「古都京都の文化財」の場合、その構成資産は、京都市、宇治市、滋賀県大津市に所在する一七件であるが、京都御所や修学院離宮、桂離宮など皇室用財産は含まれていない。一方で、一九九八年、「古都奈良の文化財」が世界遺産に登録された際には、「皇室用財産の正倉院正倉は文化財保護法の国宝指定」の手続きがとられたうえで、世界遺産の構成資産とした(高木 二〇二〇：一六一―一六二)。この段階では、世界遺産登録の前提となる「国内法の保護」においては、文化財保護法が相当すると判断されていたのである。

一方で、百舌鳥・古市古墳群に関しては、文化財保護法下の文化財ではなく、国有財産法の皇室財産として宮内庁管理のままにそれぞれの陵墓が世界文化遺産の構成資産となっている。陵墓あるいは古墳に関しては、文化財保護法を所管する文化庁の見解について、二〇一〇年二月二五日国会衆議院予算委員会第一分科会において、文化庁次長の合田隆史が以下のように答えている。

文化庁といたしましては、古墳を初めといたしまして、国民の財産ともいうべき文化財を守り、活用してい

くことは非常に大切なことであるというふうに考えております。そのため、古墳などに対しましても、文化財保護法を所管する立場から、文化財の価値を把握するための調査等を行いまして、例えば、遺跡が発見をされたような場合には確認調査を行い、その結果に応じて適切な保存を図ってきたところでございます。

一方で、陵墓や陵墓参考地である古墳につきましては、先ほどお話にございますように、天皇及び皇族を葬る場所として祭祀が行われており、また、国民感情にも配慮する必要があるということでございますので、陵墓等の調査につきましては、このような事情を踏まえまして、基本的には陵墓等を管理する宮内庁が決定をされるべきものというふうに考えてございます。(8)

この答弁は、文化庁においても、古墳として文化財と見る側面、天皇および皇族を葬る「墓」と見る側面の両側面があることを示している。

三　皇室財産としての「陵墓」の制度化

では、天皇の墓—陵墓についてはいかにして制度化されていくのだろうか。「陵墓の比定、また陵墓管理全般の淵源」は、幕末期における「文久の修陵に求められる」(外池 二〇二〇：一二)が、明治四年の「太政官布告」によって、陵墓の調査は基本的に全国に拡大したといえる(外池 二〇二〇：一四)。遺跡の保存に関しては、明治七年(一八七四年)の太政官達第五九号「古墳発見ノ節届出方」で古墳の発掘の規制と開墾などの場合の届出制を定め、さらに一八八〇年(明治一三年)、宮内省達乙第三号「人民私有地内古墳発見ノ節届出方」を定めた。これらは、「古墳を保存する」というよりは、「陵墓の治定と天皇の祭祀をおこなう」ことを目的としていた。これは明治政府が発布した大日本帝国憲法にて、「大日本帝国は万世一系天皇之を統治す」のために歴代の天皇陵の治定を行った（小笠原・勅使河原 二〇一七：一五）ことによる。それらの調査をもとに明治期には『陵墓一覧』に、陵墓、御陵墓伝説地、陵墓参考地がまとめられるようになり、参拝の場所が整備された。また、一八八八年（明治二一）には宮内省に臨時全国宝物取調局が設置され、全国の古美術に関する調査が九年間にわたってとりおこなわれた。これらの保存管理は、一八九七年古社寺保存法によって、立法化される。ここでは、古社寺の建造物、宝物の修理、維持管理に国庫より助成することが制度化されている。小笠原・勅使河原によれば、その対象として、「歴史の証徴」「製作の優秀」に加えて、皇室に関係する「由緒の特殊」が挙げられていることから、立法の背景に「古墳の保存と同様に皇室中心的な発想があったこと」を指摘している（小笠原・勅使河原 二〇一七：一六）。

陵墓が学術的に解明すべき対象として見られるようになるのは戦後のことである。それは、考古学者の森浩一の論考「タブーの天皇陵」で問題提起したことに端を発する。ここでは、「日本の古墳の変遷過程をできるだけ正確に捉えるためには、まず天皇陵についての検討が必要である」と指摘されている（森 一九六五：一四四）。特に、天皇陵の治定には再検討が必要であるにもかかわらず、それらは非公開とされ、十分に検討されているわけではないという点が批判されている。『続日本書紀』（八四三）において、すでに「天皇陵に混乱があった」と記録され、「その後、朝廷による天皇陵の管理や祭祀が絶えると天皇陵についての記憶はますます薄らいでしまい」、江戸時代に再び探索され始めた（森 一九六五：一四五）。この点に関しては高木によって展開されており、明治政府において伊藤博文が、条約改正に対応し、歴代天皇の治定の必要性を宣言し（高木 二〇二〇：一六四）、急ぎで天皇陵を治定したことを指摘し、「明治維新に創られた天皇制の万世一系の観念と表裏一体に、陵墓は新たなものとして創りだされた。それは近代天皇制存続の神話的装置として、天孫降臨神話—皇祖皇宗—万世一系を視覚化するものであった」としている（高木 二〇〇六：一七七）。一八七八年、陵墓は内務省から宮内省へ移管されることにとって、皇室財産としての陵墓が成立し、一八八〇年『陵墓一覧』が作成され、四六二か所が掲載された（高木 二〇〇六：一八四―一八五）。つまり、皇室財産としての陵墓は、明治維新を契機として、天皇制を形成する重要な要素として解釈されるようになる。その後、一九三七年には歴代天皇聖跡の指定が開始され（小笠原・勅使河原 二〇一七：一八―一九）、戦時期には愛国主義と結びつきイデオロギー装置としての文化財がつぎつぎと生み出されていったのである。このような天皇との結びつきが強調されるかたちで文化財が保護されていくことは、日中戦争勃発前から第二次世界大戦終戦まで続く。

ここで着目したいのは、近代国家の成立あるいは戦争といった大きな社会変動の契機に認識されるのが、「天皇の存在」であるという点である。荻野昌弘は、日本における資本主義の浸透において、天皇の存在が不可欠であったと指摘する。それは商品交換を可能にする関係性を構築するためには、「個々の人間関係の外部に位置する天皇は絶対的施恩者として、輪郭の定まらない世間を、より安定感のある監視システムにする」必要性があるからである（荻野 一九九八：二一五）。では、なぜ、「天皇」が「絶対的施恩者」になり得たのだろうか。この点に関して、荻野は以下のように指摘している。

> 天皇の絶対的施恩者としての権力の源泉は、天皇が日本国を建国した神である天照大神の直系の子孫であるという信仰にある。天皇は、永遠性の象徴であり、時と場所を超越した存在として、日常的な時間と空間に意味を与える（荻野 一九九八：二一五―二一六）。

このような当時の人びとの認識枠組みを見出す際に、荻野は、平田篤胤の思想を分析しているが、篤胤理論では、「天皇を通じて、はじめて世界のあらゆる人々が交流可能になる。この意味で、天皇は、それだけでは異質性を担った個々の存在に同一性を与える媒介者である。この媒介者としての正当性は天皇が世界を創造した神々の直系である点に由来している」という点を強調している（荻野 一九九八：八一）。山泰幸は、墓がもともと「死者の世界を生者の世界に組み入れる媒介機能を持つ」という点に着目しているが、とりわけ陵墓に関しては、「個々の天皇陵は死者の世界を生者の世界に組み入れる媒介機能しか保持していないにもかかわらず、それが神武天皇陵から先代の天皇陵にいたるまで、ひとつも欠けることなく具現化し、集合化することによって」、天皇制に固有の「歴史」の表象装置となると指摘する（山 二〇〇二：二五四）。天皇家の系譜の確証は、いわば日本の国家的枠組みを表象するという点で、国家と天皇陵の結びつきが強固になってきたと言える。とりわけ、国家の安定が脅かされる戦時期において、その秩序を維持するために国家の中心に天皇を据える思想が不可避的に生み出されると言えよう。

四　文化財としての「陵墓」公開の経緯

陵墓を聖域とする解釈は、その公開を阻むものとなっているが、戦後、考古学、歴史学において、その保存と公開を求める運動が始まる（茂木 二〇一七：二〇二）。宮内庁の管轄する陵墓は文化庁管轄の文化財保護法の適用外となっているため、一九七二年「『陵墓』指定古墳の文化財保護法適用を要望する決議」を日本考古学協会が提出している。近年、宮内庁はこれらの「陵墓」等の整備工事を大規模に行っており、それに関連して、各「陵墓」内の発掘も行われているが、一般には公開されていない。他方「陵墓」等を含む著名古墳群においては、宮内庁管理外の諸古墳荒廃が著しいばかりでなく、「陵墓」等に指定されている古墳でも、「領域」から洩れている周堀・外提・周庭帯・陪塚等の部分はかえって破壊が激しく進行している、とその問題点を明示している。とりわけ、戦後復興における堺臨海工業地帯の開発では、百舌鳥大塚山古墳などが消失したということがあり、一九五五年の「いたすけ古墳周豪破壊に対する保存運動」に結びついたという経緯がある（茂木 二〇一七：二〇一）。一九六二年一〇月五日に閣議決定した「旧全国総合開発計画」に基づく国土開発計画を背景に、一九六〇年代後半から一九七〇年代は「遺跡破壊の津波が押し寄せてきた時期」であり（茂木 二〇一七：二〇六）、考古学者らはいかにして現存する古墳およびその周辺環境を保護する制度を確立するのか検討していたのである。というのも、宮内庁の管理は「墳丘」の「領域」であり、その周囲の「周堀・外提・周庭帯・陪塚等」はその対象としていなかった。一方で、文化庁も墳丘の外側のみの文化財指定（いわゆる「ドーナツ指定」）は絶対に行わないのであった（茂木 二〇一七：二〇七）。管理主体を宮内庁、文化庁と分離するのではなく、一本化するのが必要不可欠と考えていた。

陵墓の公開に関して実態が大きく展開するうえで、一九七七年四月二六日の国会答弁は重要な契機として指摘されている（茂木 二〇一七：二〇七）。ここでは、学術研究に資するための陵墓への立ち入り調査についても要求されているが、「立ち入り外形調査」については「認めるべきものは認めたい」とされている（茂木 二〇一七：二〇九）。その後、一九七九年二月五日に考古学者と宮内庁とのあいだで会合が持たれ、墳丘への立ち入り調査について具体的に協議されている（茂木 二〇一七：二〇九―二一一）。その結果、一九七九年一〇月二六日、白髪山古墳（清寧天皇陵）の見学が可能となり、初の陵墓の限定公開が実現したのである（茂木 二〇一七：二一三）。その後二〇〇六年度からは立入観察が認められた。一九七〇年代から八〇年代は考古学者が中心であったが、歴史研究、歴史教育に関する学協会の参加へと拡大したことが指摘される（茂木 二〇一七：二二三）。

さらには地元自治体による陵墓周辺の調査が行われるなど、専門家のみならず「市民が陵墓の調査を間近に見られる機会も生まれた」のである（今井 二〇一七：二三七）。たとえば、二〇〇八年堺市に所在する百舌鳥御廟山古墳では、宮内庁が管理する陵墓参考地である墳丘部分と民有地である周囲の堀について同時に発掘調査を行った。この調査では、「墳丘の周囲に見学通路が設けられ」、墳丘や埴輪列などが一般にも公開されたのである（今井二〇一七：二四八）。このような地元に根づいた活動は、百舌鳥・古市古墳群の世界遺産登録運動へと結びつくことになる。

二〇〇九年六月二四日の国会における答弁においても、宮内庁、あるいは文化庁がいかにして陵墓を捉えているか、理解することができる。国会議員の吉井英勝は、学術的観点から古墳に立ち入ることについて問うているが、それに対して本田清隆（宮内庁書陵部長）は、以下のように答えている(9)。

　陵墓は、国有財産法上、皇室用財産として、皇室の用に供せられるものとして宮内庁が管理をしております。また、陵墓は、現に皇室において祭祀が継続して行われている、また、皇室と国民の追慕尊崇の対象となっている、そういうものでございますので、そういった点から、陵墓の静安と尊厳の保持、これが最も重要なことであるというふうに考えております。したがいまして、部外の方に、陵墓に立ち入る、あるいは発掘させるということについては慎むべきものであるというふうに考えております。
　ただ、学術研究上の要請、これにこたえるという意味でも、陵墓管理の本義に支障を及ぼさない限りということではございますけれども、一定の区域内への立ち入りでありますとか、あるいは陵墓におきまして保全工事を行いますので、そういった工事の際の調査の際の見学というようなことで、学術研究上の要請にもおこたえをしているというふうに考えております。

学術研究のための研究者による陵墓への立ち入り調査を行うことや市民の公開がなされつつある一方で、天皇家の墓としての側面が前提となることは変わらない。ここでも宮内庁において管理され、「天皇家の墓」として皇室祭祀が継続して行われていることが確認されている。

五　皇室の私的祭祀としての「正辰祭」

天皇家の祖先を祭る祭祀に関しては、特定の法律があるわけではなく、戦前は、昭和二二年に廃止された皇室祭祀礼に準じた形式で自然発生的に行われてきた。現在、陵墓および陵墓参考地において、歴代天皇の命日に「正辰祭」と呼ばれる式年祭が執り行われる。これらの儀式は「皇室が祖先を祭る私的な祭祀」であり、その予定が「宮中祭祀」などとして、広報されているわけではないので、いつどの陵墓および陵墓参考地で正辰祭が執り行われているのか一般には知られていない。ここでは『神戸新聞』にて特集された「天皇陵を守る人々」の記事を引用するが、マスメディアで報じられることもほとんどない。秘匿というわけではないが、皇室の「私的な祭祀」として行われているのである。「正辰祭」の「正辰」は神道の言葉で、明治になると神仏分離で、皇室行事が神式になったことから、「現在の祭祀形態は明治時代に確立したとされているが起源はよくわかっていない」。なお、「正辰祭の対象となる陵墓は約六〇〇」と言われている（『神戸新聞』（二〇一二年四月一〇日）。「古代の皇族は日本書紀などから命日を換算」するが（『神戸新聞』（二〇一二年四月一〇日）、命日が不明の場合であっても、歴代天皇の慰霊は、春分の日と秋分の日にそれぞれ行われる春季皇霊祭、秋季皇霊祭にて祀られている。正辰祭に関しては、祭祀を執り行うのは、その陵墓を管轄する宮内庁の職員であるが、主催は天皇であり、それにかかる費用は内廷費として支出される。

実際どのように行われているのだろうか。ここでは、第一七代天皇とされる履中天皇の天辰祭の手順を参照してみよう。履中天皇は第一六代仁徳天皇の子とされ、御陵名は百舌鳥耳原南陵とされている[10]。仁徳天皇の陵墓とされる大山古墳の南西に位置している。陵形は前方後円墳で堀で囲まれており、堀の周囲はフェンスで区切られている。儀式は、履中天皇拝所にて執り行われる。二〇二三年は履中天皇崩御から一六一八年であり、命日は現在の暦で四月三〇日とされているが、二〇二三年はその日が日曜日にあたるため、前倒しの二八日金曜日の午前一〇時より執り行われた。

儀式空間は、普段は施錠されており、皇室以外足を踏み入れることができない。まず、この空間において、砂紋引きを行い、整地する。祭祀においては、その儀式空間の正面には八足案がしつらえられており両脇に榊が飾られている。向かって左側には五つの三方が準備され、それぞれに酒、海のもの、山のもの、米、水、塩が供えられている。祭祀にあたっては、五名の宮内庁の職員が関わっているが、主催側の三名と参拝客としての二名と役割が分かれている。

祭祀の前には宮内庁職員は、お手水で手を清める。次に、許可された空間にて祭祀の口上が唱えられ、正面の八足案に準備された三方を供える。まず、天皇の代理を務める所長が参拝する。その後、客人のためにござが敷かれ、客人役の二名の職員が参拝する。客人はそれぞれの陵墓において関係者が参列する場合もある。たとえば、応神天皇の場合は、ゆかりのある百舌鳥八幡宮の宮司が参列する。その後、三方が元の位置に戻される。また、口上が述べられ、正辰祭の儀が終わる。その後、米と酒の振る舞いがなされる直会（なおらい）が執り行われる。

六　博物館学的秩序と追憶の秩序の緩衝地帯

「天皇の墓」である以上、天皇の祖先を弔う場であり続ける。ここであらためて指摘しておきたい点は、これらが「墓」であるという点であろう。荻野昌弘によれば、「人間は現世と現世を超えた世界とのあいだの交換を通じて（あるいはそうした交換があるようにふるまいながら）、秩序を作り出してきた」（荻野 二〇〇二：二）。これを「追憶の秩序」と呼んでいるが、「墓」はまさに現世と現世を超えた世界をつなぐ媒介と言える。一方で、履中天皇陵古墳は、百舌鳥・古市古墳群の構成資産であり、世界文化遺産に登録されている。ここは、それほど観光客が多いわけではないが、同じ構成資産である「仁徳天皇陵古墳」には多くの観光客が訪れている。先祖を弔う儀式が行われる「墓」でありながら、観光客も訪れるという両義性は、荻野の指摘する「博物館学的秩序と追憶の秩序の緩衝地帯」（荻野 二〇〇二：一九）と捉えることができるだろう。荻野によれば、「博物館学的秩序」とは、あらゆる生産物は、「本来、摩滅し、いずれ消滅する運命にある」にもかかわらず、博物館では、モノはミイラ化され、安置され、永久保存されることを意味する（荻野 二〇〇二：六―七）。ただ、同時に、博物館のような保存の空間においても完全に博物館的秩序に支配されるわけではない。たとえば、スミソニアン博物館群にあるアメリカ歴史博物館の一角には、ベトナム戦争の戦没者のメモリアルへの供物が展示されている。博物館において、完全に無臭化された戦争の記録だけが展示されているのではなく、不可避的に戦没者の慰霊の空間が生み出されていると分析している（荻野 二〇〇二：一九）。文化財と慰霊という側面に焦点を当てると、シャンゼリゼ通りの北東突き当たりに位置する凱旋門において、毎日、第一次世界大戦などの戦没者の追悼儀式が行われていることも関連する。凱旋門に追悼の意味を見出すものはほとんどおらず、観光客にとっては、「パリという都市の象徴で観光名所なので、やってきたにすぎない」「戦没者の供養は、ここでは完全に巨大な博物館学的欲望に飲み込まれている」と指摘する（荻野 二〇〇二：一五）。時間の経過とともに追悼という側面は失われつつあることがわかるが、儀礼を繰り返すことで追悼の忘却に抗うようにも見える。

山は、「『仁徳天皇陵』が世界文化遺産に登録された場合、墓が放つ死臭を払拭し、『消毒』することで、死者の世界を生者の世界に組み入れる媒介としての機能を喪失させ、さらには、過去を現在に組み入れる媒介機能を可能にした集合化による連鎖が切断される」、それは「天皇制に固有の歴史が失われることをも意味する」と考察していた（山　二〇〇二：二五四―二五五）。

正辰祭の継続的な実施は、陵墓の文化遺産化、ひいては世界文化遺産登録によって変化する天皇制の社会的位置づけへの対応と捉えることができるのではないだろうか。つまり、百舌鳥・古市古墳群の世界文化遺産への登録によって推し進められるように見える天皇陵の文化財化に抗する力になっているのではないかと考察する。天皇家の「墓」という存在は、「人間は現世と現世を超えた死者の世界とのあいだの交換を通じて秩序を作り出してきた」象徴的な場として捉えることができる。一方で、翻ってみれば、世界遺産制度によって「人類共通の遺産」として保存されることと、儀式を通じて「天皇の墓」が祀られることは、相反するふたつの立場による実践ではあるが、結果として両者ともに古墳群を未来永劫保存することに資することに結びつくと言えよう。

注

（1）「百舌鳥・古市古墳群の世界遺産推薦に関する見解」（二〇一八年九月二八日）『文化財としての「陵墓」と世界遺産』資料三：一九六―一九八。
（2）「百舌鳥・古市古墳群の世界遺産推薦に関する見解」（英文）（二〇一八年九月二八日）『文化財としての「陵墓」と世界遺産』資料五：二〇二―二〇三。
（3）「百舌鳥・古市古墳群の世界文化遺産登録決定に関する見解」（二〇一九年七月二三日）『文化財としての「陵墓」と世界遺産』資料四：一九九―二〇一。
（4）本稿における宮内庁の陵墓に関する知見について、徳田誠志氏より助言を得た。記して感謝申し上げる。
（5）「大山古墳の発掘調査を初公開――原則『非公開』の宮内庁の変化に注目」『毎日フォーラム』二〇一九年一月号：二二

—二三。

(6)第一七四回国会衆議院予算委員会第一分科会（平成二二年二月二五日）会議録。

(7)文化庁文書。

(8)第一七四回国会衆議院予算委員会第一分科会（平成二二年二月二五日）。

(9)第一七一回国会衆議院内閣委員第一五号（平成二一年六月二四日）。

(10)履中天皇および仁徳天皇の在位の順番は、第一六代仁徳天皇、第一七代履中天皇とされているが、築造年代において時代が前後しており、上石津ミサンザイ古墳（現・履中天皇陵）は五世紀初め、大山古墳（現・仁徳天皇陵）は五世紀半ばとされている点が指摘されている（高木 二〇二〇：一八二）。

文献

今井邦彦、二〇一七、「世界遺産は陵墓を「開かせるか」——報道の立場から」今尾文昭・高木博志編『世界遺産と天皇陵古墳を問う』思文閣出版、二三七—二五九。

茂木雅博、二〇一七、「陵墓公開運動と今後のあり方」今尾文昭・高木博志編『世界遺産と天皇陵古墳を問う』思文閣出版、二〇一—二三六。

森浩一、一九六五、『古墳の発掘』中公新書。

小笠原好彦・勅使河原彰、二〇一七、「文化財保存の現状と課題」文化財保存全国協議会編『文化財保存 七〇年の歴史』新泉社、一一—五九。

荻野昌弘、一九九八、『資本主義と他者』関西学院大学出版会。

荻野昌弘、二〇〇二、「文化遺産への社会学的アプローチ」荻野昌弘編『文化遺産の社会学——ルーヴル美術館から原爆ドームまで』新曜社、一─三三。

高木博志、二〇〇六、『近代天皇制と古都』岩波書店。

高木博志、二〇二〇、「文化財と政治の近現代」岩城卓二・高木博志編『博物館と文化財の危機』人文書院、一五九─一九〇。

外池昇、二〇二〇、『事典　陵墓参考地──もうひとつの天皇陵』（オンデマンド版）吉川弘文館。

徳田誠志、二〇一九、「世界文化遺産『百舌鳥・古市古墳群』を構成する陵墓について」『文化遺産の世界』三五：一九─二二。

徳田誠志、二〇二二、「陵墓と『百舌鳥・古市古墳群』について」『二一世紀アジア学研究所年報』（国士館大学二一世紀アジア学部）：七一─九二。

上田長生、二〇一七、「だれが陵墓を決めたのか──幕末・明治期の陵墓考証の実態」今尾文昭・高木博志編『世界遺産と天皇陵古墳を問う』思文閣出版、一〇九─一二八。

山泰幸、二〇〇二、「古墳と陵墓」荻野昌弘編『文化遺産の社会学──ルーヴル美術館から原爆ドームまで』新曜社、二四一─二五九。

米田雄介、一九九八、『正倉院宝物の歴史と保存』吉川弘文館。

「陵墓限定公開」四〇周年記念シンポジウム実行委員会編『文化財としての「陵墓」と世界遺産』新泉社。


（付記）本稿は、二〇一八年度─二〇二一年度科学研究費助成事業・研究活動スタート支援「世界遺産制度が地域の文化財保護におよぼす影響」（研究代表者：雪村まゆみ）による研究成果の一部である。

第6章　夜の社会学

森　真一

一　夜に社会はあるのか?

博士後期課程在学中のころだったろうか。何人かの院生と荻野先生宅で飲みながら雑談しているとき、「夜に社会はあるのだろうか?」と口にした。

非常勤講師として看護学校や社会福祉専門学校で社会学の授業を担当し始めていた。何かを学ぶにはそれをひとに教えるのが一番効果的だと気づき始めた時期である。社会学とはどのような学問かをひとに教えるようになってようやく社会学とはこういう学問なのかと考え始めていた。

同時に疑問も生まれてきた。社会学は「昼の社会」ばかりを「社会」として扱ってきたのではないか、と。社会学の概論的授業は「社会とは○○である」との説明から始めるのが通例だろう。「社会とはひととひととの関係(あるいはコミュニケーション)でできている目には見えない何か」といった説明である。デュルケームにならって「水素分子と酸素分子が結合することで、水という、水素でもなく酸素でもない新たな物質ができるのと同じように、ひととひととが関係することで社会という新たな何かができあがる。これを創発特性と呼ぶ」といった、いかにも科学的な感じの説明もした。

こんな上っ面な説明をしていると、ふと耳元で声がする。「社会がひととひととの関係やコミュニケーションでできているなら、ひとが寝静まっている夜間に社会はないことになるのでは？　ということは、社会学は昼間にだけ存在する何かを社会と呼び、それを研究していることになる。社会学は人間学だという社会学者がいるけれど、まるごとの人間を扱ってこなかったんじゃないか」と。

以来この疑問がときおり心に浮かんできた。それで冒頭の雑談時にも「夜に社会はあるのだろうか？　夜の社会学があってもいいのでは？」などと問いかけたのだ。

この思いつきに荻野先生が「おもしろい」と言ってくれたことを、なつかしく思い出した。せっかくなのでこの機会に「夜の社会学」のアイデアを膨らませたい。

二　夜の社会

「夜に社会はあるのか？」という問いについては「ある」と答えることになる。素朴に「夜の世界」のことを思いつく。この世界には「夜の帝王」が出没する。ただ「帝王」といったエリート級は少数派で、大多数はときおり顔を見せる程度の一般客であろう。このひとたちを相手とする水商売というビジネスがあり、経営者と従業員があの手この手で客を誘惑する。

夜の世界でひとは昼とは別の顔を見せる。昼間には差し支えあることも、暗い夜には実行できる。夜霧が漂っていれば「今夜もありがとう」と歌いたいところだろう。酒が入って気持ちが大きくなり、ストレートに感情を表現することでトラブルも増える。トラブルを予防し、発生してしまったときには鎮火させる「こわいお兄さん」たちも、かつては夜の世界の重要メンバーだった。

そのほか、いろんな種類のメンバーが夜の世界で夜の社会を構成している。夜には夜の、独自の社会がある。しかし価値観については昼の世界と大差ない。水商売にも昼の経済原理が貫徹している。

夜は昼の世界を補完するための時間とも考えられている。仕事中心のひとは「家には寝るために帰るだけ」といったことを口にする。「ストレス解消」や「リフレッシュ」のためと称してスナックに通い、女性の接待を受けて「これで明日も元気に仕事ができる」などと話す男性も珍しくない。

電車の線路を付け替えるといった大規模な作業が行われるのは、終電後の夜間である。日々の線路の補修作業ももちろんそうだ。ビルの掃除やメンテナンスなども、社員がいない夜間に実施される。いずれの作業も、昼の世界が順調にまわっていくことを目的として行われる。

一日は昼間（朝夕含む）と夜間からなっている。昼と夜を1セットとして考えるのは仕方ない。だからといって、夜は昼を成り立たせるための補完的時間であるとか、昼に従属する時間であるということには必ずしもならない。どうも昼中心主義が通念となっているようである。社会学においても。

それを象徴するのがA・シュッツの「至高の現実」概念である。われわれが目覚めて活動し適応しなければならない現実。夢や創作の世界などの多元的現実が準拠している現実。それは昼の現実を指している。「至高」としての昼。それに従属する夜。

昼中心主義を問い直す夜の社会学は社会学をも相対化する。科学としての社会学より思想や文学の方を頼りにしながら夜の社会学を試みたい。

この試みには最初から矛盾がある。何かを研究するとき研究対象に「光を当てる」というメタファーが用いられるが、夜の闇に光を当てたら元も子もない。本稿もこの矛盾を犯している。

しかし、矛盾を絶滅しようとすることこそ昼中心主義である。夜は矛盾があろうとなかろうとたいして問題にしない。あらゆるものごとを許す。夜の社会学は、夜のこのような海容さを忘れてはいけない。正しさばかり追究する昼の社会学の狭小さに陥ってはいけない。そして「光を当てる」より、感じとったり耳を澄ましたり思い出したりする態度を大切にしたい。

三　死者

北朝鮮を脱出するある家族を記録した映画がある。その映画の最後の方の場面で、韓国・ソウルに落ち着いたその脱北家族のおばあさんがこうつぶやいた。「夜になると、故郷に残してきたひとのことを思い出す」と。

夜はいろんなことを思い出す時間だ。私の場合、二〇年ほど前に亡くなった父親のことをよく思い出す。夢に出てくる頻度も多くなった。夢のなかで父親に何か言われたり、父親といっしょに何かしたりして、「なんや、やっぱり生きてたんやん」と父親に向かって言ったりもする。

夜は幽霊が出現する時間でもある。幽霊は妖怪と違って、かつてこの世に生きて存在したひとであり死者である。死者も生者のように、この社会をつくっているだろうか。そうだと答える社会もあれば、違うと答える社会もあるだろう。

社会学が死や死者を対象に研究する場合、すでに文化人類学で行われているように、それぞれの社会で流通する死の表象や、葬送儀礼、先祖供養をいくつかのタイプに分類し、各タイプの変遷を調査し、それぞれの社会で死や死者がどのような意味を持つのか、葬送儀礼や先祖供養は生き残った者たちにどのような効果や機能を持つのだろうか、といった問いに答えようとする。

そして、たとえば、あるタイプの葬送儀礼や先祖供養を行う社会のメンバーは、死者がこの社会にとどまっていると考えながら日常生活を送っている、といった説明がなされる。お彼岸やお盆の時期に墓参りのため、わざわざ渋滞や混雑に巻き込まれながら、多くの日本人が里帰りする光景からは、現代の日本社会でもある期間は死者がこの世界にいると考えられていると結論づけられそうだ。しかし生者とともに死者もこの現代日本社会をつくっているとまでは考えていないかもしれない。

死者がこの世に存在するとしても社会をつくっているのは生者であるという考えは社会学にも共通する。D・リースマンの他者指向性概念、A・ギデンズの制度的再帰性や脱伝統化といった概念は、いまこの社会で生活している人びとが自分たち自身を常時モニタリングすることで行為を選択している状況を捉えようとしていた。生者が生者を見ることで現代社会が成り立っている。そこに死者はいない。いたとしても社会の構成とは無関係である。そう考える社会学者は、社会学の理論構築において考慮すべき存在者に死者を含めない。われわれの生活の基礎をなす言語や伝統、習慣はいまは生きていない死者が創り出したものだから、社会をつくっているのは死者とも考えられるが、昼中心の社会学では考慮に入れられない。

こういった生者中心主義に異を唱えるのが、仏教学者の末木文美士である。末木の問題意識は「倫理や科学、あるいは政治や経済、法律などで収まりきらない問題があるということであり、たぶんそのような合理性の領域を逸脱したところにこそ、本当の人間の問題が潜んでいるのではないか……。そしてこれまでそのような問題にいちばん深く関わってきたのは宗教といわれるものだった」というところにある（末木 二〇一三：一一）。

末木のこの見方は、社会学者・吉田民人にも見られる。吉田は人間は何らかの所与性のもとで生きているとし、その所与性をふたつに分ける。ひとつは、病気や不平等など、科学で克服可能な所与性（「相対所与性」）である。一方、科学では克服不可能な問題が所与としてある。それが「絶対所与性」で、その代表が死である。

吉田によれば、人間の死は絶対所与性の最たるものである。科学は相対的な所与性を、現実を変えることによって克服する。科学による人間解放という生き方は相対所与性の克服という方向に傾斜し、宗教による解脱という生き方は絶対的な所与性を受け入れるという方向に傾斜している。克服と受け入れという二方向で、相対所与性と絶対所与性にかかわって人間は生きている。とはいえ「必ず人間にとっては絶対所与性というのは残るわけであって、その意味では、人類が生存する限り、その絶対所与性をどのようにして受容するのかという根本的な問題は、おそらく科学によっては解決できない。その意味で宗教的な問題は永久に残る」（吉田二〇一三：六九）。

吉田の言う相対所与性を末木は「倫理」に結びつける。一方の絶対所与性を死者との出会いの問題と位置づけ、「超・倫理の問題」と呼ぶ。「倫理はあくまで世俗の〈人間〉のルールの問題だ。むしろ、僕たちはつねに〈人間〉のルールに回収できない問題に直面しなければならず、そのほうがじつは大きな問題なのだ。〈人間〉の相互了解を超えたところで出会われるのが他者であり、なかんずく他者の中でも死者である。他者や死者との出会いからどのように出発できるのか。それが倫理を超えた超・倫理の問題である」（末木二〇一三：二七―二八）。

この問題を考えるヒントになるのが「葬式仏教」と蔑まれてきた仏教である。戒名やお布施にまつわる不明朗な会計システムなどのせいで悪者扱いされてきた「葬式仏教」だが、それでも日本社会で死者ともっとも関わってきた。だから「葬式仏教を唯一の出発点として、宗教の問題を考えていこう」（末木同：一八八）と末木は述べる。

死者が死後も存在するかのように話を進めてきたが、「死者は存在するのか？　存在しなくなったから死者なのではないか？」という死者の存在論的問いも出てくるだろう。たとえば、実家に帰って仏壇に手を合わせるときの感覚について末木はこう話す。「本尊に対して手を合わせているという感じではない。……位牌のあるのは祖父と祖母であるが、祖父は私が幼い頃になくなっているので、あまり記憶がない。祖母には可愛がられたおばあちゃん子だったから、実家に帰って仏壇に手を合わせるときには、祖母のことを思い、祖母を懐かしんで挨拶するという感じが強い。……それを間違いだと切って捨てられても、現にそういう感覚があるのはどうしようもないし、別にそれで悪いことをしているとも思われない。死者を大事にするのが、どこが間違っているのだろうか」（末木 同：一八五—一八六）。

すると「死者は記憶のなかに存在する」ことになるのか。そう単純なものではないようだ。「死者は今現在、生者の世界と関わり、その秩序を維持し続けているのだ。死者は生者を温かく見守り、あるいは厳しく糾弾する。その死者の力を忘れるとき、生者は生者のみで生きていくことができるかのように思い込み、生者の傲慢が生ずる。／このことは、時間論的にいえば、過去は単純に過ぎ去ってしまったものではないということである。時間は決して過去から現在、そして未来へと直線的に流れていくものではない。……過ぎ去ったはずの過去はじつは過ぎ去ることなく立ち止まり、現在の中に流入し、現在に甦る。現在を支え、あるいは現在を侵食する」（末木 同：一九三—一九四）。

この引用文だけでは、死者がどのように存在するのかよくわからないかもしれない。ポイントになるのは思い出すということである。記憶と思い出すこととは違う。この点は後ほど論じる。

最後に、末木の言う超・倫理がみずからに設定する課題について紹介しておく。たとえば、魔物に憑りつかれたようなひとがとんでもない事件を起こしたように思えることがある（末木はオウム真理教が起こした事件や酒鬼薔薇事件を例に挙げている）。また弱者や被害者が強者や被害者に対して持つ恨みの感情をどう解消していくかという問題がある。この種の問題に各宗教は取り組んできた。しかしこれら〈魔〉や〈恨〉の問題が解決されたわけではない。当の解決策が新たな〈魔〉や〈恨〉を生むことすらある。この問題を超・倫理はどう解決するのか。「超・倫理の課題は、それを解決する秘策を出そうというのではない。そうではなく、〈魔〉や〈恨〉の織りなす他者との関係（私自身のなかの他者をも含めて）を前に立ち竦み、もう一度畏れをもって見直そうというのである」（末木 同：一四一—一四二）。

問題が発生すれば、それを解消できる解決策を出せるはずだ。昼中心主義はそう考えて疑わない。解決策がなければ、どう動いていいかわからない。昼は活動する時間帯だから、どう動いていいかわからない状態は困る。立ちすくむなんてあり得ない。

夜なら立ちすくむこともできる。警察や消防など、緊急事態に対処する仕事をしているひとは立ちすくんでいられないが、それは特殊な例であり、夜は立ちすくむことを許す時間なのである。昼の光より夜の闇の方が海容だ。夜の社会学も問題の解決策を提示することより、立ちすくみ畏れをもって他者との関係を見直す方をめざす。

四　歴史

思い出すことによって、死者は思い出しているひとの意識あるいは精神に存在する。おばあちゃん子だった末木が、実家に帰って仏壇に手を合わせるとき、死者であるおばあさんは末木によって思い出され、存在している。仏壇に手を合わせる末木は、そのとき、現在において過去に戻り、現在において過去を生きている。おばあさんと過ごした時間を現在において生きている。そのときおばあさんは存在している。おばあさんは蘇っている。

これは、死者は記憶のなかに存在するという事態とは異なる。たとえば、末木のおばあさんの葬儀に参列したあるひとが、たしかにその葬儀があったことを覚えているとか、おばあさんの遺体と対面したことを覚えているということはあるだろう。しかし、それらのことをただ覚えているだけであれば、そのひとはその過去の葬儀を現在生きているとは言えない。

このことは歴史をどう考えるかに通じる。

客観的資料をもとに、いつどこで誰が何をしたのかを明らかにすることが歴史学者や歴史家の仕事である。そこで明らかになったことを学校の歴史の授業で覚える。それが常識だと多くのひとは考えているだろう。

そういう状況に繰り返し異を唱えたのが批評家の小林秀雄だ。一九七〇年に行ったある講義で六八歳の小林はこう話す。「今の歴史というのは、正しく調べることになってしまった。いけないことです。そうではないのです、歴史は上手に『思い出す』ことなのです。……歴史を知るというのは、古の手ぶり口ぶりが、見えたり聞こえたりするような、想像上の経験をいうのです。……歴史を知るというのは、みな現在のことです。現在の諸君のことです。古いものは全く実在しないのですから、諸君はそれを思い出さなければならない。思い出せば諸君の心の中にそれが蘇って来る。不思議なことだが、それは現在の諸君の心の状態でしょう。だから、歴史をやるのはみんな諸君の今の心の働きなのです。こんな簡単なことを、今の歴史家はみんな忘れているのです」（小林 二〇一四：二七─二八）。

この講義後の学生との質疑応答でも小林は次のように話す。「歴史家とは、過去を研究するのではない、過去をうまく蘇らせる人を歴史家というのです。本当の歴史家の書いたものは僕らに大変魅力があるでしょう？　なぜ魅力があるかというと、歴史家の精神の裡に、過ぎ去った歴史が生き返っていて、その生きたさまを書くから、僕らを捉えるのです。歴史の目的は、歴史を自分の心の中に生き返らせることなのです。……今、非常に誤解されているが、歴史というものは、僕らの外にあったものだと思われるようになってしまった。だから、歴史というものは、見ようと思えば見えるものだと思っている。本能寺の変なら本能寺の変で、天正十年にあそこでこういうことが起こったのだと、知識として過去を調べることが歴史になってしまっている。過去を今の僕たちの心の中に生かすことなどは無駄なことだと考えるようになってしまった」（小林 同：一〇九）。

歴史は、目の前にポンと置いて、見ることができるもの、と考えられるようになった。そのような歴史意識は科学としての歴史学の成果である。

科学は実証主義の立場をとる。実証主義とはpositivismにあてられた日本語である。positとは、目の前に置くことを意味する。「ある知識の正しさに疑いを持つひとたちの目の前に証拠をポンと置いて、なるほどたしかに証拠があるなと確認できるようにすることで、その知識の正しさを主張する立場」が実証主義である。

科学としての歴史学こそ歴史の「正しい知識」を提供しているとの通念のうえに、学校の歴史の授業が成り立っているのだから、歴史が「僕らの外にあったもの」であり、「見ようと思えば見えるもの」だと多くのひとが考えても不思議ではない。

ちなみに実証主義は昼中心主義である。昼なら明るい光のもとで置かれたものをはっきり認識できる。こうして実証主義が啓蒙主義でもあることがわかる。

啓蒙はenlightenmentの訳語である。light（光）ということばが中核を占めていることからもわかるように、「暗くてよくわからなかった対象に光を当てて、その対象を明確に認識することや、そういった認識を基礎にした正しい知識を獲得すること」がenlightenmentの意味である。

その訳語である啓蒙の「蒙」は、「知識が無く、道理にくらいこと」（『新明解国語辞典』第七版）を意味する。「くらい」とは、知らないとかわかっていないということだ。暗い部屋に閉じ込められていた人を、光に照らされた明るい場所へ連れ出すことが「啓蒙」である。enlightenmentの訳語にぴったりだ。ちなみに、「光」の比喩が使われていることからもわかるように、実証主義も啓蒙主義も視覚中心主義あるいは視覚優位主義と言えよう。

暗い夜はものごとの境界もはっきりしない。「正しい認識や知識」が持てず、「道理にくらい」ことにもなる。しかし光はいつも認識に味方するわけではない。光はものごとを隠してしまうこともある。その典型例が光害だ。都市部では、夜も昼間のように明るくなり、夜空の星が見えなくなった。夜空に星が見えなくなった地域は増加中である。

科学的にしか歴史を考えることができなくなった状況を嘆く小林は、光によって見えなくなったことがあることを、人びとに思い出させようとしている。

次節では歴史から時間へと話題を移していく。啓蒙をめざす実証主義がはびこった結果、上手に思い出すこととしての歴史が忘れられたように、時間もその存在が思い出されなくなっている。

五　時間

時間についての社会学はすでにいくつかあり、真木悠介『時間の比較社会学』のように、時間意識を何種類かに分類し、それぞれの種類を生んだ社会の類型を描くような取り組みが多いようだ。それは昼の社会学としては問題ない。対象に光を当ててそれぞれの特徴を際立たせ分類するのが昼の社会学の仕事である。

夜の社会学としては分類より思い出すことの方を大切にしたい。そこで今回は批評家・吉田健一の『時間』をもとに時間を思い出す作業を行う。吉田のこの著作は読点をあまり使わない文章からなっている。そこが夜っぽい。昼に慣れた目にはわかりづらい部分が多いが、魅力ある時間論になっている。

と、こう書いているあいだにも刻々と時間はたっていく。書いていないあいだも刻々と時間はたっていく。これが時間である。この刻々とたっていく時間に気づかせるのが吉田の時間論である。

刻々とたっていく時間は絶対所与である。時間がないということは生きているかぎりあり得ない。しかしわれわれは「時間がない」と口にすることがある。たとえば朝寝坊していつもの電車に間に合いそうにない。そんなとき「時間がない」と思い、焦る。しかし「時間がない」と思って焦りながら家を出る準備をしているあいだにも時間は刻々とたっていく。時間は常に存在する。

あるいは「時間をむだにした」とか「無意味に時間を過ごしてしまった」などということがある。やるべき仕事を遂げたり、目指している目標に役立つことを行ったりすれば、「充実した時間」を過ごしたようにも感じる。まるで時間は何かの役に立たせるべきものであるかのようにわれわれは考える。

けれども「時間は何の為にあるのでもなくてただあるので時間が含む一切のものも何の為にあるものなのでもない。我々は人為的とか人工的ということを言うのに馴れて凡ては人間の仕事であり、それでどのようなものにもその目的があると考え勝ちであるが目的はこれを達すればすむものであって目的というもの自体にどういう価値があるものでもないことを我々は見逃している。……それは世界の目的を考えるのと全く同じことである。その目的が解らないのは初めからそのようなものがないからでその為に世界が我々にとって無意味なものになるだろうか。その世界が時間でもある」(吉田 一九九八：七七―七八)。

人間は時間を操作できない。たとえば時間を早めたり縮めたりなどできない。徒歩なら何日もかかる距離を自動車や電車を使って数時間で移動できるようになると、「時間を節約できた」とわれわれは考える。そして目的地での活動に使う時間が増やせたとも思う。しかし、自動車で移動しているあいだにも目的地で活動しているあいだにも時間は増やされたり減らされたりすることなく刻々とたっていく。

もし時計で計測できる時間を「時間」と捉えるなら「時間を節約できる」と感じる感覚も理解できる。しかし時計が与える時間の印象は刻々とたっていく時間のことを忘れさせてしまう。「やはり時計の針の動きから受ける時間の印象を否定することから始める必要があると思われる」(吉田 同：七一)。

刻々とたっていく時間とともに生きるわれわれにとって、その生きている時間は現在である。「現われて在る」のが現在である。現在から離れることはひとにはできない。そのことを自覚し、現在にいることに気づいているときに自分は生きていると感じることができる。「我々がどれだけ生きているかはどれだけ現在の状態にあるかで決まる。我々が自分を生きていると感じるときには現在の状態にある。又有効に仕事をするのも或る人間をその人間と認めるのも或いは単に或る景色に見入るのも現在の状態にあってなのでこれは我々にとってそう得難い経験ではない。又それは当り前な話でもあって人間であって生きていてそれに気付かずにいるというのはそのように夢現でいる間の方が余計なのである」（吉田　同：八五―八六）。

「夢現でいる間の方が余計なのである」にもかかわらず、むしろ「夢現でいる間」にいるときに「生きている」と感じるのが近代という時代である。「そういう近代に就いて我々が念頭に置いていいのはそれが意識的に時間、或いはそれが刻々にたって行く感覚を無視した時代だったということである」（吉田　同：四九）。時間について考えたプルーストも近代人であった。「プルウストは近代の完璧を求める方法で時間を追究したのでそれ故にプルウストが遂に得た時間の観念はその刻々に流動する姿よりもその流動を奪われてこれが時間だと自分の前に置ける類のものであり、それが刻々に過ぎて行く状態を認識してこそ時間が自分の前にあることになるのにはプルウストも思い至らなかった」（吉田　同上）。目の前にポンと置けるものとして時間を考えたプルーストは実証主義者だったのである。

実証主義にはひとは時間の外に出ることができるという幻想がある。時間の外にいるつもりでいるからこそ、外から時間を眺めることができるかのように錯覚する。時間を目の前に置けるものと錯覚する。そう錯覚するのは勝手だが、錯覚しているあいだも時間は刻々とたっていく。そのことを無視するのが実証主義者である。刻々とたっていく時間を無視した近代人は、空間に関しても身近なものを軽視し、遠くにあるものを重視する。たとえば、「日本を出て世界を知る」といったことを口にする。自分の見慣れた世界は「世界」ではないかのように。

「それは我々が馴れているものなので我々にとって平凡であり、その外に寧ろ世界というものがあって単に自分の周囲を平凡と見ることでその外の世界から距てられている感じがする。併しそれで熱帯の海底やペルシャの王室の倉を覗くことで世界に出た思いをするものでなくて世界を知るには再び自分に戻る他ない。その自分以外に自分にとって時間を意識することが出来るものがないからである。或いはこれは常に自分に眼を向けていなければならないということで人間の数が如何に多くてもその銘々として持続的に精神を働かせて行けるのはその銘々の自分だけであって持続的に精神を働かせるのでなければどのような真実に達せられるものでもない。このことが一般に無視されているのでそれで人に聞くとか本を読むとかすることが自分で認識することの代わりになると考えられる結果になる。……／殊にどのような本にも根本的なことは書いてない。或いはそこに書いてあることを根本的であって真実と認めるには本を読むのと別種の持続的な精神の操作が必要であってその操作で摑めることで本に書いてないこともあり、それを摑むにもその為に精神は働き続ける。……／それは時間を意識することでそうするのとともに時間である凡てのものが言わばその正体を我々に明かすことになる。或いはそれが真実に何であるかを我々に語ってこのことがなくて夜の闇にも次に来るべき薄光が既に忍び込んでいるのが解る筈がない」（吉田 同：一五一―一五二）。

刻々とたっていく時間を無視し時間の外に出ていられるかのように思うひとは、「常に自分に眼を向け」たり、「持続的に精神を働かせる」こともせず、海外旅行や海外留学をすれば世界がわかると錯覚する。そのほうが楽で快適だからであろう。その結果、世界に対するわれわれの感じ方や態度もある特徴を帯びるようになったのではないか。具体的に言えば、われわれは世界に対して冷たくなったのではないか。

六　経験

一九四一年三月、当時明治大学の教授だった小林秀雄は雑誌『改造』で次のように書いている。「偶然な機会から、学校で初歩の歴史を教えているので、まことに貧しい経験でありますが、自分の経験で、痛感しているところをお話ししようと思います。何を痛感しているかと言うと、それは学生諸君が、歴史というものに対して、まことに冷たい心を持っているという事なのであります」（小林 二〇一三：二八七）。歴史に対する関心を学生たちが持たないことを指して、歴史に対して「まことに冷たい心」を学生たちが持っていると小林は言う。詰め込み式の暗記科目になっていることをその理由として挙げているが、前々節で紹介した「思い出す」ことをしない歴史意識が根本的な理由であると小林は考えている。

歴史とは過去に世界で起きたことだとすると、歴史に対する「冷たい心」とは世界に対する冷たい態度である。それは世界に関する経験のあり方でもある。

前節で紹介した吉田健一の時間論をもとにすると、歴史や世界に対するこの「冷たい心」は時間の感覚や観念の近代的あり方が生み出したのであろう。刻々とたっていくという感覚があればこそ、われわれはさまざまなものごとに親しみやなつかしさ、親密さを覚えるからである。「時間の感覚がなければ何かの対象に親しみを覚えるということも出来なくてそれは親しむというのが生きていることの実態であって生きていることは時間とともに過ぎて行くことだからである」（吉田 一九九八：六六）。

夕方の光線ということでこんなことも言っている。「その光線に朝日も白昼の影と対照をなす明るさも又その他夕方に至るまでの光線の段階が凡てあってその重なりが夕方の光線の艶を生じて眼に映じるから一つの成就の印象でこの光線に包まれた眺めが豊かなものになる。そしてそれ故にこれに続く夜の闇が我々にとって親密なものなのである」（吉田 同：二〇五）。

現在は過ぎ去っても消え失せたわけではなく、現在に積み重なっている。刻々とたっていく時間の感覚は過去の積み重なりを感じとることであり、たとえば「夜の闇」に親密さを感じることでもある。

そうだとすれば、時間の外にいるかのように時間を意識するわれわれは、自分のなかに過去が積み重なってきていることを意識せず、また過去をなつかしく思い出すこともないために、歴史や世界に対して「冷たい心」を持つにいたる。

時間の感覚と、歴史や世界に対する態度との関係は、H-G・ガダマーによる歴史意識批判にも通じるが、ここでは思想家・森有正が追求し続けた「経験」の問題をもとに考えていく。

「凡ゆる経験は、それが真正の経験であれば、変貌を伴う。経験はある意味で不断の変貌そのものである」（森一九六九：一九）。このような主張を森がするようになったきっかけは、パリのノートルダム寺院裏にある公園に植えられた若木の成長と、セーヌ川をゆっくりと進む船の航行であった。毎日のように訪れる公園で若木を眺めるのが楽しみになっていた森は「もうこんなに成長したのに、毎日見ている目にはその成長が少しも見えない。……私はこの目に見えない、しかし不断の成長に深く感動した」（森 同：九）と言う。

また、進んでいるのか停止しているのかわからないほど船がゆっくり進むのを見るのが好きだとも言う。現実の世界に起きている、このような目にははっきり見えない成長や進行に感動するのは、森の内部の経験と呼応しているからである。

「この感動そのものが経験を指示している。それはまた経験の深まりの一つの相でもある。私はそれを変貌と名附けようと思う。／過去を振り返って見ると、私の中に形成され始めた経験は、幾つかの思いがけない屈折を通って堆積され続けてきた。それはそのつど、新しい視野を同じ経験の中に、それを深めるように開いていった」（森 同：一三—一四、傍点原著者）。「堆積」ということばが示すように、森がいう経験は刻々とたっていく時間の積み重なりでもある。

ある年のパリの夏はめずらしく暑い好天続きで、早朝コーヒーを入れて机の前に座り、「ただ時間が音をたてて過ぎ去って行くのを、鋭く感じる」（森 同：一八）といった日々を森は過ごしていた。そんな夏が終わりを迎えそうなころの夕方、森は公園に出かけ、あの若木を眺める。「ここでも亦時間が経過している。否、時が成長している、と言った方がよいかも知れない。そしてそれはこういう植物や動物の成長だけではなく、私達の精神にもその生成の経路のようなものとして刻み込まれているようである。それでなければ、私達がそういうものを見てこれほど感動する筈がないと思う。私は、自分自身の内部にそういうものを感じる。……その変化と成長とは、一つの否定することの出来ない事実としてそこにあり、私は二ヵ月前に書いたものをすでに批判出来るようになっている自分を一つの重みを感ずるように感ずるのである。そして私は、一つのことが判り、理解することが出来るのは、決して知的面だけの問題ではなく、もっと経験全体の変容、その成熟に外ならず、それを確定するものとして知的判断が表れて来るのだということを知るのである。そしてそれ以外には、判るということは金輪際ありえない、と感ずるのである。私はそれを『変貌』と名附けたいと思う。……経験は不断の変貌そのものとしていつも現在であり、そこに、人が言葉だけしか知らなかったものが実体として新しく表れつづけるのである。そこに伝統と現在、更に将来さえもが真実に結びつくのである」（森 同：一九）。

そして経験の変貌は「ものがものに還って行くことと表裏一体をなしている」（森 同：二〇、傍点原著者）とも森は述べる。経験の変貌と「ものがものに還って行くこと」とが「表裏一体」とはどういうことなのか。

例として、インド経由で日本に帰る旅の途中に、ニースとローマでそれぞれ二日間過ごしたときの経験が報告されている。今回の旅行の一六年前にもニースに来たことがあり、その後も何度かニースに来たことがあるのだが、「今回のように十六年前を思い出したことはなかった」と森は言う。

「地中海の光り輝く世界は昔と全く同じであった。今回ほど同じであることを感じたことはなかった。ニースの飛行場の楼上で、ローマ行きの便がパリから着くのを待つ数時間、私はすぐ目の前の海を眺め続けた。それは執拗な同一性で私を把えて離さなかった。旅客機がとび上がると、これも十六年前に訪れたコルシカ島が目の前に現れた。それも全く同じであった。というのは、十六年前、バスティアからニースまで、丁度同じ時刻に、旅客機で還って来たからである。このことは私には、ものがものに還ることとしか思われない。……感覚は全然同一である。しかもその同一に魅せられたようになる、ということは自分の中の変化がその感覚の同一において、同時に成立していなかったら無意味になるであろう。……私はこのことを、以前は私の目が、目の前にあるものを見ていながら見ていなかった、聴いていながら聴いていなかったのだ、と言いたいと思う」（森 同：五〇―五一、傍点原著者）。

一六年前に見たのと同じ対象（海や島）を現在見ても「全く同じ」と感じる。それはそうだろう。この海はこの海のままだし、この島はこの島のままだ。汚かった海が地元住民の努力によってきれいになったとか、大規模開発で山が削られるなどして島の外観が一変したとかいうのなら話は別だが、そういうことでも起こらないかぎり、いつ見てもこの海もこの島も「全く同じ」だろう。なぜそんなことに「魅せられた」のか。一六年前に見たのと同じものを見て「全く同じ」と感じたことから、どうして自分のなかに「変化」が起きたと考えるのか。そこがよくわからない。先の引用文に対しては、そんな疑問が起こる。

森は一六年前のニースにいたときの自分を思い出している。自分の意志で思い出しているわけではない。森の中の何かが、森に一六年前のニースにいたときの現在を思い出させたのである。何が思い出させたのか。経験の変貌が思い出させたのだ。

一六年前から今回の旅行までのあいだに森はニースに来たことが何度かあった。しかし「今回のように十六年前を思い出したことはなかった。……今回ほど同じであることを感じたことはなかった」というように、何度も訪れたのに、そのときは一六年前のことを思い出さなかった。思い出すほどに経験が変貌していなかったからである。もちろん経験はたえず変貌しているのだが、一六年前のことが蘇るほどには経験は成熟していなかった。しかし、刻々とたっていく時間とともに経験は積み重なり、堆積してきていた。この積み重なりがなければ成熟はあり得ない。

一六年前にたしかにここでこの「同じ」海と島を自分は見たことを現在の時間のなかで思い出すことで、時間の経過と堆積が経験を変貌させていたことに森は気づいた。これは、この海やこの島が、この海やこの島に還っていくことであり、「ものがものに還っていくこと」なのである。

この海やこの島が一六年前と「全く同じ」と森が言うとき、森に一六年の時間が経過したのと同じく、この海にもこの島にも一六年の時間がたったことを森は感じとっていたのではないか。この一六年という時間がこの海にもこの島にもそして自分にも経過したと森が感じたからこそ、現在見ているこの海やこの島に「魅せられたように」なったのではないか。その時間の経過によって親しさや親密さ、なつかしさが感じられたのではないか。

吉田健一も、時間の経過とともに「ものがものに還っていく」こと、そこにものへの親しさやなつかしさが生じてくること、にふれている。「或るものがただそのものであるだけで時間の作用を受けて木材は枯れて来るとか石が古びるとかして一層そのものになって行くのも、或いは寧ろその方が時代が付くことなのでそれが我々に懐かしく感じられるのはそのもののうちにも外にも止むことがない時間の経過をそのことが視覚を通して我々に語るからである」（吉田 一九九八：一四一、傍点引用者）。

経験のたえざる変貌が対象への親しさや親密さ、なつかしさと切り離せないことを見てきた。その根源には絶対所与として時間を意識すること、すなわち刻々とたっていく時間の感覚がある。それは過去を思い出すときにも流れている現在という時間に気づくことでもある。

刻々とたっていく時間という意識は夜中にこそ感じられる。吉田健一は眠ることで意識の歪みが除かれる可能性を指摘したあとにこう述べる。「熟睡した後は夜中に目を覚ましても意識は冴えている。又その対象が時間であることが夜中の方が明確に感じられるのではないだろうか」（吉田 同：一五九）。

また吉田は若いときにはこのような時間の観念を持つのはむずかしいとも指摘する。「若いうちは時間の観念を正確に摑むことが稀である」(吉田 同：一〇)。

ところで、夜の別名は晩である。人生の夜は晩年である。晩年のE・サイードは「晩年のスタイル」というおもしろいテーマをたてたが、難解なためここでは扱えない。晩年は余生とも言い換えられる。吉田健一に「余生の文学」という文章があるので、こちらをもとに話を進めたい。

吉田によると、余生とは、収入を得たり金儲けしたりするという目的で仕事をしなくてもよくなった状態から死ぬまでの期間を指す。だから若いうちから余生を送る人はいる。

文学は余生の仕事だと吉田は言う。しかし金儲けを目的として文章を書き、それが文学と呼ばれる状況が登場している。その状況に吉田は異を唱える。「何かはっきりした目的があってそれが他のことに優先している間は文学の仕事は出来なくて、その文学というものを何かの形で楽しむにもその余裕が得られない。この物欲しげな所がないというのが文学の一つの定義にもなって、これが無愛想に終る代りに親しく語り掛けるというもう一つの性格がそこから生じる。……これは一人の人間がそこで息をしているのが感じられるからだろうか。この特徴は決定的であって、その為にこそ人間は余生に入って余生を送り、若さや未熟が売りものになっているものではそれに幾ら文学の名が被せてあってもその親しさ、そこに一人の人間がいるということがこっちまで伝わって来ない」(吉田 二〇一三：一二三)。

夜の社会学も、何かの役に立てようなどの目的を持つことなく社会学を楽しむ余裕がほしいところだ。世界や歴史への親しみにつながる社会学。そこにひとりの人間がいるということがこっちにも伝わってくる社会学。夜の社会学はそんなことを構想する。

それには夜の社会学は「余生の社会学」でなければならない。そういうふうに考えると、つい目的意識を持ってしまいそうになるが、いずれにしろ、社会学がなくなっても誰も困らないという事実から考え始めなければならない。「文学がなくても誰も困りはしないのである。先ずそのことから文学を見直す、或いは考え直さなければならない」（吉田 同：二二四）という自覚から「余生の文学」が始まったように。

文献

小林秀雄、二〇一三、『考えるヒント3（新装版）』文藝春秋。

小林秀雄講義、国民文化研究会・新潮社編、二〇一四、『学生との対話』新潮社。

真木悠介、一九九七、『時間の比較社会学』岩波書店。

森有正、一九六九、『旅の空の下で』筑摩書房。

末木文美士、二〇一三、『反・仏教学　仏教vs.倫理』筑摩書房。

吉田健一、一九九八、『時間』講談社。

吉田健一、二〇二三、『余生の文学』平凡社。

吉田民人、二〇一三、「父の死をめぐって――宗教アレルギーの自己消滅」大村英昭・井上俊編『別れの文化　生と死の宗教社会学』書肆クラルテ、四三―七八。

第Ⅱ部　破壊と社会秩序

第7章　災害と秩序を問う

——荻野昌弘の社会学

今井信雄

秩序が問われるのは、秩序が安定しているときではなく、秩序が危機に陥っているときである。したがって、秩序という用語を説明するためには、秩序を脅かすものは何かを問うことから始めなければならない。それでは、秩序を脅かすものとは何か。われわれの観点では、それは死、そして死をもたらすものである。

（荻野　一九九八：六四）

一　災害研究の始まり

日本の社会学の歴史において、災害が社会学のテーマとして認識されるようになったのは、阪神・淡路大震災以降である。戦後から高度経済成長を経てバブル期を終えた一九九〇年代初頭まで、災害は社会学の対象となり得てこなかった。(1)　一九九〇年四月、荻野昌弘は関西学院大学に着任し、その五年後の一九九五年一月に阪神・淡路大震災が起きた。そして、荻野も災害研究を始めることとなる。

荻野によれば、「筆者自身が、震災の調査を思い立ったのは、震災後、被災地（筆者は西宮在住）で、誰もが震災について、自らの体験（それも些細なことを含めて）から行政の対応の問題まで、とどまることを知らないほど語り合っていたことに触発されたからである」（荻野 一九九九b：一一七）と回顧する。荻野昌弘の社会学では、荻野自身の経験からやがて新たな社会理論の構築が導かれることはめずらしくない。(2)

阪神・淡路大震災を機に始まった日本の社会学における災害研究では、「ほとんどは既存の都市・地域社会学の応用的研究として」（室井 二〇二〇：一二）アプローチされたのだが、荻野昌弘の社会学はやや異なっていた。荻野は調査の初期段階において「調査を通じて明らかにしていかなければならないのは個々の具体的な体験のそこにある関連性」「この関連性は具体的な事実の発生を可能している構造と言い換えてもいい」「このような構造を『発見』することこそ研究者の目指すべき課題であり、それは個別事例を丹念に追うだけでは決して見えてこないであろう」（荻野ほか 一九九六：一二三―一二四）と主張し、事例研究を超えた普遍的な社会構造の解明を見据えて災害研究を行っていた。フランスの大学と大学院で学位を取得し、帰国とともに日本の大学に着任した荻野が行う災害研究が、「既存の都市・地域社会学」の研究アプローチと異なる展開を見せたことは当然のことかもしれない。そしてここで成されていた荻野の災害研究では、のちに社会学理論として展開されるさまざまな論点が含まれていた。

二　移動の社会学

そのひとつは「移動」という論点である。荻野は、阪神・淡路大震災の調査研究において、被災後の人びとがどのように移動しながら生活していったのか、ということを明らかにした。被災者四三七名の居住地や生活の移り変わりについて、三年四か月の期間で三回の追跡調査を行った。とりわけ居住地については、どこにどのような理由で誰と移り住んでいったのかということが克明に明らかになり、まず、当時の国内の阪神・淡路大震災に関する調査研究が集められたシリーズ本（『阪神・淡路大震災の社会学』第一巻）に掲載された。その結論としては「一九九六年九月時点で自宅に戻れた者が八三・七％、『転居』一〇・八％、『避難先』四・七％で、それ以降、この数値は固定する。これは、この時点で多くの被災者が居住地についての意思決定をしたことを意味する。区画整理が進まない地区に住んでいた者が、そこに戻るのを断念するのもこの時期であり、それまでに個別地域の復興計画を策定しなければならなかったことがわかる」とされた（荻野・田並 一九九九：一二四）。さらに、その後関西学院大学の研究者によって出版された『震災・神戸の社会学――被災地へのまなざし』では、本調査データの量的な側面から把握できる被災者の移動パターンの分析とともに、複数の具体的な事例について丹念な検討が行われた（荻野 一九九九ａ：四一―六二）。そのうえで、荻野は次のように述べている。

ある場所に定着するとは、未来にわたってその場所で生活する決断をしたということである。（中略）定着の場所は、一種の終着駅なのである。反対に、移動への志向性があるとは、この終着駅の選択を拒否するか、あるいは選択を先延ばしにしている状態にあることを意味する（荻野 一九九九ａ：五九）。

ここで荻野は、被災したひとが「どのように移動したのか」というデータから「どのように移動しようとしていたのか」という被災者の移動と人間的実存に関する論点を導き出している。室井研二は、日本の災害社会学の研究蓄積において「個別の災害に対する被災地の現状報告や予察的な研究が大多数を占め、事例研究の集約や理論的意味の検討はほとんど行われてこなかった」（室井 二〇二〇：一二）と指摘する。しかし荻野の「どのように移動したのか」から「どのように移動しようとしていたのか」を導き出すことは、荻野昌弘の災害研究が常に理論化の志向性を有していたことを示している。東日本大震災後に編纂された書籍で荻野は次のように述べる。

とりわけ、大災害は地域を大きく変える。大地震やその後に生じる大津波は、まち全体を破壊してしまう。まちは復興されなければならず、それは必ずしも震災以前に戻ることを意味しない。災害を契機として、大規模な開発が進み、まちは、かつてとはまったくちがう姿に変貌することもありうる。一方で、慣れ親しんだまちを離れることを余儀なくされる被災者の存在がある。大災害が生じると、被災者の大規模な移動が始まる（荻野 二〇一四：一六）。

荻野は「定住」を前提とした従来の社会学ではなく、「移動」を前提とした社会学理論を主張する。そして災害研究だけでなく、後に始められた戦争研究においても「移動」を中心に置いた。荻野は「戦争は単に破壊をもたらすだけではない。それはその後の社会変動の契機ともなる」（荻野編 二〇一三：i）と言う。そして、「戦争」による人口移動がその後の社会秩序に何をもたらしたのか、という観点から、太平洋戦争における日本の「拡大と収縮」（荻野編 二〇一三：ii）にともなって生じた、膨大な人口移動とそれによる社会変動について分析する（荻野編 二〇一三）。

「移動」を社会理論の中心に置くとき、J・アーリが構想する「移動の社会学」（Urry 2000＝二〇〇六、2007＝二〇一五）が連想されるかもしれない。しかし、荻野昌弘の「移動の社会学」は、アーリのそれと若干異なっている。アーリが移動を考える際にしばしば取り上げる「観光」や「通勤」など（もちろんこれだけではないが）は、おおむね定住しているひとが住居を確保しつつ移動することについて捉えるものであるが、それに対し、荻野の言う移動は、定住先が保証されていないような、人生の「終着駅」がどこかわからないままなされる移動である。(3) 荻野によれば「行く先のあてのない移動、どこが定住先なのかわからない不確定な状況における移動」こそ社会学の対象となるべきである（荻野 二〇一三：一六）。不確定な状況における移動、そして、「真に問われるべき問題は、境界内集合の『社会秩序』がいかに形成されるかではなく、境界設定や変更のなかでいかなるコンフリクトが生じ、いかなる条件でそれが収束に向かうのかについてである」とする（荻野 二〇一三：二三）。

不確定な状況における移動は、あらゆるコンフリクトを生み出す。阪神・淡路大震災後に被災家族が辿った道のりのなかで「震災直後、夫は妻とともに自分の郷里に帰ることを考えていたが、郷里にいる親戚と電話で口論になり、自分の郷里に帰ることを断念」（荻野 一九九九a：五三）したような家族内・親族内における事柄から、旧軍用地の再開発とそれにともなう人口移動が「暴力の風景」（荻野 二〇一三：一八―二二）を生み出すような長期的な社会変動まで、いずれも移動がもたらしたコンフリクトと言える。

荻野によれば、移動にともなうコンフリクトのひとつは、自己と他者の問題として現れる。それは人びとの移動が共同体の境界を変更させることとなり、「新たな境界はさまざまな状況を生み、多様な『他者』を創出する」（荻野 二〇一三：iii）。共同体内における境界の変更が生み出す新たな「他者」はどのような存在なのか。荻野は次のように述べる。

何を選択していいか判断がつかない状態が被災後に続く。具体的には、地震や津波で住む家を失った被災者は、移動を余儀なくされる。被災者は、震災前と同じではいられない。それは意識においてのみならず、生活環境や人間関係のあり方が大きく変化することを意味する。これは、被災者が他者となると表現することができる。この場合の他者とは、近代的自我を前提とした自己に対する他者という意味ではなく、両義的な存在になるということを意味する（荻野 二〇一四：二九）。

新たな他者は「両義的な存在」であるという。両義的な存在とコンフリクトの問題、災害研究においても戦争研究においても、荻野の関心はそこにあった。そしておそらく両義性の問題は、次に見る「語り得ぬもの」の論点と深くつながっていた。

三　「語り得ぬもの」の社会学

荻野昌弘の社会学において「語り得ぬもの」の研究もまた、災害研究から始まった。阪神・淡路大震災直後に発表された論文には、すでにその方向性が自覚的に示されていた。前述した荻野の回顧のあとには次のような記述がある。

語りが噴出したときにこそ、語られぬ部分、余白の存在がみえる。それでは、この隠された余白の部分とは何か。それは、死であり、死者への記憶である。……被災体験とは、一歩まちがえていれば死んでいたかもしれないと自覚することなのである。そして、死を意識したことが、被災者を饒舌にする。それは、実際に死んでしまった者への、「悲しみ」の一言では表現できないような感覚を間接的に伝えているのである。このような感覚に支えられた被災者の饒舌な沈黙こそ、被災者の震災体験の核にあるものである。それは、かたちにならない集合的な記憶を被災者のなかに生み出していく（荻野 一九九九b：一一八）。

そのうえで荻野は「再考しなければならないのは、既存の社会調査はすべて、社会調査によって言語化されたものだけを有効なデータとして取り上げ、『未回答』や『調査自体の拒否』を捨象してきた」と指摘する。そして、「しかし、実はこの語られぬ部分の中に、阪神・淡路大震災のような体験の質を理解するための鍵が潜んでいるかもしれない」（荻野ほか 一九九六：一三三）と述べる。語りの噴出したときに語られぬ部分が見えるということは、まさに両義的な現れである。

このような語りの噴出と語られぬ部分の両義性について、ゲオルグ・ジンメル（G. Simmel）の「橋と扉」の研究から考えることができる。ジンメルの「橋と扉」（Brücke und Tür）という研究エッセイは、次のような言葉から始まっている。

外界の事物の形象はわれわれにとって両義性を持っている。すなわち、自然界においてはすべてのものは結合されているとみなすことができると同時に、すべてのものは分割されているとみなすこともできる、という両義性がそれである（Simmel 1957＝一九九八：三五）。

ここで、「橋」は両岸をつなぐものとして、「扉」は部屋の内と外をつなぐものとして参照されており、ジンメルはそれらの事例を通して「結合」と「分割」の関係を論じている。浜日出夫はこの「橋と扉」について、「結合と分割はどちらも他方を前提としてはじめて成り立つ概念であり、切り離すことができないものである。そもそも分割されていないものを結合することはできないし、ふたつのものが分割されていると言うためには、それらが結合されている状態が先取りされていなければならない」（浜 二〇一八：一一〇―一一一）と解説している。この浜の解説を、対立する概念は一方がなければもう一方が成り立たない、とか、両方そろって始めてそれぞれに意味が生じる、というように単純に解釈するわけにはいかない。「橋と扉」の要諦は、われわれの概念上において「結合」と「分割」が対になっている、ということを意味しているのではない。浜の言葉で言うと「それらが結合されている状態が先取りされていなければならない」という点が重要である。ジンメルは「事物がつながりをもつためには、まずもって隔てられていなければならない」「われわれはつねに、結合されたものを分割し、分割されたものを結合する」（Simmel 1957＝一九九八：三六）と言う。橋を架けるという行為においては、両岸が結合された状態が人間のなかで先取りされていなければならない。この時系列的な関係性が成り立っていることが重要である。

両義性をこのように、単に「両方の意味を持つ」「相補的である」というような理解ではなく、一方がもう一方を先取りして成立した状態として捉えるとき、荻野の経験した語りの噴出の意味が見えてくる。語りの噴出が起きているときには、その背後に「語られぬ部分」がすでに前提とされている、ということである。まず、語られぬ部分としての経験がなされ、その次に「語りの噴出」が生じている、そのような関係として捉えられるのである。

荻野がこの「語られぬ部分」という問いに対して行ったことのひとつは、アニメーションを用いた社会調査である。二〇〇三年に関西学院大学社会学部は文部科学省の大型研究プロジェクト(4)に採択された。荻野は、その研究プログラムの一環として行われた災害復興制度の研究(5)を進める一方で、アニメーションを用いた調査研究に取りかかった。荻野はいじめ自殺を題材として「アニメーション」という調査手法の可能性について精力的に研究を進めたが、それは「語りの噴出」と「語られぬ部分」について、社会学者がどのようにアプローチするのか、ということにおける挑戦でもあった。

聞き取り調査であれ質問紙調査であれ、それらは「言葉」を用いた調査手法（＝調査対象への接近方法）である。荻野は「語り得ぬもの」への接近を意図し、「言葉」を用いるのではなく、いじめ自殺を題材にした短編アニメーションを作成した。そして、それをさまざまなひとに観てもらうことで視聴者の反応を引き出した。「言葉」ではなく「図像（アニメーション）」による調査手法ということになる。はたして視聴者の反応において、「語りの噴出」のようにあらゆる反応が引き出された（荻野・雪村 二〇〇六）。荻野はアニメーションを用いた調査研究についての論文で次のように述べている。

語り得ぬものを問うという営みは、社会学の根本的な問いだといっても過言ではない。〈語り〉を通じて〈語り〉の向こう側にあるものに到達しようとするか、〈語り〉そのものが不可能である地点を捉えようとするのか、いずれにせよ、語り得ぬものを明らかにすることが、社会学者のめざすところである。これは、〈語り〉を手がかりとしながらも、その最終目標は、それ自体にあるのではなく、語りを生み出す何か、語りを可能にしている何かを明らかにすることであることを意味する（荻野・雪村 二〇〇六：二〇五―二〇六）。

「語り得ぬもの」の射程は、それに接近する調査手法の問題とともに、社会における「語り得ぬもの」の存在つまり「語り得ぬものと社会秩序」に対する問いとして定位されていく。

四　「追憶の秩序」と死

荻野によれば語られぬ部分の最たるものは「死」である。荻野昌弘の社会学では、この語られぬ部分をどのように社会秩序に編成していくのか、ということについてひとつの回答を導いている。それは「追憶の秩序」という社会秩序の編成である。

あらゆる社会は、この死者への集合的記憶を表す術を兼ね備えており、かつては社会秩序の根本的な存立基盤であった。たとえば、災害で死者が出た場合、それを単なる犠牲者としてではなく、神のような存在への供物として了解しようとした。身近な存在の突然の死をこうして、何とか納得しようとした。筆者は、このような死者への対処を可能にし、また死者の記憶を喚起することで秩序の維持を図るしくみを追憶の秩序と呼んでいる（荻野 一九九九b：一一八）。

「追憶の秩序」概念で特に重要であるところは、秩序を脅かすものとして死がありながら、同時に死が社会秩序をもたらしていることにある。荻野は二〇〇二年に出版された『文化遺産の社会学――ルーヴル美術館から原爆ドームまで』で「追憶の秩序」概念をより精緻に説明している（荻野 二〇〇二：二―五）。そこでは「記憶の喚起」「聖なる空間の設定」「未知の理解システム」「霊的存在への返礼」という四つの側面から全体的な説明がなされたが、ここで取り上げるのは「記憶の喚起」についての説明である。荻野は「追憶の秩序」概念における「記憶の喚起」について次のように説明する。[6]

追憶の秩序では、かつて共同体の成員であったり、共同体と何らかの関わりのあった死者の霊、神への記憶を喚起することで、共同体秩序が編成されていく（荻野 二〇〇二：二―三）。

（死者の霊や死者の記憶という）共同体から生まれたものが、（その生まれてくる源の）共同体をつくるというしくみには、秩序編成においてその時系列が引き戻されることで成立している。この時系列が引き戻される秩序編成こそが、より根本的な社会秩序をもたらしている。その理由としては、浜日出夫が言う根本的な秩序問題としての「羅生門問題」を乗り越えているからである。浜は、「羅生門問題」を、秩序問題としての「ホッブズ問題」より以前に根本的な秩序問題として成立しており、それは未解決であることを主張する（浜 二〇〇六：二七一―二八八）。

浜日出夫が論じた秩序問題としての「羅生門問題」とは次のようなことだ。まず、「羅生門」とは、映画「羅生門」において、複数の登場人物が同じできごとに対して異なる証言をし、本当の事実が「藪の中」になってしまう物語にちなんでいる（言うまでもなくこの映画の原作は芥川龍之介の小説『藪の中』である）。「羅生門問題」は、本当の事実が「藪の中」つまり、わからないままであるにもかかわらず、人びとと「事実」を共有し、それを前提に生きていかざるを得ない、われわれの共同体秩序の根本問題を指している。以下、この点についてもう少し説明する。

浜は、いわゆる「万人の万人に対する闘争」というホッブズ問題に対する解決として、パーソンズの「共通価値による統合」を取り上げる。しかし、この「共通価値の統合」という秩序編成が成り立つためには、そのまえに、万人が価値を共有している状態が成立していなければならない。万人が価値を有している状態とは、もはやそこに共同体の秩序が成立している、ということを意味している。では、その共同体の秩序はどのように成立するのか。パーソンズの解決策が有効となるために、共通価値の統合をどのように成立せしめるのか、という共同体秩序の根本問題が解決されなければならないが、それは未解決のままだという。それこそが「藪の中」なのである。そして浜は、ガーフィンケルの研究を参照しつつ、共同体秩序の根本問題である共通価値の統合をもたらすものは、結局、人と人とのあいだの「信頼」であるとする。「信頼」によってこそ、共通価値の統合がもたらされ、社会秩序をもたらすと結論づける。しかし浜は言う。「共通価値もまた信頼によって支えられているということは、社会には基礎というものがないということ、社会はじつは底が抜けているということを意味している。というのも、信頼には、結局、客観的な保証はないからである」（浜 二〇〇六：二八七）。

現代における社会秩序の基礎がないことについて、荻野もまた「詐欺」を事例に論じている。荻野は「詐欺師と詐欺師にだまされている者との同調関係に示されるような状態」を「零度の社会性」と呼んだ（荻野 二〇〇五b：四四）。零度の社会における「同調関係」こそが、浜の言うような「保証のない信頼」によって成立するのであるから、われわれの社会にはまさに秩序の底が抜けたままなのである。

現代におけるわれわれの社会では、根本において秩序は保証されていない。荻野自身、「追憶の秩序がそのまま、かつてと同じように機能していると考えるひとはいないだろう」（荻野 二〇〇二：四）と述べている。しかしながら、「追憶の秩序」の編成では、秩序を脅かすものとしての死が秩序を生み出す結果をもたらしていた。追憶の秩序においては、「信頼」を保証するのは「死者」なのだ。追憶の秩序が、追憶をすることでその前提となる共同体を形成せしめているのであれば、それは底が抜けている、ということにはならない。その意味で、死は秩序を脅かすことと秩序を成立せしめることの両義性を帯びている。そして、その両義性はジンメルの「橋と扉」で指摘したように、それはどちらか一方がどちらか一方を前提として成立させる関係性にある。

五　現代における死と秩序

最後に、本稿の冒頭で紹介した言葉を振り返ってみよう。荻野によれば「秩序を脅かすもの」は「死、そして死をもたらすもの」であった。

現代のように「追憶の秩序」がそのまま残ってはいない、「底」が抜けた現代社会で「死」はどのように扱われるのか。Z・バウマンは、現代において「死」は「周縁化」されるとする（Bauman 2006＝二〇一二：三九―八三）。澤井敦によれば、バウマンの「死の周縁化」とは、死への不安を生活から切り離し、死が訪れるまでなんとかやり過ごす戦略である（澤井 二〇一五：五九）[7]。荻野もまた現代社会の「死の消滅」（荻野 二〇一二：二一七―二二六）を指摘する。これらの「死の消滅」や「死の周縁化」は、われわれの社会が常に「零度の社会性」にさらされていることを示している。

そして、災害は「死をもたらすもの」としてある。「死をもたらすもの」としての災害をどのように社会秩序の編成のなかに位置づけることができるのか。荻野は、「他者の生産物を所有したいという欲望」を「博物学的欲望」

と呼んだ。「博物学的欲望」のもとでは、あらゆるものが収集され、所有され、保存される対象となるが「異質なモノであればあるほど、高い価値がつけられる」（荻野 二〇〇二：六）。もはや、災害の経験や記憶さえも「博物学的欲望」の対象となってきた。それは「追憶の秩序」とは対極にある秩序編成である。しかしながら、阪神・淡路大震災以降の日本社会においては、さまざまな災害が起きたことでそれらのできごとの記憶を伝えようとする取り組みが活発に行われてきた（今井 二〇一九）。そして、それらの活動は、「博物学的欲望」のみではなく、また「追憶の秩序」のみでもなく、それらのあいだで生み出されていると捉えることができるだろう。社会学は、「新たなかたちでの追憶の秩序」（荻野 二〇一二：二二五）を見出し、「死」や「死をもたらすもの」によって、どのように社会の「底」が支えられ得るのか、それが期待されているのである。

注

（1）室井研二によれば、阪神・淡路大震災以前には、一九八〇年代初頭に早稲田大学のグループが災害研究を行ったが、その後の災害研究に継承されることはなかったという（室井 二〇二〇：一二）。

（2）たとえば『開発空間の暴力――いじめ自殺を生む風景』（新曜社、二〇一二年）には、次のように記されている。「中学校周辺を歩いてみて、私の直感は確信に変わった」「奇妙なことに気づいた」「戦後の開発において、旧軍用地が大きな役割を果たしたこと、開発といじめ自殺が起こる地域とのあいだに親和性があることを発見した」「戦後の日本社会では、旧軍用地が忽然として消滅したところから開発が始まり、その開発がいじめ自殺という暴力を生む風景をつくり出したのである」（荻野 二〇一二：二二八―二二九）。

(3)その点で言えば、荻野が捉えようとした「移動」は、アーリの「移民」に関する論点に近いかもしれない。ただし、アーリは「発展途上世界における最も脆弱な地域の経済的、政治的危機にあるゾーンから生まれている。移民の移動性は、経済、社会、環境の構造の不安定ととりわけ現地の国家の脆弱性から生み出されている」(Urry 2007＝二〇一五：五九)と言う。

(4)関西学院大学社会学部は二〇〇三年度から二〇〇七年度に、文部科学省21世紀COEプログラム「『人類の幸福に資する社会調査』の研究――文化的多様性を尊重する社会の構築」に採択された。

(5)関西学院大学COE災害復興制度研究会の目的である「災害復興基本法の立案をめざす」(荻野 二〇〇五a：一一四)点から、荻野(二〇〇五)は阪神・淡路大震災の災害復興制度研究の意義を次の三つにまとめている。第一に「災害復興に関する法制度が整備されていないため、行政の災害に対する対応が、原則を欠いてしまう」、第二に「被災者支援の基本となる災害救助法が制定された時代から日本社会が大きく変容したため、法とその運用が、社会の現状にそぐわなくなってきている」、第三に「戦後の災害対策が、過度に『防災』中心の政策だという点」を挙げている(荻野 二〇〇五：一一三)。

(6)「追憶の秩序」概念における残りの三点については、「聖なる空間の設定」「未知の理解システム」「霊的存在への返礼」の観点から説明される(荻野 二〇〇二：三―五)。

(7)「死の周縁化」には「死の脱構築」と「死の凡庸化」があるが(Bauman 2006＝二〇一二：六二)、澤井敦によれば、バウマンの「死の周縁化」とは、死への不安を生活から切り離し、死が訪れるまでなんとかやり過ごす戦略である(澤井 二〇一五：五九)。そして「死の脱構築」は「死を、身体の健康や環境の安全性、社会的な安全に関わる無数の心配事へと読み替えて、ひたすら合理的に対処し続ける」(澤井 二〇一五：六〇)こと、「死の凡庸化」は、死別だけでなく離婚や親しい者との離別を経験することで「生活の中で『別れ』が繰り返され」ることで、死は「隠喩的にリハーサルされる」ことになり、死そのものも絶対的な周縁とは見なされなくなる、というものである(澤井 二〇一五：六九)。

文献

Bauman, Z., 2006, *Liquid Fear*, Polity Press（＝澤井敦訳、二〇一二、『液状不安』青弓社）。

浜日出夫、二〇〇六、「羅生門問題――エスノメソドロジーの理論的含意」富永健一編『理論社会学の可能性――客観主義から主観主義まで』新曜社、二七一―二八八。

浜日出夫、二〇一八、「橋と扉」徳田剛・杉本学・川本格子・早川洋行・浜日出夫『ジンメルの論点』ハーベスト社、一一〇―一一三。

今井信雄、二〇一九、「記憶のかたち――災害の『まえ』と『あと』をつないで伝える」吉野英岐・加藤眞義編『震災復興と展望――持続可能な地域社会をめざして』有斐閣、七二―九〇。

室井研二、二〇二〇、「方法としての災害社会学――理論的系譜の再検討」『西日本社会学会年報』一八：七―一九。

荻野昌弘、一九九八、『資本主義と他者』関西学院大学出版会。

荻野昌弘、一九九九a、「被災者の軌跡――人々は阪神大震災の後どのように移動したか」安保則夫編『震災・神戸の社会学――被災地へのまなざし』八千代出版、四一―六二。

荻野昌弘、一九九九b、「震災の語られぬ部分をみる」安保則夫編『震災・神戸の社会学――被災地へのまなざし』八千代出版、一〇九―一一九。

荻野昌弘、二〇〇二、「文化遺産への社会学的アプローチ」『文化遺産の社会学――ルーヴル美術館から原爆ドームまで』新曜社、一―三三。

荻野昌弘、二〇〇五a、「災害復興に関する研究課題」関西学院大学ＣＯＥ災害復興制度研究会編『災害復興――阪神・淡路大震災から一〇年』関西学院大学出版会、一一三―一二〇。

荻野昌弘、二〇〇五b、『零度の社会――詐欺と贈与の社会学』世界思想社。

荻野昌弘、二〇一二、『開発空間の暴力――いじめ自殺を生む風景』新曜社。

荻野昌弘、二〇一三、「序章　『戦争が生みだす社会』研究の課題」荻野昌弘編、『叢書　戦争が生み出す社会Ⅰ　戦後社会の変動と記憶』新曜社、一―二九。

荻野昌弘、二〇一四、「災害の社会学をめざして」荻野昌弘・蘭信三編『3・11以前の社会学――阪神・淡路大震災から東日本大震災へ』生活書院、一三―三四。

荻野昌弘・森真一・田並尚恵・神野賢治・河村裕之・山室敦嗣、一九九六、「社会調査を考える――阪神・淡路大震災の調査を通して――」『社会学部紀要』七四：一二三―一三四。

荻野昌弘・田並尚恵、一九九九、「震災後の被災者の移動・移転――震災から8ヶ月まで」岩崎信彦・鵜飼孝造・浦野正樹・辻勝次・似田貝香門・野田隆・山本剛郎編『阪神・淡路大震災の社会学1　被災と救援の社会学』一一一―一二四頁。

荻野昌弘・雪村まゆみ、二〇〇六、「語り得ぬものを問う――社会調査におけるアニメーション利用の可能性」先端社会研究編集委員会編『先端社会研究』四（関西学院大学出版会）：二〇五―二三一。

澤井敦、二〇一五、「リキッド・モダン社会のなかの死別」澤井敦・有末賢編『死別の社会学』青弓社、五四―八〇。

Simmel, G., 1957, *Brücke und Tür: Essays des Philosophen zur Geschichte, Religion, Kunst und Gesellschaft, im Verein mit Margarete Susman ; herausgegeben von Michael Landmann*, K. F. Koehler（=酒田健一・熊沢義宣・杉野正・居安正訳、一九九八、『橋と扉』白水社）。

Urry, J., 2000, *Sociology beyond societies : mobilities for the twenty-first century*, Routledge（=吉原直樹監訳、二〇〇六、『社会を超える社会学――移動・環境・シチズンシップ』法政大学出版局）。

Urry, J., 2007, *Mobilities*, Polity（=吉原直樹・伊藤嘉高訳、二〇一五、『モビリティーズ――移動の社会学』作品社）。

第8章　災害神話、文化的記憶と防災・減災
——中国西南部における少数民族神話の防災・減災機能に関する一考察

李　永祥
西村正男・村島健司　訳

一　災害神話と文化的記憶研究の理論的背景

記憶は心理学用語であるが、歴史学、社会学、人類学などの諸科学でも盛んに研究されてきた。心理学における記憶は個人を対象としているが、人文科学、特に歴史学や人類学の分野における記憶研究は、個人の記憶よりも集合的な記憶を対象としている（Le Goff 1988=二〇一〇：五七）。中国の歴史家、趙世瑜によれば、歴史的記憶とは過去の個人的あるいは集団的な記憶を指す。第一に、歴史は集合的な記憶である。第二に、記憶は継承され、継続するものである。第三に、いわゆるネガティブな影響を与える歴史的できごととは、政府に禁止されたり、恥ずべきことと思われたりしたために公にするのに不都合な記憶、あるいは人びとが無理に忘れようとしたり、考えないようにしたりしている記憶のいずれかである。彼の考えでは、歴史であれ伝説であれ、その本質は歴史的記憶である（赵 二〇〇三）。王明珂は、社会的記憶も一種の歴史的記憶と見なすことができると考え、「記憶」という観点から歴史的資料を見ることで、テクストや口承の背後に隠された「歴史的事実」を明らかにすることができると強調している（王明珂 二〇〇一）。人類学者は、記憶の研究、とりわけ「他者」、原始共同体や第三世界の地域社会の記

憶に対する研究を重要視している。人類学者にとって、記憶とは単に個人的で主観的な経験ではなく、社会的に構築されたものであり、現実を志向し、再び経験を構成するものである（Becher, Beyene and Ken 2015）。人類学者のなかには、記憶に関する比較研究（Schortman and Urban 2011）を行ったり、公的な記念化（Cole 2006）やエスニック・アイデンティティと記憶の関係（Hoffmann, O. 2002）を重視したりする者もいれば、機能主義的な視点から、記憶、神話、口承伝承の関係を研究し、神話の領域にまで踏み込む者もいる（Harwood 1976）。筆者は、歴史的記憶と社会的記憶は文化に関連しており、どちらも文化的記憶の構成要素であると考えている。したがって、本稿では災害神話にかかわる記憶を文化的記憶と位置づけ、そのほうが少数民族文化の実態に即しており、災害神話を人類学的に解釈しやすいと考える。

神話は人類文化の重要な一部である。神話は物語によってその意味を表現するが、その物語には一定の使用機能があり、災害神話、特に洪水神話や干魃神話の場合、歴史生態学における景観の内容だけでなく、人類と環境の関係の内容も含んでいる。前者は人類と生物圏の複雑な歴史的関係を解釈するための重要な地平として利用することができ（Balée and Clark 2006: 1-6）、後者は初期の生態人類学における新進化論的、新機能主義的な方向性（Orlove 1980）を通じて理解することができる。神話研究者の彭兆栄によれば、神話研究には、歴史学派（神話は歴史であるとする）、自然要素学派（神話は自然要素の進化の結果であるとする）、心理の動き学派（神話は人類の心理的蓄積の投影であるとする）、道徳説諭学派（神話は社会の模範となる教えであるとする）、言語ゲーム学派（神話の表現は言語ゲームであると考える）、儀礼解釈学派（神話と儀礼は互いに裏づけ合い、欠くことのできないものであると考える）、構造主義学派（神話を構造主義的に捉え、神話を構造的に捉えることを提唱する）の代表的な七つの学派がある（彭 二〇〇三b）。神話と災害の間には、前述した歴史的、道徳的、儀式的な研究において、さまざまなつながりが見られる。B・マリノフスキーはかつて、「神話は、実際的に言えば、無為な詩でもなければ、無目的な空からの流出物でもなく、いくつかの極めて重要な文化的力である」と指摘した（Malinowski 1948＝一九八六：八二）。筆者は、神話や伝説は一種の歴史的記憶のようなもので、民族の記憶に痕跡を残すことができると考えており、文字を持たない民族にとって、神話の伝達は歴史や文化的記憶の伝達の一形態であると考える。

実際、神話や伝説は災害と密接な関係がある。神話や伝説には災害に関する内容が多く、神話を研究する学者たちは、中国の神話における重要なテーマは災害であると考えている（叶舒宪 二〇〇八）。中国の神話のジャンルは自然災害に関連しており、洪水災害に関する神話、干魃災害に関する神話、地震災害に関する神話などがある。女媧《じょか》補天（人類を創造した女神・女媧が天を補修した中国神話）も地震災害に関する神話であり（王黎明 一九九一：王若柏 二〇〇八）、さまざまな災害に対する反応である（李少花 二〇〇七）。また、火や雷などの災害に関する神話などもある。西南部の少数民族の神話は、全国の民族の神話と同様に、災害の内容に対応しており、洪水、干魃、地震、地盤沈下（地滑り、土石流、雪崩）、風雨、雷、稲妻、火災に関するものが多い。現実には、洪水、干魃、地震、土砂崩れなどが、西南部民族の地域におけるおもな災害である。災害神話が重要なのは、神話が常に人びとを古代に連れ戻し、統一された概念のもとに人びとの意識と価値観を結合させ、共同体における正統性が強化され、民族意識が強化される、つまりは神話が実践的な機能を持つからである（櫻井 二〇〇〇）。それと同時に、神話の重要な機能は、人びとに起こったことを記憶させ、世代から世代へと受け継がれる社会の文化的記憶の一部となることである。

西南部の少数民族は、羌《チャン》族群、百越族群、苗《ミャオ》・瑶《ヤオ》族群、そしてオーストロアジア語群に分けられるが、最初の三つは中国の言語学者によってシナ・チベット語族に属するとされ、最後のひとつはオーストロアジア語族に属するとされている。[1]私が本稿で論じる少数民族の神話は、主にチベット・ビルマ語派とタイ・カダイ語族の神話が中心であり、ミャオ・ヤオ語族やオーストロアジア語族の諸民族の神話・伝説・物語についても言及する。これは、筆者の災害調査が主にイ族、ハニ族、タイ族の地域で行われており、これらの民族の神話・伝説・物語と防災・減災との関係を論じることが、研究のテーマに沿っているからである。防災・減災の理論化については、筆者は別に論じているので、ここでは繰り返さない（李永祥 二〇一五a）。構造主義の先駆者であるC・レヴィ＝ストロースが主張したように、神話にはさまざまな記号内容があり、それは「方程式の体系のようなものである：決してはっきりと見ることのできない記号は、選択された特定の値の平均に近づくように作られ、その結果、根底にある方程式に解があるかのような錯覚を与える」（Lévi-Strauss 1985＝二〇〇六：一三八）。そのため、神話、歴史、文化的記憶と災害とりわけ防災や減災との関係を研究することは、解くことが困難な方程式である。筆者は人類学的な意味での災害と文化の関係に基礎を置いて、それによって現代において災害の神話が持つ防災・減災の意義について分析しようと思う。

二　災害神話の種類と文化的記憶の内容

（1）洪水神話における災害記憶

洪水神話は、さまざまな民族によって洪水天に滔《はびこ》る、洪水天に漫《はびこ》る、洪水氾濫などとも呼ばれ、中国の少数民族の間で広く流布しており、南方民族のほとんどすべてが洪水災害に関する神話、伝説、歌、物語を持っている。洪水神話は、『山海経』『淮南子』『尚書』『史記』などの古代中国の歴史書にもよく記されており、洪水災害が歴史上広範な影響を及ぼしてきたことを示している。西南地域の少数民族のあいだでは、イ族、ハニ族、ナシ族、ラフ族、トーロン族、ミャオ族、プイ族、チンポー族、ジーヌオ族、ワ族などに洪水神話が流布しており、その内容は、天空の洪水、人類の滅亡、兄妹（あるいは人と神）の結婚、人類の再生など、多かれ少なかれ同じであるが、いずれも洪水災害と密接な関係がある。

イ族は洪水神話がもっとも豊富な民族である。イ族の洪水神話がこれほど豊富なのは、イ族には多くの支系があり、支系によって洪水神話のバージョンや内容が異なるからである。洪水神話は、文字を持つ諾蘇、納蘇、尼蘇、撒尼、阿哲の各支系の文献にも記録されている。たとえば、イ族尼蘇支系の有名な叙事詩『査姆《チャム》』には洪水神話が記されている。『査姆』では、人間は最初、「独眼人」と「直眼人」に分かれていたが、この二種類の人間は心が卑しかったために、イ族の神である格茲天神に取り込まれた。直眼人が天神に取り込まれたとき、洪水によってそれが達成され、その後、天神は「横眼人」を作り出し、それが代々受け継がれて今日にいたっている（西南地区民族民间文学楚雄・红河调査队 一九八一）。このため、イ族の葬儀には「尖刀草を踏む」という儀式があり、「踩尖刀草経」を読誦する必要がある。この経書の後半に洪水天に漫るという伝説が記されている（李永祥 一九九一）。イ族の洪水神話は、そのほとんどが格茲天神が洪水によって人間を水没させるというものである。日本の学者、西脇隆夫が中国西南部のイ族地域に伝わる三〇の洪水神話を比較研究したところ、洪水神話は口承長詩、口承説話、口承歌謡、文献史詩のかたちで伝承されており、洪水神話の登場人物はたいてい兄と妹、篤慕と呼ばれる祖先、三兄弟の末っ子であること、洪水神話の原因は天の神が人間を罰することであり、逃れる手段は主に瓢箪、樽、木造船、木造棺桶であることがわかった。結婚は兄と妹が大きな臼や箕《み》による占いで結ばれるか、あるいは天神が仙女を地上に降ろし嫁がせるのが一般的である。生まれた子どもは、六人の子どもとストレートに言うものもあれば、子どもは聾唖者、血と肉のかたまり、肉の瓢箪などで、天神の助けによって、今日の諸民族の祖先となったとするものもある（西脇 二〇〇〇）。

イ族尼蘇支系の洪水神話は、災難から逃れる物語であるだけでなく、イ族の祖先である篤慕と「六祖が支系に分かれる」物語を反映している。篤慕は格茲天神に選ばれた継承者で、瓢箪の中に隠れてなんとか逃げ延びた。洪水が引いた後、篤慕の瓢箪は崖の尖刀草の草叢に引っかかり、地面に落ちることができなかった。そこで、格茲天神は鷹を派遣して瓢箪を地上へ助け出させた。そのため、イ族は今日にいたるまで鷹に感謝し、鷹を崇拝し、みずからを鷹の民族と見なしている。篤慕は瓢箪の中から出てきて、この世に自分ひとりしか残っていないことを知り、とても不安になり、たくさん苦しんだので、格茲天神が仙女を地上に降ろして結婚させ、ふたりは六人の子どもを産み、六人の子どもが成長した後、それぞれの方向に発展し、長男と次男は雲南の南部に行き、いまの尼蘇人の祖先になり、三男と四男は貴州へと向かい、いまの納蘇人の祖先になり、五男と六男は北へと向かい、現在の諾蘇人の祖先となった。六人の息子が別々の方向へ向かったというのが、すなわちイ族の有名な「六祖分支」の伝説である。イ族の文献に記されている祖先の篤慕は実在の人物で、漢族の文献にもイ族の文献にも記されている。イ族の学者張純徳は、篤慕は紀元前五世紀、つまり春秋時代末から戦国時代初期の人物だと考えている（张纯德 一九九四：六）。洪水神話は雲南南部のイ族にとって重要な意味を持っており、学者の調査と研究によると雲南南部のイ族尼蘇人の祖先は洪水神話を「創世花鼓」と呼ばれる舞踊にまで仕立て上げた。この舞踊は雲南南部の魯圭山地区に広く伝わっている。創世花鼓のおもな道具は扁鼓というドラムで、それ以外にはトロンボーン、チャルメラ、シンバルや銅鑼なども用いる。扁鼓は洪水天に漫る際に先祖篤慕が身を隠した瓢箪を象徴しており、舞踊においては女性が太鼓を、男性が銅鑼とシンバルを持ち、女性が下から太鼓を叩くのは、洪水時に流水が瓢箪の表面を打つ光景を象徴している（方 二〇〇五：李永祥 二〇〇九：九四）。創世花鼓には、鋭刀草鼓、開天鼓、祭鼓、山転鼓、植鼓、豊鼓など二〇種類以上の決まった型があると言われ、一部の学者はその歌詞の一部分を収集している(2)。

イ族以外にも、西南地区の多くの少数民族はみな洪水神話を有しており、しかもどれも似通った内容とプロットを持つ。たとえば、中国西南部の新平県のタイ族傣洒人の刀という姓の男性は、彼らの洪水神話について筆者に語ってくれた。

兄と妹は洪水がくることを知っていたので、逃げて瓢箪の中に隠れた。三年後、洪水は引き、ふたりは瓢箪と一緒に空に向かって漂流した。天の神はふたりに言った。「この世には誰も残っていないのだから、あなたたちは夫婦にならなければならない」。兄と妹は言った、「私たちは兄と妹ですから、夫婦にはなれません」。神は言った、「そんなことは容易いことだ、石を水の中に投げ入れてみよう。水が飛び散って自然にひとつになれば、あなたたちは夫婦になれる」。神はこう言いながら石を投げると飛沫は飛び散ってまた自然とひとつになった。そして神は言った、「あなたたちは夫婦になれる」。兄妹はまた言った、「私たちには証人になってくれるひとがいません」。神は緑の大木に証人になるよう頼み、兄妹は結婚した。それ以来、タイ族の人びとは緑の大木を切り倒すことはなかった。その後、ふたりは娘を産んだが、人数が少なすぎたため、神様は大人になるために木に火を灯すように言った。そこで、夫は毎日木に火をつけに出かけ、妻は毎日食べ物を運んでいたが、人間が多くなり、ふたりは年をとり、娘も成長したので、ふたりの老人は娘にタイ族だけと結婚するように求めた。

洪水神話は、南部の少数民族のあいだで普遍的に存在している。リス族、ラフ族、ナシ族、ハニ族、ジーヌオ族、ワ族、ミャオ族、ヤオ族など、他の民族も同じような洪水神話を持っているのだ。しかし、洪水神話は単なる伝説なのだろうか、それとも歴史的に実際に存在した洪水災害なのだろうか。言い換えれば、大規模な洪水が、さまざまな民族の神話の記憶のなかで語り継がれてきたということなのだろうか。多くの学者がこの問題を深く研究し、南方民族には豊富な洪水と兄妹婚の神話があり、ミャオ族、ヤオ族、チワン族、トン族、ブイ族、マオナン族、ムラオ族、リー族、イ族、ペー族、リス族、ラフ族、ナシ族、ハニ族、ジーヌオ族、ワ族、高山族などの民族には比較的完全な物語が伝わっており、少なくとも人類の歴史のなかで実際に起こった洪水災害の影があることを示唆していると考えている（刘 二〇一〇）。一部の学者は、中国の歴史において洪水が起こったと信じており、伝説の時代の洪水は歴史的事実であると固く信じている（毛 二〇〇二）。約一万年前、中国南部では多くの種類の洪水が発生しており、これが南方民族による「洪水天に滔る」伝説の歴史的背景である。この見解を持つ張群輝氏は一九九〇年の論文で以下のように書いている。

洪水が大量に、更新世の終わりから鮮新世初期に発生し、この期間、地球規模で温暖化が見られ、氷河が溶け続けたため、降雨量が急増し、新地殻変動の影響と相まって、中国の頻繁な地震は、高原は湖が氾濫する時期に入り、水網地帯の河川や湖の変化は急激で、山間部では地滑り、鉄砲水、山崩れの発生が続き、沿海部ではたびたび海水の浸水が起き、これらの大自然の巨大な変化は、すでに全国に広がっていた古代民族に対し深い災害を引き起こした（张群辉 一九九〇）。

ある学者の判断によれば、洪水災害が発生した時期はさらに短く、四〇〇〇～五〇〇〇年前であり、中華の大地の発展の初期には、集中豪雨による洪水や厳しい冬の継続などの大きな自然災害が発生していたという（王若柏二〇〇八）。これらの研究は、中国の歴史上、洪水災害は以前にも発生しており、しかも複数回発生していることを示している。また、西南部の少数民族の間では、水にまつわる神話や崇拝現象が多く、これらも災害と密接な関係がある。たとえば、紅河畔に住むタイ族は、洪水神話を語ると同時に紅河に赴き水の神に捧げる必要があり、瀾滄江沿いのタイ族は、洪水や集中豪雨と密接な関係があると信じられている瀾滄江の水の神に捧げる必要があるなど、現実には洪水神話が長い年月を経て、現実の暮らしのなかで特定の河川を崇拝するようになったことを示している。

洪水神話と災害の関係を総括した上で、私は次のように考える。第一に、洪水神話には「洪水天に滔る」、瓢箪神話、兄妹神話、人類再生神話などの名称があるが、どれも同じ、あるいは似かよった物語である。第二に、洪水神話は天神や他の神々が人間を罰するために降らせた災害である。もちろん、その理由をはっきりと述べていない洪水神話も存在するが、そのほとんどは神々と何らかの関係があり、その重要な原因は、人間が非常に道徳的に腐敗した時代にいたったため、天神が人間を入れ替えようとしたというものである。第三に、天神は人間を入れ替える際、道徳を基準に行っている。道徳的に堕落し、洪水から生き残るチャンスを得られなかった人びとに対して、神は鉄の船の作り方を教えたり、鉄の船を与えたりした。幸運にも生き残ったひと、すなわち兄妹も、さらに天神や神霊に助けられ、兄弟姉妹が結婚して人類を再生産することができた。第四に、洪水神話は中国南部の民族の神話に多く見られるが、洪水神話は世界各地に存在すると考える学者もいる。洪水神話は地域的な洪水災害に対する反応である。第五に、洪水神話には多民族の協力と相互扶助が含まれている可能性がある。イ族の洪水神話にはチベット族、漢族、ハニ族、タイ族が、ヌー族の洪水神話には漢族、ペー族、ヌー族、リス族が、リス族の洪水神話にはチベット族、漢族、カチン族が、プミ族の洪水神話にはチベット族とナシ族が登場し（王菊 二〇〇八）、これらの内容が登場するのは偶然ではないはずであり、洪水災害を示唆している。これらの要素の出現は偶然であってはならず、洪水災害の犠牲者や被災地が自民族の人びとだけでなく、他の民族も含んでいることを示している。

(2) 日月神話における災害の記憶

西南部の少数民族には干魃にまつわる神話が多く、どの民族も干魃災害に遭遇し、それと戦ってきたことがわかる。イ族の『祭龍詞』『万物の起源』『梅葛』『査姆』『西南彝志』には干魃災害の記録や伝説が多く、初期の彝族社会では干魃が頻繁に起こっていたことがわかる。たとえば、イ族の長詩『万物の起源』には次のように記録されている。「海は乾いて底が見えるが、海の底には水がなく、魚には飲む水がなく、ドジョウは口を開けて泣き、カタツムリは泣き、大地には稲の苗が植えられず、浮き草をおかずに、ヤマイモをご飯にする」（梁　一九九八：九六―九八）。これは干魃の厳しさを示しており、魚が水を飲めないだけでなく、ドジョウやカタツムリまでもが干魃のために涙を流し、干魃は収穫をもたらさず、飢えは山菜で満たされる。イ族の叙事詩『梅葛』には、「天には九つの太陽があり、九つの月があり、太陽は昼に輝き、月は夜に輝き、夜は過ぎ去るが、昼は過ぎ去らず、牛の骨は日に焦げ、キジバト日にあぶられて抜け落ちる……天神格茲は……空に太陽をひとつだけ残し、空に月をひとつだけ残した……」（西南地区民族民间文学楚雄调查队　一九五九：二〇）、「天の水の門は閉ざされ、四方の水の門も閉ざされた。三年のあいだ、いなびかりは見えず、三年のあいだ、雷鳴は聞こえず、三年のあいだそよ風は吹かず、三年のあいだ一滴の雨も降らなかった。大地は干上がり、草木は次第に枯れ果て、大地は日にひび割れ、煙とほこりが地面を舞い、海は干上がり、魚やエビは泥と化し、川は干上がり、砂や石は砕けて塵となり、虎やヒョウは日に焼け死に、馬や鹿や青ヤギは日に焼けて死に、鳥は翼を広げず、蛇やサソリが這うこともなく、鳥や猛獣は絶滅し、大地は荒れ果て、天は暗く荒涼としていた」（西南地区民族民间文学楚雄・红河调查队　一九八一：三一）と記されている。『梅葛』の干魃の記録は、干魃災害が発生したときの実際の状況と、それがあらゆるものに及ぼす影響を物語っている。

文献にある干魃の記録だけでなく、イ族の民間には多くの民話が伝わっている。たとえば、雲南省南部のイ族のビモ［司祭］の李才旺は、干魃にまつわる美しい伝説を筆者に語ってくれた。

太古の昔、空には九つの太陽と九つの月があり、九つの太陽は大地を熱くし、大地には何も残らず、どんな作物も育たず、人も動物も飢え、人びとは九つの太陽に対処する方法を考えようとしていた。その後、強大な力を持つイ族の人間が神の矢で太陽を射抜き、八つの太陽を射落としたが、最後の太陽は怯えて東の神聖な山の割れ目に逃げ隠れた。太陽がないと、大地は寒くなり、作物はまだ育たず、人間の育てる作物がないため、動物たちの食べるものもなかった。そこで動物たちは、人類を助けて太陽を呼び出す方法を話し合った。動物たちが話し合った結果、まず牛に叫んでもらったが、牛の「モーモー」という声では太陽は出てこなかった。次にヤギが出てきたが、ヤギの「メーメー」という声ではやはり太陽は出てこなかった。三番目の動物はアヒルだったが、アヒルの「ガーガー」という鳴き声では太陽はさらに隠れてしまった。最後に、動物たちは雄鶏に頼むしかなかった。雄鶏は「私は太陽を呼び出すことはできるが、東の海を渡らなければならない。もし誰かが海を渡るのを手伝ってくれないと、やっぱりどうしようもない」と言った。そこでアヒルは言った。「私が手伝うよ、東の海を渡らせてあげよう」。雄鶏はアヒルの助けを借りて東の海を渡り、太陽が隠れている山の上にたどり着いた。雄鶏の美しい鳴き声がついに太陽を呼び起こした。天の上の「酒申」という神がやってきて、雄鶏の功績を称え、彼に鶏の冠を与えた。そして、どのひとも重要な儀式を行う際には必ず雄鶏を出席させなければならないと言った。これが、今日、雄鶏がすべての重要な儀式のために殺されることの意味である。家に帰った雄鶏はとても誇らしげで、冠と自分の偉業を自慢した。アヒルはそれがとても気に入らなかったので、「酒申」のところへ行き、自分の助けがなければ雄鶏は対岸にたどり着けなかっただろうが、いまはまるで何の功績もなかったみたいなので、褒美をもらうべきだと理屈をこねた。すると神はこう言った、「あなたは雄鶏を助けたのだから、雄鶏に卵を孵化するようにさせなさい」。それ以来、アヒルは自分で卵を孵化させる必要はなく、ニワトリが温めて孵化させるようになったのだ。

この物語は、干魃が人間だけでなく他の動物にも影響を与えることを物語っている。人間も動物も生態系の一部である以上、干魃災害と闘う際には動物たちにもみずからの責任はある。私たちは動物が「太陽に出てきてもらう」能力などあるはずがないことを知っているが、動物が太陽を招き寄せるという話は、生態系の重要性を物語っている。

イ族以外にも、中国西南部のどの少数民族にも干魃災害に関する神話や伝説、物語がある。たとえば、チベット族には九つの太陽と九つの月があるという伝説があり、九つの太陽はすべてを乾燥させ、大地を焦がすので、八つの太陽と八つの月は撃ち落とされた。リス族の伝説では、九つの太陽と七つの月があり、九つの太陽が大地を非常に暑く照らし、人間や動物が生きられなくなった。後に、八つの太陽が射落とされ、最後のひとつは恐れて隠れてしまった。最後に、人びとは雄鶏に頼んで最後の太陽に出てきてもらい、大地は再び光を取り戻した。プーラン族の伝説によると、大神グメイヤが耕作地を作り出したものの、九人の太陽の姉妹と一〇人の月の兄弟の破壊に遭った。彼らはあまりに強い光を放ったので、大地は乾燥してひび割れ、魚の舌が溶けてしまったので、グメイヤはすべての生き物を救うために、八人の太陽と九人の月を撃ち落とし、残りのひとりの太陽とひとりの月は隠れてしまい、大地は暗闇と寒さに包まれた。グメイヤは白鳥の助けを借りて、太陽を招き出して人類に幸福をもたらした（中国各民族宗教与神话大词典编审委员会编　二〇〇九：三二）。プミ族の言い伝えでは、空には九つの太陽と九つの月があり、そのせいで地球は寒いときは寒すぎ、暑いときは暑すぎ、人類や万物が災難に遭った。優れた知恵を持つ三人の男たちが、八つの太陽を竹、鉄、鋼鉄の矢で射落とし、さらに八つの月を泥の矢で射落としたが、残った太陽は隠れてしまい、地球は再び暗く寒くなった。人類は雄鶏に頼んで太陽を呼び出し、地球上のすべてのものを救った（普米族民间文学集成编委会编　一九九〇：二―三）。

西南部の少数民族の干魃神話を見渡すと、ほとんどの民族に九つの太陽と九つの月の伝説がある。もちろん、一二個の太陽と一二個の月の伝説もあり、トン族やプイ族などの少数民族には、一二個の太陽が大干魃を引き起こす伝説がある。さらに、彼らの伝説では、人類が一一個の太陽を撃ち押したあと、最後の太陽は隠れてしまい、そしてやはり雄鶏が最後の太陽に出てきてもらうのだ（管・杨 二〇一四）。しかし、前述した神話や民話と同様、大部分は九つの太陽と九つの月にまつわる伝説であり、イ族、リス族、プミ族などもそうである。

干魃災害は中国の国土で頻繁に発生しており、干魃にまつわる神話、伝説、物語を理解するためのよりどころとなっている。干魃神話と干魃災害の関係を総括するにあたって、筆者は、以下の点に留意すべきだと考える。第一に、干魃神話は干魃災害の原因と結果を説明している。干魃災害は通常、神々が人類に下すかたちで起こり、主に九つの太陽、一二の太陽など複数の太陽のかたちで起こり、その結果、大地は干上がり、川も干上がり、海さえも干上がる。人間は作物を育てることができなくなり、食糧生産が減少したり、まったく収穫がなかったりして、深刻な飢饉に見舞われる。これらの説明は、歴史上起こった干魃や飢饉とほぼ同じである。もちろん、干魃災害の発生理由を述べず、干魃災害の結果のみを述べる干魃災害もある。第二に、干魃が発生した後、人類は太陽を射るようになり、多くの太陽射撃神話が登場したことである。太陽射撃神話は一種の英雄神話である。なぜなら、太陽撃ち神話には、プミ族、チベット族、イ族などの伝説のように、ほとんどの場合、具体的な人名が記されており、彼らは大変な苦労の末に太陽を射るという任務を成し遂げ、人類の干魃問題を解決したのである。このことから、干魃神話の核心は太陽が多すぎることであり、その解決策はもちろん余分な太陽を撃ち落とすことであり、したがって神話における干魃救済は太陽を撃ち落とすことで完結することもわかる。第三に、干魃という災厄の後には、寒さと暗闇という別の災厄へと移行することである。人間あるいは神が一一個あるいは八個の太陽を撃ち落とし、最後に残った太陽は恐怖のあまり身を潜め、それがかえって人類に問題をもたらし、地球は真っ黒になり、極端から極端へと移行し、人間の「太陽を撃つ」という行為から「太陽を招く」行為へと移行する。しかし、太陽に出てきてもらうことはできなかったので、アヒルや雄鶏などの動物たちが人類を助け、ついに雄鶏の助けによって太陽に出てきてもらったのだ。これがすなわち雄鶏が毎朝鳴く原因であり、雄鶏が鳴くと太陽はまたゆっくりと昇ってき、新しい一日の始まりを予告するのである。

(3) 地震神話における災害の記憶

地震にまつわる神話は洪水や干魃の神話ほど豊富ではないが、もっとも有名なものとして女媧補天神話があり、多くの学者がこれを地震神話として捉えている。それは人類が自然の力を征服しようとするものであり、その自然の力とは地震を指す(王・呂 二〇〇八)。西南少数民族においても、地震に関する神話、伝説、物語が語り継がれてきた。

地震神話では、大魚や鰲魚《ごうぎょ》(龍の頭と魚の体を持つ伝説上の動物)が身を翻すことが地震のおもな原因のひとつとされている。雲南省イ族尼蘇支系のビモは、地震とは大海の大魚が身を翻すことで起こると考える。満洲族は、地震は大地を支える三匹の大魚が空腹によって体を揺らさずにはいられなくなり、大地もともに揺れ動き、それが地震になると考えている(余 一九八七)。別の神話では、地震は鰲魚が身を翻すことで引き起こされるとされている。『天和地合』にあるように、いにしえには天の上には太陽がなく、天の下にも大地がなかった。万年の後、地下に最初の魚が現れ、それが鰲魚であった。その後、天の上に太陽が現れ、鰲魚は大きな背中をさらし眠り込んでしまう。三千六百年後、鰲魚は目を覚まし、背中が押さえつけられて痛むのを感じて体を動かし、大山を振り払おうとした。鰲魚が体を振ると、山崩れや地割れが起こり、水が天地にあふれた。これが地震である(周二〇〇八)。神話では、大魚や鰲魚が身を翻すことが地震を引き起こすおもな要因のひとつであるとされている。

魚がまばたきや目を開いたりすることで地震が起こるという神話も広く伝えられている。たとえば、ペー族の神話『地母、鰲魚と地震』では、地母は大地を司る神であり、地震などの自然災害は地母が管理しているとされる。そのため、寺や廟に祀られている地母の像は、常に鰲魚の頭を踏みつけている。「鰲魚がまばたきすれば千の山が動く」というように、鰲魚がまばたきをすると大地が揺れるとされている（张・杜 一九九六）。『鰲が地球を背負う』では、鰲魚が水中で大地を背負い、まばたきをすると小さな地震が起こり、鱗や甲を動かせば大きな地震が発生する。もし鰲魚が身を翻すと一大事であり、世界全体が混沌に包まれてしまう（曹 二〇〇八）。また別の神話では、鰲魚がまばたきをしたり、頭をひねったり、腰を伸ばしたりすることで地震が起こるとされている。伝説によると、むかし天が崩れ地が裂けたとき、女媧が天の補修をしたが、大地はまだ海上に漂っていた。そこで女媧は数匹の鰲魚を見つけ、草木や土、石灰などを鰲魚の上に置いた。鰲魚はむやみに動こうとはしないものの、まばたきをするだけで大地が揺れ、頭をひねり腰を伸ばしさえすれば家屋が倒壊し、山が崩れ大地も裂けてしまった（杨 二〇二〇）。アチャン族の神話では、天神である遮帕麻《チャパマ》が大地を創造したが、支えを持たずに海上を漂い、上下に揺れていたという。大地が揺れ続けないように、遮帕麻はこのうえなく巨大な鰲魚を派して大地を支えさせた。鰲魚の体に生えている一本一本の毛はすべて天を支える柱であり、眉毛一本でも揺れることがあってはならない。もし揺れると、大地は崩れ落ちてしまうのだ。鰲魚はまばたきすることもできない。一度でもまばたきをすれば、高山が崩れ、大地が陥没してしまうのである（孙 一九九五）。

タイ族の神話では、地震は神魚が目を開くことで引き起こされると考えられている。神話『巴阿嫩神魚』によれば、地球が形成されるまでは、世界は広大な海で覆われており、その海の中に四匹の巨大な「巴阿嫩《バアネン》」という神魚が存在していた。神王英叭《インパ》はみずからの体の汚れで地球を作り、それを大海に投げ入れ、四匹の巴阿嫩神魚の頭と尾を海底に押しつけた。巴阿嫩神魚は非常に怒り、地球をひっくり返そうとしたが、そこで英叭は巴阿嫩神魚に、「お前たちは地球の下で一〇億年間眠り続けるのだ。そして、一〇〇年に一度だけ目を開けることを許す」と言って呪いをかけた。巴阿嫩神魚は一〇〇年ごとに交代で目を開け、そのたびに地球は揺れ動くのである（胜二〇一四）。またイ族の口承文芸には、「天地が修復された後、……魚が地球を支えた。これは昔のできごとだが、後になって大地が震動するのは、それは魚がまばたきをするときなのだ」と伝えられている（楚雄彝族自治州人民政府編 二〇〇七：三九）。これらの神話は、魚がまばたきや目を開けることが地震の原因であると解釈されている。また、魚の頭部が地震の情報の流れに敏感であることも示している。

大魚が尾を揺らしたり、頭を動かしたりすることで地震が起こるという神話も数多く存在する。ハニ族の神話『煙本霍本』では、地震は金魚の少女が尾を震わせることで引き起こされると伝えられている。大海には「密烏艾西艾瑪《ミウアイシアイマ》」と呼ばれる大きな金魚が生息しており、彼女は万物を生み出した金魚の母である。金魚の母の尾からは、密嵯嵯瑪《ミツォツォマ》という名の大神が生まれた。彼女はもっとも力強い神である。密嵯嵯瑪は魚の背に乗り、巨大な手を伸ばして魚の尾を動かす。魚の尾が一度動けば、天が揺れ、地も揺れる。彼女が速く動かせば速く揺れ、遅く動かせば遅く揺れる。このようにして、密嵯嵯瑪は天と地の神々を混乱させるのである。われわれが「地面が動いた、地面が動いた」と言うのは、彼女が魚の尾を動かしているからである（史・陸 一九八九）。そのほか神話によっては、鰲魚が肩を入れ替えることで地震が起こるという話もある。昔、大地は五匹の鰲魚によって支えられており、四匹の鰲魚がそれぞれ交代で大地の四隅を支え、五年ごとに一年間の休息を取った。しかし、交代の際に一匹の鰲魚が姜子牙（古代中国・周の軍師であった呂尚）に釣り上げられてしまい、残りの四匹は交代できなくなった。仕方なく自分たちで大地を担ぐ肩を入れ替えるしかなく、その際に地震が起こるのだという（冯 二〇〇八：二〇五）。また別の神話によると、かつて大地は海面に漂っていた。海の中には山のように巨大な四匹の心優しい鰲魚がいて、大海に浮かぶ大地を持ち上げることに決めた。大地が海から遠く離れると洪水災害が起こらなくなった。しかし、鰲魚たちが肩を入れ替える必要があるときには大地が揺れ、それが後に地震と呼ばれるようになった（李学文 一九九九：八）。

鳥類によって引き起こされる地震も、金鶏や仙鶴などの動物に関連したものとして登場する。雲南ヌー族の神話によると、かつて大地は平らな屋根のような形をしており、その下は空洞であった。神は大地が崩れ落ちるのを恐れ、九本の金柱と銀柱で地面を支えた。そして地球が回転するように、その金柱と銀柱に一対の金の鶏と銀の鶏をつないだ。金の鶏と銀の鶏が交互に足を踏み鳴らすと地球は安定して回転するが、同時に踏み鳴らしてしまうと地震が起こり、地面が波打ち、揺れ、断裂し、沈み込んでしまうのだという。地震が発生すると、ヌー族の老人たちは「金の鶏と銀の鶏がまた金柱と銀柱の上で足を踏み鳴らしている」と語るのである（叶・和・李 一九九四：一五）。ヌー族の神話では、地震は金の鶏と銀の鶏が足を踏み鳴らすことで引き起こされると解釈されている。金鶏のほかに、仙鶴も地震を引き起こす動物のひとつであるとされている。ダウール族の神話『仙鶴頂天』によれば、天と地はもともと一体であり、天は四方の大地の上に大鍋のように覆いかぶさっていた。しかし、一羽の長い首を持つ仙鶴が天を持ち上げ、それ以来天と地は分かれた。仙鶴は天と地のあいだに立ち、一本の足で大地と天を支え、三年ごとに足を入れ替える。その足を入れ替えるたびに大地が揺れ、これが地震の原因だとされている（程 二〇一四：四）。これらの神話では、金鶏が足を踏み鳴らし、仙鶴が足を入れ替えることによって地震が引き起こされると解釈されているのである。

以上の各民族の神話伝承は、西南少数民族の祖先が地震についてどのように解釈していたかを示している。もちろん、魚の身震いや身を翻す動きによって地震が起こるという説は他の多くの民族にも存在する。たとえば、満洲族では三匹の大魚が空腹になり体を揺らしたために地震が発生するのだと伝えられている（乌 一九八五）。

（4）その他の神話における災害の記憶

火の神話　中国西南部の各民族に伝わる火の神話は独特の特徴を持っている。たとえばラフ族には木をこすって火を起こす物語があり、チンポー族には火の神に火を求める物語があり、トーロン族にも火を起こす物語がある。トーロン族の物語では、ふたりの若者が偶然石をぶつけ合い、火花が生まれたことで、トーロン族が火種を手に入れたと伝えられている。しかし、この行為は龍神を激怒させることになり、龍神はみずから火を消そうとしたが、ふたりの若者は命を捧げて火種を守った。現在でもトーロン族は暖炉のそばにふたつの石を置き、火種を守ったふたりの英雄を記念している（普編 二〇〇八b：二〇九）。タイ族もまた、火種はあるひとがふたつの石をぶつけて火花を出し、燃え移らせたものだと信じている。火種の起源はそれほど複雑ではないが、火種が火への信仰に変わると、火の神に関連する儀式や祭りは非常に盛んになる（普編 二〇〇八a：四二四—四二五）。

イ族は火を信仰する民族であり、各支系には火に関する神話、宗教儀式、そして祭りが存在する。イ族の火の神は「阿依迪古《アイディグ》」と呼ばれ、火把祭り（たいまつ祭り）はイ族の伝統的な祭りである（ペー族、ハニ族、ラフ族なども火把祭りを行う）。火把祭りでは、火の神を祀る儀式が行われるだけでなく、火に関連するさまざまな儀式も行われる。イ族の火崇拝は、おそらくイナゴ被害と密接に関係している。現在でも雲南省楚雄イ族自治州武定県や雲南省昆明市禄勧イ族ミャオ族自治県などの地域で行われるイ族の火把祭りでは、たいまつを田畑の周囲に立ててイナゴを追い払う儀式が行われている。これは、古代において虫害が深刻であり、人びとがたいまつを用いてイナゴを追い払ってきたことを示している。

新平県漠沙鎮のタイ族にも、火で龍神を退治したという伝説が伝わっている。漠沙鎮の紅河のほとりにかつて龍神が住んでおり、あるとき川岸で働く美しいタイ族の娘が、灼熱の暑さのため水を求めたが見つからず、「もしいま誰かが私に水をくれたら、そのひとと結婚するのに」と独り言を言ったという。この言葉を偶然にも龍王が聞いてしまい、美しい娘を見た龍王は、冷たい水を届けて彼女に飲ませたので、娘は仕方なく龍王について龍宮へ行くことになった。しかし、龍宮に着くと、娘はそこにさまざまな怪物がいることに気づく。そこで彼女は逃げ出すことを決意し、ちょうどそのとき父親も娘を救うために龍宮へやって来た。彼らは火を使って龍宮を焼きつくし、龍宮は三日三晩燃え続けた。龍王は逃げ出し、彼らは無事に故郷へ帰ることができたのである（李永祥 二〇〇八：一七九―一八〇）。これらの物語は、火が人類にとって必要なものであるだけでなく、人類に災難をもたらす可能性があることを示している。もちろん、火は人類が使用する道具としても機能し、妖魔や怪物を退治するための手段となることもある。このことから、火には多様な機能があることがわかる。

火災は少数民族居住地区で頻繁に発生する災害であり、古代から現代にいたるまで続いているので、火に関連する神話や物語も非常に豊富である。各民族における火の神話の内容は、まず人類が火を持たないところから始まるが、さまざまな助けを得て、盗んだり、奪ったりすることで火種を手に入れる。次に、火を用いて鬼神や害虫を退治したり追い払ったりする話があり、さらに神々や人類が火を使って他者を制圧することで、火がある種の災害となるというテーマが描かれるのである。

風・雨・雷と動物の神話　風・雨・雷は西南少数民族にとって信仰の対象であり、多くの神話や伝説、信仰慣習が存在している。一方で風・雨・雷は同時に災いの元凶でもあり、しばしば人びとに災難をもたらす。風に関する伝説は非常に多く、タイ族で風は創世の大神である英叭が息を吹いて創造したもので、十万年吹き続けたあと、風神「叭魯《バールー》」が生まれたと考えられている。叭魯はその後、雨神と結婚して冬を生み、太陽の女神と結婚して夏を生み、月の女神と結婚して秋を生み、露霧の女神と結婚して春を生んだとされている。ハニ族では、風神は豊かな海から来たと信じられており、天の神が創造し、人類が呼吸するために与えられたとされている。雨神も西南少数民族にとって信仰の対象であり、スイ族では雨神を「天鬼」と呼び、チワン族では雨神を女神と捉え、イ族では雨神が天上の隴塔兹（イ族の神話に登場する天の神で雨や天候を司る存在）であると信じられている。雷神信仰も西南少数民族のあいだで広く存在しており、さまざまな倫理道徳的観念が組み込まれている。雷に打たれた者は道徳的に堕落した人間であるか、あるいは悪事をはたらいた人間であるとし、天神や雷神によって罰せられたと信じられる。そのため、雷に打たれた者は社会から排斥されることもあり、このような観念は根深く社会思想全体に深く浸透している。人間と同様に、たとえば、雷に打たれた木は家の建材として使用してはいけない、さもなければ人類に災難をもたらすと信じられている。そのため、人びとは住宅資材を選ぶ際に、落雷のあった木を選ぶことを特別に忌避する。雷に打たれた木を使用しないことが、防災や減災の重要な一部となっているのである（李永祥二〇一五b）。総じて、風・雨・雷は自然現象であり、これらは人類に災害をもたらすことがある。これらの自然現象に対する信仰や神話伝説からは、歴史のある時期に、それらが人類に災害をもたらし、社会に記憶を残したということには十分な根拠があると私たちは信じるに値するのである。

一方で、動物神話も少数民族の神話の重要な要素である。多くの動物が神話のなかで神仙として登場し、さまざまな災害から人類を救ったり、人類が困難に直面した際に助けを差しのべたりしたとされている。それらの動物たちは、さまざまな理由で天神によって動物の姿に変えられたにすぎない。もちろんイ族においても、穀物の種は犬が天から運んできたものであり、蕎麦の種も犬が月から運んできたと信じられている。チベット族にも、大麦の種は犬が天から運んできたという伝説があり、リス族やトーロン族などにおいても穀物の種は天から犬が運んできたと信じられている。これらの民族では、新米をまず犬に食べさせる習慣がある。中国の民俗学者烏丙安は、犬信仰の普遍的な意味は、犬が早い段階から人類の生活と密接に結びつき、犬が常に人類を助ける家畜として位置づけられている点にあると述べている（烏　一九九六：七三）。現代人は、ネズミは穀物を盗み、人びとにペストをもたらすとして非常に嫌っている。しかし、トーアン族やタイ族などは、人類の穀種はネズミからもらったものだと信じており、ネズミを信仰の対象としている。ペー族では牛を本主信仰（ペー族特有の宗教信仰で産土神の一種）の対象とし、牛の助けに感謝する儀式が執り行われる。筆者は、犬に関する神話や伝説は、おそらく人類初期における飢饉などの災害との関係に由来すると推測している。

西南少数民族のなかには、洪水、泥石流、干魃、地震に関連する災害のほかにも、火災、虫害、雷、強風、大雪、氷害などに関するさまざまな神話、伝説、物語が存在する。これらの神話、伝説、物語は、関連する信仰と結びつき、それぞれの少数民族における防災や減災に関する思想体系を形成してきたのである。

三　西南少数民族の災害神話と文化的記憶がもたらす防災・減災への啓示

災害神話に対する本章の解釈は、機能主義の観点に基づいている。筆者は極端な機能主義の立場には立ちたくないが、機能主義は神話の解釈において重要である。マリノフスキーは、「神話が原始文化に与えた最大の貢献は、宗教儀式、道徳的影響、社会的原則などと協働して機能することである」（Malinowski 1948＝一九八六：八三）と指摘している。すなわち、神話の防災・減災機能は、儀式や道徳などと相互に結びつけて理解や解釈することで、防災・減災の実際の状況によりいっそう適合するのである。災害神話は社会のなかで歴史的記憶を形成し、それは個人的な現象としてではなく（心理学においては個人のものとされるが）、集団的な現象として機能する（岩本二〇一〇）。災害神話が形成する社会的記憶や歴史的記憶は、歴史的な真実性との関係がまだ探求中の段階にあるが、神話は非文字民族にとっての記憶として信頼できるものである。洪水神話にはさまざまな哲学的観念が含まれているが、それでも洪水の発生という事実を示していることは確かである。杜濤が述べるように、洪水神話は未開社会が水害を記憶したことに由来するのである（杜 二〇一二）。強調すべきは、もし二〇〇八年の中国南方洪水災害時に人類が無文字の時代であれば、その洪水神話の文化的基盤は十分に形成されていただろうということだ。他の干魃神話、火災神話、地震神話なども同様である。

さらに興味深い問題は、少数民族の災害神話と現実の生活における防災・減災との関係である。多くの学者が神話と現実の関係を指摘しており、巴戦龍も次のように述べている。

神話は「捏造された過去」でもなければ、「現在」と切り離された無関係な「遠い過去」の産物でもなく、ましてや社会科学や人文科学の学者がみずから楽しむための「歴史のゴミ箱にある宝物」でもない。むしろ神話は、現代社会の人びとの生活と密接にかかわっているのである（巴 二〇一二）。

他の学者も同様の見解を持っており、神話と現実の生活には何らかのつながりがあることを示している。たとえ神話が私たちの時代から遠く離れたものだとしても、その機能は今日においてもなお影響を与え続けている。災害神話のなかには、洪水や干魃など、歴史上のある時期に実際に発生し、重大な人命の損失や財産の損害を引き起こした神話が存在する。しかし、実際にどのような人びとがどの程度の人命や財産の損失を被ったかは、選択的である。洪水神話は、どのような心の汚い人物がもっとも大きな損失を受けたのかを示しており、もっとも典型的なのはイ族の洪水神話に登場する三兄弟である。長男と次男は善良でなかったために洪水で救助されず、三男は心が優しかったため、洪水災害から逃れることができた。このような救済を司るのは天神（または他の精霊）であり、いくつかの洪水神話では、格茲天神が邪悪な人間を取り除くために洪水を地上に降らせたと伝えられている。イ族の叙事詩『查姆』には、「独眼人」や「直眼人」の淘汰が描かれており、この点を示している。「独眼人」は心が卑しく、天神によって交代させられる運命にあった。一方で、善良な「横眼人」だけが後まで生き延びて繁栄することを許された。洪水神話のなかには、防災・減災の具体的な対策が物語のなかで描かれているのだ。天神は三兄弟に洪水がくることを知らせ、事前に準備するように伝えた。しかし、長男と次男は不適切な防災策を講じ、鉄や銅でできた船に避難し、災害が襲ったときに助かることができなかった。一方、三男は瓢箪や木の船に避難するという適切な準備をしていたため、幸運にも生き延びることができた。このような物語の語られ方は、人びとに良心と道徳を重んじる必要性を伝えている。災害は完全に自然の結果として起こるのではなく、天神によって支配され、道徳を失った人びとを罰するために発生する現象として描かれている。ここからマリノフスキーが述べた、未開社会が神話を深く信じ畏敬の念を抱いていること、そして神話が未開社会の行動や部族生活に直接的な影響を及ぼしていることが理解可能となる（Malinowski 1922=二〇〇二：二六〇）。このような教育方法は、社会の文化的な基盤となるだけでなく、普遍的な意義も有しているのである。

災害神話はさらに、人間だけでなく、生態系に生息する他の動植物もその影響を受けることを人びとに警告する。このような見解は、人類が生命ネットワークの一部であるというJ・H・スチュワードの指摘をさらに際立たせている（Steward 1955: 30-43）。たとえば干魃災害では、干魃であれ寒さや暗闇であれ、人間と動物のどちらもが被害を受ける。人類は干魃対策で重要な役割を果たすが、太陽が洞窟内に長くとどまると別の災害が発生し、大地は暗く冷え切ってしまう。そこで動物たちの出番となる。したがって、生態系の動植物は、災害との戦いに多かれ少なかれ役割を果たしていると考えることができる。この比喩を説明するのにもっとも適した理論はレジリエンス思考（Walker and Salt 2006: 1）であろう。レジリエンス思考（Resilience Thinking）では、すべての人間は人類と自然のシステム（社会生態系システム）の一部であるため、生態系の一部への損害はシステム全体の機能に影響を及ぼす。したがって、システム内のどの部分もそのシステムを保全する存在となる。

ある災害を別の災害で抑えるという方法は、災害神話の重要な要素のひとつであり、防災・減災対策のひとつであるとも言える。もっとも典型的な例として、格茲天神が洪水を用いて人間界の道徳的な災害を治めたことや、人類が火を用いてイナゴ災害を抑えたことが挙げられる。たいまつと火災は異なるが、イナゴ災害を制御する方法は火災と密接に関係する。なぜなら、古代人における火の使用方法は、今日の厳密な意味での消防とは異なっていたからである。アメリカの人類学者S・M・ホフマンは火災を怪物になぞらえた。怪物はある種の危険を伝える存在であり、破壊者である。怪物は予測できない地震やハリケーンのように、しばしば人びとに緊急事態をもたらす。怪物や災害が襲来すると、科学的な探求や人類の秩序だった理性的思考はすべて崩れ去ってしまう（Hoffman, S. 二〇一三）。別の意味では、火は邪気を払う浄化の力を有しており、病気を引き起こす可能性のある有害な要素を焼きつくすことによって、人間や家畜を浄化する。したがって、火は一種の消毒剤であり、物質的であれ精神的であれ、あらゆる邪悪な要素をすべて破壊する力を持っている（张文元 一九九四）。

神話には防災・減災の機能があり、それは、被害や景観の描写、儀式の挙行や宗教的規則の遵守、道徳的規範や社会的伝統の宣言を通じて果たされる。神話の重要な要素は、儀式によって伝承され、その意味が広く一般の人びとに普及していく。彭兆栄はまた、神話儀式における「叙事―記憶」アプローチは、「構造―機能」アプローチによる解釈に大きな可能性をもたらすと論じている（彭 二〇〇三a）。本稿では儀式の問題にはあまり言及しないが、神話と儀式は密接に結びついており、事実、現代社会における災害の記憶方法は多岐にわたる。たとえば災害資料の収集と公開、災害記憶の空間の構築と政治化（王晓葵 二〇一三）などがあるが、古くからの方法のひとつとして、災害神話は依然として記憶の重要な手段となっているのである。

災害神話およびその歴史、社会、文化的な記憶における防災・減災機能と教育機能は、今日の社会条件の下で一定の挑戦を受けている。というのも、少数民族の若者の多くは、もはや暖炉を囲んで物語を聞くのを好まず、都会での生活に憧れを抱いている。大多数は中学校を卒業した後、都市に出て出稼ぎ労働を行い、故郷には帰らなくなる。故郷に残る人びとも、テレビやスマートフォンなどの現代的な娯楽手段と情報の発達により、限られた時間を老人から物語を聞くことに費やすことは少なくなった。現代的な生活を追い求めることが、多くの少数民族の人びとの願望となっているのだ。一方で、年配者たちによる物語を語る能力が世代ごとに低下していることも、もちろん否定できない。さらに、すべての災害神話が防災・減災の機能を持っているわけではない。すなわち、すべての災害神話が後世の教育を目的として、防災・減災のために創造され記録されたと考えることは、現実的ではないだろう。

強調すべきは、文化が民族社会のなかで成員の行動に長期的な影響を与え、世代を超えて受け継がれていくという点であり、災害はその発生の瞬間から社会や文化の一部となり、災害によるダメージは文化、社会、そして政治構造の基盤を揺るがす可能性があるということだ（Bator 2012）。この点は、神話に登場する災害でも現実社会の災害でも強く裏づけられている。フランスの歴史学者J・ル＝ゴフ（Jacques Le Goff）は、「記憶は歴史を養い、歴史はまた記憶を育む。記憶は過去を守ろうとし、現在と未来のために役立つことを目指している」と指摘する（Le Goff 1988=二〇一〇：一一三）。これこそが、災害神話を研究し、歴史的・文化的記憶をたどり、それらと防災・減災との関係を探る価値の所在であろう。

注

（1）百越族の言語学的特性に関する中国と西洋の言語学者の論争については、中国の学者は百越族が中チベット語族に属すると考え、西洋の学者は百越族が中チベット語族に属さないと考えるというのが基本的な見解である（Matisoff 1991）。

（2）雲南省新平イ族・タイ族自治県揚武鎮政府が収集した創世花鼓の歌詞の一部を紹介する。「斜めの崖は空に連なり、赤い大地は千里に広がり、洪水は赤い大地に落ち、至る所に茨があり、篤慕は茨を身にまとい、篤慕は先頭を歩き、息子は後に続き、娘もついてくる、茨の道を踏み進み、空は広く、大地は開け、至る所は明るく、めでたしめでたし」（方 二〇〇五：聂 二〇〇七）。

文献

Balée, W. L. and C. L. Erickson, 2006, “Time, Complexity and Historical Ecology,” W. L. Balée and C. L. Erickson eds., *Time and Complexity in Historical Ecology: Studies in the Neotropical Lowlands*, Columbia University Press, 1–18.

Bator, J., 2012, “The Cultural Meaning of Disaster: Remarks on Gregory Button's Work,” *International Journal of Japanese Sociology*, 21–1: 92–97.

巴战龙、二〇一二、「裕固族神话〈莫拉〉的灾害人类学阐释」『民族文学研究』二〇一二年第二期。

Becher, G. Y. Beyene, and P. Ken, 2015, “Memory, Trauma, and Embodied Distress: The Management of Disruption in the Stories of Cambodians in Exile,” *Ethos*, 28–3: 320–345.

曹秀英（講述）、李桂珍・高志刚（採録）、二〇〇八、「鳌鱼驼地球」陶阳・钟秀編『中国神话（上册）』商务印书馆、二〇二—二〇四。

程告、二〇一四、「仙鹤顶天」姚宝瑄編『中国各民族神话（达斡尔族、鄂伦春族、鄂温克族、蒙古族）』书海出版社、四。

楚雄彝族自治州人民政府編、二〇〇七、『彝族毕摩经典译注 第二卷 祭神祈福经.南华彝族口碑文献』云南民族出版社。

Cole, J., 2006, “Malagasy and Western Conceptions of Memory: Implications for Postcolonial Politics and the Study of Memory,” *Ethos*, 34–2: 211–243.

杜涛、二〇一二、「灾害与文明：中西洪水神话传播比较」『前沿』二〇一二年第一六期。

方锦明、二〇〇五、『新平县扬武镇阿者创世花鼓、〈笃慕罗思则〉梗概』。

冯本林（収集整理）、二〇〇八、「鳌鱼和地震」钟秀編『中国神话（上册）』商务印书馆、二〇五。

管新福・杨媛、二〇一四、「贵州少数民族神话中的灾难与救世」『当代文坛』二〇一四年第五期。

Harwood, F., 1976, “Myth, Memory, and the Oral Tradition: Cicero in the Trobriands,” *American Anthropologist*, 78(4): 783–796.

Hoffmann, O., 2002, “Collective Memory and Ethnic Identities in the Colombian Pacific,” *The Journal of Latin American Anthropology*, 7(2): 118–139.

Hoffman, S. M., 2002, “The Monster and the Mother: The Symbolism of Disaster,” S. M. Hoffman and A. Oliver-Smith eds., *Catastrophe and Culture: The Anthropology of Disaster*, School of American Research Press, 113–142.

Hoffman, S. M., 赵玉中訳、二〇一三、「魔兽与母亲——灾难的象征论」『民族学刊』二〇一三年第四期。

岩本通弥、王晓葵訳、二〇一〇、「作为方法的记忆——民俗学研究中“记忆”概念的有效性」『文化遗产』二〇一〇年第四期。

Le Goff, J., 1988, *Histoire et mémoire*, Gallimard（=方仁杰・倪复生訳、二〇一〇、『历史与记忆』中国人民大学出版社）。

Lévi-Strauss, C., 1985, *La potière jalouse*, Plon（=刘汉权訳、二〇〇六、『嫉妒的制陶女』中国人民大学出版社）。

李少花、二〇〇七、「近年女娲补天的本相及其文化内蕴研究综述」『绥化学院学报』二〇〇七年第一期。

李学文（採録整理）、一九九九、「鳌鱼抬地」中国民间文学集成全国编辑委员会編『中国民间故事集成（湖北卷）』中国ISBN中心、八。

李永祥、一九九一、「滇南彝族丧葬经书浅析」『山茶』一九九一年第五期。

李永祥、二〇〇八、『国家权力与民族地区可持续发展——西南哀牢山区环境、发展与政策的人类学考察』中国书籍出版社。

李永祥、二〇〇九、『舞蹈人类学视野中的彝族烟盒舞』云南民族出版社。

李永祥、二〇一五a、「论防灾减灾的概念、理论化和应用展望」『思想战线』二〇一五年第四期。

李永祥、二〇一五b、「民族传统知识与防灾减灾——云南少数民族传统知识的防灾减灾功能探讨」『西南民族大学学报（人文社会科学版）』二〇一五年第一〇期。

梁红（訳）、一九九八、『万物的起源』云南民族出版社。

刘亚虎、二〇一〇、「伏羲女娲、楚帛书与南方民族洪水神话」『百色学院学报』二〇一〇年第六期。

Malinowski, B., 1948, *Magic, Science and Religion and Other Essays*, Beacon Press（=李安宅訳、一九八六、『巫术科学宗教与神话』中国民间文艺出版社）。

Malinowski, B., 1922, *Argonauts of the Western Pacific: An Account of Native Enterprise and Adventure in the Archipelagoes of Melanesian New Guinea*, G. Routledge & Sons（=梁永佳・李绍明訳、二〇〇二、『西太平洋的航海者』华夏出版社）。

毛曦、二〇〇二、「中国传说时代洪水问题新探」『山东大学学报（社会科学版）』二〇〇二年第二期。

Matisoff, J. A., 1991, “Sino-Tibetan Linguistics: Present State and Future Prospects,” *Annual Review of Anthropology*, 20: 469–504.

聂鲁、二〇〇七、「从高亢的创世古歌中诞生的峨山彝族花鼓舞」聂滨・张洪宾編『花鼓舞彝山：解读峨山彝族花鼓舞』云南大学出版社、一一七—一二〇。

西脇隆夫、二〇〇〇、「关于西南彝族的洪水神话」巴莫阿依・黄建明編『国外学者彝学研究文集』云南教育出版社、二六三—二七一。

Orlove, B. S., 1980, "Ecological Anthropology," *Annual Review of Anthropology*, 9: 235–273.
彭兆荣、二〇〇三 a、「瑶汉盘抓神话ー仪式叙事中的〝历史记忆〟」『广西民族学院学报（哲学社会科学版）』二〇〇三年第一期。
彭兆荣、二〇〇三 b、「神话叙事中的〝历史真实〟——人类学神话理论述评」『民族研究』二〇〇三年第五期。
普米族民间文学集成编委会編、一九九〇、『普米族民间故事集成』中国民间文艺出版社。
普学旺編、二〇〇八 a、『西南民族口传非物质文化遗产总目提要.神话传说卷（上卷）』云南教育出版社。
普学旺編、二〇〇八 b、『西南民族口传非物质文化遗产总目提要.神话传说卷（下卷）』云南教育出版社。
櫻井龍彦、二〇〇〇、「混沌中的诞生——以〈西南彝志〉为例看彝族的创世神话」巴莫阿依・黄建明編『国外学者彝学研究文集』西南教育出版社、二三八—二六二。
Schortman, E. and P. Urban, 2011, "Power, Memory, and Prehistory: Constructing and Erasing Political Landscapes in the Naco Valley, Northwestern Honduras," *American Anthropologist*, 113(1): 5–21.
胜能（収集）、二〇一四、「巴阿嫩神鱼」姚宝瑄編『中国各民族神话（哈尼族、傣族）』书海出版社、二四一—二四二。
史军超・陆朝贵（収集整理）、一九八九、「烟本霍本」刘辉豪・阿罗編『哈尼族族民间故事选』上海文艺出版社、一—六。
Steward, J. H., 1955, *Theory of Culture Change: the Methodology of Multilinear Evolution*, University of Illinois Press.
孙宇飞（収集整理）、一九九五、「大地为什么会震动」中华民族故事大系编委会編『中华民族故事大系（仡佬族、锡伯族、阿昌族）』上海文艺出版社、八七〇—八七一。
Walker, B. and D. Salt, 2006, *Resilience Thinking: Sustaining Ecosystems and People in a Changing World*, Island Press.
王菊、二〇〇八、「归类自我与想像他者：族群关系的文学表述——〝藏彝走廊〟诸民族洪水神话的人类学解读」『西南民族大学学报（人文社会科学版）』二〇〇八年第三期。
王黎明、一九九一、「古代大地震的记录——女娲补天新解」『求是学刊』一九九一年第五期。
王明珂、二〇〇一、「历史事实、历史记忆与历史心性」『历史研究』二〇〇一年第五期。
王若柏、二〇〇八、「史前重大的环境灾链——从共工触山、女娲补天到大禹治水」『中国人口·资源与环境』二〇〇八年第一八卷专刊。
王晓葵、二〇一三、「灾害文化的中日比较——以地震灾害记忆空间构建为例」『云南师范大学学报（哲学社会科学版）』二〇一三年第六期。

王毅・吕屏、二〇〇八、「汶川地震与〝补天〟神话原型研究」『重庆大学学报（社会科学版）』二〇〇八年第六期。
乌丙安、一九八五、「满族神话探索——天地层·地震鱼·世界树」『满族研究』一九八五年第一期。
乌丙安、一九九六、『中国民间信仰』上海人民出版社。
西南地区民族民间文学楚雄调查队、一九五九、『梅葛』云南人民出版社。
西南地区民族民间文学楚雄・红河调查队（収集）、郭思九・陶学良（整理）、一九八一、『查姆』云南人民出版社。
杨建军（採録整理）、二〇二〇、「鳌鱼眨眼地翻身」本书编辑组选編『中华创世神话选注　自然现象与自然秩序起源卷（下）』上海人民出版社、七三七—七三八。
叶世富・和光益・李汝忠（収集整理）、一九九四、「地震的由来」左玉堂・叶世富・陈荣祥編『怒族独龙族民间故事选』上海文艺出版社、一五。
叶舒宪、二〇〇八、「文学中的灾难与救世」『文化学刊』二〇〇八年第四期。
余金、一九八七、「天神创世」谷德明編『中国少数民族神话（上）』中国民间文艺出版社、一—四。
张纯德、一九九四、『彝学研究文集』四川民族出版社。
张海福・杜寛活（調査整理）、一九九六、「鹤庆白族祭地活动」吕大吉・何耀华总編『中国各民族原始宗教资料集成（彝族卷、白族卷、基诺族卷）』中国社会科学出版社、四六六—四六七。
张群辉、一九九〇、「洪水滔天的传说与上古环境的变迁」『贵州民族学院学报（哲学社会科学版）』一九九〇年第四期。
张文元、一九九四、「从文献资料看西南火节的内涵和外延」『思想战线』一九九四年第二期。
赵世瑜、二〇〇三、「传说·历史·历史记忆——从20世纪的新史学到后现代史学」『中国社会科学』二〇〇三年第二期。
中国各民族宗教与神话大词典编审委员会編、二〇〇九、『中国各民族宗教与神话大词典』学苑出版社。
周中帆（記録整理）、二〇〇八、「天和地合」陶阳・钟秀編『中国神话（上册）』商务印书馆、一九三—一九四。

第9章　トラウマの時間と主体
――3・11からの問いかけ

金菱　清

一　リメンバー・ミー

生者の世界で誰からも完全に忘れ去られると、死者の世界からも完全に存在が消えてしまう。つまり亡くなった者は「二度目の死」を迎えることになる。メキシコの死生観をもとにしたディズニーの『リメンバー・ミー』は、年に一度死者が家族のもとへ帰る死者の日（ディア・デ・ロス・ムエルトス）を扱った映画である。祭壇の上には亡くなった家族の写真が飾られ、死者はそれを依り代に現世へ来訪する。

主人公のミゲルの家にも家族写真が置いてあったが、なぜか一名の顔が切り取られている。それはかつて家族を捨て音楽の道を選んだ、高祖母であるイメルダの夫であった。それ以来家族は音楽を禁じられていた。ミゲルは死者の国へと迷い込み、そこで過去の家族の秘密を解き明かす旅に出るのである。

彼の身体は、日の出までに現世に戻らないと消えてしまい、家族に永遠の別れを告げることになる。来世での頼りは、陽気で孤独な骸骨のヘクターである。しかし、生きている家族に忘れ去られてしまうと、死者の国から存在が抹消されてしまう運命が待ち構えていた。ヘクターが亡くなった日、家族のもとに戻ろうとしたが、実は先祖だと思っていた同郷の伝説的ミュージシャンであるエルネスト・デラクルスによって殺されていたことがわかったのである。

つまり、友人のヘクターが実の高祖父だったのである。デラクルスの大ヒット曲『リメンバー・ミー』も、ヘクターが娘ココのために作った歌であった。ヘクターが死者の国でも亡くなり（生者の世界で誰の記憶からも忘れられ）かけるなか、現世に戻ったミゲルは、高齢のため父であるヘクターを忘れかけたココのそばでギターを取り出し、『リメンバー・ミー』を演奏する。するとココはたちまちヘクターのことを思い出し、死者の国での存在が保証されることになった。音楽をもとに死者の記憶を手繰り寄せ、家族の絆を取り戻す物語である。

災害を研究してきた筆者が、この話が気になったのには理由がある。災害で亡くなったひとは、そこから生きられないだけでなく、それまで生きてきた証さえ社会的に抹消され、そのひとの存在がなかったかのようにされているからである。たとえば、塾の勧誘の電話が自宅に掛かってきて、亡くなった子どものことを話すと、名簿から削除しておきますと言われ憔悴した遺族がいた。また学校のホームページから子どもの姿がなくなっていることに気づいた親御さんは、泣きながらそのことを尋ねると、教育委員会からの通達で震災によって亡くなった子どもが写っている画像は削除するようにしているという回答を聞き、ショックで過呼吸を起こしてしまったのである。

このように死者は、二度目の死を迎えさせられるのである。つまり、災害の復興の過程は、死者がそれまで生きてきたことさえ忘れ去られようとする力の集合体でもあるとも言える。いわば非人格化された災害認識のなかで、生き残った人びとはどのようにそれに抗って記憶を留めておくことが可能なのだろうか。

ただし遺族が死者を思い出し続けることは葛藤を抱える事態でもある。というのも、忘れないように脳裏に焼きつけている反面、亡くしてしまったことに対する自分たちの罪意識をみずからに抱え込み刻んでいるからである。このアンビバレントな葛藤を調整してそのひとなりの人生を楽しみながら歩むためにはどういう方法があるだろうか。トラウマの「事前性」という問題に絡めながら考えてみたい。

震災で犠牲者が出た家族にとって、どれほどの苦難を乗り越えなければならないかは想像を絶する。遺族の話を聞けば、よほどあの世に旅立つ方が楽なのではないかと思ってしまう。けれどもこの世に辛うじて留まり続ける意味とは何だろうか。そのことについて次の遺族から学び取ってみたい。

二　生き地獄

宮城県石巻市渡波地区に住む遠藤綾子《りょうこ》さん（五五歳）は中一の長女の花さん（当時一三歳）、小四の長男の侃太《かんた》君（当時一〇歳）、それから小二の次女の奏ちゃん（八歳）の三人の子どもを津波で亡くした。津波という自然による破壊のほかに、そこには身内の介在があったのである。

夫の伸一さんは、巨大な地震の揺れの後に長女のことが心配で自宅へ急いで向かった。母とともにいた花さんを確認すると、伸一さんはそこから小学校にふたりの子どもを迎えに行って、三人の子どもたちを母の家に預けたのである。そして、連絡がつかなかった親戚の様子を見に子どもたちを残して家を後にした。

まもなく伸一さんは街道を西に進むなかで津波の濁流にのみ込まれて、命辛々瓦礫から抜け出すことができた。右足首を骨折し刺さったくぎを抜いて両足も血だらけだった。翌朝、拾った瓦礫の棒を杖がわりにして子どもたちを捜し歩いた。しばらくすると母の咽び泣く声が聞こえた。その腕には冷たくなった孫が抱かれていたのである。子どもたちを家に戻さなければ、生きていたのに……。自分を恨んだ。別宅は土台ごと津波により流されていた。同じ日に、長女も別宅の瓦礫から見つかった。

妻の綾子さんは、勤務先で烈震に遭ったが、携帯電話を確認すると侃太君と奏ちゃんが通う小学校から一斉メールが届いていた。ふたりは学校にいるので大丈夫だと家路を急いだ。しかし、市役所に辿り着くのがやっとで駅前一帯も冠水して、庁舎内で二晩を過ごさなければならなかった。

三日目の夕方、綾子さんは一〇キロ離れた体育館に到着し、侃太君と奏ちゃんを見つけようとしていた。遠縁に当たる女性が歩み寄り、厳しい現実を告げたが、現実味はなかった。娘ふたりが安置されている保育所へ、瓦礫をかき分けて歩いた。夫に会ったのもつかの間、横たわる花さんと奏ちゃんのあまりにも変わり果てた姿に、その場に泣き崩れてしまった。

それから侃太君を捜すために毎日保育所と自宅跡地を往復し歩き回り、一週間後自宅近くで見つかった。公衆電話ごしに彼女の父親に「ごめんね、これからちゃんと一緒に考えよう」と言えたが、母親が出たときに初めて本人もびっくりするくらい泣いた。自分の感覚として、母親とはそういう存在だと気づけた瞬間であると同時に、子どもたちにとってもそういう存在だったのではないかと思えたできごとであった。

遠藤さんが描かれるときには、常に「三人の子どもを亡くした女性、〇〇する」「子どもを震災で亡くした夫婦」というかたちで自己の前に子どもの一語がつきまとうことになった。その言葉に苦しくなるときもある。別の人生を生きてみたいと思うときもある。そんな彼女は、いま石巻市にある震災遺構門脇小のガイドを勤めている。この震災遺構は自身の経験とは特に関係はない。しかし、彼女の経験自体を内側からこじ開けなくても震災のことを伝えられる気軽さが理由で二〇二三年から始めている。ただ、この気楽さにも重さがともなう。震災がなかったかのように生きてみたいと思うときもあるが、やはり自分の中ではなかったことにならないからである。とするならば、抱えないようにしながら後悔をせず前に進める工夫が、遺構での震災ガイドだったのである。

震災初期のころは、被災者遺族がそうであるように、彼女も亡くなった子どもたちに対する申しわけなさが強く、すべてのことに対して罪悪感が先んじて出ていた。

最初はその（死ぬ）ことしか考えていなかった。侃太が見つかったらこの世に生きていても意味がないと思っていました。みんな（私を）ひとりにしないようにしていた。でもその力さえなかったというか、ロボットと同じ。悲しいこともなかったロボットのように。目の前で見ているんですけども何も感じなかった。

楽しいことや気持ちのいいこと、綺麗に自分を着飾ることに対してずっと罪悪感を持ち続け、風呂に入ることさえ拒んだ。それは亡くなった子どもたちは砂だらけであったにもかかわらず、自分だけ風呂に浸かって温かい思いをすることが許せなかったからである。感情を抜いた人間の抜け殻がただそこにあるだけであった。

あの世に行くことを留まらせたものは何か。震災発災直後から彼女の両親が東京で健在で、とにかく一緒に考えようとしてくれていた。家族で実家のある東京に連れて帰っていこうとしたが、娘が働いてるのを見て石巻とむりやり切り離し、帰京させると娘が余計ダメなことになるかもしれないと言って娘を残したまま帰っていった。さらに精神科の病院で働いていたこともあって、あるいは避難生活のなかでも、周りでたくさん自死する方を見てきて、親に自分が味わったのと同じ苦しみを持たせるのは忍びない思いがあり、自分に対しかろうじて抑制をかけていた。

震災直後は、自分は地球とは異なる星に来たのだとか、子どもたちはどこか遠い所に旅行に行って帰ってきていないだけだということで、自分をむりやり納得させていた。毎日が嘘だったのではないか。悪い夢を見ているのではないか。毎朝目が覚めて意識が戻るたびに、本当のことだったんだと現実を突きつけられるときが一番辛かったという。

健康に気を使うこともなくなった。夫とワインを一本ずつ毎日飲み続けていた時期が長くあった。長生きすること自体が子どもに申しわけないという気持ちで満たされていたからである。それでも昼間絶対酒に手を出さなくなったのは、精神科の病院でアルコール依存症の患者を見ていたこともある。しかし、可愛がってくれた院長夫妻もみずから命を絶ってしまい、綾子さん自身もそこで糸が切れてしまい、すぐ夫に電話し仕事をいったん辞めてしまう。それまではとにかく立ち止まって考えることが嫌で、がむしゃらに身体が疲れきるまで働いて、振り切れたところで寝床に入って眠ることを繰り返していた。立ち止まると罪悪感で自分がどうにかなってしまいそうだった。

子どもと過ごした時間と震災発生後の生活のリズムはまったく異なったものになった。避難所をへてみなし仮設住宅に入居したので、家族が入るスペースがそのまま残っていると耐えられなかったが、スーパーやコンビニの食事に飽きて好きな味つけをしたくてもふたり分の味噌汁をどうしても作れなかったり、食事を作るのにも苦労した。食材を買いに行くのにもあらかじめ決められたもののみで、スーパーに入るとそれらを鷲摑みにしてすぐに帰ってくるような状況だった。知り合いに会うと泣かれたり、とにかくこうしなければいけないとか、私にはこう見えるのという信心深い会話がほとんどだったために、知り合いとの連絡を絶ちたかったのである。

当初は子どもたちを死なせた夫のことが許せなかった。恨んで離婚まで話し合ったこともあった。夫はもともと子煩悩でわざと子どもたちを殺める人間ではないということを思い出すまでにかなりの時間を要した。しばらく子どもたちのことを思い出すのも辛かった。時間がたち、もしかしたら一番辛いのはこのひとなんだと夫のことを考えられるようになった。そして、大切なことに気づかされたのは、夫を介して一番子どもの話をできるということであった。自分の親でもなく子どもの友達の母親でもなく、子どもとの思い出の話をできるのは夫の存在だけであったのである。夫の介在を通じて子どもたちと繋がっていることを実感できたからである。

三　悶え神

ロボットだった自分を感情のある人間に変えたものは何だったのだろうか。水俣の世界では、他人の不幸を自分のことのように感じるひとを「悶《もだ》え神《がみ》」さんと呼ぶことがある。綾子さんのように艱難辛苦を経験した人のそばには、受難に深く感応し、苦痛や孤独を自分のことのように感じる悶え神が常にいたのではないかと考えられる。

津波で流された自宅跡地にボランティアからプレハブ小屋を提供してもらった。楽しい場所だったところが寂しい場所になるのは望んではいなかったが、他県から皆でバーベキューをやりましょうと打診されたのである。まだ発災後一年後ぐらいのときだったので、跡地に来ることすら信じられないという感覚で彼女はいた。しかし、地元のひとや避難していたひとなども集めて会を催行すると、「本当に楽しかった」「ありがとう」「家に帰ったらひとりでまた泣くと思うけど、ここにいるときだけは楽しかった」という反応が近所や知り合いから寄せられた。

次に餅つき大会をすると、おじさんやおばさんが張り切って参加して、久しぶりに笑ったり会えたりということで喜んでくれた。そして、みんなが「ありがとう、ありがとう」と言って帰ってるのを見て、彼女の心が理屈ではなくすっと動かされたのである。まだ生きていていいよと言ってもらったような感覚になったのである。人のために何かしていると自分の心の奥底に自分に対する肯定感がわずかに残されていることに気づかされた。そのうち、嫌だとか言っていたにもかかわらず、率先して跡地でのイベントを実施するようになり、親戚ではないのに一緒に避難していたひとの家を訪ねて声掛けをするようになっていたのである。何か役に立てていることは、自分が生きていても意味がないという感覚を消し去り、心身ともに健康でいることの実感を持つきっかけとなった。

そのことは自己開示のあり方にも変化をもたらしている。周りから悲しみを乗り越えろとか受け止めろと言われていたが、それも無理な話で、彼女自身が次第に乗り越えなくてもいいし、受け止めなくてもいいし、迂回すればいいし、一生抱えていけばいいし、開いた穴はそのままでいいと思うようになることができた。

それまでは一〇〇パーセントの元気がないと人前に出てはいけないと、スーパーなどにも行けなくなっていた。しかし、乗り越えなくてもいいんだということを考えてからは本当に気の許せる人たちには一〇〇パーセントではなくてもきちんと受け入れてもらえるんだということが理解できて、辛い気持ちや思い悩んでいることは素直に第三者に伝えられるようになっていた。

四　安心して悲しむ

なぜこのような苦しみや罰を受けなければいけないのかと考えたときに、自分の普段の日常の行いや考えが悪いからだと認識し始めていた。たとえば、一週連続の運動会とか何週連続の学芸会があって、子どもが小・中学校で、何回もご飯を作らないといけないと彼女が心で思ったことが実際にあったが、それだから子どもが震災で死んだのではないかとさえ考えるようになっていた。自分がマイナスに思ったから子どもが亡くなったという原因を結びつけようとしていたのである。そのうち、夫が東北に帰りたいと言ったときに断っておけばよかった。じゃあ結婚しなければよかった、子どもを産まなければよかった……とどこまでも「たられば の話」を思い浮かべていた。しかし、それは一瞬自分を楽にすることであって無間地獄のように際限のないループに自分を落とし込めることになるだけだった。

それではこのような際限のないサバイバーズ・ギルトを背負った被災者遺族は、その罪意識からどのように解き放たれるのだろうか。年月がたつと泣く内容も変わってくる。子どもたちのことを一回も思い出さない日はもちろんない。彼女の父親が子どもたちの動画を、自分がもう亡くなったらできないと編集してくれたのを、震災発生から一〇年ほど経過した二〇二一年に送ってくれていた。けれども最初は子どもたちの写真を見ることすらできなかったのに、ましてや動画で子どもの声を聴いたらどうなるだろうと思って見る勇気が出なかった。しかし、父親がどんな気持ちでこの動画を編集したのかもわかっていたので、正月にお酒の勢いを借りて夫と一緒に動画を見てみた。

そうすると、可愛かった。こんな声だったんだと。すごくニコニコしていて、可愛かったからこんなに悲しいんだということがようやくわかった。だから悲しくてもいいんだということを、きちんと伝えられるようになったのである。

強い悲しみや深い悲しみにはきちんとした理由があり、安心して悲しんでいいのだと思えるようになったのは、この父親の動画がきっかけだった。

動画のなかで二歳なのに五という指を出している子どものことを見たことを伝えると、父親も一緒に咽び泣いていた。父親は悲しませたり辛い思いをさせたりしたのではないかと思って心配してくれていたようであった。しかし彼女の父親自身も編集をしていた際に辛いと考えていたが、意外にも孫たちが本当に可愛いので作って良かったと思っていた。彼女たちには見られるときに見てねと言って送ったのだが、三か月間引き出しにしまわれていたままだった。

五　子どもによって生かされている

もうひとつ、安心して悲しむことを教えてくれたのは、宮城県石巻市に英語の補助教師として赴任していたアメリカ人のテイラー・アンダーソンさんの遺族だった。テイラーさん（当時二四歳）は、「大きくなったら日本に行って子どもたちに英語を教えて日米の懸け橋になりたい」と願って二〇〇八年に来日したが、任期満了まで半年を切ったときに三月一一日の津波の犠牲になった。

彼女の両親は、娘の名を冠した「テイラー・アンダーソン記念基金」を立ち上げた。亡くなった娘が一番喜ぶのは自分たちが彼女にかわって日米の架け橋になることだと考え、この基金をもとにテイラーさんが勤めた学校に英語の本「テイラー文庫」を贈り始め、それは一〇年間で二万冊にものぼった。そしてその本棚製作の依頼先として木工職人だった夫の伸一さんに白羽の矢が立ったのである。偶然にも綾子さんの三人の子どもたちも学校でテイラーさんに英語を教わっていたことを後から知る。

テイラーさんの両親に会ったときに、「子どもたちも私たちが幸せになることを望んでるはずだから、そうならないといけない。でもそれは単独でやろうとするとすごく難しいんだよね。ただやっぱり皆で力を合わせて一緒に叶えられるように動けば、少したやすくなるところがあるんだよ。綾子も必ず生きていたらいいことがあるから。何か楽しいことを見つけて幸せなときは幸せだと思っていたらいいから」と言ってくれた。そのときに彼女が感じたのは、自分たちの生活や仕事も大事にしようと思っているということだった。同じ子どもを亡くした親の考え方に深く共鳴して感嘆した。

アメリカなら娘が亡くなったことに対する裁判を起こすこともできたかもしれないが、とにかくいつも穏やかで娘のためにできることは何かを考えていた。マスコミのなかには辛辣な質問をするものもあり、津波のあるところに娘さんを行かせたことに対して後悔はしていないのか、という問いに対して、「一切してません。私は夢を叶えるために日本に行ったテイラーのことを誇りに思っている」と即答したのである。

夫妻はこのテイラーさんとその両親の考え方を、自分たちに重ね合わせることが少なくない。それは大震災という不条理に対して、罪悪感を覚えることなく、亡くなったことを糧にしながらそのことで自分たちに何ができるだろうかと問いかけることであった。

　自分たちが何かしてるっていう気持ちは一二年間なくなりました。なんかやっぱさせてもらってるということはすごく感じてるとこです。子どものおかげでいろんな出会いがあったりとか、させてもらったりとかしてることが多いから、やっぱり子どももあっての一二年間だったしっていうのはすごくあります。……一緒に生きてるっていうのは、綺麗なものを子どものために見るということではなくて、子どもも一緒に楽しんでると思うように、一緒に生きてるような感覚がする。

　彼女は当初自分が喜ぶことに対して罪悪感を持っていて、風呂や美容に関わることを拒絶していた。それがようやく綺麗に着飾ったり、うれしく思うようになったのは、自分は子どもの分まで生きられるわけではないけれども、「子どもの目」になって子どもの感じるままに、自分が楽しんでいるということは子どもも楽しんでいる人生だったらいいのではないかと思い始めたからである。テイラーさんのご両親と出会って、自分の時間を持てる大切さを教えてもらったのである。

　子どもの分まで生きられるわけではないが、子どもの目になって子どもの感じるままに自分が楽しんでいるということを重ね合わせることで、罪悪感を払拭し転換することができるようになったのである。

六　「できごとの前」としてのトラウマ

以上詳細を見てきたなかで、震災の当事者にお話を伺っているうちに、亡きひとと向き合う際に「できごとの前」にまで遡って罪意識を負っているケースが少なくなかった。このことを私たちはどのように考えればよいのだろうか。

いわゆるトラウマ研究では、フロイト以来「できごとの後」としての事後性の問題が捉えられてきた。事後性は、直接的被傷と異なり、①間接的な原因である。よく知られているように、たとえば一四・五歳の少女の症例は、ひとりでお店に入れないというものであったが、八歳のころまで連想を辿ってみると、身体に触われてきたことは、そのときに思春期を迎えていないので性的な事象として理解できない。それが何年かたって店員に笑われていることで恐怖感に襲われて少女は逃げ去ったのであるが、それは事後的な時限装置による爆弾のように②時間差を置いて発動されたというものである（Freud 1987＝一八九五）。直接的な経験としてではなく、③記憶として組み込まれるものである。

このことは私が知り合った別の女性にも当てはまる。二〇一八年に世間では震災発生から七年たったと報道されていたころ、筆者のラジオ番組生出演直前に、両親を震災で亡くしたその知り合いの遺族から切迫したメールが届いた。NHKテレビのドキュメンタリー番組「NHKスペシャル」東日本大震災特集で、津波で亡くなった犠牲者の死因を探るなかで、当時は溺死とされた遺体の検死結果は、詳しく調べると本当は「低体温症」ではないかと伝えていたというものであった。彼女はそれを見てもしそうなら、あのとき急いで故郷に向かっていれば両親の命を救えたのではないかと、激しく動揺して深い罪意識に苛まれていた。つまり「震災（発生）から七年」という歳月がたとうとしたときに、その年数にかかわらず、いまだ当事者は震災の渦中に引きずり込まれることを、このことは示していた。

社会学者の直野章子は、広島の原爆研究を念頭に、遅延構造からトラウマを捉えた文学者のカルースの議論を下敷きにトラウマの理解不可能性に言及している（直野二〇一八）。直写的な体験が反復的な回帰として姿を現す現象は、トラウマ体験を理解することが直接的ではないために容易でないことを指している。直野は「体験者が自ら体験した出来事に関する知の所有者であるとはいえないのであり、トラウマ的出来事に関する体験者の証言をめぐって、方法論上および倫理上の困難な問いを突き付けることになる」と述べている（同：九九）。つまり、症状から逆照射しトラウマに言葉を与えられる反面、遅延としてその直接的な事実性を否認するために当事者に主体性がないと悪用されることもあるという点が挙げられる。

知の所有者でないために本人自身が事後的に揺り動かされ戸惑う。自己の苦痛について、主体性の場を切り詰めてしまう結果を招来せざるを得ない。トラウマでは、そのため本人の記憶とできごとにどういうふうに向き合うのかが常に実践的課題となる。

事後性の問題は、震災発生後ながらく被災者遺族を捕らえて離さないものである。今回の事例を見てみると、「時限爆弾」のように発火するが、埋め込まれたのはまさにできごとそのものである。遠藤さんの場合、三人の子どもたちは戻ってこず、当初は罪悪感に苛まれていたが、できごとの因果関係はできごとそのものではなく、そのできごと以前の震災前にまでその意識を伸ばしていたことがわかる。

トラウマは事例を通して見るとできごとの「事前性」として立ち上がってくることがある。このできごとの前にまで遡及されることについて考えれば、一見すると、記憶が後から構成され得る余地を含んでいるので、事後性における架空（物語や記憶）の延長線上に置くことも可能かもしれない。なぜ愛する子どもたちが亡くならなければならないのかという希求は、すべて「たられば」の世界で構成され、亡くなったという結果を生み出すものはすべて思考の範囲内に入る。津波もしくは人災という原因を含めてそれにいたるあらゆる選択肢が対象となるために、事前のできごとも因果で理論上すべて結びついてしまうことになる。

「結婚していなければ……」「東北に移住していなければ……」「子どもを産まなければよかった」といったいくつもの無数の運命の糸が壁となって当事者の前に立ちはだかる。たらればの話として一瞬理解できて解放されたように思えながら、そのこと自体が罪悪感として重く当事者に圧し掛かってくる。何々しなければよかったということは、とり得る選択を極限にまで狭めることで当事者の主体性を奪い去ることになりかねない。

しかしながら、この選択不可能性が逆に主体性の回復の足掛かりにもなっていることに気づかされる。つまり、ひとつの結果（亡くなったという事実）と、それを帰結する無数に作り出す選択は、ひとつではないがゆえに、本人が地の底から這い上がる際の弱い主体性を発揮する場となっている可能性がある。ひとつのできごとに収斂できないために、無限の問いかけは疲労戦となり、どこかで休止せざるを得ない。立ち止まった先に自分が依って立つ自己を曝け出すしかなくなる。

弱い主体性とは何か。遠藤さんの場合、「自分たちが何かをしているような」積極的な自己は影を潜めざるを得ない点を挙げることができる。生きていく気力さえ奪われているからである。悶え神によるボランティアの介在やテイラーさんの両親に自分の境遇を近づけることで、常に自分が何々「させてもらっている」という受動的な主体性が立ち上がってくるのである。この消極的な主体性に喜びを見出し、亡きひとの目を重ね合わせることで辛うじて生きることの意味を噛みしめて人生を楽しむものに転換していると言える。

この消極的な主体性に喜びを見出すトラウマのあり方を私はここで「引き受けられた主体性」と名づけておこうと思う。このことを最後に位置づけて締めくくりたい。

七　トラウマのなかの引き受けられた主体性の発揮

震災は何の予告もなく不意に襲い掛かり、大切な家族や友人やペットなどの命を一瞬で奪い去る不条理な世界である。つまり破壊的なできごとである。そのため、当事者が意識している日常生活と、いま立たされている自分の立ち位置のあいだに、あまりにも大きな溝ができる。当事者が時代の流れに取り残されている感覚を持つのはこのためである。ここでは通常の他者の合理的理解が構成しにくい。つまりトラウマの事後性の本質は当事者もわからないために知の所有者ではないところにある。いったん狂った歯車は、次々に連鎖してあっという間に当人を混乱に陥れて、生活を破綻させてしまう。そのことを当の本人は理解し得ない「語り得ない」難しさがトラウマにある。

本稿ではそれを「できごとの事前性」まで辿りながら、そこから逆に弱い主体性の発揮を見出してきた。それを「引き受けられた主体性」と名づけた。罪悪感を持っているがゆえに強い当事者性は得られない。そして事後性を持ったトラウマは主体性の空白域を生み出す。その空白に事前性にまでに拡がり浸透していくのであるが、その空白基盤をまさに足掛かりにして、引き受けられた主体性が生み出される。ここではすべて受け身なのである。

しかしこの受動性は、亡きひとから引き継がれた感受性の受容器にもなっているため、苦しみや悲しさというよりも、むしろ楽しみや嬉しさを積極的にそのひとにかわって受け入れていく機会を提供することになる。徹底した受け身であることが引き受けられた主体性の条件となる。結果、亡きひとと一緒に生きる実感を遺族当事者が得られる。その意味において、亡きひとを記憶に留めるとともに、自分らしい生き方を矛盾しないかたちで「安心した悲しみ」として表出することを可能にしているのである。知の所有者は、必ずしも強い主体性で記憶保持者にのみ与えられるのではなく、むしろ弱い主体性、しかも記憶のないところに発露することを考えると、従来のトラウマ論に対してそれを解き明かすヒントになるかもしれない。

文献

Freud, S., 1987(1895), "Entwurf einer Psychologie," *Gesammelte Werke Nachtragsband*, S. Fischer Verlag (=小此木圭吾訳、一九七四、「科学的心理学草稿」『フロイト著作集7』人文書院、二三一―三二四)。

金菱清、二〇二四、『生ける死者の震災霊性論――災害の不条理のただなかで』新曜社。

直野章子、二〇一八、「出来事とトラウマの在り処――トラウマ論が示す歴史の方法論をめぐって」田中雅一・松嶋健編『トラウマを生きる』京都大学学術出版会、八七―一一八。

第10章　災害の時間性と流動性を理論化する

エリック・シュー
松野靖子 訳

一　はじめに

災害の社会学的研究は、多くの社会的文脈にまたがる確立された研究領域となっている（Rodriguez et al. 2007; Hsu and Elliott 2016）。この分野を前進させるため、この分野の研究は「何が災害を構成するのか」という問いと格闘してきた。災害そのものが多様な現象であり、さまざまな学問的・理論的観点から研究することができるためである（Drabek 1989: 253）。

R・ペリーは、災害社会学において、定義上の合意を欠くことは必ずしも「研究実施の大きな障害」にはならないと指摘している（Perry 2005: 316）。他の研究分野では、ある重要な概念の概念化について広範な合意が得られていないにもかかわらず、研究が発展してきた。しかし、災害の意味を問うことは、既存の研究を明確にするうえで有益である。E・L・クアランテッリによれば、災害が何を指すのかについて相対的な合意を得ることは、研究者同士が「互いを通り過ぎる」（Quarantelli 1998: 4）話をするのを防ぐという意味で有益である。災害の定義が明確で比較的よく合意されていなければ、共通のテーマやトピックをめぐって知識体系を構築するための重要な要素である調査結果の比較が難しくなり、場合によっては不適切なものとなる（Perry 2005）。災害を定義することには、新たな研究課題を明らかにするという利点もある。災害のいくつかの側面が時間の経過とともに変容する可能性があるため（De Smet et al. 2012）、あるいは自然災害と技術災害の区別がより微妙なかたちで理論化される可能性があるため（Williams 2008）、災害は再概念化される必要がある。

本稿の第一の目的は、災害概念の時間的・流動的側面の理論的分析を進めることで、災害研究分野におけるこの定義論争に貢献することである。以下の節で明らかにするように、災害を概念化する方法は数多くあるにもかかわらず、現存する社会学文献では、災害を時間的・空間的に完結したできごととして解釈する傾向が強い。災害をこのように理論化することの是非を問うことで、筆者は災害についてより多面的で時間的な説明を展開し、この分野が検討すべき新たな問題点と探求の筋道を提起することを目指す。

二　災害概念の構築と解明

（1）災害定義の時間的・空間的封じ込め

災害とは、いくらかの意味で限定的な地域で突如発生するできごとであるはずだという考え方は、災害研究の分野において長い歴史を持っている。たとえば、社会学における災害研究の先駆者のひとりであるC・フリッツが提示した定義では、災害は以下のようなできごとであるとされている。

時間的・空間的に集中し、ある社会、あるいはある社会の比較的自給自足的な下位区分が深刻な危険にさらされ、その構成員や物理的付随物に損失を被ることによって、社会構造が破壊され、その社会の本質的な機能のすべてまたは一部の遂行が妨げられることである（Fritz 1961: 655）。

多くの著作が指摘しているように（Perry 2007; Tierney 2007）、フリッツの災害の概念化は、一九六〇年代初頭に発表されてから数十年が経過した現在でも、多くの災害研究界で影響力を持ち続けている。近年でも数多くの研究がフリッツの定義をそのまま、あるいは若干修正したかたちで採用しており、災害が「時間的・空間的に集中する」という基準は依然として一般的である。自然災害を構成するものについてのD・アレグザンダーの理論化には、災害を即時的で動的なものとして定式化するためのほかの表現が見られる。アレグザンダーによれば、「自然災害とは、自然環境が社会経済システムに与える急速で、瞬間的な、あるいは深刻な影響と定義できる」（Alexander 1993: 4）。

このように災害を概念化した結果、この分野では研究対象となる現象が絞られてしまった。そのため、地震や竜巻、洪水といった現象に関する文献が比較的多く、干ばつや海洋の酸性化といったゆっくりとした現象に関する研究が少ないのである。

しかし、これは突発性を欠く現象の研究が行われていないという意味ではないことに注意する必要がある。また、災害を急激に発生するできごとと定義することに疑問を投げかけるような、注目すべき議論がまったく行われていないということでもない。これらの一連の研究は存在し、気候変動（van Aalst 2006）や抗菌剤耐性（Viens and Littmann 2015）などの現象に関する論考を見つけることはできる。しかし、これらの現象が災害と解釈されるべき理由を明示的に述べた論考は、いくつかの顕著な例外を除けば、これらの研究にほとんど見られない（Viens and Littmann 2015）。加えて、災害の定義を急速に発生するできごと以外にも拡大しようとする理論的な議論があるかぎり（Buckle 2005）、少なくとも二一世紀の最初の二〇年までは、社会学の災害研究分野の主流において、これらが持続的に、あるいは広く受け入れられてきたと言うのは言い過ぎだろう。

その理由のひとつは、災害研究の範囲を限定しようと努められてきたからである。これが特に顕著なのは、フリッツと同じく社会学における災害研究で影響力のある創始者のひとりとされるクアランテッリの研究である。クアランテッリは、多様な異なる著作にまたがって、「伝統的な干ばつや飢饉、ある種の伝染病などを含む非常に拡散した現象はすべて『災害』という概念から除外すべき」（Quarantelli 2005a: 335）とする理由を数多く提示している。

クアランテッリのおもな指摘のひとつは、境界のない災害の定義は、「災害」という用語で「あまりにも多くのことを捉えようとしている」ということである（Quarantelli 2005a: 333）。災害をより限定的に捉えることの利点のひとつは、分析の精度を高めることができることである。たとえば、クアランテッリは、災害を、破滅的な大災害と区別して考えるべき理由を力説している（Quarantelli 2005b）。それに応じて、干ばつや飢饉、ＨＩＶのような疾病の漸増的蔓延といった、徐々に発生する現象を災害の定義に含めるのは適切ではないとしており、その理由として意図されるものにより適した他の概念があるとする。クアランテッリは特に、先述の現象は社会的あるいは生態学的な「問題」に分類したほうがよいと主張している（Quarantelli 2005a: 335-336）。

次のセクションの目的は、このような考え方を採用することの利点と限界を探ることである。自然災害と技術災害を区別することが適切かどうかなど、災害を定義するさまざまな方法について多くの有益な議論がなされてきたが（Williams 2008など）、災害の本質的な特徴として迅速性を用いることの価値を確認することに明確に費やされた議論はほとんどない。

(2) 長期化する社会的混乱を除外する根拠は疑わしい

クアランテッリは、制限のない災害の定義によって用語の意味が薄れるという懸念を表明する点では正しいと言える。しかし、クアランテッリは災害を急激に発生するできごとと同一視することによって、そのような懸念を払拭しようとしているのである。この点に疑問を呈するいくらかの理由がある。ひとつには、現象の拡散性と集中性の区別自体が、クアランテッリが言うほど自明ではないからである。災害は迅速な動的なものであるという基準は、災害と見なされる現象の類型を決定する明確な指針には必ずしもならない。なぜなら、関連する説明用語（たとえば、「突然」、「即時」、「速い」、「急速な」）はすべて相対的なものだからである。

災害を突発的なできごととして理論化し、ゆっくりと進行する破壊的な現象を社会的／生態学的な問題とすることの価値を疑問視するもうひとつの理由は、なぜこうした明確な峻別をすべきなのかが明確でないことにある。クアランテッリ（Quarantelli 1993）は、ゆっくりと進行する現象が、突発的なできごとと同様、あるいはそれ以上に衝撃的である可能性があることを指摘している。たとえば彼は、「化学工場から排出される有害ガスに慢性的にさらされることによる経済的コストだけで、おそらく典型的な突発的化学災害がもたらすものを、長年にわたってはるかに凌駕するだろう」（Quarantelli 1993: 26）と指摘している。しかしクアランテッリは、ゆっくりと進行する現象は社会的／生態的問題として識別するべきであり、災害と見なすべきではないと主張する。しかし、クアランテッリはこの主張をする際に、社会的／生態学的問題とは何を指すのかについて、詳細かつ明確な説明をすることはない。それゆえ、彼の主張は堂々巡りに見えるのである。社会的／生態学的問題は時間的に拡散しているというクアランテッリの説明のつかない主張以外に、なぜ時間のかかる破壊的現象が社会的／生態学的問題として理解されるのが最善なのか、その理由は明らかではない。

もちろん、動きの遅い現象を社会的／生態学的問題として概念化することが不可能だというわけではない。社会学では、社会問題はさまざまな方法で理論化されてきた。たとえば、社会問題とは「相当数の人びとが懸念し、変化を希求する社会の一側面」であると示唆されている（Henslin 2003: 3）。似たような意味に沿って、社会問題は「公的な言説や行動の場において問題とされる状態や状況」（Hilgartner and Bosk 1988: 55）と枠組みづけられてきている。これらの定義のいくつかに従えば、社会的な破壊現象が時間をかけて進行するにもかかわらず、それを社会問題と解釈してしまうのは、むしろ理解しやすいことである。

しかし、依然として不明確なのは、なぜ長期化する社会的混乱を災害としてではなく、社会的／生態学的問題として位置づけるべきなのかという理由である。このアプローチが疑問視されるべき理由のひとつは、社会的／生態学的問題と災害は概念的に相反するものではないからである。多くの著作が論じているように（Drabek 1989 ほか）、災害は特殊な社会問題として正当に解釈できる。したがって、このことは、拡散的で動きの遅い現象を、災害と社会的／生態学的問題の両方として理論化することが可能であることを意味する。

三　既成概念にとらわれない災害とは？――日常的構造から生じるできごととしての災害

災害を急速に進行する社会的混乱として狭く分類することに問題があるとすれば、災害をより適切に定義するにはどうすればよいだろうか。われわれがとり得るひとつのアプローチとして、災害が時間とともにどのように変容し、新たな要素を取り込んできたかを捉えるために、災害の時間的定義を拡大していくことが挙げられる。

H・デ・スメットら（De Smet et al. 2012）が展開した災害の説明は、この新たな考えを前進させるのに役立っている。デ・スメットらは、二一世紀の災害は量的にも質的にも異なるため、いささか斬新であると論じている。災害が以前の時代の災害と異なるのは、「より社会に壊滅的な影響を与え、より多くのインフラが破壊され、より多くの人びとが被災している」(De Smet et al. 2012: 139-140)。また、二一世紀の災害で特徴的なのは、時間的・空間的な次元が変化したという点で、「管理するのがきわめて複雑な事象になっている」ことである (De Smet et al. 2012: 140)。デ・スメットらによれば、現代における災害は、その引き金となったできごとの即時の影響がわずかなものであっても、長期的な影響を及ぼす傾向があるという。彼らは一九八四年のボパールガス悲劇を例に挙げ、「最初の数日間で二〇〇〇人以上が死亡」したが、その後の数年間でさらに何千人もの死者を出したと述べている (De Smet et al. 2012: 140)。

スティーブ・マシューマンの研究 (Matthewman 2015) は、従来の時間的理由による災害の説明から抜け出すための推進力を与えるものである。マシューマンは、災害研究の分野を急激に発生する劇的な事象に集中させることの欠点について、より詳細に述べている。マシューマンは特に、災害をプロセスとしてではなく、できごととして捉えることに懸念を示している。できごとに基づく災害観の限界は、できごとの数々がいかにきわめて長期にわたる過程から生じるかを見落としてしまうことである。マシューマンは、一九九五年にシカゴで起こった熱波に関するエリック・クリネンバーグ (Klinenberg 2003) の研究を例に挙げている。熱波のあいだに起こったことは、「結局のところ、生命体としての全期間にわたってすでに蓄積されたものによって決定づけられた」(Matthewman 2015: 136)。さらに、「できごとが実際に終わるのはいつか」という問題もある。核放射性物質に関わる災害のように、人びとの生活にはるか未来まで影響を及ぼす災害もあり、その終息時期を示すのは容易ではない。

マシューマンはこのように、災害について考える新しい方法をいくつも提案している (Matthewman 2015: 144)。マシューマンが展開する重要な洞察のひとつは、災害をティモシー・モートンの「超物体 (hyperobjects)」(Morton 2013) の理論と結びつけることである。モートンのこの概念は、気候変動のように「時間的にも空間的にも大規模に分布する」(Morton 2013: 39) ような主体も存在することを考えるのに役立ち、そのような実態を、自分たちの根底にありつつも展開する世界の状態として、人びとがともに生きるだけでなく、それを通じて生きなければならない実態として見なすことに意味がある。その結果、マシューマンが疑問視するのは、災害を明確な結論に導くことが可能であると見なす現代的な、そしておそらく社会科学的な傾向である。マシューマンによれば、それゆえ災害はこのような動的主体を捉えられるよう、より複雑に理論化される必要がある。

これに関連してマシューマンは、災害を一種の「ゆっくりとした暴力」として認識する災害の理論化も主張している。ロブ・ニクソンが明言しているように、ゆっくりとした暴力とは、あまり理解され研究されていない暴力の一種である（Nixon 2011）。それは「漸進的で目に見えず、一定の期間を越えて飛散し続ける」暴力であり、「壮大というよりむしろ身近にある」暴力であり、「断絶されたそれらがあるというよりむしろ進行中のプロセスの結果」である（Matthewman 2015: 144-145）。こうした性質は、マシューマンが提唱する新しい災害理論に反映されており、災害を「収束した」集中的なできごとと見なす従来の見方とは大きく異なっている。マシューマンは、災害について、より「日常的」かつ、徐々に進行し、長い時間スケールで進行するため、発見が容易ではない社会崩壊の体系的な側面に焦点を当てた理解を展開している（Matthewman 2015: 145）。これとやや似たような考え方であるが、松本三和夫は、二〇一一年の福島原発事故を一種の「構造的災害」と分類している。松本は、福島原発事故の荒廃をもたらす放射性物質漏れを、社会的に孤立した破壊的事柄として扱ってはいない。むしろ松本は、これを何十年にもわたる長い社会歴史的プロセスの結果であると見なしている。これは、日本政府が原発事故に関する重要な情報を被災者に適時に伝えることを妨げた要因であるとする松本の分析に基づいている。松本は、日本政府の最近の情報伝達の失敗を、第二次世界大戦にいたるまでに政府内部で発達した秘密主義の文化の台頭と結びつけている（Matsumoto 2013）。

このように、災害に関する前述の三つの説明を相互に考慮することで、災害が内包する時間性についてより広く捉えることができる。デ・スメットらは、二一世紀の災害は、とりわけ、より時間的・空間的に拡散する社会的崩壊を捉えられるように、再概念化される必要があると論じている（De Smet et al. 2012）。マシューマンは、壮大なできごとに固執せず、災害がプロセス的で、漸進的で、静かで、社会的に不可視なものであることにもっと目を向けた「日常的な」災害理解を提案している（Matthewman 2015）。また、松本の「構造的災害」という概念によると、災害はある意味で周期的であり、歴史的に社会的傾向の展開に根ざしてきたと見なしている（Matsumoto 2013）。

これらの著作は、災害の時間的範囲を拡大することの利点について洞察的に述べているが、そうすることの欠点についてはあまり考慮されていない。特に、災害の定義が過度に広範かつ無意味になるというクアランテッリ（Quarantelli 2005a）の懸念には対処する必要がある。それというのも、急速に発生する社会的崩壊も、ゆっくりと進行する社会的崩壊も、災害の定義に含めることを認めると、速い現象と遅い現象が互いにどのように関係するかについて、時間を対象とする社会学研究で展開された重要な洞察を無視する危険性があるからである。以下の節では、これらの洞察のいくつかを概説し、それらの定義が過度に無制限に変容してしまうものではなく、十分に複雑な状態のままでいる災害の時間的定義をどのように活性化できるかを議論する。

四　災害の時間的類型の拡大に向けて

災害が急速に発生するという要件をなくすことは、いくつかの点で問題があると考えられる。そのひとつは、動きの速い現象と遅い現象を混同してしまう危険性があることである。クアランテッリは、災害は「時間的にも空間的にも、主に焦点化された場合」（Quarantelli 2005a: 334）にのみ、意味のある比較が可能であることを示唆して、この懸念を表明している。クアランテッリのこの指摘は、時間の社会学において最近大きな牽引力を持つ考え、すなわち「速度が重要である」ことへの注目にふれているため、さらに考察を深める価値がある（Tomlinson, 2007; Hsu 2014）。社会生活の加速化を意味する「社会的加速度」をテーマとする学問的研究は、なぜ速度がさまざまな社会現象の理解に影響を与えるのかについての洞察を明示的に生み出してきた（Vostal 2014; Rosa 2010）。このように増加しつつある文献によれば、速度の多様な特性のひとつは、それが人びとの意思決定に影響を与えることであるとされている。加速する社会状況では、人びとはより反射的に人生の進路を変えることができるかもしれない。なぜなら、ポスト伝統的な社会秩序のなかで生きる能力は、社会変化の速度の速さに対応するものであるからである。しかし、加速する社会的世界では、行動を起こす前に熟慮したり内省したりする時間がほとんどないことが多いため、人びとはより無謀な行動に走りがちだと感じるかもしれない（Tomlinson 2007: 44–71）。

これらやその他の社会的加速度をめぐる学術的な議論において展開された洞察はすべて、突然発生する現象を、よりゆっくりとした動きの現象と一緒にしてしまうことへのクアランテッリの不安を、ある意味で正当化しているように見える。ある水準において、またある場合において、急速に発生した社会的崩壊を、より時間的に拡散したものから区分することは理にかなっている。しかし、災害というレッテルがこのような現象を包含することを許してしまう。ただ、だからと言って、その区別が完全になくなるわけではない。それというのも、災害の発生がいかに早いか、遅いか、あるいは習慣的なのかを記録する災害の時間的類型を作成することが可能だからである。

災害という広い概念のもとで、急速に発生する社会的混乱と徐々に発生する社会的混乱の区別を維持するひとつの有効な方法は、アレン・バートンの集団的ストレス状況の古典的な類型論に注目することである（Barton 2005）。バートンの集団的ストレス状況の説明は、「さまざまな異なった印象を持たれる広範な問題事象を一般化する」（Stallings 2005: 245）ことを目的としているだけでなく、より多面的性質を持つ災害の理論に寄与するような、多様な変数を定義している。バートンが用いる変数のひとつは「時間の集中」（Barton 2005: 129. 強調は原文）である。バートンは集団的ストレス状況を「突発的」「漸進的」「慢性的」に区別している（Barton 2005: 129）。これに対応して、これらの区分は、より正確な分析で洞察的な比較ができるように、さまざまな異なった類型の災害を表現するためにも有益に使用されるかもしれない。

しかし、災害の時間性に関するこの三者間理解を、単純に明確に差別化された体系と見なすのには限度がある。これはたとえそのような区別を維持することが有益な場合もあっても、突発的災害、漸進的な災害、慢性的な災害を、互いにまったく異質なものであると見なすことが問題性を孕むと指摘する。また、これら三種類の災害の相互関連性を明らかにする必要があり、そしてこれは、社会的加速をめぐる他の学問的議論から浮かび上がる洞察と関連している。速度に関する理論的な社会学的研究に集中がなされていることは、遅い時間性と速い時間性が対蹠的だと見做すことにいかに限度があるのかを、近年立証する試みだと言える（Hsu 2014; Rosa 2010）。ひとつには、渋滞の事例で明らかなように、遅さは実際には——意図されないにせよ——社会的加速の本質的な結果かもしれないからである（Rosa 2010）。

また、社会的加速の理論的説明では、労働者の生産性を向上させるために昼寝をする習慣に見られるように、減速が実際には、さらなる加速化の強化に機能的な役割を果たすことも指摘されている。これらの洞察は、速さと遅さを単なる正反対のものとして捉えるのではなく、より関係的な視点で捉えることがなぜ価値があるのかを表している。

同様に、災害の時間性を適切に理論化するためにも、関係的アプローチが必要であるとも言える。異なる時間的カテゴリーに分類される災害は、実際には何らかのかたちで相互に関連している可能性がある。地球規模の人為的な気候変動はその好例である。この現象は、他のハリケーンや洪水などの災害研究者が伝統的に注目しがちな多くの社会的な崩壊の類型よりも遅い速度で進行している。しかしまた、人為的な気候変動が、より急速に発生する災害と関係しているという意味もある。これは、いくつかの研究が予測しているように（Holland and Bruyère 2014; Pall et al. 2011）、気候変動がもたらす可能性のある、時間的に集中する災害の深刻さと頻度の増加を指している。

このように、災害をさまざまな時間軸に分けることは、災害がどのように変化するかを理解するだけでなく、災害がいかに時間的に複雑であるかを理解することにもつながる。災害は多様な時間の混成であると考えた方が生産的かもしれない。災害のなかには、長期化するもの、突発的に発生するもの、構造的に再発するものなどの要素を含むものがあり、問題の災害によっては、これらの変数が無数のかたちで交差し、絡み合っている。言い換えれば、災害を単時的な現象と考えるのは非常に限界がある。

五　災害のモビリティ

本稿の最終節では、災害を単一空間および／または停滞した性質のみをもつとする概念化自体も限定的な見方であるという見解を展開する。単に災害の類型を拡大し、動きの遅い社会的混乱を含めるだけでなく、災害がいかに流動的な要素を持っているかを考えることも建設的である（Matthewman 2017）。災害と流動性の相互関係を明らかにするために、アーリとシェラー（Sheller and Urry 2006）や他の研究者らが概説しているように、流動性の研究分野にいかに災害を組み込めるかをさらに立証づける五つの理論的枠組みを提案する。

（1）流動的な破壊者としての災害

第一に、災害は流動的システムの「攪乱者」あるいは「破壊者」として概念化できる。ハンナムらは、9・11同時多発テロがもたらした社会的影響について論じることで、まさにこの点を表現している（Hannam et al. 2006）。ニューヨークの世界貿易センタービルを倒壊させたこれらの攻撃は、甚大な人命損失をもたらしただけでなく、移動手段を大幅に停止させたり、場合によっては大幅に破壊したりした。

大都市交通システムの主要駅が消滅した。電話および電子通信システムの重要な中枢は沈黙状態に陥り、その間、携帯電話網はパンク状態であった。また、警察や消防隊員による政府の重要な緊急連絡網も機能不全に陥った。橋やトンネルは通行止めになり、群衆は愛するひとと連絡がとれないまま徒歩でマンハッタンから逃げなければならず、航空交通は非常事態に陥った（Hannam et al. 2006: 7）。

同様に、二〇一〇年のアイスランド火山（Eyjafjallajökull）噴火とその航空移動システムへの影響をめぐる学術研究は、特に、災害事象によって流動性の実践がどのように「攪乱」または「破壊」されるのかについての理解を深めるのに役立っている（Birtchnell and Büscher 2011; Budd et al. 2011）。開発された重要な洞察のひとつは、既存の社会の流動的性質と非流動的性質の構成を災害が潜在的に変容させる可能性があるということである。

（2）移動の動機づけとしての災害

災害はまた、実際的な流動性を動機づけるものとして、また、その作り手としても理論化できる。ペーター・アデイは次の通り指摘する。

緊急事態の指定自体が、一連の潜在的な立法上および手続き上の対応慣行を指定する可能性があるのと同様に、流動性は、政府が緊急事態に対応する方法を構成するようになる。緊急時の流動的な政府は、一連の活動、実践、テクノロジー、表現を組織化し、それらが連携して対応し、計画を立て、物事を再び動かすことを目指している（Adey 2016: 36）。

この点で、赤十字やＦＥＭＡなど、さまざまな災害救援団体の活動を考えることは有益である。こうした救援団体の目標は、流動的・システムの復旧、あるいは新たな流動的・システムの開発である可能性があるだけでなく、救援活動そのものが効果的であるためには、ある種の流動性を実現する必要がある場合もある。

災害はまた、人びとに移動を促したり強制したりするという点で、移動の動機づけにもなる。アデイが指摘する通り、災害の結果としての移動は、「災害観光」や「竜巻の追跡」という現象が明らかにしているように、選択的なものである場合もある（Adey 2016: 36-37）。また、災害を動機とした移動は仮想的なものである場合もある。災害が発生すると、人びとはソーシャルメディア・ネットワークを通じてメッセージを発信し、自分の状況を人びとに知らせたり、集合的に体系化された知識を生成して広めたりすることがある（Chaffee 2016）。

（3）流動性の指標としての災害

災害における流動性の第三の側面は、さまざまな流動性・システムの指標としての災害の展開に関するものである。災害によって、そうでなければ発見されないかもしれない特定の移動様式の存在や不安定さが明らかになり得る。ハリケーン・カトリーナ（Hannam et al. 2006）や二〇一〇年のアイスランド火山噴火（Budd et al. 2011）に焦点を当てた研究は、特にこの点をよく表している。たとえば後者は、「われわれが当然視してきた航空旅行への依存と、航空旅行に対する明白な『必要性』を浮き彫りにした」と言われている（Budd et al. 2011: 37）。

また、災害によって、さまざまな移動形態に関連する不平等や「社会的差異」（Adey 2016）が明らかとなったり、生み出されたりすることもある。M・シェラーは、二〇一〇年のハイチ地震の社会的・流動的側面を分析することで、この理論的洞察を発展させている（Sheller 2013）。シェラーは、「特定の状況や場面のなかで、誰が流動性への権利を行使でき、誰が特定の場面で流動的でいられないか注意を向ける」ために、「流動性の正義」という概念を展開した（Sheller 2013: 186）。N・クックとD・ブッツもまた、災害が流動性に及ぼす影響（社会的孤立、食糧・雇用不安など）を理由に、いかに不平等が連鎖的に生じるかを示している（Cook and Butz 2015）。彼らはまた、「流動性の正義」を災害分析に適用することが有益であると考え、アイリス・マリオン・ヤングの「支配」の概念に訴えることでその概念を明確にしている。

（4）流動性の結果としての災害

さまざまな流動性・システムの存在、強化、変容もまた、いくらかの災害の原因として解釈することができる。このことは、炭素をベースにした自動車移動システムを考えれば明らかである。炭素を排出する自動車への依存が広まったことが、人為的な地球規模の気候変動につながったという説は数多くある。人や物が独特の方法で空間を移動することを可能にする、仮想的・物理的な流動システムの出現と普及もまた、ある種の災害が起こる前兆と考えることができる。ある種のテロリズム（九月一一日の同時多発テロなど）は、災害に付随する流動性のこの側面をよく表している（Little 2006）。

（5）流動体としての災害

最後に、災害がそれ自体流動し得るという意味もある。これは、災害の流動体の発現という点でもそうだが、いったん活性化した災害の流動体がさまざまな社会的文脈を越えて、あるいは社会的文脈の間で拡散していくという点でもそうである。アデイは、いかに多様な緊急事態が「悪名高い流動性を持ち、予測が困難で、野火のように広がり、さまざまな異なる社会システムに連鎖する」(Adey 2016: 35) かを指摘している。しかし、災害がどのように展開するかもまた、このような性質を持つ可能性がある。ある場所で行われた行動が、遠く離れた別の状況にいる人びとに悲惨な影響を与えるかもしれない。

結論

災害のさまざまな流動的側面とその意味をさらに展開させ、明確にすることで、災害研究者が追求すべき新たな探求の道が開かれるが、本稿で進めようとした災害の拡張された時間類型論についても同じことが言える。災害研究の範囲をどのように拡大するかについては慎重になる必要があるが、だからといって災害の定義が固定的であったり、過度に狭められたりする必要はない。

実際、災害を理論化するこの方法が生産的で実り多いものであることが証明された兆候は、すでにいくつか見られる。ＣＯＶＩＤ-19のような最近の世界的大流行は、空間的・時間的に構成される方法において多面的であることを示している (McNeilly et al. 2023)。ＣＯＶＩＤ-19は突発的、長期的、流動的な要素を含んでいると考えることができる。災害を重層的に説明しなければ、ＣＯＶＩＤ-19の悲惨な社会的側面が何であるかを把握することは難しい。

「災害を構成するものは何か」を問うことに捧げられた学術的研究は数多くあるが、筆者は、この問いは依然として問い直す価値のあるものだと主張する。これは理論的にだけでなく、実証的にも言えることである。災害研究の強みは、災害の文脈的性質を強調できることである。社会的混乱はさまざまなかたちをとり得るが、それは空間的にも時間的にも同様である。これに関連して、災害の調査方法には方法論的な意味合いもある（Hsu 2019）。災害の時間的に拡散し流動する側面を際立たせるためには、どのような方法論を採用し、開拓し、疑問を投げかける必要があるのだろうか。

スタウペ・デルガードとロビンが強調したように、災害を概念化するための二項対立的アプローチには多くの限界がある（Staupe-Delgado and Rubin 2022）。そのため、災害は数多くの軸や連続性に沿って存在するものとして理論化する方が、価値があるかもしれない。本稿では、このような災害の理論化のありようを確認することを試みた。

文献

Adey, P., 2016, "Emergency Mobilities," *Mobilities*, 11(1): 32–48.

Alexander, D., 1993, *Natural Disasters*, UCL Press.

Barton, A., 2005, "Disaster and Collective Stress," R. Perry and E. L. Quarantelli eds., *What is a Disaster? New Answers to Old Questions*, Xlbris, 125–153.

Buckle, P., 2005, "Disaster: Mandated Definitions, Local Knowledge and Complexity," *What is a Disaster? New Answers to Old Questions*, Xlbris, 173–200.

Birtchnell, T., and M. Büscher, 2011, "Stranded: An Eruption of Disruption," *Mobilities*, 6(1): 1–9.

Budd, L., S. Griggs, D. Howarth, and S. Ison, 2011, "A Fiasco of Volcanic Proportions? Eyjafjallajökull and the Closure of European airspace," *Mobilities*, 6(1): 31–40.

Chaffee, D., 2016, "Digital Disaster Communities," A. Elliott and E. L. Hsu eds., *The Consequences of Global Disasters*, Routledge, 80–94.

Cook, N. and D. Butz, 2015, "Mobility Justice in the Context of Disaster," *Mobilities*, 11(3): 400–419.

De Smet, H., et al., 2012, "Disasters Out of the Box: A New Ballgame?" *Journal of Contingencies and Crisis Management*, 20(3): 138–148.

Drabek, T., 1989, "Disasters as Nonroutine Social Problems," *International Journal of Mass Emergences and Disasters*, 7(3): 253–264.

Fritz, C., 1961, "Disasters," R. K. Merton and R. A. Nisbet eds., *Contemporary Social Problems*, University of California Press, 651–694.

Hannam, K., M. Sheller, and J. Urry, 2006, "Mobilities, Immobilities and Moorings," *Mobilities*, 1(1): 1–22.

Henslin, J., 2003, *Social Problems*, Prentice Hall.

Hilgartner, S. and C. L. Bosk, 1988, "The Rise and Fall of Social Problems," *American Journal of Sociology*, 94(1): 53–78.

Holland, G. and C. L. Bruyère, 2014, "Recent Intense Hurricane Response to Global Climate Change," *Climate Dynamics*, 42(3/4): 617–627.

Hsu, E. L., 2014, "The Sociology of Sleep and the Measure of Social Acceleration," *Time & Society*, 23(2): 212–234.

Hsu, E. L., 2015, "The Slow Food Movement and Time Shortage: Beyond the Dichotomy of Fast or Slow," *Journal of Sociology*, 51(3): 628–642.

Hsu, E. L., 2019, "Must Disasters Be Rapidly Occurring? The Case for an Expanded Temporal Typology of Disasters," *Time & Society*, 28(3): 904–921.

Hsu E. L. and A. Elliott, 2016, "Broadening Horizons of Disasters Research," A. Elliott and E. L. Hsu eds., *The Global Consequences of Disasters*, Routledge, 3–18.

Klinenberg, E., 2003, *Heat Wave: A Social Autopsy of Disaster in Chicago*, Chicago University Press.

Little, S., 2006, "Twin Towers and Amoy Gardens: Mobilities, Risks and Choices," M. Sheller and J. Urry eds., *Mobile Technologies of the City*, Routledge, 121–133.

Matsumoto, M., 2013, "Structural Disaster Long before Fukushima: A Hidden Accident," *Development & Society*, 42(2): 165–190.

Matthewman, S., 2015, *Disasters, Risks and Revelation: Making sense of our times*, Palgrave Macmillan.

Matthewman, S., 2017, "Mobile Disasters: Catastrophes in the Age of Manufactured Uncertainty," *Transfers*, 7(3): 6–22.

McNeilly, B. P., B. J. Lawner, and T. P. Chizmar, 2023, "The chronicity of emergency department crowding and rethinking the temporal boundaries of disaster medicine," *Annals of Emergency Medicine*, 81(3): 282–285.

Morton, T., 2013, "Poisoned Ground: Art and Philosophy in the Time of Hyperobjects," *Symploke*, 21(1): 37–50.

Nixon, R., 2011, *Slow Violence and the Environmentalism of the Poor*, Cambridge University Press.

Pall, P., et al., 2011, "Anthropogenic Greenhouse Gas Contribution to Flood Risk in England and Wales in Autumn 2000," *Nature*, 470(7334): 382–385.

Perry, R., 2005, "Disasters, Definitions and Theory Construction," R. Perry and E. L. Quarantelli eds., *What is a Disaster? New Answers to Old Questions,* Xlbris, 311–324.

Perry, R., 2007, "What is a Disaster?" H. Rodriguez, E. L. Quarantelli, and R. R. Dynes eds., *Handbook of Disaster Research,* Springer, 1–15.

Quarantelli, E. L., 1993, "Technological and Natural Disasters and Ecological Problems," *Working Paper*, University of Delaware.

Quarantelli, E. L., 1998, "Introduction: The Basic Question, Its Importance, and How It Is Address in This Volume," E. L. Quarantelli ed., *What is a Disaster? Perspectives on the question*, Routledge, 1–8.

Quarantelli, E. L., 2005a, "A Social Science Research Agenda for the Disasters of the 21st Century: Theoretical, Methodological and Empirical Issues and their Professional Implementation," R. Perry and E. L. Quarantelli eds., *What is a Disaster? New Answers to Old Questions*, Xlbris, 325–396.

Quarantelli, E. L., 2005b, "Catastrophes Are Different From Disasters: Some Implications for Crisis Planning and Managing Drawn From Katrina," *Working Paper*, University of Delaware.

Quarantelli, E. L. and Dynes R. R., 1970, "Editors Introduction," *American Behavioral Scientist*, 13(3): 325–330.

Rodríguez, H. et al., 2007, *Handbook of Disasters Research*, Springer.

Rosa, H., 2010, *Alienation and Acceleration*, NSU Press.
Sheller, M., 2013, "The Islanding Effect: Post-Disaster Mobility Systems and Humanitarian Logistics in Haiti," *Cultural geographies*, 20(2): 185–204.
Sheller, M. and J. Urry, 2006, "The New Mobilities Paradigm," *Environment and Planning A*, 38(2): 207–226.
Stallings, R., 2005, "Disaster, Crisis, Collective Stress, And Mass Deprivation," R. Perry and E. L. Quarantelli eds., *What is a Disaster? New Answers to Old Questions*, Xlbris, 237–274.
Staupe-Delgado, R. and O. Rubin, 2022, "Challenges Associated with Creeping Disasters in Disaster Risk Science and Practice: Considering Disaster onset Dynamics," *International Journal of Disaster Risk Science*, 13(1): 1–11.
Tierney, K., 2007, "From the Margins to the Mainstream? Disaster Research at the Crossroads," *Annual Review of Sociology*, 33: 503–525.
Tomlinson, J., 2007, *The Culture of Speed*, Sage Publications.
Van Aalst, M., 2006, "The Impacts of Climate Change on the Risk of Natural Disasters," *Disasters*, 30(1): 5–18.
Viens, A. M. and J. Littmann, 2015, "Is Antimicrobial Resistance a Slowly Emerging Disaster?" *Public Health Ethics*, 8(3): 255–265.
Vostal, F., 2014, "Thematizing Speed: Between Critical Theory and Cultural Analysis," *European Journal of Social Theory*, 17(1): 95–114.
Williams, S., 2008, "Rethinking the Nature of Disaster: From Failed Instruments of Learning to a Post-Social Understanding," *Social Forces*, 87(2): 1115–1138.

（付記）本稿の一部は、『Time & Society』に掲載された論文（Hsu 2019）から引用している。

第11章　レコード盤のなかの「他者」
――戦中・戦後の流行歌における中国系歌手

西村正男

はじめに

筆者は中国、ひいては台湾などを含む中国語圏の文化を研究対象にしてきた。近年はそのなかでも特に流行音楽文化に関心を持っている。

流行音楽は国境や異文化のあいだを容易に越境する。日本においても中国においても、海外から持ち込まれた録音技術によって流行音楽は生まれ、蓄音器やラジオなどによって拡散した。そのような流行音楽の創造に際しては、海外の技術のみならず、西洋音楽とローカルな音楽との遭遇や摩擦があった。だが、日本と中国、あるいは日本と台湾、さらには日本とアジア諸地域のあいだにもさまざまな影響関係や摩擦があったはずである。

筆者は流行音楽史における日本と中国語圏の関係について、ふたつの側面から辿ろうとしている。ひとつ目は、中国の代表的な流行歌が日本でどのように受容されてきたか考察することである（西村 二〇二四）。ふたつ目は、日本の流行音楽界で活躍した中国系歌手や作曲家に焦点を当て、その系譜の特徴を考察することである。本稿では、その一環として、戦中から戦後にかけて日本で流行歌のレコードを吹き込んだ中国系歌手に焦点を当てる。

なぜ、戦中から戦後を取り上げるのか。それは、この時期の中国大陸・台湾それぞれの日本との関係の複雑さにある。言うまでもなく、一八九五年から一九四五年までの五〇年間、台湾は日本の植民地であり、住民は日本国籍であった。だが、台湾系住民は独自の文化を持っていたし、日本の内地人と同等の権利が認められていたわけではなかった。そして一九三〇年代から終戦にいたるまでは皇民化運動が推進される。そのため、彼らの帯びていた「他者」性はときに可視化され、ときに不可視化された。一方、中国大陸にルーツを持つ歌手たちも、日中戦争のさなかにおいて他者性が可視化されたり不可視化されたりする。以下では、その具体的な様相を確認していきたい。

なお、本稿では「中国系」という言葉を広く捉え、漢民族に限らず、中国・台湾・香港など中国語圏にルーツを持つ人びと（ただし原則として日本人は除く）とする。

一　一九四五年以前の中国系歌手

ここで取り上げるのは、江文也（一九一〇—一九八三）、川島芳子（一九〇七—一九四八）、白光（一九二一—一九九九）、瀬川伸（一九一六—二〇〇四）、サワ・サツカ＝佐塚佐和子（一九一四—一九七七）、林芳愛（一九一四—一九九四）らである。

（1）台湾系歌手

このうち、江文也、サワ・サツカ＝佐塚佐和子、林芳愛が台湾系ということになる。そのなかでもはじめて日本人向けのレコードを吹き込んだのは、江文也である。江文也の人生については劉美蓮の研究（劉 二〇二二）に詳しい。彼は一九一〇年植民統治下の台北に生まれ、一三歳で日本本土に移り、やがて東京音楽学校お茶の水分校で学ぶ。その後、バリトン歌手として録音をした後、作曲家として頭角を現し、日中戦争中には北京に移り住んで活動する。台湾・日本・中国の越境を宿命づけられた人生だった。その彼が歌手として最初に吹き込んだのは、一九三二年の二種の「肉弾三勇士の歌」（コロムビア 26830A/B）であるとされている。肉弾三勇士は、爆弾三勇士とも呼ばれ、一九三二年の第一次上海事変で戦士した三人の日本人兵士をメディアがこぞって英雄に祭り上げたものであった。軍歌も数多く作られ、そのうち大阪朝日新聞の公募に応えて寄せられた歌詞に対して山田耕筰と古賀政男がそれぞれ作曲したものを江文也が吹き込んだものである。実はこのレコードよりも早く「満洲の歌」（コロムビア 26829）「満洲興国の歌」（コロムビア 26831）の二曲を吹き込んでいることがマトリクス番号から確認できる。レコード番号から見てこれらのレコードはほぼ同時に発売されたと思われるが、台湾の漢民族歌手に一九三二年に中国で起きた満洲国建国、第一次上海事変に関する歌を歌わせたのは、偶然ではなく何らかの意図が働いたものだろう。台湾系歌手の吹き込んだ最初のレコードからして、ふつうの日本の歌手とは違う役割を追わせたものだったことは注目に値する。江文也は一九三三年までは歌手としての活動に重点を置いていたが、一九三四年に作曲家として頭角を現すと、以後は作曲家としての活動がメインになっていく。日中全面戦争勃発後の一九三八年には北京に派遣され、戦後もそのまま中国にとどまり、社会主義体制のもとで批判されることになる。彼は日本社会のそして中国の他者として扱われる運命に翻弄されたのである。

江文也の次にレコード・デビューした台湾出身の歌手は佐塚佐和子である。一九三〇年に起きた台湾原住民による最大の武装蜂起である霧社事件において命を落とした警察官の佐塚愛祐は彼女の父であり、母親はタイヤル族の頭目の娘であった。したがって彼女は漢民族の血を引くわけではないが、日本以外のルーツを持つ台湾出身者としてここで扱うことにする。

霧社事件の後、佐和子は東洋音楽学校（現・東京音楽大学）に進学し、一九三九年にコロムビアよりサワ・サツカとしてデビューする。このサワ・サツカという芸名自体、エキゾチシズムに満ちたものであったが、吹き込んだのは「蕃社の娘」と「想い出の蕃山」という、彼女の生い立ちを強調するようなものであった。[1]前者は台湾の作曲家・鄧雨賢が唐崎夜雨の名前でクレジットされている。彼女もまた、日本においてその他者性が強調されるかたちでレコード・デビューしたのであった。彼女は戦争が進行するなか、カタカナ名を問題視されて本名の佐塚佐和子に芸名を改め、さらに「望郷の月」「南の花嫁」の二曲を翌一九四〇年に発表している。

戦前戦中に日本向けに歌手としてレコードを吹き込んだ台湾人にはもうひとり林芳愛がいる。林芳愛は、台湾五大家族のひとつに数えられる名家、霧峰林家の出身で、本名を林鶴年という。彼は、一九三二年に台中で蝴蝶技劇研究会を組織するなど、若くから舞台芸術に興味を持っていたようであるが（王淳美 一九九九：二二七）、その後日本大学芸術学部や東洋音楽学校で学んだ。優れた歌唱力を持っていた彼は、一九四二年から一九四四年にかけて林鶴年の名前で藤原義江歌劇団の公演にも主役として参加していることが各種資料からわかる。その彼が戦争下の一九四三年に林芳愛としてレコードに吹き込んだのが「夜空に行けば」「七夕の歌」「憧れの日本」の三曲である。本格的で朗々とした歌声を聞かせるが、台湾人に「憧れの日本」という曲を歌わせるところなどは、ある種の作為を感じずにはいられない。なお、林は戦後に台湾に帰り、台中市音楽協会を設立したり、台中県長を三期にわたり務めるなどした（李 二〇一二：七八）。

一九四五年の終戦までに日本本土でレコードを吹き込んだ台湾系歌手は以上の通りだが、これ以外にも日本で音楽活動を行った台湾人は少なくない。有名なところでは張福興（一八八八—一九五四）が明治末期という早い時期に東京音楽学校で学んで帰台したほか、柯政和（一八八九—一九七九）、李金土（一九〇九—二〇〇〇）、林秋錦（一九〇九—二〇〇〇）、呂泉生（一九一六—二〇〇八）、楊三郎（一九一九—一九八九）らの名前が挙げられる。このうち、柯政和は一九二三年に日本から北京に移り、音楽教育に従事し、江文也と同様中国大陸で一生を終えている。

作家の呂赫若（一九一四―一九五〇）も武蔵野音楽学校に留学し一九四一年から一九四二年にかけて東宝声楽隊に参加した経歴を持つ（垂水 二〇〇二：一六〇―一九〇）。また後述するが、ポピュラー音楽の世界では呉晋淮や黄清石も戦争中から日本で活動していた。

(2) 中国系歌手

中国大陸にルーツを持つ歌手のもっとも早いレコード録音は、川島芳子（一九〇六―一九四八）のものだろう。川島についてはもはや説明は不要かもしれないが、彼女は清朝王族の王女・愛新覚羅顕玗として北京に生まれ八歳のときに日本人・川島浪速の養女となった。成長の後、日本の対中国謀略工作に従事していたとされる伝説的人物である。彼女は「男装の麗人」としてメディアでもてはやされ、彼女をモデルにした村松梢風の小説『男装の麗人』も話題になった。そんななか、一九三三年に「蒙古の唄」がコロムビアから発売される。これは川島が蒙古語で、平井美奈子が日本語で歌唱とクレジットされている。川島は訳詞者としてもクレジットされているが、「アメリカ　チャメリカ」から始まる歌詞は、デタラメのようにも聞こえる。これに続いて同年には両面とも川島が単独で歌った「十五夜の娘／涙の主」も発売される。前者は蒙古民謡とされ、川島自身が訳詞としてクレジットされ、後者は川島自身が作詞している。「十五夜の娘」は、先の「蒙古の歌」同様、モンゴルの将軍の子息と結婚・離婚した川島のエキゾチックなイメージを強調するものであった。日本風の名前でデビューしたとはいえ、彼女には明らかに他者としてのイメージが濃厚に植えつけられていたのである。

川島芳子に続いて日本でレコードを録音した歌手は白光（一九二一―一九九九）である。彼女は、川喜多長政の東和商事が北京で制作した一九三八年の映画『東洋平和の道』の出演者にオーディションで選ばれ、映画デビューする。この映画では戦火を逃れさまよう農民夫婦の妻役を演じた。また同年二月に来日し、この映画の挿入歌である「四海大同」「蘭英の歌」のレコードで歌唱ではなく台詞を披露している。その後日本に留学し、三浦環歌劇学校などで学び、舞台やラジオなどで歌を披露している（葛西 二〇二〇：一二〇―一二五）。レコードにも歌を吹き込んでいるが、一般の聴衆向けとは考えづらいレコードも少なくない。明らかに一般向けに発売されたのは、奥山彩子および李香蘭と共演した一九四〇年の「東亜三人娘」が挙げられる。ここでは奥山、李、白光がそれぞれ日本、満洲国、中華民国を代表し、それぞれの国を菊、蘭、梅の花に喩え、「三つの花」が「寄りそい共に手を取り」と歌う。つまり当時の大東亜共栄圏のプロパガンダに即した内容になっているのである。白光は戦争末期から戦後にかけて上海や香港で歌手・女優として活動し、それらの地域では悪女の役柄や気だるいアルトの声で人気を博したのだが、日本ではソプラノで歌っている。そして何よりも彼女が「未成熟さ」を感じさせるカタコトの日本語で歌っていることは興味深い（葛西 二〇二〇：一二四）。彼女は戦後の一時期も日本で芸能活動を行っているが、それについては後述する。

先ほど言及した李香蘭（一九二〇―二〇一四）については説明の必要もないだろう。彼女は日本人・山口淑子として中国東北地方で生まれ、中国人歌手・女優として李香蘭の名でデビューすることになった。日本向けにレコードを吹き込んだのは一九四〇年以降のことである。実際には中国人ではなかったため、ここでは詳しくは扱わないが[2]、多くのひとは彼女が中国人であると信じており、彼女もまた日本社会における他者としての役割を演じさせられたのであった。

次に挙げるのは、白光とほぼ同時期にレコード・デビューした、「他者」性が見えづらい中国系歌手の例である。瀬川伸（一九一六―二〇〇四）は函館の中華料理店・蘭亭に施延雄として生まれた。商業学校を卒業後、アマチュア楽団付きの歌手として活動していた（江口 一九五二：一四二）。一九三七年八月一〇日に函館日日新聞によって新人歌謡コンクールが開催された。これはもともと作曲家の江口夜詩と函館出身の作詞家・高橋掬太郎が企画したものだったという（江口 一九五二：一四一）。このコンクールにおいて優勝したのが施延雄であった（輪島編 一九三八：六五―六六）。群を抜いて優秀な歌いぶりであったという（江口 一九五二：一四二）。三等入賞した加藤勉は、その年の九月から江口のもとに内弟子として預けられ、翌一九三八年四月にコンクールの後援者でもあった日本コロムビアよりレコード・デビューしている。一方の施延雄は函館にとどまり、一九三八年四月三日には中国戦線で戦う出征軍人慰問の催しで歌を披露しており（輪島編 一九三八：九三）、同年六月二三日には函館でラジオ向けに歌を披露している（北海タイムス社編 一九三八：五九七）。だが加藤のことを聞いて、彼もまた江口を訪ねて弟子となった（江口 一九五二：一四二）。レコード・デビューは二葉あき子とデュエットした一九三九年四月の「街の白百合」。この際に使われた芸名が瀬川伸で、彼は生涯その名を使い続けることになる。

「群を抜いて」歌がうまく、コンクールで優勝した瀬川が、三等入賞の加藤勉よりもデビューが一年遅れたのは、今日から見ればいささか不思議ではある。盧溝橋事変による日中全面戦争の開始は、コンクールの一か月前のこと。またコンクールの三日後には戦火は上海へと拡大している。もしかすると、日本で育ったとはいえ、中国人であることがデビューの遅れに影響したのかもしれない。

瀬川伸という芸名により、他者性を消去するかたちでデビューした瀬川は、中国とは無関係の曲も多く歌っていたが、一九三九年六月の「海南島の月」、同七月の「北満列車」、一九四〇年七月の「蒙古の夜風」など、しばしば中国や近隣地域に関連する曲を吹き込んでいることは興味深い。戦火の拡大するなか、瀬川は必要に応じて中国性を顕在化させたり不可視化させたりしながら活動していたと言えよう。

以上、台湾系を含む中国系歌手の終戦までの活動を、レコード録音を中心に概観した。彼ら、彼女らの活動は、ときに他者性を可視化し、ときに不可視化しながら展開されたのである。

二　戦後から一九六〇年代までの中華系レコード歌手

日中戦争・太平洋戦争が一九四五年に終結すると、台湾は日本の植民地から中華民国へと「光復」し、植民地支配から脱却することとなった。だが、一九四七年には二・二八事件が起き、長い戒厳令と白色テロの時代を迎える。一方、中国大陸では抗戦勝利後ほどなくして国共内戦が起こり、共産党が勝利を収め一九四九年には中華人民共和国が成立する。その結果、以前から上海で活動していた映画人や歌手、音楽家の多くは自由な活動の場を求めて香港へと移住することになる。

ここで取り上げるのは、一部が第一節と重複するが、矢口幸男、瀬川伸、黄清石、胡美芳、白光、陳玉華、葛英、尤敏、林沖、南蘭子らの歌手である。そのうち、戦後新たに台湾から来日したのは葛英、林沖、南蘭子で、香港から来日したのが白光と尤敏ということになる。彼らが日本に活動の場を求めた理由には、さまざまな政治的・経済的要因、広い意味でのポスト・コロニアル的状況が背景にあったと考えられる。

ここではこれらの歌手について、原則としてレコード・デビュー順に論じていくが、まずは戦中から日本で活動していたふたりの台湾出身の音楽家を取り上げたい。

(1) 戦中から移住した台湾人――呉晋淮（矢口幸男）と黄清石

呉晋淮と黄清石はいずれも終戦以前から日本で活動していた音楽家である。呉晋淮（一九一六―一九九一）は台南に生まれ、一九二八年に日本内地へ留学。立教中学、日本歌謡学院で学び、古賀政男とも知り合って指導を受けたという（王主編 一九九三：一二三―一二七）。また、彼は戦時下の一九四四年一月から三月にかけて、ムーラン・ルージュ新宿座から改名した作文館の公演に五回にわたり矢口幸夫の芸名で出演し、明日待子らと共演している（華風文化 二〇二四）。

戦後は矢口幸夫／幸男、矢口晋などの芸名、あるいは日本人メンバーふたりとトリオ・ロス・インディオスなどのラテン・トリオとして活動した。一九四七年九月には矢口幸男「並木の一つ星」（コロムビア A284）のレコードが発売されたが、これが現在確認できる彼の唯一の日本での録音で、佐々木すぐる作曲による憂いを帯びたメロディを朗々と歌い上げている。その年の一二月一六日にはNHKラジオ「歌と軽音楽」に矢口幸雄として出演している（毎日新聞 一九四七：一二）。一九五七年頃台湾に帰り、その後一九六四年頃までは日台両地で活動したようである[3]。その後台湾に定住、作曲家・歌手として多くのレコードを残したほか、多くの後進歌手を指導した。

ついでにひとこと言及するならば、やはり日本歌謡学院で学んだ台湾出身の音楽家には、許石（一九一九―一九八〇）もいる。許石はやはり台南に生まれ、一九三六年に来日、神港商業学校を卒業している。その後、日本歌謡学院に学び、ムーラン・ルージュ新宿座で出演するなどの経歴は、呉晋淮と共通している。大石敏雄という芸名を用いていた彼は、日本ではレコードを吹き込む機会には恵まれなかった。だが一九四六年に台湾に帰った後は、作曲、レコード会社の運営、後進歌手の指導などで活躍、一九七〇年代には自身の娘たちに許氏中国民謡合唱団を組織させ、長期にわたって日本で公演を行っている（黄裕元・朱英詔 二〇一九）。呉晋淮と許石は日本での活動においては、日本人風の芸名を使っており、他者性を見えづらくした事例と言えるだろう。

さて、戦時中から日本で活躍したもうひとりの音楽家が、黄清石（一九二三？―？）である。黄清石は澎湖島生まれ、戦時中の一九四一年に来日、声楽家・指揮者の木下保に師事し、戦争中はコロムビア・レコードで音楽校正の仕事をしたという。レコードとしては歌手として一九五〇年にポリドールから「上海の夜」、一九五四年に「何日君再来／夜来香」、一九五五年に「ランタン祭り／いとしの姑娘よ」をそれぞれ日本マーキュリーからリリースしている。一九五六年に台湾各地で公演した後、一九五七年には「黄清石歌舞団」を率いて台湾各地を公演し、現地で大きく報道されている。娘・黄清美も一九七〇年に歌手としてレコード・デビューし、父親の清石も折りにふれ娘に協力しているが、それについては稿を改めたい。

以上で見たように、呉晋淮、許石と黄清石は終戦以前、すなわち台湾が日本の植民地であった時代から日本に住み、「進んだ」音楽知識や技術を身につけ、それを戦後の日本や台湾で発揮することとなった。日本で身につけた音楽の知識技巧は戦後の台湾において先進的であると受け取られたのであり、彼らの台湾での活動もある種のポスト・コロニアルな状況の具現であったとも考えられる。

(2) 白光と瀬川伸の戦後

先述の通り、白光は戦争末期から上海で活動し、戦中から戦後にかけていくつかの映画に出演するとともにレコードへの吹き込みも続ける。一九四九年香港に移り、さらに映画女優・歌手としての活動を続けた後、一九五一年頃に来日し、ナイトクラブなども経営する。その間、彼女が日本で出演した唯一の映画が『恋の蘭燈』（佐伯清監督、新東宝、一九五一年）である。香港映画では悪女イメージが定着していた白光は、この映画では打って変わって日本人に保護されるかわいそうな中国娘を演じている（正確には中国人の父と日本人の母を持つ「混血娘」として描かれている）。この映画のなかで彼女が歌った「恋の蘭燈」と「チャイナタウンの灯」の二曲は、服部良一が作曲を手掛け、日本コロムビアから発売された。先述した通り、中国語圏では悪女イメージと同時に、アルトの気だるい歌声も彼女のトレードマークとなっていたが、日本ではソプラノの音域で歌い、可愛さを強調しているような印象を受けることは、戦後においても変わりはない。このようなイメージは、日本のなかで求められた他者としての中国人像に寄り添うかたちで作られたと言っていいだろう。白光はその後再び香港に渡り、香港で活動を再開するため、戦後日本における活動は短命に終わった。そこにはさまざまな要因があるのだが、映画においても音楽活動においても、白光は自身と日本で求められるイメージのあいだにギャップを感じていたのかもしれないし、日本において中国人女優・歌手としての活動の限界も感じ取っていたのかもしれない。

一方の瀬川伸は、戦後はレコード会社をキング、タイヘイ（後に日本マーキュリーに改名）と渡り歩く。キングでは「祖国の灯」（一九四九）、「パラオの真珠採り」「おもいでの上海航路」「港基隆バナナ売り」（以上、一九五〇）と、ディアスポラあるいは異郷のノスタルジーを歌う曲を多く吹き込んだ。さらにタイヘイ・マーキュリー時代は船乗りの目線で歌うマドロスもの（「港神戸のマドロスさん」〔一九五二〕など）や各地を流浪するアウトローを歌った股旅歌謡（「上州鴉」〔一九五二〕など）で人気を博した。これらを見ると、瀬川伸の戦後の活動は、異郷、アウトロー、放浪といったイメージと結びついており、それは彼の出自と無縁ではないように思われるのである。

（3）胡美芳

和歌山生まれの歌手・胡美芳については、筆者はすでに別のところで記した（西村 二〇二〇）。ここではその内容を要約して彼女の経歴を確認したい。

理髪業を営んでいた父、周玉山は「旅日和歌山華僑理髪同業公会」の会長を務めていた。日中戦争が勃発し、傀儡政権の中華民国臨時政府が誕生すると、同会は会長名で新政権支持を表明するが、監視の目が厳しくなり、家族全員が順次帰国することになった。中国に帰国後、上海で「近所に住む白系ロシア人の未亡人から声楽を習っていた」という胡美芳は、歌手として頭角を現していく。ステージやレコード吹込みで活躍した彼女は、終戦後に日本人と偽装結婚して日本に引き揚げ、日本で歌手として再デビューする。

上海の有名な流行歌を日本語で歌った「薔薇薔薇處々開」で再デビューした彼女は、李香蘭の「夜来香」を歌うなど、戦後の流行歌シーンにおいて「中国もの」を得意とする歌手として活動した。彼女の活動はレコードやステージにとどまらず、映画出演も少なくない。その多くは中国人歌手として歌を歌うシーンがあるのみで、台詞らしい台詞はない。山口淑子が中国人・李香蘭から日本人女優となり、中国人役をほとんど演じなくなるなかで、その穴を埋めるべく使われたのが胡美芳だったと言えるだろう。

(4) 陳玉華

胡美芳についで、日本における中国人歌手としての役割を担ったのが、陳玉華（一九三五—）である。陳玉華は本名を陳学玉といい、揚州の生まれで、声楽家の城須美子に師事したという。彼女は東京華僑総会理事を務めた陳徳余の娘である（大地報 一九五九）。舞台では、一九五四年三月一七日から三〇日まで、大阪・北野劇場で第二回北野ショウ「歌う不夜城　春の祭典」に（黄清石とともに）出演し、一九五五年の日劇「春のおどり」には四月九日から一四日まで胡美芳の代役として「姑娘」や「歌う女」などの役で出演していることが確認できる。吉本新喜劇でも花登筐作の芝居で芦屋雁之助と共演したという（吉本興業編 一九八九：一〇八）

さて、陳玉華は、ジュディ・オングの登場以前においては、レコード録音のもっとも多い中国系歌手であった。また、一〇インチではあるが三枚のLPを残しており、中国系歌手としてはじめて単独のLPを吹き込んだ歌手ということになる。その三枚とは、『陳玉華愛唱歌集』（東芝 JPO1014 一九五九）、『我們祖國之歌Chinese Folk Songs 陳玉華愛唱歌集（Ⅱ）』（東芝 JPO1079 一九六一）、『陳玉華愛唱歌集〜東洋の旅愁』（東芝 JPO1190 一九六二）である。一枚目と二枚目は日本でもよく知られる中国の歌を歌ったもので、三枚目では中国のほか、沖縄、朝鮮、インドネシアなど各地の有名曲を歌っている。これ以外に三枚のシングル「花の北京よ　さようなら／帰る日が来た故郷へ（一九六〇）、「香港夜曲／香港ディンドン娘」（一九六三）、「香港ブルームーン／恋の夜来香」（一九六四）の計六曲を残している。また二枚目以降は香港でも活動するようになっていた服部良一が作曲を手掛けていて、香港に関連する曲が目立つが、それらを含め、ほぼすべての曲の歌詞が中国と関係している。このようにして見ると、彼女の活動も中国ないし異邦人という枠からはみ出ることはなかったと言えるだろう。

(5) 葛英

以上で見てきた、戦後の日本で活躍した中国系歌手たちは、日本生まれの胡美芳や瀬川伸、生まれは中国であるものの日本で育った陳玉華、戦中から日本で活動していた呉晋淮や黄清石のように大別される。だが、これ以外にも戦後になってから台湾などから日本へ渡って来た歌手も存在する（香港から再度日本にやってきた白光もこのなかに入れてよいかもしれない）。そのような歌手のひとりが葛英（一九一八?—?）である。

彼の経歴には不明な点が多いが、一九五三年一一月の台湾の新聞記事に「上海で生まれ育った三四歳の中国人歌唱家」（全民日報、民族報、経済時報聯合版 一九五三）とあるので、これが満年齢だとすると一九一八年頃の生まれとなる。

葛英の名前は、上海紙『申報』の紙面上に度々見られる。一九三六年には大都会社の一員としてしばしばラジオ出演し、歌を披露しているのである。また同年九月四日の『申報』に掲載された上海美術専科学校の音楽系（系は学科の意味）の新入生名簿のなかに葛英の名前がある（申報 一九三六）。戦後一九四八年の『申報』にも葛英の名前がある。歌唱家の葛英は国共内戦において志願して国民党の新六軍に加わり中国東北地方にいた際、瀋陽で夏寿芝女史と結婚、除隊して上海に戻り、披露宴を行ったというものである（申報 一九四八）。これらの「葛英」がみな同一人物である確証はないが、すべて歌唱や音楽と関係のある記事であり、その可能性は高いと思われる。

葛英は、日中戦争末期には東京音楽学校で学んでいた。一九五四年の台湾の新聞報道では、「国立上海音楽専科学校を卒業し、一九四三年に日本に渡って東京上野の音楽学校に入学し」「一九五〇年に台湾に渡って台湾放送局で歌唱指導を行った」「昨年日本に渡り、横浜中華学校に招聘された」（全民日報・民族報・経済時報・聯合報　一九五四）という。(4)一九五一年には政府の文化団体である中国文化協会のイベントで葛英は少なくとも三度テノール独唱を披露し、同年中国実験歌劇団を結成して団長に就任、翌年も軍隊の慰問などで歌を披露するなど、さまざまな活躍が報道されている。日本の料理雑誌の記事では、彼は台北放送局の専属テナー歌手を務めた後、一九五二年に再来日したことになっており（葛　一九五三：三二）、来日したのが一九五二年、一九五三年のいずれであるか不明である。

さて、その彼が（判明しているかぎり）残した唯一の録音が、東洋の舞曲を集めたシリーズの一曲として吹き込んだ中国民謡「鋤頭舞曲」（コロムビア　A2147　一九五四年一一月）である。日本語詞は岩井宏之、編曲は服部良一が手掛けている。本格的な歌唱を聞かせるも、葛英の歌声が聞けるのはこのレコード一枚（の片面）限りである。

葛英は一九五四年四月一七日には東京ヴィデオ・ホールで独唱会を開催し、ヘンデルの「ラルゴ」、シューベルトの「小夜曲」や中国歌曲を披露している（音楽之友社・音楽新聞社共編　一九五五：五三）。翌一九五五年四月四・五日には先述の白光の演出のもと、葛英歌劇団名義による歌劇『恋歌』を上演している（樸　二〇〇二：六六）。八月には日本のテレビ番組において歌劇『孟姜女』に出演したという（全民日報・民族報・経済時報聯合報　一九五五）。そのうち『恋歌』で男主人公の葛英と主役を分け合ったヒロイン役の女性が申学庸（一九二九―）であった。申学庸は中国四川省に生まれ、四川省立芸術専科学校音楽科を卒業後、二〇歳で国民党少校参謀の郭錚と結婚し、台湾に移る。その後夫の仕事の関係で日本に移り、東京芸術大学で学びながら声楽家として活動。一九五五年以降は台湾に定住し、一九九三年から翌年にかけて行政院文化建設委員会（現在は文化部に改組）の主任委員として入閣するなど要職を務め、台湾では知らぬ人もいないほど著名な音楽家だ（申自身は日本でレコード録音を残した形跡はない）。白光や申学庸といった著名人とコラボレーションを行った葛英であるが、その日本における活動は常に中国的要素と切り離されることはなく、やはり日本において他者的存在であることを余儀なくされたと言えるだろう。

葛英はシンガポールの音楽界に招かれ、一九五五年秋から東南アジア視察に訪れる予定であることが台湾の新聞記事からうかがえる（全民日報・民族報・経済時報聯合報 一九五五）が、その後の消息はまったく途絶えてしまう。その結果、葛英という人物の詳細はいまにいたるまで謎に包まれたままである。

（6）尤敏、林沖、南蘭子

最後に、尤敏（一九三六―一九九六）、林沖（一九三三―）、南蘭子（一九四八―）の三名の歌手に簡単にふれておきたい。

尤敏は歌手としてよりも女優として知られている。香港で生まれ育った彼女は、ショウ・ブラザーズ、キャセイといった香港の大手映画会社の映画に出演し、スターの仲間入りをする一方、歌手としてもレコードを吹き込んでいた。そんななか、日本の東宝とキャセイの合作映画の企画があり、三部作『香港の夜』（一九六一）、『香港の星』（一九六二）、『ホノルル・東京・香港』（一九六三）で宝田明と共演したほか、『社長洋行記』『続・社長洋行記』（ともに一九六二）にも客演した。日本では「ユーミン」と呼ばれ、大きな人気を博した。その彼女は日本で一曲のみレコードに歌声を吹き込んでいる。それが『香港の夜』挿入歌の「香港の花」（一九六二）で、宝田明「香港のひとつ星」とA面・B面を分け合うかたちで日本コロムビアから発売されている。

尤敏は特に歌の才能に恵まれたわけではなく、日本のファンにとってはその歌声よりも、女優として、あるいは当時さまざまな雑誌を飾ったグラビア写真によって印象に残っているだろう。また、当時の雑誌を紐解くと、「第二の李香蘭」という文句が付されていることが少なくない。映画のなかで日本の男性に恋をしたり結ばれたりする清楚な中国人女性というイメージが、彼女の人気のもとであった。

さて、尤敏と宝田明が共演した東宝の香港三部作のうち、『香港の星』『ホノルル・東京・香港』に出演したのが台湾出身の林沖である。林沖の幼少期については不明な点も多いが、父親は台南の名門の家柄で、母親は日本人である（GOOD TV 好消息電視台 二〇二一）。また、小さいときは日本に住んでいたこともあるが（林 二〇二一：一五七）、台南に戻り、中学時代から舞踊家・蔡瑞月の指導を受けた。その後、淡水英語専科学校に入学、一九五六年以後、台湾語映画に出演する。その後映画出演を父親に反対された彼は日本に留学、はじめは通訳として参加していた東宝ミュージカル『香港』（菊田一夫作・演出、一九六一年）に出演することになる。その後数々のテレビドラマや『香港の星』『ホノルル・東京・香港』などの東宝映画に出演したほか、歌手としても日本コロムビアよりシングル「香港旅情／東京の夜来香」（一九六四）をリリースしている（西村二〇二一：五七、林口述二〇二一）。その後クラウン・レコードに移籍を試みたこともあったが実現しなかったという（林 二〇二一：一二八―一二九）。林沖は日本においてはレコードにせよ、出演作にせよ、中国イメージからなかなか離れられなかった印象を受ける。そのためか、林沖は一九六八年頃より香港へと活動の場を移し、香港映画の世界で活躍するようになる。

林沖の移籍が叶わなかったクラウン・レコードで、それより前にレコード・デビューした台湾歌手が、南蘭子こと陳芬蘭である。彼女は一九六四年に一枚だけ「連絡船は故郷へ／桜の国に憧れて」のカップリングのレコードを残している。彼女は「台湾の美空ひばり」の異名を持ち、台湾の歌謡コンクールで優勝、シャンソン歌手の石井好子に招かれて一五歳で来日したという（ボーイズライフ 一九六四：一五二―一五三）。クラウン・レコードでは、東山明美、西郷輝彦、北島三郎とあわせて、東西南北の頭文字の芸名を持つ歌手を揃え売り出そうとしていた（ボーイズライフ 一九六四：一五三）[5]が、日本で出したレコードは一枚だけにとどまった。その後台湾に帰って長期にわたり人気歌手として活躍した彼女であるが、林沖と同様、習慣の違いなどもあり日本で成功するのは難しかったようである。[6]

尤敏、林沖、南蘭子の三人もまた、日本の芸能界で求められる役割を果たした一方、その役割以上の活動を行うことには限界があったと言えるだろう。

三　まとめ

本稿では、一九三〇年代から一九六〇年代半ばにいたるまでの日本における中国系歌手の活動とレコードを概観した。[7]あらためてここで扱った中国系歌手をレコード・デビュー順に列挙すると、江文也（一九三二）、川島芳子（一九三三）、白光（一九三八）、瀬川伸（一九三九）、サワ・サツカ＝佐塚佐和子（一九三九）、林芳愛（一九四三）、矢口幸男（一九四七）、黄清石（一九五〇）、葛英（一九五四）、陳玉華（一九五九）、尤敏（一九六二）、林沖（一九六四）、南蘭子（一九六四）となる。

彼／彼女らが、時として他者性を消去して活動を行うこともあったが、多くの場合は日本社会の他者として、エキゾチシズムや中国らしさを強調する活動を余儀なくされたことは、本稿で確認してきた通りである。これらの歌手たちは、ある者は戦前から日本に居住しており、またある者は台湾や香港から来日した。つまり、当然ながら社会主義国家となった中華人民共和国から直接来日した歌手は皆無であった（そのようなケースは、一九八〇年代まで待たなければならない）。したがって、本稿で扱ったような歌手に求められたのは現実の社会主義国家中国のイメージというよりも、漠然とした、またはノスタルジックな中国イメージの投影にすぎなかった。そして、それによってこれらの歌手たちは、絶対的な他者ではなく、包摂可能な他者として日本のオーディエンスの前に現れたのだった。

注

(1) 台湾に長く住み、明治製糖などの重役を務めた中川蕃は、佐塚佐和子の生い立ちを記したうえで、「前記の経歴、前記の事情に育った佐塚佐和子さんに「想い出の蕃山」「蕃山（ママ）の娘」を平気で唄はし、平気で聞いて面白いと思ふのか」（中川一九三九：一三一）と記している。彼女の他者性やその不幸な生い立ちをビジネスにすることへの違和感を記した同時代の貴重な言説と言えよう。

(2) 戦後の彼女の活動については、西村（二〇二〇）で言及した。

(3) 劉国煒氏のご厚意により、呉の遺物の日劇ミュージック・ホールのポスターを確認したところ、トリオロス・インディオスという三人組の一員として呉が（矢口晋として）出演していることが確認でき、演目などから一九六一年三月の公演であることがわかった。

(4) 国立上海音楽専科学校とあるのは、上海美術専科学校の誤りなのか、それとも転校したのかは不明である。

(5) 東・西・北の文字が冠せられた他の三名の歌手は日本国内の出身であるのに対し、南蘭子のみが国外（旧植民地）の出身であることは興味深い。

(6) 筆者は二〇一八年度の台湾滞在中から、林沖氏に何度も対面し、その後も電話などを通じて頻繁にやり取りをしているが、林沖氏によると、南蘭子こと陳芬蘭が出したレコードが一枚にとどまったのは、彼女が日本でレコードデビューしたことを喜んだ父親が、レコード会社に無断で彼女を台湾に連れて帰り、プロモーション活動を行ったためだという。

(7) 一九六六年のジュディ・オングのレコード・デビュー以降の状況については、稿を改めて論じる予定である。

文献

ボーイズライフ、一九六四、「台湾の〝美空ひばり〟日本ポピュラー界へ進出」『ボーイズライフ』二（一一）：一五二―一五三。

樸月、二〇〇二、『申学庸――春風化雨皆如歌』時報文化。

大地報、一九五九、「華僑歌手陳玉華　挙行音楽会」一二月三日：三。

江口夜詩、一九五二、「ヒットメロディー三十年――思い出の愛弟子たち」『富士』五（一三）：一四一―一四五。

GOOD TV 好消息電視台、二〇一一、「真情部落格・鑽石人生」(https://www.goodtv.tv/watch? episode=60965、二〇二四年七月三〇日取得)。

北海タイムス社編、一九三八、『北海タイムス年鑑 昭和十四年度版』北海タイムス社。

華風文化、二〇二四、「ムーラン・ルージュ新宿座（作文館）呉晉淮在日本的演出」(https://www.youtube.com/watch?v=JYBtAi0Q_qc、二〇二四年七月三一日取得)。

葛西周、二〇二〇、「音楽プロパガンダにおける「差異」と「擬態」――戦時下日本の「満支」をめぐる欲望」西村正男・星野幸代編『移動するメディアとプロパガンダ――日中戦争期から戦後にかけての大衆芸術（アジア遊学２４７）』勉誠出版、一一三―一三二。

葛英、一九五三、「中国のおそうざい」『栄養と料理』一九（一〇）：三二―三三。

黃裕元・朱英韶、二〇一九、『百年追想曲――歌謡大王許石与他的時代』蔚藍文化・台南市政府文化局。

毎日新聞、一九四七、「ラジオ」一二月一六日東京朝刊：二。

中川蕃、一九三九、『椰子の葉蔭』私家版。

西村正男、二〇二〇、「戦後における李香蘭と二人の後継者――胡美芳と葛蘭」西村正男・星野幸代編『移動するメディアとプロパガンダ――日中戦争期から戦後にかけての大衆芸術（アジア遊学２４７）』勉誠出版、一六七―一八三。

西村正男、二〇二一、「中華圏の流行文化史を再考する言語とアダプテーションの視角から」『現代中国』九五：五三―六三。

西村正男、二〇二四、「いつの日君また来たる――越境する『何日君再来』」輪島裕介・永冨真梨編『入門　ポピュラー音楽の文化史――〈戦後日本〉を読み直す』ミネルヴァ書房、二三―四五。

王志強主編、一九九三、『懐念的南瀛郷土歌謡作曲家――呉晋淮紀念専輯』台南県立文化中心。

王淳美、一九九九、「台湾現代戯劇史大事紀要　一九〇〇—一九九九」『文訊月刊』一六九：三五—五一。

音楽之友社・音楽新聞社共編、一九五五、『音楽年鑑 昭和30年版』音楽之友社。

李毓嵐、二〇一二、「林献堂生活中的女性」『興大歴史学報』二四：五九—六八。

林沖（口述）、二〇一二、『我的鑽石人生：林沖回憶録』呉思薇、王善卿作、国立中央大学出版中心・遠流出版。

劉美蓮、二〇二二、『音楽と戦争のロンド——台湾・日本・中国のはざまで奮闘した音楽家・江文也の生涯』西村正男監訳、廣瀬光沙訳、集広舎。

申報、一九三六、「教育部立案上海美術専科学校録取新生通告」九月四日：五。

申報、一九四八、「文化界小新聞」三月二九日：四。

垂水千恵、二〇〇二、『呂赫若研究——1943年までの分析を中心として』風間書房。

輪島東一郎編、一九三八、『函日二十年誌』函館日日新聞社。

吉本興業編、一九八九、『吉本新喜劇名場面集 1959-1989』データハウス。

全民日報・民族報・経済時報聯合版、一九五三、「葛英在日 将播中国歌」一月一二日：一。

全民日報・民族報・経済時報聯合報、一九五四、「小天地」四月一一日：六。

全民日報・民族報・経済時報聯合報、一九五五、「以我民間故事改編歌劇　東京電視電台将演出「孟姜女」」八月二日：二。

第12章　現代ベルリン社会の移民・難民

鳥羽美鈴

はじめに

二〇二二年四月上旬、日本からの直行便がないため、東京・成田からヘルシンキ経由でドイツの首都ベルリンに向かうべく筆者が乗ったフィンエアー（フィンランド航空）は、北極の上空を飛んだ。二月二八日に閉鎖されたロシアの領空を迂回するためであった。ロシアのウクライナ侵攻（二月二四日）から二〇二四年七月の現時点ですでに約二年半が経過するが、長期化する不安定な情勢はモノや人の移動に多大な影響を与え続けている。そして何よりも、国内のより安全な場や国外への避難を突如として余儀なくされる人びとを多く生み出している。

移民・難民[1]に関わる調査を実施したベルリンでは、ガイドをともない公共交通機関を利用して街を巡るウクライナ難民の集団に何度か出くわした。また、ある長距離列車の車内では、難民用とおぼしき特別乗車券を手にした中年女性がひとりで筆者の向かいに座っていた。彼女は、特別乗車券に書かれたドイツ語（無料で利用できる時間帯の記載）も乗車券の確認に来た車掌が話すドイツ語（無料の時間帯以外の列車に乗車しているため支払いを要すること）もまったく理解できずにいた。そこで筆者が母語を尋ねてから助けに入ると、事情を理解して難なく現金で支払いを済ませ、その少し後になって付け加えてロシア語で筆者に語った。「ウクライナでも多くのひとがロシア語を使用している」。ロシア人であるとの誤解を避けるための発言であったと思われる。ウクライナ語ができるウクライナ人はこれをみずからのアイデンティティと強固に結びつけ、日常生活においても意識的に使用するようになってきている。

他方で、ウクライナ情勢が依然として不安定であるなか、ベルリンを一時的な避難場所のひとつと見なしていたウクライナ人の多くは、そこでの長期滞在とともに進学や就職を見据え始めている。そのため、ドイツ連邦政府や欧州連合（ＥＵ）などの資金援助により無償となっているドイツ語の授業を熱心に受講する者も少なくない。このように、近年のベルリンでは、イスラム教徒として存在感の大きいトルコ、シリア、アフガニスタンなどの中東出身者にウクライナなどからの新規入国者が加わって、社会の多言語・多文化化が一層顕著となっている。

ドイツの移民・難民受け入れの歴史や政策については数多くの先行研究があるため、ここでは詳述を避けたい。それにかえて本稿では、ベルリンに居住する移民や難民たちのドイツ語学習や就職活動を筆者が直接支援する傍らで実施した半構造化インタビューに加え、移民・難民のために開設されている「統合コース」などでの参与観察を通して得た調査結果を中心に据えて、彼らの移動と生活の実態の一端を提示したい。そして、紛争などの非日常事態によって平穏であった日常を破壊された人びとが、いかにしてその破壊を乗り越えようとしているのか、彼らの生活戦略を見ていきたい。

一　欧州への入国の条件

ベルリンに在住する中東出身者に対して、筆者は西欧諸国のなかでもドイツを選んで移動した理由を尋ねた。そこから明らかになったおもなプル要因は、経済大国のドイツにおいて移民・難民に対する「支援が手厚い」こと、正規・非正規を問わず「仕事がある」こと、これら二点である。他方、後述の事例のように、ドイツが移動当初の目的地ではなかったケースも多く確認された。移動経路で密入国斡旋業者を利用した者たちの多くは、「自分（たち）は幸運であった」がゆえに西欧に到着できたと語った。しかし、西欧への移動を実現できたのは、「幸運」のみならず、彼らが同時に次の三つの資本を有していたためであると考える。

第一に、経済資本、つまり運賃や書類の手配費用をまかなえる経済力が長距離移動を可能にしている。彼らはときに身内に借金し、支払い可能額内でもっとも信頼度が高い密入国斡旋業者を探し求める。海路では、支払い金額に応じて、比較的安全な船の甲板に乗せられる者と、甲板の下に押し込められる者とに分けられ、救命胴衣に追加料金を要求されることもある。長い経路は複数の者が手引きを引き継ぐが、なかには自分の身の安全のみを優先して依頼人たちを道半ばにして置き去りにしたり、金銭のみ奪って逃げようとしたりする者もいる。さらに悪徳業者となると、前金を受け取りながら移動を手引きするどころか、依頼主を人質にとって親族に身代金を要求する事件も発生している。

第二に、健康資本、より具体的には、強靱な肉体と精神を持ち合わせているか、長期の過酷な移動のあいだに健康を維持できるかどうかが鍵となっている。斡旋業者は多くの場合、難民たちに十分な食事を与えず、国境警備の目をくぐり抜ける必要上、警備隊の少ない夜間や寒さの厳しい時期の移動を選ぶ。陸路では、斡旋業者の指図のもと、ほふく前進したのちに突如としてやってくるトラックの荷台に素早く駆け上がって身を隠したり、警備犬や銃の発砲から逃れるために走り回ったり、密林の中を長時間歩いたり、寒さや虫に悩まされたりしながら野宿する、といったことが要請される。指図に不満を漏らしたり動作が遅かったりすると、ナイフなどで容赦なく危害を加えられることもある。また、移動中に体調不良に陥れば、見捨てられて死にいたる。国境警備隊につかまり、拘束期間のうちに不必要な暴力を振るわれて、身体に傷を負ったまま放免となっている例もある。

第三に、社会関係資本[2]を挙げることができる。彼らは先に移民を経験した親族や友人、すなわち信頼できる親密な他者を通じて、インターネット上よりも確実な情報を得たうえで、移動を決定している。移動時期の決定についても、「いまであれば難民認定や滞在許可証が得やすい」といった彼らの情報が大きな頼りとなっている。また、目的地に到着後は、彼らから庇護申請手続きなどの指南を受けている。

現代社会において、社会関係資本を活用するうえで不可欠なのがスマートフォンというモバイル端末の所有である。言うまでもなく、デジタル機器の所有にも先述の経済資本が必要となる。これによって既存の社会ネットワークに遠方からでも容易にアクセスすることができ、親族や友人との情報交換や関係性の維持を図ることができる。また、ときには偽情報も含まれるが、不特定多数の者が発信する豊富な情報を瞬時に得ることができ、それは文字通りの命綱（ライフライン）となっている。

さらに、当人たちにとっては偶然にほかならない（業者側はそれを見越して手前で手引きをやめることもあるが）救助船の出航や、移動中に食事や宿を提供してくれる見知らぬ人びとの同情や善意が、過酷な長い旅路を生き抜けるかどうかを左右している。長期間の移動中にスマートフォンの使用を維持し続けることを可能ならしめているのもまた、充電スポットを設置して無償で提供する善意である。

これらを裏づけ補足する事例を以下に詳述したい。

事例1

クルド人女性（三〇代後半）は七人の兄弟姉妹のひとりとしてシリアに生まれ育った。父親はすでに他界しており、母親と親族をシリアに残して、双子の子どもと九歳年上の夫とともに当初の目的地であったリビアへ向かった。まず、シリアから車でトルコへ移動、そこから空路でエジプトへ渡り、さらに車で移動してリビアに到着した。クルド語も話せるが書くことはできないという女性の一家の母語はアラビア語である。シリアのアラビア語とは異なる語彙も多いが、「リビアでは、言葉はすぐに習得でき、悪くない給与で働くことができる」。しかし、失業中の生活保護が十分に受けられなかった。また、夫か息子の同伴なしに女性がひとりで外出することは不可能であった。イスラム教徒の女性に課せられた「全身を覆う服装は暑くて大変」で、後にイタリアへ渡る船上から投げ捨てたという。彼女はシリアでも、頭髪のみを覆うスカーフを常用する母親と違って、それを着用せずに暮らしていたが、リビアにおいては、スカーフを着用せずに半袖の服装で街を歩いていたところ、現地の子どもたちに石を投げつけられる羽目になった。

そこで、リビアに一年滞在後、一家は次の目的地のイタリアをめざして、「死のルート」とも言われる地中海ルートを三日間かけて船で移動した。最初は小型船で一〇時間、ベッドもトイレもなく詰めて座らされた状態が続き、与えられたのはナツメヤシと水のみであった。シリアで夫は塗装や日用品販売を自営業で行っており、斡旋業者に支払った一〇〇〇米ドルは「決して高くはなかった」という。一〇〇人が乗ると聞いていた船には、三〇〇人以上が乗り込んでいた。また、甲板の下の「悪い席」には多くのアフリカ出身者がいた。筆者には、船上で救命胴衣を着けた夫婦の写真が提示されたが、老朽化した船は移動中に浸水し始め、皆でたびたび水を掻き出す必要があった。「自分たちは幸運」であり、後ろに見えていた同様の船の一隻は沈没し、全員死亡したという。

船がイタリア海域に入ったところで、近くに待ち受けていた大型船に乗り換えることができた。また、その後の二日間の移動中は横になって眠ることができ、イタリア上陸も実現した。イタリアの難民キャンプでは友人家族と同室をあてがわれて、シャワーを利用できたほか、イスラム教徒にも配慮した美味な食事や古着も豊富に提供された。だが、指紋押捺を課されるとの情報を得て、その前日に友人家族とともに呼び寄せた車でそこを脱出してミラノへ向かった。「キャンプの警備はまったく厳しくなかった」という。(3) その後は列車でドイツに移動。イタリアではオランダへ行くことを勧められていたが、「小国」のオランダではなく、「経済的に豊かで保障が手厚い」ドイツを選択した。

二　入国後の生活――移動の自由と制約

難民認定されてからドイツに八年滞在となるが、シリア出身の夫婦は一度も仕事に就いておらず、クラスは異なるがふたりともに平日は毎日のように通学し、無償のドイツ語学習に半日を費やす。ともに海を渡ったふたりの子どもは一四歳となり、アラビア語とドイツ語のバイリンガルに育っている。両親のドイツ語運用能力がヨーロッパ言語共通参照枠（ＣＥＦＲ）のＡ２未満のレベルにとどまるのとは対照的である。ドイツで生まれた三人目の子どもがおり、母親においては出産と育児による中断が学習の遅れに影響している。ジョブセンターでは、「Ｂ１合格と一年間の就業によって、無期限滞在が可能になる」と言われている。彼らが保有している滞在許可証の期限は三年である。なお、数年後にドイツに入国した姉妹は一年ごとの更新を要する。

ジョブセンターによる提案の実現は、彼らの現状からは想像しがたく、生活保護を受ける状態が続くと思われる。光熱水費を除き、家賃負担は皆無であることに加えて、三人分の児童手当もあるので、言葉の問題を除けば、生活に大きな不便はない。ドイツですでに車を保有しており、難民などが購入可能な割引価格の定期券も有するが、その区間外にある遊園地を家族で訪れるときなどに利用されている。他の都市に居住するシリア人の友人宅に宿泊することで支出を抑えて旅行を楽しむこともある。他方、八年ものあいだ、シリアに残る親族には再会できないでいる。シリアに陸路で密かに一時帰国した知人は、ドイツに再入国後にジョブセンターに咎められて「厄介なことになっている」ので、それを敢行することは考えていない。

事例2

先述の女性とは異なりスカーフを常用するシリア人女性（三〇代後半）にも、三人の子どもがいる。彼女によれば、「シリアでは一般的な子どもの数であるが、児童手当の受給が目的と言われることがある」。一家でシリアからＥＵ圏に到着した際には、近親者が住むデンマークを強く希望し、泣いて懇願した。それにもかかわらず、ドイツで指紋押捺を済ませていることを理由に、ドイツに滞在することを強要されたという。そして滞在地として指定されたのはミュンヘンであった。そこでは彼女のようなスカーフ着用者は少なく、奇異の目で見られることも多かった。「スカーフの下に髪の毛はあるのか、といった差別的な発言を受けたこともある」。

次の滞在都市となったのがベルリンである。三年間のドイツ語学習を経た現在、Ｂ1合格も近いレベルにあり、「オリエンテーションコース」を受講中である（コースについては次節参照）。その後は、Ｂ2以上のドイツ語クラスを費用は自己負担で受講、または履歴書の書き方など就職に関わる実践的な内容を学ぶ「職業用ドイツ語クラス」を引き続き無償で受講することも可能である。費用負担の有無の違いには、一定の公用語を習得した者を早期に労働市場に投入したい連邦政府の意向が如実に示されていると言えよう。

彼女がめざすのは、Ｂ1合格と就業によってドイツ国籍を取得することである。仕事に就けば、生活費や住居費の給付は受けられなくなる。それでもなお、「仕事をして多くを稼ぐほうが良い」と考える。また、スカーフ着用は必ずしも保守的であることを意味しておらず、「女性も家にいるより、外で働いてほかの人びとと接するほうが良い」と語る。ドイツにいる遠縁の親戚は職業訓練中である。シリア人の知人のなかには、タクシー運転手、レストランの従業員、教員などとして働き、すでに永住権や市民権を取得している者も多いという。もし彼女にも「ドイツ国籍があれば、シリアにいる母親に会いに行くことも、ドイツに呼び寄せることも可能である」。ドイツに滞在中に、ギリシアやスペイン旅行はすでに経験している。

ふたりの事例に確認できるように、ドイツで難民認定された者は、難民旅行証明書を取得すれば、海外旅行をしてドイツに再入国することは可能になる一方、母国へは自由に行き来することができない。UNHCRは「居住許可が無効になる可能性があるため、出身国への旅行は絶対に避けるように」と注意喚起している。「難民は生得的または不変の特性、信念、アイデンティティのために迫害されているがゆえに母国に住むことができず、別の国での保護が必要である」という前提が覆ることになるからである。彼らが実際に日々そうしているように、スマートフォンを使って出身国にいる親族とビデオ通話は容易にできるが、それは出身国の大地に踏み入って直接語り触れ合い、ともに食することの代用とはならない。そのため、「違法」であることを承知で一時帰国を試みる者は、筆者の知るかぎりでもけっして少なくない。彼らは周囲に偽りの目的地を告げ、ドイツからの直行便を避けるために余分な金と時間をかけ、何よりも、ドイツに再入国できなくなる大きな不安を抱えながら、帰省を強行している。

三　受け入れ国の公用語習得

本節では、特に言語資本に着目して見ていきたい。移民や難民たちの言語資本は主に家庭において、また母国や受け入れ国の学校教育や社会生活のなかで獲得される。しかし、受け入れ国におけるそれはしばしば大変な困難をともなう。

たとえば、難民を多く受け入れるトルコにおいて、アラビア語を母語とするシリア難民などにとって公用語のトルコ語の習得は生活上の最大の障壁となっている。トルコを経由してＥＵ加盟国に避難したシリア難民は、所得に余裕のある高等教育修了者が多いのに対して、トルコの難民は初等教育修了者が多い（山本 二〇二三：六七―七〇）。だが、たとえ出身国で経済力や高い学歴を有していたとしても、ＥＵ加盟国のドイツでそれを確認できるように、多くの移民・難民は公用語のドイツ語の習得に苦労している。ドイツ語学習は就職や国籍取得だけではなく、生活保護の受給とも強固に紐づけられている。

ドイツでは、二〇〇五年一月に施行されたいわゆる移民法により、「統合コース」が実施されることになった。連邦移民難民庁（ＢＡＭＦ 二〇二三年一〇月一八日）によれば、近年の一般的な「統合コース」は七〇〇レッスン（一レッスンは四五分）で、「語学（ドイツ語）コース」六〇〇レッスンと「オリエンテーションコース」一〇〇レッスンから成る。まず、受講者はヨーロッパ言語共通参照枠（ＣＥＦＲ）のＡ２かそれより上のＢ１レベルのドイツ語を習得する。その後、「オリエンテーションコース」でドイツの法制度や歴史のみならず宗教の自由や社会での共生のかたちなどを学び、修了試験を受けることが想定されている。滞在許可を取得したがドイツ語の運用能力が不十分である外国人は、原則的にこの「統合コース」に参加する義務を負う。経済的に困窮している場合など、費用負担は免除されることがある。

筆者が参与観察を実施したベルリンの市民学校で「統合コース」を担当する教員によれば、「かつては、週に数回の授業で長期間にわたって教育してきたが、これについては教員間でも議論があり、早期にドイツ語を習得して仕事に就けるように、と短期集中になった」。実際に、該当校の授業一覧を見ると、平日の五日間または三日間に各三時間開講で約二か月のうちに一〇〇レッスンを終えるクラスが多く提供されている。したがって、理論的には最短一年で六〇〇レッスンを受講し、Ｂ１合格に必要な学習範囲を終えることができる。しかし、現実的には、家族の世話や仕事をしながらクラスに通う移民・難民も多く、授業の全出席すら容易ではない。そのなか、受講者の出欠管理は授業担当者の重要な任務となっており、出欠状況は適宜ジョブセンターに報告される。病欠の際には、医療証明書の提示が必要である。無断欠席が続いた場合には、生活保護等の支給の停止につながることもある。下記、年齢を大きく異にする男女の事例を取り上げる。ここでは、言語資本の獲得に作用する年齢以外の要因についても考察を試みる。

事例3

大学生の子どもふたりの父親であるシリア人男性（六〇代前半）は、Ｂ１の検定試験に四回不合格となった。次に臨む予定の五回目の受験料はそれまでとは異なり自己負担になるという。授業料についても無償の限度を超えるため、通常のＢ１クラスか試験対策クラスのいずれにせよ受講するとなれば自己負担となる。さもなければ、独学かボランティアに頼るしかない。

彼によれば、ドイツ語の資格なしでも、ベルリンには母語の「アラビア語で働くことができる店がある」が、「若者の雇用が優先される」うえ、「時給が安すぎて家族を養うのに十分ではない」。それは最低賃金法の適用されないインフォーマルな仕事である。

その結果、シリアでは大学を卒業してエンジニアとして働いていた彼は、ドイツで生活保護の受給者にとどまっている。子どもたちは両親の母語のアラビア語に加えて、ドイツ語と英語も習得し、建築学を学んでいる。このように、子どもには相続された文化資本が本人において活かされなかったのはなぜか。高齢であるために言語習得が容易ではない、という言語獲得の「臨界期仮説」に基づく説明ではたして十分であろうか。

かつてのクラスメートによれば、彼は毎週一回の休日を設けて授業を休み、遅刻も多かったという。筆者の聞き取り調査のなかで、彼自身によって数多く語られたのは出身国、シリアの魅力であり、両親はすでに他界しているが、それでもいつかは帰郷したいという強い思いであった。彼はシリア人が経営するパティスリーをときおり訪れるが、アラビア語が飛び交う店内にはシリアの文化遺産の写真が複数貼られている。彼が置かれているのは、パレスチナ系アメリカ人のサイード（Said 1996＝一九九八：八七）が「追放／亡命の身の者が位置づけられる」というところの「中間的状況」であるだろう。すなわち、「新たな環境にすっかり溶け込んでしまうわけでもなく、かといって故国からまったく切り離されているのでもなく」という状態にあって、それがドイツ語の授業への消極的な参加姿勢、ひいては、ドイツ語の学習不足につながったと言えるのではないだろうか。

事例4

読書を趣味とするウクライナ人女性（一〇代後半）は、ウクライナ語で書かれた書籍を熱心に探し求めるが、家庭では親に合わせてもっぱらロシア語を使用している。ドイツ語は、二〇二二年に母親とドイツに来てからはじめて学び始めた。そして、一年四か月後にはB1合格を果たした。同時期にウクライナから来た同世代のクラスメートの多くは、彼女と同じ日に受験して不合格であったという。勉学以外の責任を負わない若者でも、彼女のように授業時間外に自習する努力なしに短期間での合格はかなわないことが見て取れる。彼女において、ドイツ語の学習意欲を駆り立てているのは、消費者としてドイツでよく利用するようになった特定のドラッグストアでアルバイトしたいという希望と、ドイツの大学入学という明確な目標である。ドイツに来た当初は、難民用として無償提供されたホテルの一室に仮住まいしながら、母親とともに帰国する時機を窺っていた。しかしいまは生活保護を受けながらも、自分たちの住居を見つけてドイツでの長期滞在を決断したことが彼女の将来設計を支えている。

四　受け入れ国での新たな言語習得

職場でドイツ語以外の新たな言語を習得し、言語資本をより豊かなものとしている移民・難民の事例についても見ておこう。

事例5

妻子のあるスリランカ人男性（三〇代半ば）の母語はシンハラ語であるが、多民族が共生する都市の出身であり、タミール語の運用能力も有している。彼は、ベルリンにあるインド料理店で六年間働くなかで、ヒンディー語を新たに習得した。ところが、従業員が少ないことに起因する重労働で体を壊し、離職せざるを得なくなった。その後は、「識字クラス」でドイツ語の基礎文法や算数などを学びながら、別の仕事を探している。

なお、「識字クラス」は移民や難民のみならず、ドイツ語を母語とするドイツ人も受講対象となっている。筆者が参与観察を実施したクラスでは、出身国も母語も多様な移民・難民のほかに、一〇代のうちに未婚の母となり義務教育を終えることができなかった若いドイツ人女性たち、そして、それぞれ異なる特性の障がいを抱え特別支援学級などで学んできた中年のドイツ人の男女がともに学んでいた。したがって、受講者のドイツ語のレベルは多様であり、授業担当者はときには異なる課題を与えるなどして指導にあたっていた。

事例6

アフガニスタン人男性（二〇代後半）は、日常的には同居する兄弟たちとパシュトー語を使用している。彼はトルコ人が経営するベーカリーで勤務しながらトルコ語を新たに習得した。その会話レベルはネイティブに近い。だが、読み書きも同等にできるわけではなく、職場関係者とメッセージングアプリを使ってやり取りする場合には、音声メッセージが多く使用されている。言語習得の過程では苦労もあったに違いないが、彼自身と同じイスラム教徒が経営するため、職場ではハラム（イスラム教のタブー）に該当する豚肉やアルコールを忌避することができる。彼はアフガニスタンに残る家族への送金を続ける一方、同郷出身の婚約者との将来のために熱心に夜勤を続け貯蓄に励むが、夜勤手当の支給や昇給はない。将来的にドイツに住むかアメリカに住むか未定であるという。アメリカに暮らすとなれば英語が必要となるが、またすぐに習得できると考えている。

彼らが新たな言語習得にいたったのは、移民当時の受け入れ社会において、彼らが「言語的マイノリティ」であり、生活の糧を得るためにその必要に駆られたからである。ただし、彼らが有するのは生活言語能力（BICS）であり、学習言語能力（CALP）は限られている。両者ともにドイツ語を聞いて話す能力もきわめて高いが、語学教室で学んだ経験に乏しく、読み書き能力は十分ではない。そのため、公式文書の理解や作成には翻訳アプリや人の助けを借りている。何よりも、読み書きを含む四技能が備わってはじめて取得可能となる語学能力証明書を有さないことで、長期間の勤務経験にもかかわらず、昇給と社会階層の上昇移動の実現が困難である。そのため、インフォーマルなものも含め複数の単純労働を掛け持ち、肉体を酷使して働き続ける必要性を高めている。

おわりに

本稿の第一節と第二節では、経済資本、健康資本そして社会関係資本を有して西欧への移動を実現した中東出身者の多くが、長年にわたり帰省できないという大きな問題を抱えていることを明らかにした。彼らにおいて、社会関係資本の根幹たる肉親との紐帯は脅かされていると言えるだろう。ところが、二〇二二年にEUで初めて採用された「一時的保護」が適用されるウクライナ難民は、母国とEU諸国間を自由に行き来することができる。実際に、二〇二三年七月のUNHCR報告書（同年六月にUNHCRとIPSOSが意向調査を実施）によれば、ウクライナ国外にいる調査対象者の三九パーセントが第一に親戚訪問、第二に書類入手のためにウクライナを短期訪問している。本稿の冒頭では、ウクライナ難民の集団に言及したが、国際情勢が念頭になければ観光客と見まがいかねない光景であった。入国後にこのような歓待を受けた中東出身者はこれまでにはたしてどれくらいいるのだろうか。筆者の聞き取り調査のなかで、シリア人女性のひとりは「ウクライナ難民は自由に国も滞在地も選択できる。人種差別だ」と不満を漏らしていた。住居探しが困難を極める最近のベルリンにあっては、年収による分類後の選別プロセスが不明瞭であるなか、「ウクライナ人であれば容易に住居を見つけられる」との声も多く聞かれた。実際に、ウクライナ難民は滞在許可、宿泊施設、医療ケア、子どもの教育や労働市場へのアクセスにおいて、中東出身の難民たちより遥かに恵まれた権利を享受している。

むろん、ウクライナ難民たちは非難されるべきではない。総動員令により多くの男性がウクライナに残らざるを得ず、家族を引き裂かれて苦難を抱えるウクライナ人も少なくない。問題とすべきは、多様な移民・難民のグループに対して待遇を大きく変える受け入れ国と受け入れ側となる人びとのあり方である。パットナムらの先行研究を援用したフィールド（Field 2016＝二〇二二：一四八）の言葉を借りれば、社会的分断を助長するのは「多様性そのものではなく、不平等な多様性である」。ドイツでは九〇年代から「並行社会」と称される、移民や難民によって形成された、ドイツ社会と交わることのない独自の社会についてよく議論されてきた。これと関連して本稿では、ドイツ語を介さずに、アラビア語やトルコ語のみで成立している社会を例示した。しかし、マジョリティ社会の人びとの暮らしの基盤も移民・難民が担う低賃金労働などに支えられていることを忘れてはならない。

本稿の第三節と第四節では、移民・難民の言語資本に関わる四つの事例を取り上げた。出身国で高い学歴や何らかの職業資格を持ちながら、受け入れ国の公用語が母語ではないゆえに、同等の資格試験の合格が極度に困難なものとなり、社会階層の下降移動を受け入れざるを得ない者たちが多く存在する。それに対して、受け入れ国側の人びとの言語態度はいかがであろうか。冒頭でふれた車掌においては、ドイツ語のみ使用し、それも同じ説明を早口で繰り返すのみであった。移民・難民とドイツ人がともに集ったある会合では、移民たちの名前を不正確に繰り返すドイツ人の高齢者に対して、「なぜ私たちのように覚える努力をしないのか」とドイツ語で声を荒げる移民の姿があった。モーリー（Morley 2017: 151）も言及しているように、それはドイツに限られることではない。受け入れ国の人びとは往々にして移民の名前を「難しい外国語名」として正確に覚えようとしない。それどころか、移民が言語運用能力の向上とともに知ることになるのは、彼らが自分たちについて差別的な発言をしていることである。このような姿勢を改めずして、日常を破壊され平穏を求めて移動してきた人びととの相互理解が成立することはけっしてないであろう。

注

（1）ベッツ（Betts 2017＝二〇二三）に従えば、移民は「希望に惹かれ」、「より良い生活を目指して」移住するのに対して、難民は「恐怖から逃れ」、「避難所を求めて」移住するものとして区別される。しかるに、戦争から逃れる者、非国家武装勢力による攻撃からの逃亡者、徴兵忌避者などについて、難民と認定されるかどうかは国家によって異なり、共通の庇護制度があると見られているヨーロッパですら、実際には大きなばらつきがある。さらに、ドイツのような高所得国で貧しい国から来た人びとを「難民」として認定することは、彼らを「生活の質を大きく向上させる」ことを目的とする「経済移民」に変えてしまう。すなわち、移民と難民の区別は必ずしも明確ではない。

（2）遠藤編（二〇一八）や佐藤編（二〇一八）で指摘されるように、社会関係資本の定義は一様ではない。その研究の第一人者とされるロバート・パットナムは、社会ネットワーク、互酬性、信頼という三つの要因によって定義している。文化資本概念の提唱者として有名なピエール・ブルデューは、社会関係資本概念の推進者でもあるが、その概念化は異なる。また、その言葉を現代の社会科学で用いられている用法ではじめて使用したと言われるリダ・ハニファンは、社会的な単位を構成する個々人や家族間の善意、仲間意識、同情、社会的交わりを指す言葉として用いている。

（3）ダブリン規則の正式な手続きでは、すべての移民が上陸時に指紋を採取されることになっているが、そのインセンティブに欠けるイタリア当局はこの規則の遵守を怠っていた（Betts 2017＝二〇二三：一一〇）との指摘もある。

文献

Betts, A. and P. Collier, 2017, *Refuge: Transforming a Broken Refugee System*, Allen Lane（＝滝澤三郎監修、岡部みどり他監訳、二〇二三、『難民――行き詰まる国際難民制度を超えて』明石書店）。

連邦移民難民庁（ＢＡＭＦ）（https://www.bamf.de/DE/Themen/Integration/ZugewanderteTeilnehmende/Integrationskurse/TeilnahmeKosten/Titelab2005/titelab2005-node.html、二〇二三年一〇月一八日取得）。

遠藤薫編、二〇一八、『ソーシャルメディアと公共性――リスク社会のソーシャル・キャピタル』東京大学出版会。

Field, J., 2016, *Social Capital*, Routledge（＝佐藤智子・西塚孝平・松本奈々子訳、矢野裕俊解説、二〇二二、『社会関係資本――現代社会の人脈・信頼・コミュニティ』明石書店）。

望月葵、二〇二三、『グローバル課題としての難民再定住』ナカニシヤ出版。

Morley, D., 2017, *Communications and Mobility: The Migrant, the Mobile Phone, and the Container Box*, Wiley-Blackwell.

錦田愛子、二〇二一、「難民研究における人類学的アプローチの効用――スウェーデンとドイツのアラブ系移民」難民研究フォーラム編『難民研究ジャーナル』一〇（現代人文社）：六〇―七三。

Said, E. W., 1996, *Representations of the intellectual*, Vintage（=大橋洋一訳、一九九八、『知識人とは何か』平凡社）。

佐藤嘉倫編、二〇一八、『ソーシャル・キャピタルと社会――社会学における研究のフロンティア』ミネルヴァ書房。

昔農英明、二〇一四、『「移民国家ドイツ」の難民庇護政策』慶應義塾大学出版会。

昔農英明、二〇二二、「「人道的統治」と難民の階層化――ドイツと日本の比較から」難民研究フォーラム編『難民研究ジャーナル』一一（現代人文社）：三五―四九。

国連難民高等弁務官事務所（ＵＮＨＣＲ）報告書、二〇二三・七、(https://www.unhcr.org/ua/wp-content/uploads/sites/38/2023/07/UNHCR-LIVES-ON-HOLD-4-INTENTIONS-AND-PERSPECTIVES-OF-REFUGEES-FROM-UKRAINE.pdf)。

Urry, J., 2007, *Mobilities*, Polity（=吉原直樹・伊藤嘉高訳、二〇一五『モビリティーズ――移動の社会学』作品社）。

山本剛、二〇二三、『難民問題の「恒久的解決策」を問い直す』早稲田大学出版部。

吉原直樹、二〇二二、『モビリティーズ・スタディーズ――体系的理解のために』ミネルヴァ書房。

（付記）本研究はＪＳＰＳ科研費（JP22K02261）の助成を受けたものである。

第13章　新型コロナウイルス対策と疫学的知による社会の統治

中村健太

はじめに

現代社会は不確実性が増大したと言われて久しい。たしかに疫病や自然災害、戦争などさまざまな災厄がわれわれに襲い掛かっている。そうした状況のなかで、われわれは安全を求めてさまざまな手を打っている。

筆者は拙論（中村 二〇二二）で、M・フーコーがコレージュ・ド・フランス講義『安全・領土・人口』（Foucault 2004=二〇〇七）で展開した安全メカニズムという議論を援用し、不確実性を抱える現代社会がいかに統治されているのかを理論的に検討した。そして社会では、人間を生物種としてのヒトと見なしたうえで、ヒトの群れを指す個体群という枠組みから統治する仕組みが駆動していることを明らかにした。安全メカニズムでは統治に際して、個体群の持つ統計的値を参照する。(1) この統計的値には正常値と呼ばれる、その個体群が安全な状態にあるかを示す範囲がある。すなわち、ある値が正常値の範囲内ならば社会秩序は維持されており、逆に正常値を逸脱していれば正常な状態に戻さなければならないということである。つまり正常値の範囲内に数値が収まっていれば、一定の被害が出ていても許容されることになる。このようにわれわれはもはや個人として統治されているのではなく、統計的数値を持つ群れの一員として統治されているのだ。

本稿では安全メカニズムを念頭に置きつつ、フランスにおける新型コロナウイルス対策（以下コロナ対策）を事例にすることで、コロナ禍の統治について検討する。そして検討の過程で、安全メカニズムだけでは統治できない存在を示し、彼らがいかなる根拠でどのように統治されたのかを明らかにする。

議論の流れを述べておくと、まずコロナ対策では本稿が疫学的知と呼ぶ知の枠組みが重要な役割を果たしていたこと、疫学的知が安全メカニズムと親和的であることを提示する。次にフランスのコロナ対策を策定した専門家会議の議事録を参照しながら、ホームレスや移民といった専門家会議によって「不安定な状況にある人びと」と呼ばれた存在が、安全メカニズムによる統治から外れた「手を差し伸べるべき存在」として扱われていたことを明らかにする。そして安全メカニズムから外れた不安定な状況にある人びとが、なぜ手を差し伸べるべき存在として扱われ統治されたのかを、フーコーの社会医学の議論を参照しながら検討する。

一　コロナ対策の科学的根拠としての疫学

フランス政府のコロナ対策を専門的見地から諮問、提案した会議が、科学諮問委員会（Conseil scientifique COVID-19、以下委員会）と公衆衛生高等評議会（Haut Conseil de la Santé Publique、以下HCSP）である。

委員会は政府が有効な政策決定を行うための科学的アドバイスの提供、および流行状況とその状況に合わせた政策の提言を目的として、二〇二〇年三月一〇日に設立された。[2] 一方HCSPは、二〇〇四年の公衆衛生政策に基づく法律によって設立され、二〇〇七年に設置された。そのなかで二〇二〇年二月三日に新型コロナウイルス確定感染症例の管理について、専門家の助言を求めるように保健総局（Direction générale de la santé）からの要請を受けて設置されたのが、本稿で分析対象とする専門の作業部会となる。

両会議は、コロナ対策を検討するに際して疫学という学問を科学的根拠とした。たとえば委員会は二〇二〇年三月一二日の第一回会合で、「疫学的見地から、科学諮問委員会は数学的モデルの限界について検討」（Delfraissy and Benkimoun 2023: 32）していると述べる。このように専門家たちは、疫学の知識を用いることで流行状況を把握し、対策を検討していた。

では疫学とはいかなる学問なのか。疫学が分析対象としているのは、ある特定の個人ではなく人口などの集団である。コロナ禍を分析した研究を踏まえ疫学を解説している坪野吉孝の言葉を借りれば「疫学（Epidemiology）は人間集団（human population）における疾病の頻度と分布や、それらの関連要因を研究する科学」（坪野 二〇二一：三）となる。すなわち、疫学は個人の身体に直接介入して治療する医学とは異なり、個人の身体からは見えない集団的特性を明らかにすることで、集団の疾病へのかかりやすさやその原因を追究することが目的となっている。

疫学は、分析対象となった集団の特徴や環境を記述し、その集団が持つ値を統計的に処理することで死亡率などの疫学指標と呼ばれる値を出す[(3)]。そしてこれらのデータに基づいて疾病と曝露の因果関係を突き止め、疾病予防の対策を促すことを特徴とする[(4)]。つまり疫学がめざす疾病の予防にとってもっとも重要なのは、集団とその集団が持つ数値である。本稿ではこのような、疫学に見られる知の様式を疫学的知と呼ぶ。

疫学的知は、集団の持つ数値が一定の値に収束したならば、仮に値がゼロになっていなくとも、流行は抑えられていると見なす。換言すると、感染率や重症化率、死亡率が平時の値を超過していなければ、犠牲者がいたとしても問題とは見なされず、社会は正常化したと判断される。

この点は、疫学的知が安全メカニズムときわめて親和的であることを示している。安全メカニズムは個体群を統治対象とし、正常値を参照することでその社会が正常な状態か異常な状態かを判定する。疫学もまた、個人ではなく集団とその集団の持つ数値に着目して疾病の状況を把握しようとする。そして導き出された値が蓄積され、当該数値を安定した値にするための対策策定に活用される。そこで本稿では、疫学の対象としての集団は以後、安全メカニズムの統治対象と同様の概念と見なし個体群と記す。

こうした特徴を持つ疫学的知は、コロナ対策においてきわめて重要な役割を担った[5]。それは委員会が、疫学指標を随時参照しながら有効な対策を議論し、政府への提言としてまとめていたことから理解できる。たとえば、コロナ禍で人口に膾炙した疫学指標のひとつである再生産数という概念は、委員会によるコロナ対策の議論において重要な位置を占めていた。

再生産数は「集団のなかで伝播性の疾病がヒトからヒトへ広がっていく潜在的可能性」(Gisecke 2017＝二〇二〇：一五）と定義されている。再生産数はRで示され、疾病の流行が収束しているか拡大しているか、すなわち社会が正常な状態に向かっているかそうでないかを判断可能にする。コロナ禍では再生産数を参照し、Rを1未満にすることが求められた。そしてRを1未満にするために講じられた対策が、社会的距離の確保とワクチン接種である。

ただここで注意しなければならないのは、Rが0でないかぎり一定の感染者は現れている点である。すなわち、Rを1以下にして流行の収束を目指す方針は、一定の感染者の発生を常に念頭に置きながら、コントロール可能な範囲に数値を収めようとする判断だと理解できる。

このように、再生産数をはじめとする疫学指標はコロナ対策において重要な科学的根拠となっていた。その前提には、個人ではなく個体群単位で流行を捉え、統計的値を参照することで流行状況を判断し、異常値を正常値に戻すための対策を打とうとする疫学的知がある。そして疫学的知は、個体群の持つ罹患率などの値を正常値に戻すことで統治を行う安全メカニズムと親和的である。

二　コロナ禍における不安定な状況にある人びととの処遇

だが、必ずしもすべての個体群が円滑に統治されていたわけではない。安全メカニズム的な疫学的知に基づく社会的距離の確保やワクチン接種といった対策が、効果的に作用しなかった集団もいる。

それが、専門家会議の言う不安定な状況にある人びと（Les Personnes en Situation de Précarité）である。HCSPでは「安定した住居がないこと、経済的資源がないか非常に限られていること、食料、仕事、健康、教育などへのアクセスがないか限られていること」（二〇二〇年三月三〇日議事録　二頁）を不安定な状況にある人びとに共通する特徴とし、ホームレスや移民、ロマ・コミュニティの人びとなどを挙げている。そしてこれらの人びとは死亡率という指標から考えた場合、二〇二〇年四月以降の数値が超過しているため、新型コロナに対して非常に脆弱だと見なされている(6)。

では専門家は、不安定な状況にある人びとに対してどのような対策を講じるべきとしたのか。大きく分けて三つの方向性がある。

第一に、住宅第一主義と呼ばれる住宅政策。これは劣悪な住環境で過ごすひとに個室の提供を推進する政策であり、コロナ禍以前から推し進められていたが、ロックダウンをともなうコロナ対策の影響で重要性を増した。

たとえば二〇二〇年四月二日の委員会では、三月一七日から始まったロックダウンに際して、不安定な状況にある人びとへの対応について特に注意するべきことを二点挙げている。第一に、感染拡大のリスクが大きいため体育館等の共同施設に収容すべきではないこと、第二に、感染リスクを下げるためにはほかのひとと同様に個々の家で過ごしてもらわなければならないため、空き団地、ホテル、大学寮などを利用できるようにすることである。

第二に、検査、ワクチン接種の協力要請。これは「手を差し伸べる」戦略と呼ばれる対策のひとつである。とりわけワクチン接種については、二〇二一年一〇月七日のＨＣＳＰ会合で、不安定な状況にある人びとが、社会的地位が下がれば下がるほど科学者の言うことから距離をとる傾向があるため、ワクチン接種に消極的になると分析している。そのためウイルスにもっとも曝露しやすいのが不安定な状況にある人びと、とりわけ移民だと述べている。

第三に、経済的支援や社会的つながりの維持。これは手を差し伸べる戦略とも関係するが、ワクチンに限定されたものではなく、より広範囲の生活防衛を指す。

ＨＣＳＰは二〇二〇年当初から一貫して、コロナ禍により経済的に行き詰まっている不安定な状況にある人びとへの各種支援が必要だと議論している。二〇二〇年三月三〇日の会合ではいくつかの提言のうちのひとつに、社会的なつながりの維持、水、食料、医療などの基本的ニーズにアクセスできるようにするための措置を、地方自治体や国、ボランティア団体などが講じるという、医療・社会・栄養サポートの継続性の確保を挙げている。

また二〇二〇年一二月八日の委員会では、不安定な状況にある人びとに対して地方自治体やボランティア団体が積極的に動き、避難所や食糧配給センターなど彼らがよく利用する施設にコロナの情報センターやワクチン接種会場を設置し、交通費をかけずにコロナについて知れるようにする必要があると議論されている。

これら三つの対策を概観すると、不安定な状況にある人びとは次のような特徴を備えていることがわかる。第一に、コロナに対して脆弱で罹患や死亡のリスクが高い。第二に、コロナ禍の影響で経済的困難に直面して生活が苦しくなっている。第三に、検査やマスクなどのコロナ対策に必要なものから、食糧、デジタルデバイス、社会的つながりなど生活していく際のリソースまで不足している。第四に、科学者や医師の言うことから距離をとる傾向があるため、検査やワクチン接種に消極的である(7)。そしてこれらの特徴から、不安定な状況にある人びとは住環境や経済的事情などにより、疫学的知に基づいて打ち出されたコロナ対策の遵守が困難だったことが導かれる。

事実、両会議が打ち出した対策はいずれも、マスク着用や社会的距離の確保、ロックダウン時の外出禁止など、全国民に向けた対策を不安定な状況にある人びとが守れるようにすることが目的となっている。つまり、不安定な状況にある人びとのために新たにコロナ対策が策定されたのではなく、全国民に向けた従来のコロナ対策を遵守してもらうようにするために、対策を打ち出す一段階前から働きかけているのである。

このように、不安定な状況にある人びとはコロナ禍において特殊な位置を与えられた。それは、重点的に対策を打つ必要のある「手を差し伸べるべき存在」という位置である。

一見すると、疫学的知に基づくコロナ対策とは方向性が異なるようにも思われる手を差し伸べる戦略だが、これらはいずれもバリア対策などを遵守してもらうための前段階の対策となっている。つまり、あくまでも最終的なコロナ対策は社会的距離確保やワクチン接種であり、これら疫学的知に基づく対策を徹底することが流行を収束させるためには重要となる。その意味で、手を差し伸べる戦略自体は疫学的知に基づいていないが、不安定な状況にある人びとを疫学的知に基づくコロナ対策へとスムーズに接続するための役割を担っている。

とはいえ、不安定な状況にある人びとが疫学的知の枠外に完全に追いやられているわけではない。むしろ不安定な状況にある人びとというカテゴリーは、疫学的知の内部で生まれている。というのも彼らは、ホームレスや移民といった経済的・社会的な不安定性を持つ存在として、ひとつの個体群に括られたうえで対策を講じられた。さらに専門家は、不安定な状況にある人びとのなかにも所得や居住地域といった括りで個体群をつくり、その個体群が持つ統計的値を参照することでワクチン接種率の低さなどを把握し、手を差し伸べる戦略を打ち出した。このように不安定な状況にある人びととしてカテゴリー化し、対策を練ること自体が、個体群単位で流行状況を把握し、個体群の持つ統計的値を正常に戻すことで流行を収束させようとする疫学的知の発想なのである。

だがここで注意しなければならないのは、疫学的知を参照した結果、手を差し伸べる必要があると見なされた不安定な状況にある人びとは、個体群であるにもかかわらず、安全メカニズムによって統治することが困難だったという点である。

疫学的知は不安定な状況にある人びとの数値が異常を示していることを発見した。そしてそれは、疫学的知に基づく社会的距離確保などの対策を、彼らが遵守できていないためだった。つまり不安定な状況にある人びとは、疫学的知に基づく対策だけでは彼らの持つ数値を正常値に戻しきれない状態にあったことになる。

では、いかなる根拠に基づいて不安定な状況にある人びとは安全メカニズムとは異なる仕方で統治されたのか。換言するならば、手を差し伸べる戦略とはいったいどのような統治メカニズムなのか。この問題は、疫学的知の観点だけでは明らかにならない。そこで有効なのが、フーコーの社会医学に関する議論である。フーコーは、一九七四年にブラジルで行った講義「医療化の歴史」で、社会医学のコンセプトを提示した(8)。

とりわけ社会医学のなかでも、コロナ禍の不安定な状況にある人びとをめぐる対応を考える際に参考になるのが、労働者の医学である。たしかにフーコーが講義を行ったのは一九七〇年代で、かつ事例として用いたのは一九世紀の医療である。だが労働者の医学は、手を差し伸べる戦略を通した不安定な状況にある人びとの統治を考えるための理論枠組みとして、時代を超えて示唆を与える。というのも、次節で見るように労働者の医学は現在の医療システムに少なからぬ影響を及ぼしていると考えられるからである。

三　労働者の医学から考える手を差し伸べる戦略の意図

（1）労働者の医学とは何か

フーコーが言うには、一八世紀末に近代解剖学が現れて以降の近代医療は、個人を対象としたものではなく

「〈社会という身体〉についての特定の技術を土台とした社会的な医療」（Foucault 1977=二〇〇八：一四六）であった。つまり医師と患者の個人的な関係は近代医療のごく一部にすぎず、その主たる対象は社会に向いていた。

フーコーは社会医学の発展段階として国家医学、都市医学、労働者の医学の三つを提起する。これらのなかで最終発展段階に位置づけられている労働者の医学は、主にイギリスの事例から検討される。労働者は、国家、都市がそれぞれ医学の対象となったのち、最後に対象として措定された。

労働者の医学がイギリスで始まった背景に、イギリスは他国よりも産業の発展が早く、労働者階級の形成も大規模かつ速やかだったということがある。フーコーは、イギリスで社会医学が現れた契機のひとつが救貧法だと述べる。それは救貧法が貧者に公的扶助システムのもとで検査を受けさせ、管理することを定めていたためだという。つまり、経済的問題から健康になれなかった人びとが、公的扶助により健康を獲得できるようになったのだ。

貧者に健康を保証することは、都市における衛生上の恐怖におびえていた他の階層の人びとにとっても有益となる。というのも、ウイルスを持った貧者や衛生状態の悪い地区に住む貧者の影響で、都市に疫病が蔓延したり、汚染物質が流出したりして豊かな階層の人びとが犠牲になることを防げるからである。つまりここで、貧者の身体を管理し健康を保証することが、同時に富者の健康の保証も意味するようになる。

フーコーは救貧法が、当時のブルジョワジーが直面していた問題を表象していると指摘する。それは「どのような代価を払って、どのような条件で、どのような方法で、ブルジョワジーの政治的な安寧を確保するか」（Foucault 1977=二〇〇八：一八〇）という問題である。しかし救貧法による公的な医療サービスは、あくまでもこの問題の発端にすぎない。救貧法に加えて始まったのが「健康診断による管理を実施する権威的なサービス」（Foucault 1977=二〇〇八：一八〇）としての公共医療サービスと保健所である。これらのサービスの目的は、まず住民に免疫を強制的につけさせるための予防接種の管理、次に伝染病および伝染病になるおそれのある疾病の記録システムの組織と、危険な病気の申告の義務づけ、そして健康適性に欠ける場所の特定、可能ならばそうした場所の破壊、となっている。これらのサービスは貧者に限定されるものではなく「住民の全体を対象とする治療を提供すること」(Foucault 1977=二〇〇八：一八一)をめざして設置された。

だが一九世紀後半になると、健康診断に民衆が反発、場合によっては小規模な暴動まで起こるようになった。それは、一連の公共医療サービスが、実態としては貧困階級の監視を目的として実施されていたことに起因する。つまり労働者の医学は「富める階層の人々に危険をもたらすことがないように、困窮した階層の人々の健康と身体を管理する医学」(Foucault 1977=二〇〇八：一八三)だった。

分析の最後にフーコーは、労働者の医学が以後大きく発展したと述べる。労働者の医学は、貧者に対して手を差し伸べる公的扶助の医学、疫病対策や予防接種への対応を担う行政的医学、豊かなひとが活用できる民間の医学という三つのカテゴリーとして確立された。そして現在にまで続く先進工業国の医療システムでは、これらの医学を機能させることが不可欠となっていると結論づける。

(2) 危険な個体群としての不安定な状況にある人びと

労働者の医学は、社会にとってリスクの高い存在としての貧者をあらかじめ保護し医療を提供することで、疫病の蔓延を未然に抑止し、かつ貧者以外の住民が不安視している都市の治安を含めた諸問題を解決に導くことをめざした。

この労働者の医学の考えを踏まえると、手を差し伸べる戦略の意図が明らかとなる。

そもそも、両会議を構成する専門家が不安定な状況にある人びとに気を配っていたのは、不安定な状況にある人びとの入院や死亡のリスクが相対的に高いからという理由に加え、流行収束のためにさまざまな対策を遵守してもらうことをめざしていたからであった。つまり、単純に多くの人びとと同様のコロナ対策を打ち出し遵守を呼び掛けたとしても、「彼らの生活環境は汚染に対する個人的な脆弱性」を持っているため、結果的に「伝染病が再流行しやすくなる」（Delfraissy and Benkimoun 2023: 80）危険をはらんでいた。このように不安定な状況にある人びとは、コロナ流行の起点のひとつと見なされており、適切な手を打たなければ流行拡大につながるリスクを持っていると認識されていた。

またこの認識は、彼らに向けて対策を実施することが、ひいては国民全体のためにも有益であることを同時に示している。二〇二〇年四月二日の委員会では、ロックダウン期間中に不安定な状況にある人びとが体育館などの密集した施設に避難することは「集まった人びとにとっても、国民全体にとっても、大きな伝染病のリスクをもたらす」（Delfraissy and Benkimoun 2023: 63）と論じられている。さらに住宅第一主義政策に絡めて、ホームレスなどに住宅を提供することがホームレスにとどまらず「一般市民にとっても、流行のリスクを制限する」（Delfraissy and Benkimoun 2023: 176）と考察しているように、不安定な状況にある人びとに向けた政策が、実質的に全国民への流行の拡大阻止につながると考えられている。

加えて流行時に、ホームレスや劣悪な住環境にいるひとを集団で避難させることは、当事者や関係者に限らず「一般的にも、こうした状況が治安の悪化や学校教育や医療の中断につながるという点で有害」（Delfraissy and Benkimoun 2023: 447）だと懸念されている。このように専門家は、彼らが流行の起点だという認識による、国民の新型コロナ感染に対する不安増大に限らず、治安にまで不安定な状況にある人びとが悪影響を及ぼすリスクがあると見ている。

以上の考え方に見られる、一部の個体群を流行の起点となり得るリスク集団と見なし、彼らへの介入が結果的に、コロナの流行に限らず彼らを含む全体の保護を意味するという発想は、労働者の医学が持つ思想に近い。というのも労働者の医学では、公的扶助により貧者の健康を保証することは、都市に存在するさまざまな不安を払拭し貧者以外のひとを安心させることも目的としていたからである。

不安定な状況にある人びとは、社会の秩序を乱すリスクのある存在と見なされている。それは、コロナ流行の起点になること以外に、都市の治安を乱すといった懸念が表明されていることからも明らかである。だが彼らは、安全メカニズムだけでは統治することができない。とはいえ彼らを放置しておくわけにもいかない。その理由は、彼ら自身の感染を抑止するということ以上に、社会全体への感染拡大抑止と秩序維持のためである。ここには、彼らに手を差し伸べることが社会を正常な状態へ戻すことにつながり、ひいては不安定な状況にある人びと以外の多くの人びとの安全確保につながるというロジックが成立している。

労働者の医学は、貧者を都市にとっての脅威と見なし身体を管理することで、貧者以外の人びとが被るさまざまな危険を取り除こうとした。つまり、貧者を救うのとは別の目的のために貧者に医療を提供するのが労働者の医学の特徴と言える。ここで言う別の目的とは社会の秩序維持にほかならず、それゆえ、社会の秩序を攪乱し得る存在に介入することが求められた。

このように労働者の医学を踏まえると、なぜ安全メカニズムでは統治できない不安定な状況にある人びとが、手を差し伸べるべき存在と位置づけられ統治されたのかが明らかになる。すなわち、不安定な状況にある人びとの罹患を抑止して彼らを救うことが最大の目的ではなく、社会全体のコロナ禍からの脱却および秩序維持という目的に向けた合理的手段のひとつとして、安全メカニズムでは統治できない不安定な状況にある人びとに対して手を差し伸べることがめざされたのだ(9)。というのも彼らは、秩序を乱すおそれがあるうえに、疫学的知に基づく対策を遵守している人びとへ感染を拡げるおそれがあるからである。

本稿で確認してきたように、コロナ対策の科学的根拠には疫学的知がある。再生産数をはじめとする疫学指標は、不安定な状況にある人びとへの対策の場でも当然、依拠すべき項目として参照されてきた。疫学的知がコロナ対策において中心的な役割を担ってきた以上、流行拡大の起点となり得る存在に介入しようとする労働者の医学もまた、不安定な状況にある人びとという個体群単位で対策を講じることとなる(10)。

そして、流行拡大の元凶と見なされた不安定な状況にある人びとに、たとえばホームレスや移民といった個体群単位で介入することで、不安定な状況にある人びと以外にも恩恵が行きわたるようになる。ただその際に注意しなければならないのは、一連の政策は疫学的知に基づくため、個体群の持つ数値が正常に収まれば流行は収束したと見なされる点である。つまり、疫学的知がコロナ対策の前提となっている以上、個人の罹患や生死ではなく、再生産数などの個体群の持つ数値の正常化が最優先事項とされているのだ。それは不安定な状況にある人びとでも、それ以外の国民でも変わらない。ただ社会全体で見た場合、正常化を阻害する主たる要因として不安定な状況にある人びとが浮上したため、両会議は彼らを、手を差し伸べるべき存在と定めたのである。

おわりに

コロナ禍では速やかに流行を収束させ、社会をこれまでと同様の正常な状態に戻すために、さまざまな策が検討され講じられた。なかでも不安定な状況にある人びとへの対応は、社会全体の正常化に直結するため優先して取り組むべきことと見なされ、彼らに対して手を差し伸べる戦略がとられた。

この戦略の根底には、社会の秩序を乱すリスク集団に介入することで、それ以外の個体群の安全を確保するという労働者の医学の発想がある。要するに、不安定な状況にある人びと自体を救うことが目的ではなく、それ以外の人びとの安全のために、危険な存在である彼らを統治する必要があったのだ。

国家による社会の正常化プロセスは、国家による社会の統治に直結する。その意味で、コロナ禍はわれわれが不確実な現代社会においていかに統治されているかを浮き彫りにする格好の事例だった。今後は、統治というより広い視座からコロナ禍を捉え直すことで、現代社会とはいかなる社会なのかを明らかにする作業が求められる。

注

(1) たとえば自殺率や出生率、罹患率など。
(2) ただし委員会はあくまでも専門的観点から提言を行う機関であり拘束力はないため、最終的な政策決定権は政府にある。
(3) ほかにも罹患率や重症化率などがある。これらの指標がコロナ禍において重視されたことは論を俟たない。
(4) もっとも有名な疫学研究のひとつが、ジョン・スノウによるイギリスでのコレラ流行の原因を分析した研究（Snow 1855＝二〇二二）である。
(5) なぜ疫学的知が疫病対策で影響力を発揮するにいたったのかについては、本稿での分析の範疇を超えているため別稿に譲る。
(6) HCSPが二〇二一年一〇月七日の会合で報告。参照されたORS Ile de France（2020）による調査は、フランスの最貧困地域での死亡率の超過を明らかにしている。
(7) 本稿では不安定な状況にある人びとのなかに高齢者や慢性疾患を持つ患者などは含まない。これらの人びととは、もっとも脆弱な人びとと会議では呼ばれている。
(8) 社会医学について論じたものに、大北（二〇一一）、前川（二〇二一）がある。
(9) 労働者の医学には、貧者を生産的な主体に成型するという目的もある。むしろ労働者の医学にとってはこの点が重要であり、フーコーが労働者の医学と呼んだ意味はここにある。にもかかわらず、コロナ禍における不安定な状況にある人びとをめぐる対応では、こうした側面は見られない。それはコロナ禍で重視されているのが流行の抑止であって、不安定な状況にある人びとを社会の役に立ってもらうべく成型することではないからである。この点でコロナ対策と労働者の医学とは異なる。

（10）フーコー（一九七九＝二〇〇六）の「十八世紀における健康政策」では、「社会集合体」という本稿でいうところの個体群が、一八世紀に医療の対象として現れたと分析されている。しかし、本稿が着目した統治からこぼれ落ちた存在については言及されていない。

文献

Bambra, C., J. Lynch, S. Julia, E. Katherine, 2021, *The Unequal Pandemic: COVID-19 and Health Inequalities*, Bristol University Press.

Delfraissy, J. F., P. Benkimoun, 2023, *Face à la pandémie. Les avis du Conseil scientifique COVID-19*, La documentation Française.

Foucault, M., 1977, "El nacimiento de la medicina social (La naissance de la médicine sociale, trad. D. Reynié)," *Revista centroamericana de Ciencias de la Salud*, No. 6, janvier-avril, 89-108（＝中山元訳、二〇〇八、「医療化の歴史」『わたしは花火師です――フーコーは語る』筑摩書房、一四一―一八六）。

Foucault, M., 1979, "La politique de la santé au XVIIIe siècle," *Les Machines à guérir. Aux origines de l'hôpital moderne*, Bruxelles, Pierre Mardaga, coll. «Architecture-Archives», 7-18（＝中島ひかる訳、二〇〇六、「十八世紀における健康政策」小林康夫・石田英敬・松浦寿輝編『フーコー・コレクション6――生政治・統治』筑摩書房、二六七―三〇二）。

Foucault, M., 2004, *Sécurité, territoire, population: Cours au Collège de France 1977-1978*, Éditions du Seuil/Gallimard: Paris（＝高桑和巳訳、二〇〇七、『ミシェル・フーコー講義集成Ⅶ　安全・領土・人口　コレージュ・ド・フランス講義　一九七七―七八年度』筑摩書房）。

Giesecke, Johan, 2017, *Modern Infections Disease Epidemiology, Third Edition*, CRC Press（＝山本太郎訳、二〇二〇、『感染症疫学――感染症の計測・数学モデル・流行の構造［新版］』昭和堂）。

Haut Conseil de la santé publique, 2020, AVIS, *relatif à l'accompagnement des personnes en situation de handicap dans le contexte de l'épidémie à Covid-19 et de la prolongation du confinement* (Épidémie à Covid-19: accompagnement des personnes en situation de handicap (hcsp.fr)、二〇二四年八月一九日取得)。

黒木登志夫、二〇二〇、『新型コロナの科学——パンデミック、そして共生の未来へ』中央公論新社。

前川真行、二〇二一、「生権力と福祉国家——ミシェル・フーコーの七〇年代」小泉義之・立木康介編『フーコー研究』岩波書店、四二一—四三九。

中村健太、二〇二二、「個体群の統治メカニズム——現代社会の統治を検討するモデルとしてのミシェル・フーコーの安全概念」『社会学評論』七三(二)：一〇三—一一八。

大北全俊、二〇一一、「M・フーコーの社会医学／公衆衛生の記述について」『待兼山論叢哲学篇』四五：一—一五。

ORS Ile de France, 2020, *la surmortalité durant l'épidémie de covid-19 dans les départements franciliens*, Avril.

Snow, J., 1855, *On the Mode of Communication of Cholera Second Edition*, John Churchill（=山本太郎訳、二〇二二、『コレラの感染様式について』岩波書店）。

坪野吉孝、二〇二一、『疫学——新型コロナ論文で学ぶ基礎と応用』勁草書房。

第Ⅲ部　社会の余白と暴力

第14章　詐欺の社会学解題
——荻野理論再訪

松本隆志

はじめに

本稿では、荻野昌弘が「詐欺」という現象をたたき台にして考察したことについて、この主題が展開された『零度の社会——詐欺と贈与の社会学』（荻野 二〇〇五）に主に依拠しながら解説をする。荻野が詐欺から考察した事柄は大きく分けると、ひとに贈与行為を惹起させる要素、権力作用の及ばない領域の原理のふたつである。以下、それぞれを節ごとに分けて解説する。

一　詐欺、贈与

(1) 詐欺師——贈与への意志を引き出す者

詐欺と聞くと一般的には、マルチ商法・先物取引・不動産投資などでの「楽に稼げる！」「必ず儲かる！」「今がチャンス！」といった宣伝文句が思い浮かぶ。だが、荻野が詐欺ということで問題にするのは、こうした「だます者の狡知―だまされる者の無知」に収斂される話ではなく、次のようなことである。

詐欺は、だまそうとする相手に対して、情報量、知識量において優位に立つこと、相手に対する「秘密」を積極的に作り出す技術として捉えるだけでは十分ではない。また、詐欺とその被害者とのあいだに不確定性が横たわっていることを指摘しただけでは、その意味を解明したとはいえない（同：二一四）。

荻野の照準点は、不覚にもだまされてしまう局面ではなく、まるでみずから進んでだまされにいっているとしか思えないような局面である。荻野が後者の極北として提示するのが、一九七五年に発覚した足利銀行横領事件である。事件の内容は、女性行員が詐欺師男性に貢ぐために約二年間で約二億円の行金を横領していたというありふれた詐欺だが、その特異性は詐欺師男性の言動にある。たとえば、「ゴルゴ13を追って旅する国際秘密諜報員」という肩書き、「秘密組織を抜けるために金が要る」という無心の仕方など、こうした説明に金を与え続けた事態を「彼女は男の作り話を信じた」「彼女は男の嘘にだまされていた」と表現するのは適切ではない。事件の背景をもう少し説明すると、詐欺師男は彼女を暴力で脅していたわけでもない。また、彼女の方に結婚への期待があったとも言い難い。というのも、詐欺師男は二年間ずっと、住んでいる場所も明かさなかったどころか、会うたびに違う名前を名乗っており、しかも、彼女の方でも詐欺師男とは別に、妻子ある男性との恋愛が進行中だったとも言われている。となれば、より一層「信じる／信じない」「だます／だまされる」とは違う次元の説明が必要となる。

単に、男のことばを疑ってかかることなく、安易に受け入れたという消極的な意味でだまされたのではなく、積極的に男の世界に没入していったのである（同：三三二）。

荻野は、詐欺師に貢いでいる状態一般を「贈与」に似ていると言う。「贈与」とは日常語で言えば「プレゼント」であり、学術的な規定では「無償的」「自発的」な働きかけを言う（Mauss 1923-1924＝二〇一四）。足利銀行横領事件は極北としても、たしかに、暴力で脅されているわけでもなく、みずから望んで与え、結婚への期待すらも抱いていなかったとなると、それは見返りを度外視していると言ってよく、まさに贈与の要件に符合している。それどころか、現実の贈与行為は、お中元・お歳暮・年末年始の挨拶など、ただ慣行として強いられてやる場合が多い。また、相手のために働きかけるという体裁で「自分の評判を高める」「恩を着せる」など、打算含みであることも珍しくはない。そう考えると、詐欺師に貢いでいる方がよほど贈与と呼ぶに相応しいかもしれない。別の言い方をすれば、詐欺師に貢いでいる状態においては「相互性」（reciprocity）は踏み越えられている。われわれの対人関係・社会関係では「相手と同じことをする」「同じ態度で応ずる」が基本原則で、「してもらったから、してあげる」（＝互恵）、「してくれないから、してあげない」（＝同害報復）である。

だが、詐欺師に貢いでいる状態とは相互性どころか、自分がだまされているかどうかという、みずからの利害に関わる重大事を後景に退かせてしまっている。荻野はこの種の理性的判断を踏み越えたかのような高揚状態について、E・デュルケーム（Durkheim 1912＝二〇一四）が宗教的観念の源泉と見定めた「沸騰」に似ているとも言う。「沸騰」とは直接的には、宗教儀礼を通じて創り出される熱狂状態を言う。参加者にとっては、儀礼を通じて感じられる熱狂は日常にはないもので、俗なる世界から聖なる世界へと飛翔し、自分がこれまでとはまったく別の存在になった（＝変身した）かのように体感する。

もちろん、そうやって贈与や聖の観念に準えられたところで納得できないだろう。しかし、詐欺行為に正当性を認めずとも、そこに魅かれてしまう事態に学ぶべき点はある。相手を搾取し自分は私腹を肥やすという「詐欺」の部分を括弧に括れば、「贈与への意志」を引き出す機制が炙り出されるのではないか。次項では、その点を述べる。

(2) 詐欺師の魅力――贈与行為を惹起させる三要素

どのような人物と映ればみずからに同調させることができるのか。荻野は贈与行為を惹起させる詐欺師の特徴を「履歴の放棄」「表層性への賭け」「寛容性」と形容する。ここで挙げた詐欺師の三つの特徴は現代に生きる「個人」の陰画である。ここで言う「個人」とは、単なる人間、生物学的に存在しているだけの状態を指すのではない。個人とは、社会のなかに根を下ろし、それ相応の立場を得ようと活動している人間を指す。そして、詐欺師とはこうしたことに頓着していないかのように映る存在を言い、ここに挙げた三つの特徴はその具体的内容である。では、社会に根を下ろして生きなければならない「個人」が何に捕らわれていて、「詐欺師」とはそこからいかように自由に見えるのか。以下では、この構図から詐欺師の三つの特徴を説明していく。

まず「履歴の放棄」であるが、個人は履歴（過去の蓄積）に拘束されるのに対し、詐欺師は履歴（過去の蓄積）を放棄する。社会のなかで根を下ろし、それ相応の立場を得ようとすればするほど、履歴に拘束される。われわれは「これまでどんな経歴を歩んできたのか」によって、「いまはどんな人間か」「これからどうなりそうか」という仕方で人間としての価値を値踏みされるし、してしまってもいる。高い地位に昇ろうとすればするほどそうなり、履歴の傷は致命的となる。翻って、先述した「ゴルゴ13を追って旅をしている国際秘密諜報員」など、詐欺師の披歴する経歴のデタラメさは、社会に生きる人間が呪縛されている履歴の積み重ねを毀損する所業である。だが、これは社会に居場所を求める個人が失ってしまった「凄味」「胆力」でもある。

次の「表層性への賭け」について述べる前に、言葉の意味を説明しておくと、表層とは「見かけ」「外見」「仮面」であるのに対し、深層とは「中身」「内面」「素顔」である。そして、個人は深層を表層にすり合わせるのに対し、詐欺師は深層に縛られず表層を自由自在に変化させる。社会のなかで居場所を確保し、それなりの立場を得るためには、与えられた役を果たさなくてはならない。上を目指す、ないし、立場を安定させようとすればするほど、己れを無にして、己れの存在意義を役割という仮面に見定めなければならない。対し、定着することを諦め、いずれ逃走することを前提にするなら、そのときその場だけ調子を合わせるだけでよい。見かけだけそう見えさえすればよい。このレベルで、見せかけだけに徹する態度が「表層性への賭け」である。仮面だけならいくらでもなりきれるし、内実や現実の縛りがないぶん、何者にでもなれるし、相手が求めている通りのイメージを提供できる。もちろん、こんなものは「非現実的」「荒唐無稽」でしかないが、そうであるがゆえに「社会的には認められていない別の現実」なのである。

最後、「寛容性」とはこのような仕方で世俗の約束事を袖にしているかのような振る舞いが、無頓着で鷹揚にも映るということである。これは道徳（社会規範）にまつわる事柄で、社会の道徳のなかを生きる個人の不寛容性と、社会の道徳から離脱した詐欺師の寛容性との対比が描ける。道徳とは、その内容が抑圧的か放任的か、強権的か協同的か等にかかわらず、「人間を何らかの基準に基づいて分類する志向」（同：三四）を持たざるを得ず、そうであるかぎり、人と人との間に境界線を引き、差異化・序列化することを避けられない。たとえば、反差別の道徳を掲げるなら、差別する者を差別せざるを得なくなる。対し、詐欺師とは、社会の道徳から離脱した存在ゆえに、細々としたことに頓着しないような寛容な雰囲気が生まれる。

（3）純粋な詐欺師、道徳的詐欺師

社会のなかで根を下ろし地歩を固めるには、履歴を積み上げ、与えられた役に没入し、道徳にふれる行動をしてはならない。前項で述べた詐欺師の三つの特徴を縮約して言えば、世俗のしがらみや通俗道徳の既成概念から自由な者だけに備わる寛容性である。以下は、荻野によるまとめである。

純粋な詐欺師は、だまそうとする相手を無理に自分に帰属させようとはしない。つまり、権力にはこだわらない。それは、ある社会的地位を占めることには関心がないということである。通常は、「個人」として、何らかの地位に帰属させられ、また、より高い地位に就くことを望むが、純粋な詐欺師は、社会的地位には無頓着で、その存在さえ意識できない。ただ、ひとびとを貢ぎたくなるような気にさせてしまうだけである（同：五二）。

カリスマにもさまざまなタイプがあり、人々を惹きつけるのは、世俗の栄耀栄華を極めたように見えるタイプだけではない。逆に、世俗から隔絶したように見えるがゆえに惹きつけるタイプもいる。われわれは世俗での栄達を希求する一方で、俗物を嫌悪するのも事実である。そして、このタイプは世俗や権力への色気を見せた――同調者の目にそのように映った――途端に魅力が失われる。彼の魅力は世俗の栄達には無頓着で、同調者を無理に自分に帰属させようとしない点にあり、相手をつなぎとめようとした瞬間にその魅力が消え失せることを意味する。すなわち、関係形成への誘引が同時に、その持続性・安定性にとっての足枷でもある。荻野は世俗や権力への志向性を分水嶺に、世俗や欲得を超越しているように映り、ある種の純粋性を感じさせるタイプを「純粋な詐欺師」、欲得ずくなのが見え透いていて、胡散臭さが漏れ出ているタイプを「道徳的詐欺師」と命名する。「道徳的詐欺師」の「道徳的」とはみずからの詐欺行為に道徳的粉飾を施すことを言う。別の言い方をすれば、内実は「欲得ずく」にもかかわらず「道徳の実践」という体裁を取る。たとえば、「神に感謝を捧げる」という口実で金品を巻き上げる。「日頃の恩に報いる」という体で服従を受容させる、等々。もちろん、詐欺行為を働いている以上、実際にはどちらも欲得でしか動いていない。現実には、言動が場当たり的で支離滅裂ゆえに小狡く見えない者と、取り繕ってもその企図が見え透いている者とがいるだけである。

「純粋な詐欺師／道徳的詐欺師」の図式から、現実のさまざまなジレンマ構造・堕落プロセスを想起することができるが、これともっともよく似た構造をしているのは、網野善彦が無縁論の文脈で提示した「勧進の体制化」である。網野によれば、奈良・平安期、行基・空也のような、諸国を遍歴し漂泊の生活をする僧が、人びとから寄付を募り、そうやって集めた財によって、橋を架け、道路を開き、井戸を掘るなどをした。網野は、彼らが寄付を集めることができた――人びとが喜捨をした――のは、彼らが「無縁」、すなわち、世俗（有縁）のしがらみから離脱していたからだと言う。

〔勧進は〕「無縁」の聖にして、はじめて行ないえた行為だったのである。さまざまな縁で対立し、あるいは結びあう有縁の人々から寄捨を得るのは、それによって縁を生ずることのない「無縁」の原理を身につけていなくてはならなかった。禅律僧や時衆などが勧進をさかんに行なったのは、まさしく彼等が「無縁」の聖だったからにほかならない（網野 一九九六：一五七、括弧内引用者）。

だが、次第に権力と結びつき、一三世紀にもなると、勧進は寄付を募るのではなく、税として徴収する方式へと移行した。さらには、みずから出向き、家々を回るのではなく、交通の要所に関所を設置し、関銭・津料として徴収する場合もあった。網野はこれを「きわめて虫のよい方式」（同：一六二）と評したが、「本来の勧進」と「虫のよい勧進」との落差は、「純粋な詐欺師」と「道徳的詐欺師」とのそれである。そして、「贈与」「詐欺」を同一線上で語る荻野の視点は、「喜捨」「徴税」という一見して正反対のものを同一線上で語る網野の視点と通底している。次節で問題にする「余白」も含め、網野の無縁論との関連性は掘り下げるべき論題だが、紙幅の都合上、両者の共通項を指摘するに留め、本節の締めとする。

二　余白、不確定性、社会性零度

（1）権力作用の及ばない領域で何が起こるのか

荻野は、詐欺行為が蔓延りやすいのは権力作用の隙間や綻び目であるという認識を前提に、そこを「余白」と名づけ、権力作用が十分に浸透していない領域では何が生じているのかを問う。なお、ここで言う「権力作用」とは、警察や軍隊のような外的強制力（物理的暴力）だけでなく、道徳・良識・分別・通念などと言われるような規範的拘束力（内面的呪縛）も含めた両側面を指す。

まず、荻野は「余白」の性格を「不確定性」と規定する。日常語で言えば「どうなるかわからない」「何が起こるか予測がつかない」であり、それゆえにその状況のなかにいる者にとって「どう対処していいか判断しがたい」事態である。社会の余白の「不確定性」と対になる状況とは、社会の統制下の「確実性」である。「確実性」とは管理下にあるゆえに「だいたいどうなるか見当がつく」「何が起こるか予測がつく」である。たとえば、コンビニを例に考えると、来店者にとって、勤務中の店員がどんな振る舞いをするかは予測がつく。彼らが定型の挨拶や商品の会計などの業務マニュアルに記された以外の行動を取るなど想像できない。もちろん、突然、豹変して襲い掛かってくる可能性はなきにしもあらずだが、それは漫画並みの非現実的な想定とされている。だからこそ、われわれは安心して入店し、レジに会計をしに行けるのである。

そして、権力作用の行き届いていない状況と聞けば、T・ホッブズの「自然状態」やプラトンの「ギュネスの指輪」のような、「暴力の噴出」「不正の横行」を連想しがちである。だが、「余白」という状況下の「不確定性」はそれとは異なる。次項ではそこを説明するために、荻野自身が行なった、阪神・淡路大震災の現地調査《フィールドワーク》（荻野一九九九）を参照する。

（2）不確定性――阪神・淡路大震災の現地調査《フィールドワーク》を例にして

阪神・淡路大震災という大災害は「自然状態」に準えられるほどの、統治の全面的な機能不全・空白状態を引き起こしたが、荻野はこれを「混乱」「無秩序」へと直結させず、「公私の境界の消滅」と規定する。まず、平時の、公私の境界が峻別された状態とは、公（行政）と私（住民）とが相互に自立し不介入である状態を言う。たとえば、それが「私の領分」であるとは「公が介入してはならない」、逆から言えば「私が自助努力で何とかしなければならない」領域であることを意味する。これは単なる私の権利の保護（公による闖入の防止）だけではなく、私の自立性がある程度担保されてこそ公の仕事は回るという意味合いが大いにある。大災害はこうした公私の境界の峻別を成り立たせる前提条件を消滅させる。大災害により、住民は、衣食住という生存のための基本的な要件が脅かされる。これまで自助努力で賄ってきたことを行政に頼らざるを得なくなる。行政からすれば、住民の自助努力で賄われていた（関与せずに済んでいた）事柄に関与しなければならなくなる事態である。

この事態は行政にとって、災害対応のために、業務量が膨大に増えるだけではない。前例のないことだらけで、問題に対処しようにも明確な判断基準がない。だから、支援の基準は曖昧で恣意的にならざるを得なくなる。そもそも、行政にとって復興支援とは、公私の峻別（私の領域への不介入）の原則ゆえに、あくまでも例外的業務――個人の自立した生活を回復させ、公私の境界線を元に戻すための過渡的業務――であり、本来的な業務と位置づけられていないのでなおのことである。

一方、住民は、生活を立て直すために行政の支援を受けることができるのだが、そのためには申請に行かなければならない。だが、先述した事情で、支援の基準は不確定である。すなわち、これは単に手間がかかる（手続きが面倒である）だけではなく、今まで権利として享受していた――なかば自動的に提供されていた――行政サービスが、交渉し獲得する対象と化すことを意味する。

公私の境界の消滅は、被災地の社会秩序に混乱を来すという消極的な意味をもつだけではない。境界の消滅は、同時に住民が地方自治体と接触する機会が、通常よりはるかに増すことも意味する。住民は、義援金や罹災証明の発行から仮設住宅の抽選、区画整理にいたるまで、多かれ少なかれ、自治体と交渉しながら、震災後の生活の便宜を図る努力をしていかざるをえない（同：三三二）。

結果、「ゴネるが勝ち」のような状況となる。この「ゴネる」「ゴネ得」という事態は単に、衣食住という生存の基本的要件が脅かされていることへの危機感、統制権力の締めつけが緩むことで噴出したエゴイズムだけで引き起こされたものではない。被害から回復するには、申請に行かなければならない。そして、支援の基準が不確定である以上は、架空請求や水増し請求ではなく、正当な被害回復の請求であっても、どうしても「手練手管」を駆使せざるを得ず、ある種の「詐欺」を働かなければならなくなるのだ。

ここまで、不確定性を軸に荻野の現地調査を概観したが、この調査でも「火事場泥棒」「食料のボッタクリ」など、「自然状態」さながらの混沌が報告されている。だが、重要なのは、この議論が統治の空白状態に関する知見（＝秩序問題）に、「抑えが無くなったことで皆が好き勝手に振る舞える」以外にも、「これまで経験したことのない事態が頻発し、どう判断すべきかわからない」（＝不確定性）をつけ加えた点で、事の本質がどちらかを確定させることではない。

(3) 余白——役割距離との比較において

以上、「不確定性」の意味内容を説明する——それが単なる「混乱」「無秩序」を意味しない点に注意を促す——ために大災害を例として引いたが、そもそも、「不確定性」とは、平時での権力作用の隙間・綻び目を示す「余白」を説明する文脈から出たものである。ゆえに以下では、不確定な状況に翻弄される事態は例外状態ではない点に言及する。

まず、非常時ではなく平時での権力作用の空白状況と聞けば、「スラム」「ゲットー」を連想する。だが、「余白」という表現が照準するのは、権力作用の空白状況が特定の領域に偏在している局面ではなく、あらゆる領域に遍在している局面である。「制度そのもののなかに制度に吸収されない部分がある」(荻野 二〇〇五：九二)ともあるように、この用語が注視するのは、制度の力(権力作用)が十分に浸透している領域であっても、「制度に規定される部分(社会性)」と「制度に吸収されない部分(余白)」との両側面が併存し、せめぎ合う局面があるという点である。なお、この両者のせめぎ合いを、荻野は「現実の二重性」と形容する。

現実の二重性については、E・ゴッフマンの「役割距離」(Goffman 1961＝一九八五)を参照すればよく理解できる。役割距離で問題にされているのは、役割規範(＝社会性)と行為者の自由裁量(＝余白)とのせめぎ合いである。期待された役割から距離をとる所作には「緊張や葛藤を和らげる」「おしきせの私に還元されない新たな私を押し出す」などさまざまな含意があるが、そのひとつには「与えられた役割を型通りにこなしているだけでは評価は得られない」がある。たとえば、コンビニ店員の接客を考えても、単にレジを打っているだけでは「無愛想」「横柄」と難癖をつけられるかもしれない。その点は学校の教師で考えればより顕著で、単に文科省のカリキュラムに沿って授業を進めて宿題を出しているだけでは、「冷たい」「心がない」として、世人は彼が教師としての職責を果たしているとは見なさないだろう。抽象度を上げて言えば、役割規範《マニュアル》に制御された状況のただなかでも、行為者が自由裁量を働かせることを必要とする。そうでなければ当の役割遂行がおぼつかなくなる。そうであるなら、不確定な状況とは――大災害や内乱のような非常事態、スラムやゲットーのような社会の周縁部に限った話ではなく――平時での形式的なルールや慣習に縛られているなかでも生じると言える。

そして、荻野がそのことを浮き彫りにするために選んだ題材が「詐欺」である。ここで言う「詐欺」とは、相手から贈与行為を引き出す（＝搾取する）ために、己れの言い分を正当化したり、他人に咎を負わせる所作全般を指す。そして前節での「道徳的詐欺」の件でもふれたが、そのために道徳が持ち出されることは多々ある。(1) 詐欺とは反社会的で、一見して道徳には完全に背を向けているが、良識や通念に訴える部分がなくては人の心を動かす（縛る）ことは難しい。たとえば、マルチ商法の勧誘において、その行為が脱法行為・事実上の詐欺行為であることを正面切って言うケースは少なく、「リスクを恐れない」「逃げずに挑戦する」といった世俗道徳で称揚される価値で粉飾されているのが往々である。それにより「販売員が商品を購入し、それをみずからの才覚で売っていくという建て前」（荻野二〇〇五：一四五）は維持され、販売員は会社からの「搾取」をみずからの意志での「投資」と錯覚できる。ほかにも、学校という管理空間のただなかで起こる、いじめにおいても同様で、意味もなく嫌がらせをしたり、金品を巻き上げたりする所業について、加害者が誇大気分や物欲の充足と標榜することはあまりなく、「髪が茶色い」「あの子だけズルい」など、不当に利益を得ていることへの制裁（＝道徳的行為）という体裁をとる場合が往々である。これは「平等」という価値と――きわめて歪んだかたちではあるが――つながっており、そのせいで被害者は抗弁できない状況へと追い込まれやすい（荻野 二〇一五）。こうして見ると、詐欺とは道徳から逸脱してなされるというより、道徳の余白（→自由裁量の余地）に寄生してなされるものとも言える。その意味で詐欺とは「余白」「現実の二重性」の格好の教材である。

（4）社会性停止、社会性零度

ここまで「不確定性」について、どうなるかわからない・どうすればいいのかはっきりしていない――そのぶん、自由裁量に委ねられる――状況と規定し、そうした曖昧な状況につけこみ不正（詐欺行為）を働く局面を述べた。だが、これは荻野が「不確定性」という言葉で問うた内容の半面でしかない。以降はその残り半分を解説するが、その前に、まず荻野が「不確定性」という状況に対して「社会性停止」「社会性零度」と二通りの命名をしている点から確認しよう。この名称の違いは、不確定的状況への評価の違いに由来する。

まず、「社会性停止」とは、白黒はっきりしない状況（＝不確定）について、それに乗じて黒を白と言いくるめる（不正をする）事態を惹起させやすい点に照準した見方で、前項まで問題にしていたのはこの位相である。こうした現状認識から導き出される処方箋は社会の介入による秩序実現である。すなわち、「社会性停止」という言い方には「不確定＝混乱状態」という現状認識だけでなく、こうした認識の背後には、権力作用を行き渡らせて不確定性を減じてゆくという志向が随伴しがちな点に注意を促す意味合いもある。

対し、「社会性零度」とは白黒はっきりしない状況に対して、混乱の火種よりも、「白か黒か問題になっていない」「曖昧な状況が許容されている」という寛容さを読み取る見方である。「零」とは「まだ何ごとも起こっていない」という消極的な状態だけを言うのではない。「社会的・道徳的意味づけがなされていない」「善／悪・正常／異常などの境界線が引かれていない」という、ある種の積極的な状態を言う。つまり、「社会性零度」とは、零である状態に――詐欺行為や暴力を引き起こす可能性に留意しながらも――寛容性というひとつの理想の境地を託した用語である。

この観点では、曖昧な状況につけこみ詐欺行為を働く者が蔓延る可能性《リスク》よりも、曖昧な状態を許さず白黒はっきりさせる不寛容性の方を問題視する。この方向性は批判理論とシステム論の検討のなかから着想される。[2] まず、両者ともに社会認識の仕方に関わる理論である。どの立場にも与さず客観的な視点に立つために、社会の外に立つ方向性が批判理論であるのに対し、対象を外部から客観的に捉えるのは不可能であるとの認識から、社会を内在的に観察する方向性がシステム論である。そして、こうした方向性はそれぞれに弱点を抱え込む。社会の外に立つ志向の批判理論からは、分析者を批判する視点が育ちにくく、独善に堕しやすい。対し、社会の内側に入る志向のシステム論からは、観察対象を批判する視点が育ちにくく、現状追認に堕しやすい。だが、荻野によれば、両者は正反対の立場に見えるが、「内と外を厳格に区別し、そのいずれかに認識の根拠を置かざるをえないという前提」（荻野 二〇〇五：九九）は同じで、これは欧米の社会理論全般の傾向性だと言う。荻野はこれを「世界の分割化」「対立の論理」と命名し、そのスタンスはまるで互いの勢力が譲らず、どちらにつくか——敵か味方か、YesかNoか——を迫ってきているようだと評す。もちろん、内外の峻別それ自体は対象認識の方法にすぎないが、この論理的前提は、二者択一を迫るという論理的帰結へと結びつきやすいと言う。次項では、「社会性零度」について具体的な現場に当てはめて解説をする。

（5）社会性零度——少数民族の立ち回り、かわいい、六〇点主義

不確定や曖昧さを嫌って意味づけを確定させることが、かえって混乱を引き起こすのではないか。こうした懸念については、中国の雲南省の少数民族の現地調査（荻野 一九九六）に特に表れている。ここでの主題は、中央政府（支配的民族）から「少数民族」とカテゴライズされた集団が同化政策にどう対処しているかである。荻野が調査した、雲南省の少数民族の場合、支配的な民族（＝漢族）に対する戦略として「支配的な民族と対立する」でもなく、「支配的な民族と完全に同化する」でもなく、「支配的な民族と同化しているように見せかけて自立する」という構えを採っている。たとえば、中央から派遣された共産党員を村長として受け入れる——顔役として村と外部

とをつないでもらう――と同時に、村には内部を取りまとめる実質的リーダーがいる。北京語での教育を受け入れると同時に、自民族語との複数言語教育クラスが設置されている。つまり、中央政府に同調すると同時に、自分達の自立性を最低限担保する。荻野はこれを「二重構造モデル」と呼ぶが、中国政府もこの「対立でもなく同化でもなく」という構えを認めることで武力衝突にはいたらないで、統一国家という体裁を保てている。ここで、荻野はこうした状況への是非は特に表明していない。だが、同時に、明治政府のアイヌ民族への同化政策――狩猟や漁撈の禁止・定住農耕の強要など、文化的要素を剝奪することで、民族としての表徴を消し去り、国民という存在へと同化させる――とを対比させることで、同一化という、近代社会が選択した秩序形成のあり方への問い直しを促しているようにも解せる。

この「白か黒かを棚上げする態度」「曖昧な態度が許容される寛容性」について、日常生活のコミュニケーションの次元では、どのような局面を思い浮かべればよいだろうか。荻野は「かわいい」という言葉の用いられ方にそれを見出す（荻野 二〇一二）。荻野が着目したのは、この言葉がまるで反対語を持たないかのように使われる点である。たとえば、「ブスかわいい」という言い方があるが、「かわいい」の元の意味からすれば、「ブス」とは両立しない。だが、このように言うことで両立していることにしてしまう。言葉の一般的な用いられ方からすれば、ある対象を「かわいい」と言うことで、何がかわいくて、何がかわいくないのかという境界線が引かれる。だが、「かわいい」は「ブスかわいい」のように、本来そぐわないものまで取り込む。そのさまは境界線を引かず、無差別に（＝寛容に）対象を取り込んでいるようにも見える。なお、「かわいい」については「社会性零度」の文脈では語られていない。だが、「無理な統合を志向しない」、そのことで「相容れないものを調和させる」点においては、「零度の社会性」がめざす境地に近い。しかし、その一方で、境界を排し、対象を無制限に取り込むことで、対立を無化するという構えからは、批評的視点は生まれようがない。すなわち、それは問題を直視しない態度を意味し、荻野はこれを「麻酔効果[3]」と命名する。

もちろん、「かわいい」という言葉を常日頃のレベルで用いているのは、若年女子層という狭い範囲だろう。だが、直接そう形容されてなくても、「かわいい」を意味する表象は社会のなかに広く浸透している。たとえば、「ゆるキャラ」と呼ばれるマスコットキャラクターは、菓子や小物などの商品パッケージだけではなく、官公庁・公共団体・政党のＰＲ用パンフレットやシンボルマークにも用いられている。抽象度を上げて言えば、消費（文化）を越えて政治（権力）の次元にも浸透している。もちろん、こうした取るに足らない事柄に目くじらを立てる必要などないという意見もあろう。だが、荻野は取るに足らない――イデオロギッシュで厳めしい表象ではなく、人畜無害な愛くるしい表象である――からこそ、それだけ密やかに「麻酔効果」という仕方で、監視のまなざしや暴力の隠蔽にも作用し得るのではないかと推量するのである。

ここまで「社会性零度」という境地について、「麻酔効果」という負の側面も踏まえながら紹介した。アレかコレかを確定させない。無理に統合を志向しないことで、相容れないものを調和させる（したことにする）。私見では、この姿勢を世俗の実生活でもっとも追求したのは、政治家・大平正芳である。たとえば、大平の座右のノートに書かれた以下の文言はそれを象徴している。

> 見落とす、手を引く、話をそらす――紛争の回避策はこれだ。むきになるものではない（森田 一九八一：一三〇）。

これは零度の社会性の「寛容性」「麻酔効果」によく合致する。大平のこのような政治姿勢は六〇点主義とも呼ばれる。大平は「政治に一〇〇点を求めてはならず六〇点を目指さなければならない」と言うが、それは六〇点で妥協するのではなく、「六〇点を積極的に狙ってゆく」「一〇〇点を取ってはならない」という姿勢である。ここでの「六〇点」「一〇〇点」という数字は「ほどほどがよい」「勝ちすぎてはならない」の謂いである。というのも、ある勢力が勝ちすぎる（一〇〇点である）とは、別の勢力がボロ負けである（〇点である）の裏返しである。そして、こうなると負けた側には居場所がなく、きっと恨みを募らせる。逆に、ほどほど程度にしか勝っていなければ、負けた側にも居場所がある。そうであれば、負けてもそれなりに受容できる。対抗勢力も含めて、皆がそれなりに生きる場所がある。そんな状態こそが長い目で見ると「平和」「安定」につながる。こうした大平の政治哲学は、白か黒かを明確にしない態度に――詐欺師のような胡散臭さよりも――寛容さを読み込んだ荻野の社会学と通底している。

おわりに

以上、「紹介」「糸口」に終始した内容になってしまったが、あらためてまとめると、荻野が「詐欺」という言葉で問題化した事柄は、黒を白と言いくるめられる最悪の状態（→道徳的詐欺師）と、黒か白かなど問題にしなくてもよい至福の状態（→純粋な詐欺師、社会性零度）との二極であり、荻野が注力したのはとりわけ後者である。もちろん、これはかなり単純化した図式で、もとの議論の豊かさや勢いを削いでいる。内容のいたらなさについては筆者自身が十分に承知しているつもりなので、読者諸賢の「御叱正をお願いしたい」とは思わないが、それでも、本稿に書かれた内容がどの程度的を射ているのかの確認の意味も込めて、荻野の著作に直接当たり、その醍醐味を味わってもらえれば幸いである。

注

（1）「道徳的詐欺」とは「価値の共有」という処方箋が「秩序」「安定」をもたらすよりも、そうやって共有された価値（＝道徳）が「支配」「呪縛」のための有力な手段となる側面を照射した用語である。
（2）正確には、記号論理学の検討――そこでor［または］の定義がどう変遷したのか、その定義の変遷はどんな社会状況と対応していたのか――も含まれているが、紙幅の都合上、割愛した。
（3）「麻酔効果」とは詐欺師が沸騰状態を作り出して、同調者を幻惑するのと似ている。

文献

網野善彦、一九九六、『［増補］無縁・公界・楽』平凡社。

Durkheim, É., 1912, *Les formes élémentaires de la vie religieuse: le système totémique en Australie*（＝山崎亮訳、二〇一四、『宗教生活の基本形態――オーストラリアにおけるトーテム体系（上・下）』筑摩書房。

Goffman, E., 1961, *Encounters: two studies in the sociology of interaction*, The Bobbs-Merrill Company（＝佐藤毅・折橋徹彦訳、一九八五、『出会い――相互行為の社会学』誠信書房）。

Mauss, M., 1923-1924, "Essai sur le don: forme et raison de l' échange dans les sociétés archaïques," *Année sociologique*, N.S., tome 1（＝森山工訳、二〇一四、『贈与論 他二篇』岩波書店）。

森田一、一九八一、『最後の旅――遺された唯一の太平宰相日記』行政問題研究所。

荻野昌弘、一九九六、「国境を知らざる人々――アジアにおける近代国家の形成と少数民族」杉谷滋編『アジアの近代化と国家形成――経済発展とアジアのアイデンティティ』御茶の水書房、七一―九一。

荻野昌弘、一九九九、「地方自治体と被災者」岩崎信彦他編『阪神・淡路大震災の社会学2――避難生活の社会学』昭和堂、三二六―

三四四。

荻野昌弘、二〇〇五、『零度の社会――詐欺と贈与の社会学』世界思想社。

荻野昌弘、二〇一一、「実存としての消費」『日仏社会学会年報』二二：二七―三八。

荻野昌弘、二〇一五、「変化に溺れる社会の不安――『へんなおじさんを見たら』という掲示板」町村敬志・荻野昌弘・藤村正之・稲垣恭子・好井裕明編『現代の差別と排除をみる視点――差別と排除の「いま」』明石書店、三九―六七。

第15章　素人間売買春の三〇年
――援助交際からパパ活・立ちんぼまで

圓田浩二

一　援助交際の三〇年

一九八九年一二月に三万八九一五円だった日経平均株価は翌年一二月には二万三八四八円となって「バブル」経済が崩壊し、以後「失われた三〇年」と呼ばれるようになった。この経済崩壊は、地域社会や学校、家族といった「小さな社会」の崩壊をもたらした。そして、日本社会という「大きな社会」に社会問題となって出現した。本稿で取り上げる援助交際も、「家族」や「学校」、そして「大きな社会」の崩壊や弱体化を象徴する社会問題であった。素人同士による売買春が「援助交際」と呼ばれ、現在は「パパ活」と呼ばれている。高度情報化社会と高度消費社会は、電話やインターネットなどのメディアを介したコミュニケーションを用いる、金銭的に「性を売り買い」する援助交際やパパ活を誕生させた。本稿での仮説は、素人同士による売買春は日本社会の経済的な停滞と緩やかな秩序の崩壊を象徴する社会問題であるというものである。本稿では、素人同士による売買春＝援助交際＝パパ活の三〇年を、フィールドワークによって得られたインタビュー・データを用いて年代ごとに分析し、考察する。

本稿において、「援助交際とは、管理や強制なしに、ある人が金品を代償に、他者の性的な部分を売買することを前提として成立するコミュニケーションである」（圓田二〇〇一：五六）と定義して使用する。つまり、援助交際とは男女間の性交を意味する売買春を含むが、より広い意味での性の売買を意味している。デートする、胸を触る・触らせるやフェラチオを行う・行わせるといった行為も援助交際に含まれる。また成人と未成年者との区別は行わない。

この約三〇年を概観してみると、一九九〇年代の「援交」ブームがあり、援助交際に多くの年代と職業や肩書きを持つ女性たちが参入していたが、その主役は女子高校生であった。二〇〇〇年代になると、各種法令により「女子高生」などの未成年者による援助交際は減少していくが、まだ援助交際の主流は少女たちであった。二〇一〇年代になると、各種法令が十分に行き届くようになって少女たちの援助交際は地下に潜り、ＯＬなどの女性たちが金品を得るために援助交際を行い、これが主流となった。仕事帰りに、ターミナル駅でテレクラや出会い系サイトを使い、一万五〇〇〇円くらいを稼ぐといったような援助交際（「ワリキリ」という名の売春）が流行した。二〇二〇年代になると、「パパ活」と呼び名を変えた援助交際が流行し、その主流は「女子大生」となった。一八歳以上の女性たちがパパ活を行うことが社会的なブームとなった。この流れを時代ごとに追うことで、援助交際からパパ活までの変化を概観し、両者の違いを考察する。

二　援交ブームと「女子高生」

言葉としての「援助交際」の初出は一九九三年頃である。援助交際が社会的な問題として知られるようになって、すでに三〇年が過ぎた。援助交際の起源は、テレフォンクラブや伝言ダイヤルなどの「電話風俗[1]」内のコミュニケーションで使用された「（お金に困っているので）援助してください」という言葉に起源を持つ。「援助交際」という言葉が最初に全国紙新聞紙面に登場したのは、一九九四年九月二〇日付の朝日新聞である[2]。電話風俗では一九九三年頃には使用されていたらしい。写真15-1のように、一九九〇年代後半には、「女子高生の売春」としてマス・メディアで大きく報道された。

テレクラは一九八五年に東京・新宿で誕生した。当時は「テレフォンクラブ」という名で男女間の電話によるコミュニケーションを媒介するメディアであった。後にエロ化（男女間の性的なコミュニケーションが主流となる）したため「電話風俗」とも呼ばれた。テレクラでの出会いや性交渉が有償化していくなかで、援助交際が誕生する。

このテレクラでのコミュニケーションに「女子高生」たちが参入していく。理由は、男性の性的対象として高額な値段がついたためである。金品目的で「コギャル[3]」が参入する。水商売や援助交際で稼いだ金品をコギャル・ファッションなどで消費に使用するというパターンができたようだ。

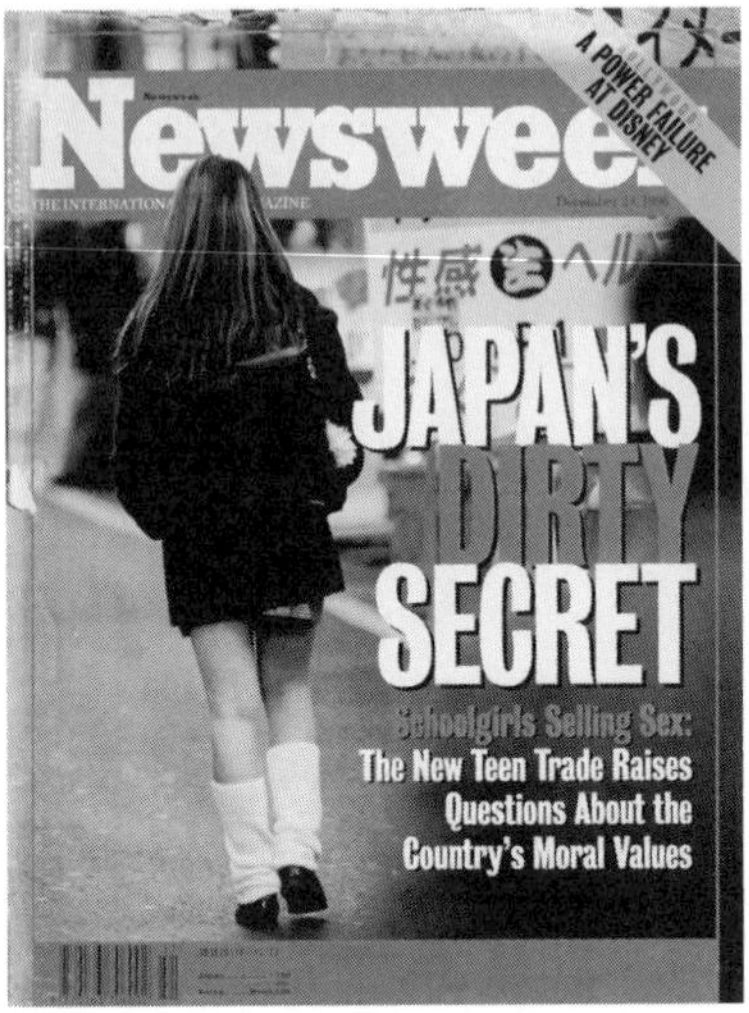

写真15-1　コギャルのイメージ画像

出典：『Newsweek』1996年12月23日号表紙

インタビュー当時、一六歳の高校一年生ユカリ（仮名、一九九八年八月二日に東京町田でインタビュー）は、自分をコギャルだと自認する。ウリ（男性器の女性器への挿入行為）を含む援助交際について「最初は三万円だったけど、二万だったり、そのときによって違うんだ」（最高は一回一三万円）と話した。学期間中は水商売のアルバイト（一〇万円）と援助交際で月一二、三万円を稼いで「ご飯とか服とか遊ぶお金」に使用し、残りの金品は「ちょっと貯めている」。長期休みの一九九八年の八月中は援助交際を掛け持ちして一五万円ほど稼いだと語った。ユカリは「女友だち一〇〇人のうち、半数は援助交際をしている」（圓田二〇〇一：八七）と分析していた。また、一九九〇年代のテレクラブームと援助交際ブームとはリンクしており、そのあだ花であった「女子高生」たちのその一部がコギャルと呼ばれたことは記録しておくべきだろう。

当時、コギャルたちがストリートで過ごすために必要な金額は月一〇万円くらいであった。内訳は、飲食代やカラオケ代、化粧品代、ブランドものの衣服や鞄、パー券代などである。このことは、援助交際市場において「女子高生」という記号を高付加価値化させ、「援助交際＝女子高生」という図式を広めた。二〇二〇年代から見れば奇妙に見えるかもしれないが、コギャルは援助交際（売買春）に対して「エンコー」が「イケてる」という価値観を持っていた。「援助交際で金銭を稼ぐ」ことは「カッコの悪いこと」ではなく、むしろ「クール」とされていた。当時の書籍には、「体を元手に稼いでいるという罪の意識はありません。あくまでも自分たちは割りのいいアルバイトをしているんだと割り切っています。それが証拠に彼女たちの表情には暗さもなければひねたところもありません」（非行問題研究会　一九九五：一七二）と書かれている。また、「九七年一一月、コギャルによるエンコー花盛りのニッポン」と、映画『援助交際撲滅運動』のストーリー紹介ページに記載されている（映画．ｃｏｍ「援助交際撲滅運動」（https://eiga.com/movie/40340/）［二〇二三年三月七日アクセス］）。

当時の論壇では、「援助交際はなぜいけないのか？」や「女子高生の売春問題はなぜ起こったのか？」で議論が活発であった。[4]当時の有識者や大人たちは援助交際を道徳的に批判するだけで、当事者たちに援助交際をやめさせるような「論理」を提起できなかった。法律面では、「児童買春、児童ポルノに係る行為等の処罰及び児童の保護等に関する法律」（通称「児童買春法」、一九九九年）が施行された。

こうして形成された援助交際とコギャル文化の影響は、当時の社会に批判的に受容され、いくつかの作品となって世に現れた。小説と映画『ラブ＆ポップ』[5]や映画『バウンス ｋｏ ＧＡＬＳ』[6]、漫画と映画『援助交際撲滅運動』[7]などである。これらの作品は時代のあだ花であった「女子高生」の輝きを描くとともに、「援助交際はいけないことなのか？』」という当時の社会や大人たちが抱いていた疑問に答えようとするものであった。

三　二〇〇〇年代から二〇一〇年代の援助交際

筆者によるフィールドワークはふたつの時期に行われた。二〇〇三年から二〇〇四年にかけての約半年間で四人の少女へのインタビューと、二〇一一年に行われた一四人の少女（ひとりは二〇歳）へのインタビューが存在する。

二〇〇三年から二〇〇四年の調査では、出会い系サイトを通じて出会ったマイ（仮名）の事例が特徴的である。マイは、インタビュー当時一六歳で、公立高校の普通科に所属する高校一年生である。援助交際は、中学一年の夏から始め、援助交際歴三年あまり、インタビュー当時も継続中であった。援助交際経験人数は六〇人以上である。すべて性交を行う「ウリ」と呼ばれる援助交際である。その値段は、彼女によれば、「自分的には安いような気は」しながらも、「だいたいが二万五〇〇〇円」である。援助交際のきっかけは中学に入ってから始めたテレクラ遊びである。彼女がテレクラを利用し始めた二〇〇〇年は、「風俗営業等の規則及び業務の適正化等に関する法律」が施行される以前で、テレクラが援助交際メディアとして機能していた。女性側が電話を無料でかけることのできるテレクラに、暇つぶしやイタズラでかける、これがテレクラ遊びである。マイが言うには、テレクラ遊びが中学一年生の頃にはやっていたらしい。マイの場合、テレクラ遊びの相手から援助交際をもちかけられ、「お金欲しいな」と思ってやったのが最初だという。援助交際の行為内容は性交である。二〇〇〇年代前半は、一九九〇年代の「女子高生ブーム」を引きずるかたちで「少女」による援助交際が続いていたものの、未成年者による援助交際を取り締まるかたちで、「少女目当ての援交」や「少女による援交」が難しくなってきた時代であった。

二〇一一年の調査では、一四人の少女（ひとりは二〇歳）にインタビュー調査を行った。インタビュー調査は、関東地方で、二〇〇九年一二月から二〇一一年三月まで行い、一四人の少女への面接インタビュー、ひとりの「援交業者」への面接インタビュー、ひとりの出会い系サイト経営者への面接インタビューの、計一六件が得られた。このころには援助交際の行為内容の「ウリ」（性交）やH（エッチ）は「ワリキリ」と呼ばれるようになった。

金銭目的のギャル系のナナ（仮名）は東京六大学のひとつに通いながら渋谷で毎晩飲んで騒ぎたいという目的で援助交際を行っていた。また、新宿でホスト遊びに明け暮れるために援助交際をする高校二年生のサオリ（仮名）も印象的であった。また、池袋で会った一九歳の偏差値六〇ぐらいの私立大学生に通うユイ（仮名）は、実家が東京で実家から通えるところにあるが、「ひとり暮らしをしたくて」援助交際を行っている。「H込み」で二万円だと話していた。世田谷区に住む私立高校三年生のユリコ（仮名）の場合は、ライブに行くお金欲しさに、援助交際を行っていた。H系なしの、食事のみで五〇〇〇円の援助交際である。

また心的トラウマを抱えた援助交際女性も存在した。早慶に入学できる学力を持ちながら特待生でMARCHに入学し通って勉強しながら家計を支えていると話した一九歳のサクラ（仮名）がその例である。父子家庭で、父親は無職、高校入学時に元母に会いに行ったとき、その母の交際相手からレイプされ、処女を失っている。現在は援助交際をこなしながら、某有名マンガ家の住宅を「週一回メイド服を着て掃除をする」というバイトを行っている。報酬が高額で定期券を買う金銭もくれるから出かける際には何かと便利で、ずっとやり続けているのだという。横浜の一七歳の高校三年生のアイカ（仮名）は、処女で、そのことを売りにして、「手こきフェラ」で八〇〇〇円から一万円のお金を稼いでいる。当時「手こきで一万円」と言うと「バカにするな」という返事が返ってくるそうだが、処女の体を自由に触れるという条件をつけると、応じる者が現れるという。彼女はリストカッターでもある。

一九歳の専門学校生のナミ（仮名）は調布で親と同居していて大学に入ってすぐに中退して、当時は専門学校に通っていた。高校三年生の秋に、援助交際にはまった。以降、体験人数は四〇人で、リピーターも多く、一か月で三〇万円を稼いでいた。土日は、一日三人と会っていた。相手の男性の年齢は一七歳から四六歳までである。「明日二以上で新宿で会えるひといませんか」と書き込むと、二〇件ほどの返事が返ってくる。彼女は、援助交際で出会った二八歳のサラリーマンに新宿で最初に会ったとき、「ビビッ」ときて、本当に好きになってしまう。会うのが「楽しくて」金銭はもらえないと思って、ふつうの恋愛関係になっていく。援交から始まる恋愛もあるのだ(8)。また、彼女の話で面白かったのが、高校二年生の男子に三万円をもらって、性行為をしたことだ。素直に「申しわけなかった」と思ったという。高校生が高校生を相手に、買春する、売春する時代が到来している。彼女の恋愛話のように、いまや若い一〇代や二〇代の男女にとって、彼氏・彼女の関係は非常に境界が曖昧で、もろいものである。本命とセフレとの関係の判別も難しい。ナミはいま好きなひとがいるのだが、その相手には本命の付き合っている彼女がいて、ナミはその男性とは肉体関係のみを持っている。このような状況のなかで、気持ちや心ではなく、成人男性と同じように、金銭で欲しい物＝性行為を手に入れようと考える高校生がいてもおかしくないと言えるのだろう。

このように、二〇一〇年代の初頭の援助交際は、「何でもあり」の状況になっていた。援助交際から始まる恋愛もあれば、男子高校生が「女子高生」を買春するなど、混沌としていたのが二〇一〇年代初頭の援助交際であった。援助交際の行為内容は、男性が女性に金銭を与えて、「デート」を行う。そのデートには、お茶飲みから食事、ショッピング、性交を含まない性的行為、性交までさまざまであった。この混沌とした援助交際が「パパ活」という名のもと、再整理されるのが、二〇二〇年代である。

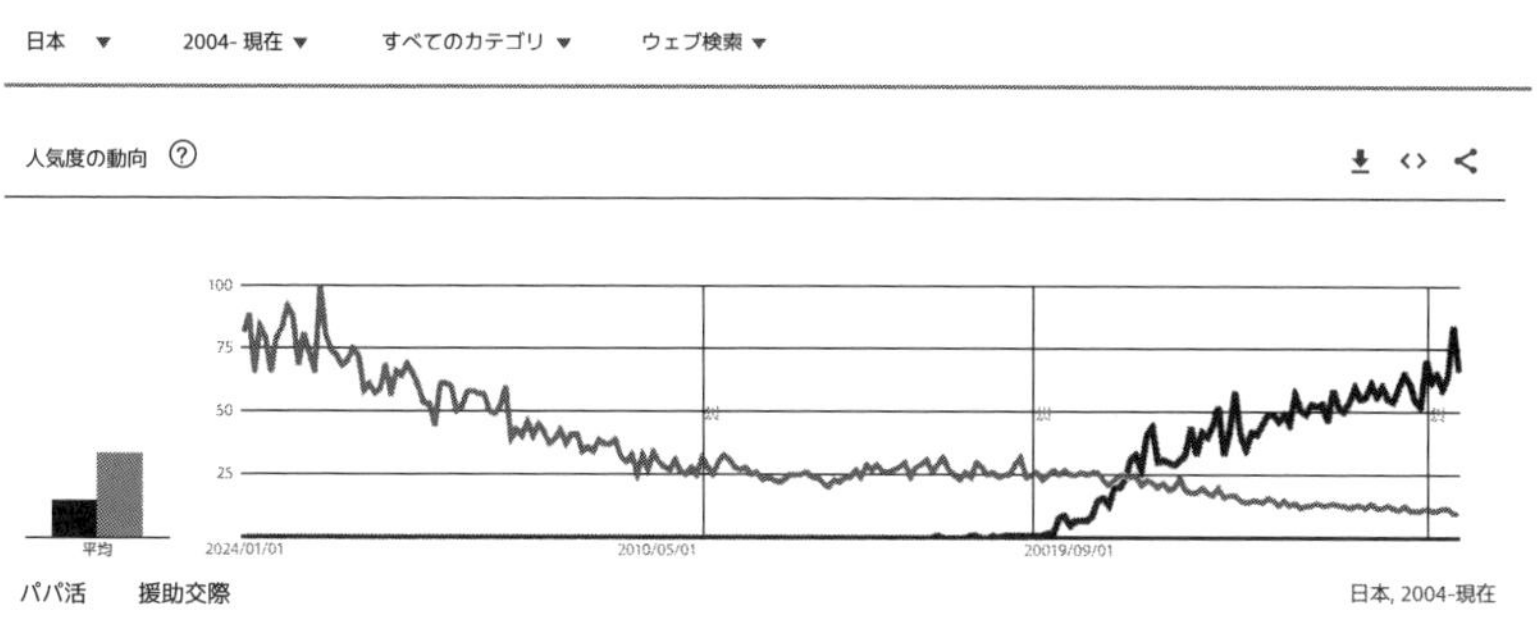

図15-1　Google Trendsで検索ワード「援助交際」(灰色)と「パパ活」(黒色)を比較したグラフ
出典：2022年7月31日参照

四　パパ活

一九九〇年代に「援助交際」が大きな社会問題となり、二〇二〇年代には「パパ活」が大きな社会問題となった。図15-1を見ると、二〇二二年七月のGoogle Trendsでは「パパ活八〇　援助交際一一」の割合で検索され、素人同士による売買春は「パパ活」という名に変化した。ニュース・ソースとしての「援助交際」の価値は低減し、マス・メディアでの露出度は少なくなったが、事件としての援助交際は、パパ活という名前のもとで、児童買春ポルノ処罰法違反、児童福祉法違反、淫行条例違反で毎日のように事件化され、当事者たちは送検、検挙されている。

まず「パパ活」の意味内容について考えてみよう。パパ活は援助交際と何がどう違うのか？「売春や援助交際から、さらにマイルドなネーミング化を遂げて、いわゆる〝パパ活〟が静かな社会問題となっている」（『週刊実話　臨時増刊』二〇一九年二月九日：五二）や「「パパ活」は主に大都市圏で匿名性の高い特異な環境を背景に、密かに進展している社会現象である」（松本 二〇二一：三五）にあるように、「パパ活」がブームとなった。パパ活は「静かな社会問題」や「密かに進展している社会現象」となっていた。ある記事では、「いまや二〇代から三〇代女性の『一〇人に一人が経験者』とされる〝パパ活〟[9]」と書かれている。

「パパ活」という男女間で金銭のやりとりが発生する行為を指す記事が最初に登場したのは、二〇一六年八月一九・二六日合併号の『FRIDAY』である。見出しは「愛人手当がお手ごろに！「パパ活」の楽しみ方」とあり、「パパ活――金銭的に援助をしてくれる年上男性を探す女性が急増中だ。ありていに言えば愛人契約である[10]」。当時パパ活が「愛人契約」として理解されていたことがわかる。またパパ活という言葉が男女間の金銭を介した行為やコミュニケーションという意味で作られたのは二〇一五年だとされる。根拠は、「『パパ活』という言葉が誕生したのは二〇一五年。作ったのは、業界最大手の交際クラブ『ユニバース倶楽部』だ[11]」という記事である。

先述したように、Googl Trendsで検索ワード「援助交際」と「パパ活」とで比較を行った[12]（図15-1）。二〇〇四年一月一日から二〇二二年七月三一日までの平均が「援助交際」三四「パパ活」一五（トレンドの最大値は一〇〇、最小値は〇）であるが、二〇一六年八月には「援助交際」二六「パパ活」五となっており、二〇一六年八月時点では援助交際がパパ活の五・二倍の検索数だったことがわかる。ちなみに、二〇〇五年三月には「援助交際」一〇〇「パパ活」〇であり、二〇二二年六月「援助交際」一〇「パパ活」八四であった。二〇一七年六月は、Googl Trendsで「援助交際」二五「パパ活」二四とほぼ検索数が同数となり、翌七月には「援助交際」二四「パパ活」三三となり、以降「パパ活」が「援助交際」をずっと上回っていく転換点の年月であった。つまり、二〇一七年七月以降、「パパ活」が「援助交際」よりも多く検索されることになる。パパ活の行為内容が愛人契約から女性が男性と食事やデート、性交を行って金銭を得るという行為となったのは、二〇一七年頃だと考えられる。そして、パパ活の行為内容は、初期の「愛人契約」から性交などの性行為なしでも「金品」がもらえる行為内容が強調されるようになる。これが援助交際とパパ活の違いとして強調されるようになる。

筆者は出会い系サイトやパパ活アプリに登録し、「パパ活女子」にインタビュー調査を行った。面接インタビューから、「パパ活女子」の生育歴、初体験と交際、パパ活の行為内容、パパ活のエピソード、トラブルとリスク管理、友達のパパ活、抱えている問題点、パパ活の継続意志などについて、項目ごとに情報を得た。また、これらインタビュー調査[13]から得られた六人のパパ活女子たち、通称「ＰＪ」が出会ってきたパパたちの話から、「パパ活」を分析してみよう。

この調査で、二二歳の無職、一八歳の風俗店勤務者、二六歳のＯＬ、二一歳の大学生、一九歳の大学生、二〇歳の大学生という肩書きの六人の女性たちから話を聞いた[14]。そのうちのひとりを紹介しよう。「大学ですよね。パパ活は、（二〇人のうち）二人やってて多い方かなって思います」と話すまり（仮名）は東京六大学のひとつに通う大学生である。彼氏もいて定期的なアルバイトもしているが、「入り用」な金銭ができたときにパパ活を行っていた。パパ活を始めて二か月近くで、パパ活アプリふたつに登録していた。パパ活の行為内容は、性交（四万円）とホテルでお触りし放題（二万円）、食事デート（一万円）であった。彼女は、自身の女性としての価値をいまが一番高いと認識し、「（パパ活するなら）いましかないですね」と話した。「なんかいま二〇歳前なので、やるならいましかないかなーっ（笑）」と話していた。この「やるならいましかない」という発言は一九九〇年代の「女子高生」の援助交際と同じ意味の発言である。「あと大学生って一番暇なんで。時間があるし、授業がない平日の日とかもあるので、コスパ良いかなって思っちゃいます」と答えている。大学生で彼氏持ち、固定された職種のアルバイトもしている。しかし、万単位の金銭が入り用になれば、パパ活アプリを使って金銭を得る。「コスパ良い」からパパ活を行う。逆にパパ活にどっぷりつかって、相手の中年男性に恋心を抱いて、悶々としている女子大生の話も聞いた。六人の話を総合すると、パパ活は援助交際と行為内容において変わらない。

しかし、比較検討するとパパ活の特徴は三つある。①若い女性ほど価値があるが一八歳未満は法律的にＮＧである。したがって、「女子大生」が女性側のパパ活市場では最上位の地位を占める。②援助交際よりも、手続きが細分化されており、顔合わせ（お茶）が三〇〇〇円から一万円、食事が一万円から二万円、性交が一万五〇〇〇円から五万円となっており、男性たちによる女性たちへのランクづけによって、その価格が決まる。③パパ活女性の多くがスマホ用のパパ活アプリを利用している。これは出会い系サイトよりも、詳しいプロフィールを掲載できる。女性は無料で、男性は月額五〇〇〇円から一万二〇〇〇円を支払って利用できる。タイムラインや位置情報などの機能により条件に合う男女をより早く出会わせることができる。

簡単にまとめると、テレクラの出会い系メディアを介した売買春が援助交際と呼ばれるようになった一九九〇年代から、援助交際は基本的には電話やインターネットなどのメディアを介した素人間の売買春であった。その状況は援助交際がパパ活と呼ばれるようになった現在でも変わりない。パパ活とは援助交際とあまり変わらない行為である。パパ活とは、女性側が、就活、婚活などのように、「パパ」を得るための活動であり、その中身は「性的魅力（若い、かわいい、清楚など）のある女性が、「大人（性交、あるいは性的行為）」の可能性をちらつかせながらお茶や食事、デートなどの性的行為ではない方法で二〇歳から三〇歳くらい離れた男性から金銭的搾取を行う活動であり、男性は直接的な性的搾取である「大人」を求めて女性に対して間接的な性的搾取を行う活動である。パパ活においても、筆者が行った援助交際の定義を適用すれば、「パパ活とは、管理や強制なしに、あるひとが金品を代償に、他者の性的な部分を売買することを前提として成立するコミュニケーションである」は該当すると言える。高度情報化社会はメディアを進化させ高機能の「出会い」の手段「パパ活アプリ」を誕生させた。素人同士の出会いと売買春は、当事者同士にとってはより安全により効率的になっている。高度消費社会はパパ活を援助交際に置き換えさせることで、より多くの男女をパパ活市場に参入させ、男性の性欲と女性の金銭欲を充足させている。

五　立ちんぼ

ここ数年、バブル経済崩壊後の日本社会にあり得なかった危ない兆候が出現している。新宿歌舞伎町での「立ちんぼ」が話題になったように、未成年者[15]を含む若い女性たちが路上に立って男性たちとの売春の交渉を行う行為が現れ、日本社会の「崩壊」を象徴するようなできごとが社会問題化している。パパ活女性の一部が「時短」のために、顔などを路上でさらしながら、売春などの行為を行う「立ちんぼ」が大都市の繁華街（東京の新宿や大阪のキタやミナミ）で見られるようになった。

筆者が直接話を聞いた立ちんぼ経験者の女性（二〇〇〇年頃）とは大きく状況が異なっている。以前ならば、立ちんぼは、返済の当てのない借金などの切迫した事情があり、夜間に人目を忍んで繁華街にあるラブホ街の路上に立って、買春相手を探していた。

しかし、新宿歌舞伎町の路上に立つ女性たちは、日中に堂々と街頭に立ち、顔と身体を通行人にさらしている。理由は、ホスト遊びなどで抱えた多額の借金のためである。パパ活サイトやアプリに登録し出会うまでの時間を短縮し、売春などの性的行為の回転率を上げるために路上に立っている。いわば「無敵のひと」であり、ＹｏｕＴｕｂｅやＳＮＳで顔をさらされても平気なひとたちである。以前は人目を忍んで行われた立ちんぼが悪びれることもなく、また定期的な警察の一斉摘発を恐れることもなく、そこに立ち続ける行為は、日本社会がこれまで保持し続けてきた秩序や規範が溶解するような現象のひとつであると、筆者は考える。高度情報化社会は電話やインターネットを媒介した素人同士の売買春行為である援助交際やパパ活を生み出した。この延長線上に立ちんぼはある。売買春を行うことへの抵抗感のなさは、一九九〇年代の援助交際から受け継がれてきたものである。

立ちんぼは、女性たちをホスト遊びや過度な浪費へといざなう高度消費社会に原因がある。たとえば「ホスト遊び」を行う援助交際女性やパパ活女子に筆者はインタビューを行ったが、使う金銭が最低でも二、三万円で上は一〇〇万円を超える。別にアルコールが好きというわけではなく、ただ単に「このホストの人気を上げたい」や「ホストに喜ばれたい」という気持ちで高額な金銭を支払い、そのホストから認められたいという「承認欲求」の充足のためホストクラブに通っている。この消費スタイルが毎日のように生じ、この支払いはホストクラブの「売掛払い」（いわゆる「ツケ」払いであり、飲食代金を後払いすること）ができるため、気がつけば何百万円という借金が生まれている。ある日突然何百万という支払いを求められれば、若い女性ならば時給一〇〇〇円や一五〇〇円で働いて地道に返済するよりも、風俗店勤務や立ちんぼで稼ぐことの方が早期返済の近道に思えてしまう。風俗店では自分の売り上げの五割ほどしか手にできず、時間も自由も効かないので、立ちんぼを選ぶ女性が登場することになる。たとえば、「ウリ」である性交が二万円であったとしたら、近くのラブホテルで移動時間を含めて三〇分から一時間で済ませ、それを一日一〇人の相手をする。すると稼ぎは一日二〇万円となる。路上に立っているときに、パパ活アプリや出会い系サイトを利用し相手を探せば、より効率的に稼ぐことができる。想像するにこのような事情と状況で一部の女性たちは「立ちんぼ」を選択しているのだろう。

六　個人間の売買春に見る社会崩壊の兆候

新宿歌舞伎町の立ちんぼのような無敵のひとたちが出現し、ニュースで取り上げられるが、有効な手段と説得の論理を持たない・持てないために、現状が放置される事態がここ数年続いている。危険な兆候であると筆者は考える。

しかし、自発的な素人間の売買春の系譜をたどれば、一九九〇年代の援助交際にたどり着くだろう。当時も、「援助交際はなぜいけないのか？」という問題に対して、日本社会は有効な否定的回答を持てなかった。問題と正面に向き合うことができず、「自己責任論」で片づけてきたいわば「ツケ」が立ちんぼとなって、私たちの目の前に現れていると言えるのではないだろうか？

では、立ちんぼ問題を解消する方法はあるのだろうか？　答えはノーである。本稿で見てきたように、立ちんぼ問題は、一九九三年に「援助交際」という言葉が登場して以来三〇年以上の歴史と変化を持つ個人間の自発的な素人間の売買春が背景に存在している。そこで形成された売買春観や文化（援助交際文化やパパ活のムーブメント）が存在するために、立ちんぼ問題を早急に解決することは難しい。もう一度、「被害者が存在しない自発的な素人同士による売買春はなぜいけないのか？」や「自身の身体の持つ性的な価値を金銭に直接的に交換することがなぜ悪い、いけないことなのか？」という問題に立ち返って熟考しなければならないだろう。

本稿の仮説は、素人同士による売買春は日本社会の経済的な停滞と緩やかな秩序の崩壊を象徴する社会問題であるというものであった。一九九〇年代、二〇〇〇年代、二〇一〇年代の援助交際を見れば、「家族」や「学校」「会社」「地域」などの共同体に頼ることのない「個」の自由が拡大するかたちで緩やかな秩序の崩壊があった。また、援助交際やパパ活の価格が三〇年間ほぼ変わることなくむしろ安くなっていることが示すように、日本社会の経済的な停滞を現わしていた。この状況が先鋭化したのが立ちんぼである。立ちんぼは、ここ三〇年続いていた素人同士による売買春である援助交際やパパ活の示していた「緩やかな秩序の崩壊」が限界点に達し一種のカオスに突入し、現代日本社会が作り上げてきた秩序や規範が崩壊したことを象徴していると考えられるだろう。

注

（1）「電話風俗」という名前は宮台真司の造語である（宮台 一九九六：一二六―一二七）。「電話風俗空間は、こうした『接続』『出会い』『親密さ』への転換が、有料サービスとして提供されているシステムである」（加藤 二〇〇一：七六）。

（2）福岡で「援助交際」という言葉が登場するのは一九九三年頃である。「福岡で『援助交際』という言葉が登場するのは、ちょうどこの頃のことだという。あるテレクラの店長は、『この頃から、伝言ダイヤルの中に援助交際を希望する女子高生のメッセージが入るようになったんです。最初は〝援助交際〟という言葉の意味が分からなかったんですが……』と語っている」（現代ネットワーク研究会 一九九八：一二一）。

（3）「コギャル」という言葉は一九九三年頃に誕生している（エイムクリエイツ編 一九九六：五一）。イメージとしてのコギャルとは、「茶髪に白メッシュ、ミニスカートのセーラー服、ルーズソックスというコギャル・ファッションに身をつつんで歩くティーン・エイジャー」（圓田 二〇〇一：一二八）であり、なかには、日焼けサロンで全身を焼いて顔も黒くなっているコギャルも存在していて、その顔の特徴を「ガングロ」と呼ぶ。

（4）参照資料としては、朝日新聞社刊行の『論座　一九九八年　四月号』の特集「援助交際する娘へ」：一一―六一が挙げられる。

（5）『ラブ&ポップ』（ラブ・アンド・ポップ）は、女子高生の援助交際を題材として一九九六年に出版された村上龍の小説である。一九九八年に映画化された。監督は庵野秀明、製作会社はキングレコードとテレビ東京と東映である。

（6）『バウンス ko GALS』（バウンス コギャル）は一九九七年に映画化された。監督は原田眞人、製作会社は松竹と「バウンス ko GALS」製作委員会である。

（7）『援助交際撲滅運動』は、原作・山本英夫、作画・こしばてつやによる漫画作品である。四度の実写映像作品（二〇〇一年、二〇〇四年、二〇〇九年、二〇二〇年）が製作された。二〇〇一年の作品では、監督・脚色・撮影が鈴木浩介で、配給はキングレコードであった。

（8）援助交際から始まる恋愛はそう珍しいことではないらしい。「『うふっ。そうですね。最初はただのオジサンだと思ってたんだけど、その人すごく優しかったから、だんだん好きになってた』。相手の男には、もちろん妻子がいる。始めたときは、援助してもらうのだから、一緒にいる間は優しくしてあげよう。そう思っていただけなのだが、だんだん気持ちが変わってきた。その期間、彼女には彼氏がいなかった。いくら援助交際の関係だとはいっても、同じ人に抱かれ続けると、気持ちが入ってくるもの。こんなオジサンのことが好きになるなんて、自分がおかしいと思った」（吉岡編 一九九七：五四）。
（9）河合桃子「『一八〇〇万円騙された』三〇歳被害女性が明かす　急増中「パパ活」詐欺の手口」『デイリー新潮』https://www.dailyshincho.jp/article/2022/05040600/?all=1、二〇二二年五月四日取得。
（10）『ＦＲＩＤＡＹ』二〇一六年八月一九・二六日合併号：九〇―九一。
（11）『文藝春秋』二〇二〇年一月号、秋山千佳、「二〇二〇年の『パパ活女子』」：三三八。
（12）https://trends.google.co.jp/trends/explore?date=all&geo=JP&q=%E3%83%91%E3%83%91%E6%B4%BB,%E6%8F%B4%E5%8A%A9%E4%BA%A4%E9%9A%9B、二〇二三年七月三一日取得。
（13）パパ活のインタビュー調査は、二〇二二年七月二日から八月七日まで約一か月のあいだに行われた。方法は、『ワクワクメール』と『ハッピーメール』のふたつの出会い系サイト、『Ｌｏｖｅ＆（ラブアン）』というパパ活アプリに登録し、インタビュイーを探すというものである。インタビュイーを探す方法は、①これら出会い系メディアに筆者が登録し同じ出会い系メディアを使用している女性からのコンタクトやメッセージを待つ、②これら出会い系メディアに登録している女性たちにコンタクトを取りメッセージを送る、③掲示板やタイムラインに投稿した女性たちにメッセージを送るという三つであった。
（14）圓田（二〇二三）に詳しい調査内容が掲載されている。
（15）時事通信社会部の二〇二四年一〇月一八日付の記事「大久保公園で女子高生買春容疑　53歳会社員を初摘発―警視庁」。

文献

映画・ｃｏｍ、二〇二三、「援助交際撲滅運動」（https://eiga.com/movie/40340/、二〇二三年三月七日取得）。

エイムクリエイツ編、一九九六、『世紀末ヤングエイジ生態図鑑――タイプ別完全解説　団塊ジュニアのストリートカルチャー』ダイアモンド社。

藤井良樹、一九九四、『女子高生はなぜ下着を売ったのか？』宝島社。

現代ネットワーク研究会、一九九八、『テレクラな日常』クリエイティブ・ワークス。

Googl Trends、二〇二二、検索ワード「援助交際」「パパ活」（https://trends.google.co.jp/trends/explore?date=all&geo=JP&q=%E3%83%91%E3%83%91%E6%B4%BB,%E6%8F%B4%E5%8A%A9%E4%BA%A4%E9%9A%9B、二〇二二年七月三一日取得）。

非行問題研究会、一九九五、『女子学生堕落マニュアル』データハウス非行問題研究会。

家田荘子、二〇〇四、『歌舞伎町シノギの人々』主婦と生活社。

時事通信社会部、二〇二四年一〇月一八日「大久保公園で女子高生買春容疑　53歳会社員を初摘発―警視庁」（https://www.jiji.com/jc/article?k=2024101800587&g=soc）。

加藤晴明、二〇〇一、『メディア文化の社会学』福村出版。

河合桃子、二〇二二、「「一八〇〇万円騙された」三〇歳被害女性が明かす　急増中「パパ活」詐欺の手口」『デイリー新潮』（https://www.dailyshincho.jp/article/2022/05040600/?all=1、二〇二二年五月四日取得）。

警察庁生活安全局保安課、二〇一一、『平成二一年中における風俗関係事犯の取り締まり状況等について』。

圓田浩二、二〇〇一、『誰が誰に何を売るのか？――援助交際に見る性・愛・コミュニケーション』関西学院大学出版会。

圓田浩二、二〇〇三、「沖縄テレクラ社会史――テレクラ規制がもたらしたもの」『沖縄大学地域研究所所報』三〇：一二一―一三二。

圓田浩二、二〇〇四、「援助交際のフィールドワーク」好井裕明・三浦耕吉郎編『社会学的フィールドワーク』世界思想社、一六七―二〇〇。

圓田浩二、二〇〇五、「少女を巡る売買春への対応――沖縄における援助交際問題」『現代の社会病理』二〇：三五―四八。

圓田浩二、二〇〇六、『援交少女とロリコン男――ロリコン化する日本社会』洋泉社。

圓田浩二、二〇一一、「ポルノ化する援助交際――『援交もの』と児童ポルノ」京都大学人文科学研究所共同研究班・大浦康介編『共同研究ポルノグラフィー』平凡社、二六八―二八七。

圓田浩二、二〇二二a、「『パパ活』の定義論――『援助交際』と何がどう違うのか？」『沖縄大学経法商学部紀要』五：一―一八。

圓田浩二、二〇二二b、「『援交ブーム』以降の援助交際――何がどう変わったのか？」『沖縄大学経法商学部紀要』五：一九―三二。

圓田浩二、二〇二三、「パパ活女性（ＰＪ）へのインタビュー調査の調査報告――パパ活とはどのような行為なのか？」『沖縄大学経法商学部紀要』六：三九―五六。

松本妃奈子、二〇二一、「現代日本における『パパ活』の進展と性の非対称性の検討――イアン・ハッキング Grade of commitment 適用の試み」『千葉大学大学院人文公共学府研究プロジェクト報告書』三六一：三四―四四。

宮台真司、一九九六、『制服少女たちの選択』講談社。

中村淳彦、二〇二一、『パパ活女子』幻冬舎。

日本弁護士連合会編、一九七四、『売春と前借金』高千穂書房。

荻上チキ、二〇一一、「現代日本の売春――『出会い系』調査ノートより」『αシノドス』七一。

坂爪真吾、二〇一八、『パパ活の社会学――援助交際、愛人契約と何が違う?』光文社。

清水健宇編、一九九八、『論座　一九九八年　四月号』朝日新聞社。

鈴木大介、二〇一二、『援デリの少女たち』宝島社。

吉岡哲巨編、一九九七、『オトコとオンナの世紀末　援助交際読本』双葉社。

第16章　行動嗜癖による社会統制と新たな秩序のかたち

井出草平

一　香川県ネット・ゲーム依存症対策条例

二〇二〇年に香川県で「ネット・ゲーム依存症対策条例」（以下、香川県条例）が制定された。この条例は一八歳未満を対象に、平日のゲーム利用時間を一日六〇分、休日を九〇分までに制限し、スマートフォンの使用は中学生以下を二一時まで、それ以外を二二時までに制限する内容である。二〇二〇年一月の初期案公表時には大きな批判があり、結果的に制限時間は「目安」として位置づけ直され、条例は可決された。

この条例が特異な点は、その名が示すように「依存症対策条例」にある。条例の建付けはインターネットやゲームの利用時間を制限することで依存症の防止が可能であるというものである。しかし、この論理を支持する科学的な根拠は存在しない。たとえば、ゲーム嗜癖の研究で著名なハンガリーの心理学者オルソヤ・キライは、ゲーム時間と嗜癖（依存症）のあいだにはほとんど関連がないと指摘している（Király et al. 2017）。

これは単純な科学と政治の捻れではない。日本政府は香川県の見解を否定している。二〇二〇年三月一〇日の参議院内閣委員会において、厚生労働省は「ゲーム依存症の発症とゲーム使用時間の因果関係については確認されていない」と答弁している。科学的にも否定され、日本政府にも否定されているなかで、香川県内でのみ認められたロジックとなっている。世論調査の結果はどうであろうか。朝日新聞が二〇二〇年一月二八日に報じたところによると、「ゲーム時間の目安を条例で定めること」に対する反対意見は五七％で、賛成意見は三一％である。全体としては反対意見が多いようだが、二九歳以下では反対が七五％に上る一方で、七〇歳以上では反対が三九％にとどまっており、若年者は反対、高齢者は香川県に同調する傾向がある。この傾向の理由については、若年者がゲームを生活の一部として受け入れている一方で、高齢者にとってゲームは馴染みがないことが挙げられている（山下二〇二二）。

香川県の条例によって明らかになった行動を依存症と見なすこと、すなわち「行動嗜癖」について取り上げる。本稿で取り上げる行動嗜癖（behavioral addiction）は社会統制の一形式としてすでに社会に浸透し、私たちの社会の新しい秩序の形式として根づき始めている。

二　インターネットとゲームの依存症と脳

（1）条例の旗振り役　大山一郎

香川県条例に話を戻そう。香川県条例の推進役を務めたのは、県議会議員の大山一郎である。大山にとって、ゲームというトピックはライフワークに等しく、議員就任当初からゲームを害悪と捉え、自説をさまざまな場面で展開してきた。たとえば、二〇〇六年の香川県議会において、大山は「学習障害や発達性多動障害はゲームが原因である」と述べている。

今、学習障害と思われる子供や発達性多動障害と思われる問題行動を起こす子供たちが、我が県でも急速にふえています。……すべてゲームやパソコンだと言うつもりはありませんが、そのような子供たちの家庭調査くらいはすべきだと考えます。原因が先天性のものではなく、ゲームなどによる前頭前野の機能低下状態だとすれば、対処を早急に行えば治る可能性は高いからであります（平成十八年九月定例会・第五日）。

また二〇〇九年の県議会ではインターネットやゲームで前頭前野機能が低下したひとがフリーター・ニートになるとも主張している。

最近は携帯依存症、テレビゲーム依存症、それからネット依存症の彼らは、私は一般質問で何回も言いましたが、前頭前野機能といいまして善悪を判断したり持続性を持ったり、そういうような機能が低下しておったり、またそこに依存してしまいますから社会に適応できない。そういう人たちがニート、フリーターになっている（平成二一年［二月定例会］経済委員会）。

大山の発言には差別的な要素や、社会問題のすべてがゲームに起因するとする陰謀論的な側面が見られる。しかし、本稿で注目したいのは次の二点である。第一に、大山が医学に関する具体的な発言を一切行わず、フリーターやニート、ＡＤＨＤなどの逸脱者を包括的にラベリングするために依存症の概念を使用している点である。第二に、彼の言動には「前頭前野」や「機能低下」といった脳に関連する表現が含まれている点である。彼は社会問題とゲームの関連を語る際、そのメカニズムをすべて脳に還元している。大山の主張によれば、ゲームは脳機能に異常を引き起こし、善悪の判断が困難になり、学習障害や学級崩壊を引き起こすという。さらに、ゲームによって脳機能が低下し、ニートやフリーターが生まれるとも述べている。このように、大山にとって、逸脱行動と脳はきわめて密接に関連していることが確認できる。大山の主張は奇異であり、疑似科学の類であるが、彼の発言は現代における脳と社会の関係を理解するうえで有用である。脳と社会現象のあいだに関係があるとしても、そのあいだには法律、社会、メディアといったさまざまなものが存在する。それにもかかわらず、これらがすべてすっぽりと抜け落ち、脳と社会現象が直接結びついているように理解されているのである。

とはいえ、大山の考えがそのまま条例になったわけではない。実際には依存症予防というかたちを取って条例化された。つまり、脳と社会現象を直接結びつけることは、私たちの社会では受け入れられるものではなく、依存症という概念を挟み込み、「健康を害する可能性があるため、ゲームやスマートフォンを控えるべき」という言説に変えることで、条例化が可能になり、社会の一部にも受け入れられたのである。ここからも、一般に依存症と呼ばれる行動嗜癖が重要な役割を果たしていることが確認できる。

(2) ゲームをすると脳が萎縮する

条例の制定は教育にも影響を及ぼす。条例制定を受けて香川県教育委員会は教育教材として「ネット・ゲーム依存予防対策学習シート」を作成した。この学習シートには多くの問題点が存在するが、先に述べた大山の発言と同様に脳が大きな役割を担っている。二〇二〇年の初版では「ゲームに依存している人の脳では、感情や思考を司る赤色の部分の体積が小さくなっている。過剰なゲームにより萎縮したと考えられる」と記されている（図16-1）。二〇二三年に改定された版では「長時間ゲームをし続けたことで変化してしまった」と記述されている。

学習シートには脳画像を用いてゲームの危険性を強調し、インターネットやゲームの時間制限を訴える図版がある。ヤオら（Yao et al. 2017）の論文が引用されていると記されているが、ヤオらの論文はここに書かれた内容とは

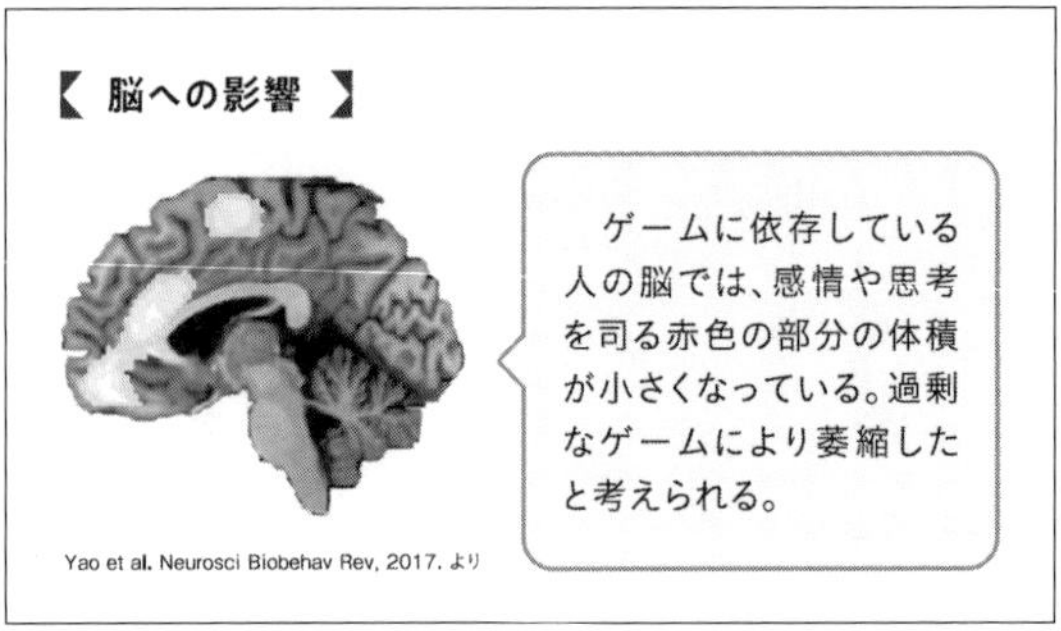

図16-1　香川県ネット・ゲーム依存予防対策学習シート2020年版

まったく異なるものである。ヤオらは脳画像研究を統合し、脳内の神経細胞が集中する灰白質の状態を報告しているが、ゲームによって脳が変化したといったといった主旨の記述は一切ない。

香川県教育委員会は、論文の記述とはまったく異なる内容を捏造し、画像にキャプションを加えているのだ。公教育は学問の基礎を教えるものであるにもかかわらず、学問の基本である「引用」において詐称が行われることは深刻な問題であり、教育委員会という教育の部署で行われることは深刻な問題である。しかし、この議論はここではいったんおこう。本稿が着目するのは「脳」であるからだ。

(3) スマートフォンに困る親たち

アンケートによって明らかにされた保護者の意見として多かったのは「条例にすれば、親の言うことを聞かない子供にも説明ができる」というものであるようだ（Wizleap 二〇二〇）。これは、条例の内容を詳細に検討したというよりも、家庭でルール作りを試みたが失敗したため、条例によって状況が改善するのではないかという期待が背景にあるようだ。

親とゲームの戦いはいまに始まったことではない。一九七〇年代にはすでに街中にゲームセンターが出現し、一九七八年に発売されたスペースインベーダーは社会現象となった。さらに一九八三年に任天堂がファミリーコンピュータを発売し、家庭内でも手軽にゲームが楽しめるようになった。これはおよそ四〇年前のことであり、現在子育てをしている世代にとっても、ゲームは生活の一部になっている。

一方スマートフォンは自分たちが若いころになかった新しいものである。NTTドコモの報告によると、小学生高学年（四年生から六年生）でのスマートフォンの保有率は四割を超え、中学三年生では八二％に達しており、ほとんどの児童・生徒がスマートフォンを持つ時代となっている（NTTドコモ モバイル社会研究所 二〇二四）。また、文部科学省は「GIGAスクール構想」のもと、児童・生徒一人一台の端末と、高速大容量の通信ネットワークの一体的整備を行った。学校においては、誰もがデジタル端末を持つ時代となった。

保護者にとってスマートフォンはゲーム以上に警戒の対象となっている。調査によれば、子どもにスマートフォンを持たせる際にもっとも心配されたことの第一は、六〇％が「スマホを長時間利用すること」であり、五七％が「スマホ依存症になること」であった（保険マンモス株式会社 二〇二二）。現在抱えている心配事としては、ネットいじめ（二二・〇％）、料金関係（ゲーム課金やスマホ課金など）（一八・四％）、有害サイト（一六・〇％）、スパム・迷惑メール（一四・六％）などが挙げられている（トレンドマイクロ 二〇二〇）。

ここで挙げられている問題は、実際に遭遇する犯罪も含まれているが、現実には稀にしか起こらないものである。むしろ、犯罪に巻き込まれるという注意喚起をすることで、スマートフォンの使用を抑制しようという意図が見える。スマホ依存症にも同じことが言えよう。依存症の恐怖を植えつけ、使用を控えさせようとするひとつの手段である。スマホ依存症、つまりスマートフォンを生活が破綻するほどまでに長時間使い続けるという現象はそうそう起こるものではない。スマートフォンの使用、特に長時間の使用を未然に防ぎたいというのが保護者たちのニーズである。

（4）『スマホ脳』

親たちの心配を裏づけるひとつの証拠として、書籍『スマホ脳』のヒットが挙げられるだろう。この本はスウェーデンの精神科医アンデシュ・ハンセンによるものでスマートフォンの害悪について詳述している。二〇二一年に発売されて以来、六〇万部を超える大ベストセラーとなった（Hansen 2019）。

教育関係者のあいだでもこの本は広く読まれ、校長先生の朝の集会の定番の話題となっている。たとえば、足立区立千寿青葉中学校長・鈴木幸雄は「スマホが世の中に浸透し、何でもスマホを頼りにし、スマホがなければ生活できない、いわばスマホ依存症になっていないか」（鈴木 二〇二〇）と言い、賢明女子学院中学校・高等学校長・松浦明生は「スマホの弊害を理解し、スマホの使い方についてよく考えてみてください」（松浦 二〇二一）と呼びかけ、兵庫県立東灘高等学校長・徳山学は勉強に集中するためスマートフォンの解約を勧めている（徳山 二〇二二）。

『スマホ脳』は「脳」をキーコンセプトとしてスマートフォンの害悪を説いているが、この本には脳科学の研究がまったく引用されていないという奇妙な特徴がある。その原因は、脳科学の研究でスマートフォンの害悪を示したものが存在しないためである。そういった状況においても著者であるハンセンは、さまざまな文献をチェリーピックし、脳を使った説得を試みている。

『スマホ脳』は信頼性に欠け、科学的にはお粗末な本であるが、スマートフォンの利用を抑制したいひとたちにとっては、バイブルとなっている。私たちの社会には子どもたちのスマートフォンやインターネット利用を制限することへの強い欲求が存在する。そのための説得材料として、ネットやゲームの依存症・嗜癖という医療概念、「脳」というエージェントが用いられているのである。

三　脳ブーム

(1) ドーパミン、セロトニン、アドレナリン、エンドルフィン、オキシトシン

昨今、脳とともにドーパミン、セロトニン、アドレナリン、エンドルフィン、オキシトシンといった脳内物質が取り上げられることが多くなった。二〇二三年七月五日に放映された「きょうの健康」では、「四つの幸せホルモン」というテーマで、エンドルフィンを「高揚感・満足感・幸福感を高める」、オキシトシンを「愛情を増やし心に安らぎをもたらす」、ドーパミンを「達成感・爽快感・集中力をもたらす」、セロトニンを「精神を安定させ、不安・ストレスを和らげる」と紹介している。このように、ひとつの物質と人間の感情を直接結びつける表現はこの番組に限らず広く見られるようになっているが、典型的な誤りのひとつである。

たとえば、セロトニンの不足が不安症やうつ病と関連していることは広く認められているが、これはまだ仮説の段階であり、精神疾患の複雑なメカニズムは完全には解明されていない（APA 2022）。さらに、セロトニンが不足した際に不安症やうつ病になる可能性はあるが、健康なひとがセロトニンを増やしても幸福度が向上するわけではない。不安症やうつ病の治療に使われるセロトニン再取り込み阻害薬（ＳＳＲＩ）を服薬すれば、脳内でセロトニンは増加するが、健康なひとが使用しても気分が向上することはない。それどころか、薬の副作用が現れるだけである。また、セロトニンが過剰になるとセロトニン症候群という中毒症状が発生し、生命の危険がともなうため医療的対応が必要となる（APA 2022）。麻薬指定されているＬＳＤが幻覚を引き起こすことは有名だが、これもセロトニンによって引き起こされるものである（Nichols et al. 2018）。人間は言語と生理現象を一対一で結びつけ、精神の安定＝セロトニンと考える傾向があるが、実際の生理現象のメカニズムは複雑である。

（2）さまざまなドーパミンの役割

ＮＨＫの番組でドーパミンは達成感・爽快感と紹介されたが、ドーパミンがそのような側面を持っているのも事実である。人間が何かを学習する際には報酬を予測し、その報酬に応じてドーパミンが放出されるという仮説が現在もっとも受け入れられている（Redish et al. 2018）。たとえば勉強をしたことによる達成感にもドーパミンが関与しているのである。

しかし、ドーパミンは多面的な特性を持つ物質である。ＡＤＨＤはその三分の二程度が、前頭葉でのドーパミン（正確にはドーパミン・トランスポーター）に障害がある精神疾患であり、中枢神経刺激薬と分類される薬剤で治療が行われる（APA 2022）。ＡＤＨＤは達成感や爽快感とは無関係な症状である。また、パーキンソン病は、脳の黒質緻密部で生成されるドーパミンの量が著しく減少することにより生じる疾患であり、その治療薬としては人工的に作られたドーパミンの前駆体（L-ドパ）やドーパミンを脳内で増やす薬が使用される（Grimes et al. 2012）。セロトニンの場合と同じく、健康なひとがL-ドパを摂取しても達成感や爽快感を感じられるわけではない。

（3）ドーパミンを悪役に仕立てる依存症専門医

嗜癖や依存症の分野ではドーパミン犯人説とも言える言説が目立つ。この言説を広めているのが久里浜医療センター名誉院長の樋口進である。彼の話の骨格となっているのは、ジェームズ・オルズが一九五六年の論文のなかで提唱した快楽中枢という仮説である（Olds 1956）。

ある物質やある行為によって心地良さを感じると、その刺激は脳の「快中枢」と呼ばれる快感を生み出す中枢に伝えられます。すると、脳の側坐核という部分が活性化して、神経伝達物質の一種であるドーパミンが大量に放出されます。（中略）脳はさらに強い刺激を求めるようになり、よりいっそう行動が強化され、ドーパミンの分泌量が増えます（樋口 二〇一四）。

樋口の紹介により、快楽中枢仮説は和書の一般書や専門書にも頻繁に見かけるようになった。オルズの実験はラットに電極を配線し、ラットがレバーを押すことで自分の脳を刺激できるようにしたもので、ラットが一時間に一〇〇〇回以上レバーを押すことを発見した。オルズは「われわれはおそらく、脳の中に行動に報酬効果をもたらす特異な機能を持つシステムを発見したのだろう」と述べている。しかし、この仮説は、マウスの機能の一部を欠損させるノックアウトマウスを使った実験が可能になってから、明確に否定されている（Peciña et al. 2003）。

香川県教育委員会によって子どもたちにゲームやスマホの依存症について教育する資料として作られた「ネット・ゲーム依存予防対策学習シート」にも樋口によって広められた快楽中枢仮説が掲載されている（図16-2）。樋口はおよそ七〇年前に提唱され、現在では否定されている仮説を執拗に引用し、スマホやゲームの害悪を訴え続けている。

やめられないもう1つの要因
ゲーム等をして快楽を感じると脳内に大量のドーパミンが出ます。毎日ドーパミンが出ると脳は段々感じにくくなり、より長い時間ゲームをしないと満足できなくなるので、時間のコントロールが難しくなります。

図16-2　ネット・ゲーム依存予防対策学習シートに記載された快楽中枢仮説

(4) 行動とドーパミンの放出量

ドーパミンは現在すっかり悪役となってしまったようだ。香川県条例の旗振り役になった大山一郎県議は「この依存症の原因のドーパミン量が、最近の研究ではゲームをしたときと覚醒剤を一定量投与したときと同じであるという研究結果まで出てきている」と述べている（『国と地方の協議の場（令和元年度第二回）における協議の概要に関する報告書』）。

ゲームをするのと覚醒剤を打つのは同じという論法は大山県議が考えついたわけではない。ネタ元になったのは精神科医の岡田尊司が書いた新書である。ケップら（Koepp et al. 1998）の論文に書いてあったとして「覚醒剤（アンフェタミン）（0.2mg/kg）を静脈注射したときのドーパミンの放出増加は、二・三倍であり、ゲームを五〇分間プレイすることによって生じたドーパミンの放出増加二・〇倍は、それにほぼ匹敵するものであった」と岡田は書いている（岡田 二〇一四）。ケップらの論文にはそのような記述はなく、これは岡田の完全な創作である。

岡田はこの本を執筆して以降、ゲームと覚醒剤の関連についてたびたび発言するようになっている。香川県条例に合わせて四国新聞がゲームとスマホの依存症の特集を組んだときにも取材を受け「脳への影響、薬物と同じ」と発言している（四国新聞 二〇一九年七月二日）。

実際の人間や動物の行動とドーパミン増減はどうなのだろうか。論文で報告されているものをまとめたのが図16-3である。

人間や動物が心地よいと感じる行動には、必ずドーパミンが放出される。たとえば、食事をするとドーパミンの放出量は五〇％増加し、ヨガニードラや瞑想を行うと六五％増加する。ゲームでももちろん増加するものの七五％と瞑想と大差はなく、セックスよりも少ない。ゲームによって増加するドーパミン量はそれほど多くないため、依存症の原因をドーパミンに求めるのは無理があるだろう。この結果についてマッキーとファーガソンは「メタンフェタミンよりもペパロニ・ピザを食べる方がはるかに近い」と皮肉交じりに述べている（Markey and Ferguson, 2017）。

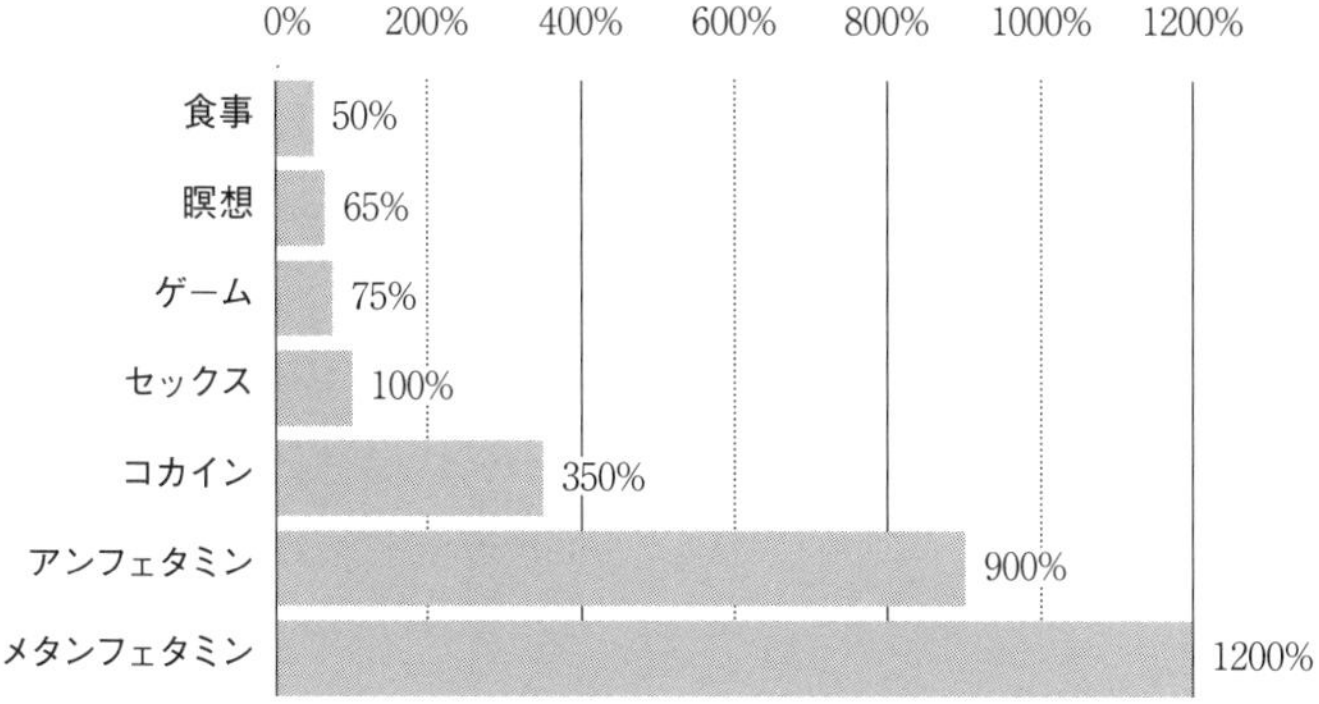

図16-3　行動や薬物によるドーパミンの増加量

出典：グラフで引用した数値は下記の文献による。Bassareo & Di Chiara (1999); Di Chiara & Imperato (1988); Fiorino & Phillips (1999) Kjaer et al. (2002); Koepp et al. (1998); Shoblock et al. (2003)

(5) ドーパミンの働きは複雑

最近の研究では、ドーパミンの作用はいままで考えられていたように直接的に快感を作り出すのではなく、動機づけに関与していると捉えられている。たとえば、フェレッリらは、ドーパミンの前駆体であるL-ドパを摂取した群、ドーパミン阻害薬を摂取した群、そして乳糖を摂取した対照群に分けて、音楽の喜び・楽しみを計測した。その結果、L-ドパを摂取した群は音楽の喜び・楽しみが増幅し、ドーパミン阻害薬を摂取した群はこれが低減したと報告している（Ferreri et al. 2019）。ドーパミンの役割は私たちがある信号に対して心地よいと感じる「調整」に関係しており、その役割は補助的なものと捉えられている。

(6) 現象と言語の一致とメタファー

依存症の原因としてドーパミンが挙げられるのは、日本の学者や医者たちの理解力不足だけが理由ではない。人間が言語を使う生き物であるというところに根本的な原因があるのだと考えられる。人間は自然現象や社会現象を言語によって記述し理解するが、言語が最適な写し鏡とは限らないのである。

ジョージ・レイコフとマーク・ジョンソンは、人間が現象と言語を一対一で対応させる傾向があることや、現象の理解にメタファーが用いられることを指摘している（Lakoff and Johnson 2003）。本来、依存症のメカニズムは非常に複雑であり、依存症の性質や種類によって異なる要因が関係している。この複雑で多岐にわたるメカニズムを完全に理解するには、膨大な本や論文を読み込む必要がある。しかし、多くのひとはそのような複雑で膨大な勉強をして、依存症を理解したいとは思わない。まったく知識を得る努力をせず、依存症についてわかったようになれる魔法の言葉が求められている。それが、ドーパミンというメタファーなのだ。

（7）理解のできない現象を理解できるものに変える脳

二〇二四年三月から、大谷翔平選手の通訳であった水原一平氏が多額の横領を行い、そのほとんどをギャンブルに使用していた事件では、水原氏の状態がギャンブル依存症（嗜癖）であると多くの報道で取り上げられた。『週刊現代』ネットメディア『マネー現代』では「ドーパミンがドバドバ」という表現が用いられている（マネー現代二〇二四）。この例に見られるように興奮をしたり、幸福感を得たりといった心理と、ドーパミンという物質を結びつける用法が散見されるようになっている。

メディア報道では、水原一平氏を「病気」として免罪しようとしているわけではない。常人には不可能な犯罪をなぜ起こしたのかと問うが、うまく説明できずに右往左往している様子が見受けられ、最終的にギャンブル依存症であるという説明がつけられた（井上二〇二四）。

このように、特定の物事に原因を帰着させることはよく行われる。たとえば、九〇年代から二〇〇〇年代にかけて、少年たちの凶悪犯罪が報道で過熱した際には、「心の闇」という言葉が用いられ、理解し難い犯罪を何とか理解可能なものに変換しようとしていた（井出二〇一四）。似た展開はいまでも見受けられるが、現在では「心」という概念にリアリティを感じづらくなっているようだ。

かつて「心」があった場所には、いまは「脳」がいる。脳内物質のメタファーを用いて、脳というエージェントによって現象を説明する時代になったのである。これは単なる説明の枠組みの変化にとどまらない。市民権を得た「脳」「依存症」「脳内物質」の組み合わせは、「行動嗜癖」という新たな概念を生み出し、私たちの行動を統制する枠組みになりつつあるのだ。私たちの社会は、人間の行動と感情を「行動嗜癖」というかたちで解釈し直し、新たなる社会統制のフェーズに突入しようとしている。

四　行動嗜癖と欲望の管理

(1) 行動嗜癖

近年、急速に「行動嗜癖」という概念が広まっている。行動嗜癖とは「精神作用物質ではなく、ある特定の行動や一連の行動プロセスを依存対象とする依存症」と定義されている（谷渕ほか 二〇一四）。行動嗜癖という言葉はあまり知られていないが、これは薬物やアルコールなどの物質依存症ではなく、人間の行動に対する依存症を指すものである。このように言い換えれば、さまざまな場面で使われ始めていることが理解できるだろう。行動嗜癖の代表的なものはギャンブル、インターネット、ゲーム、スマートフォン、窃盗癖、買い物、暴力、自傷、性的逸脱行動、食事、放火である。

行動嗜癖の定着において、先鞭をつけたのはギャンブル依存症である。ギャンブル依存症についてのニュースや特集が組まれ、情報が広まることによって、その存在は広く知られることとなった。ただ、メディアで広められているギャンブル依存症は実態と大きく乖離していると専門家から指摘がされている（中村ほか 二〇二二）。ギャンブル依存症の背後には、さまざまな要因が存在する。たとえば、知的障害や境界知能があるために金銭の管理ができず、計画的なギャンブルが困難であることや、自閉スペクトラム症による独特ののめり込みが挙げられる。したがって、ギャンブルは「原因」というよりも「結果」と捉える方が適切である（ワンデーポート 二〇一二）。ギャンブルによる債務整理は必要であるが、根本的には知的障害や自閉スペクトラム症といった原疾患への支援や治療を行わなければならない。

一般的なメディアイメージでは、ギャンブルが人生を壊滅させるものであり、ギャンブルをすれば誰でも依存症に陥る危険性があるとされている。多くの人びとがこの物語を信じ込んでいるが、それが行動嗜癖の典型的な物語である。行動嗜癖のロジックがもっとも私たちの意識のなかに入り込んでいるのはギャンブルである。

ギャンブル依存症がある程度一般的に認知されたいま、次に続くのはゲームとスマートフォンである。冒頭で紹介した香川県条例に見られるように、これらを依存症や嗜癖として位置づける動きが広まりつつある。

また、並行して進んでいるのが食事と肥満である。「肥満」にはスティグマがあり、肥満は自己管理ができていない証と見なされる傾向がある（Puhl and Heuer 2010）。近年、食欲を減退させる効果のあるGLP－1受容体作動薬が前例のない売れ行きを示している。この薬はもともと糖尿病の治療薬であるが、ダイエットにも大きな効果があることがわかり、先進国において爆発的な売り上げを達成し、発売元であるノボノルディスクが欧州における時価総額一位にまで上り詰めた。この薬で達成できるのは、痩せて健康になるというものだけではない。むしろ、自己統制がされた身体を持つ「私」という自己像、自己統制ができるという他者からの承認を得ることの方が大きいだろう。

体重は五〇％が遺伝的に決定されるため、自己努力で改善するには限界があると言われてきた（Dubois 2012）。しかし、投薬によって食欲を減退させ、身体を統制できるのであれば、その選択肢を取るひとは多くなるであろうし、肥満に対するスティグマのあり方も新しいかたちに変わっていくであろう。

（2）行動嗜癖の医療概念としての破綻

依存症や行動嗜癖は精神医学の分野である。精神医学は脳の機能異常を扱う医学分野であり、依存症や行動嗜癖が精神障害であるならば、脳に機能異常があることになる。薬物やアルコールなどの依存症を扱っていた依存症専門医は、人間の行動にまで学術的な領域を拡大し、ひとが行動を律することができないのも脳の機能異常であると主張するようになっている。これが行動嗜癖を広める専門家たちの動機である。

この流れに対して、依存症専門医以外の精神医学の研究者からはしばしば苛烈な批判がなされる。精神医学における診断基準のグローバルスタンダードであるＤＳＭ‐５‐ＴＲにも、行動嗜癖概念への批判が表明されている。

行動嗜癖という言葉を用いてより極端な症状を記載する臨床家もいるが、この言葉は公式のＤＳＭ‐５の物質使用障害の診断用語からは除外されている。その理由は、この語の定義が不明確であり、潜在的に否定的な意味を内包しているからである。

診断基準に批判が掲載されることが異例中の異例である。当然ながら、行動嗜癖のような批判はほかにはない。精神医学の主流派が行動嗜癖に対して強い警戒感を持っている現れが見てとれるだろう。

アメリカ精神学会の診断基準ＤＳＭ‐Ⅳの編纂を行った精神医学の権威であるアレン・フランセスは自著で次のように述べている。

「行為嗜癖」という概念には、われわれはみな「行為依存者」だとする根本的な欠陥がある。快楽を繰り返し求めるのは人間の本質の一部であり、当たり前すぎて精神疾患とは見なせない（Frances 2013: 293）。

フランセスが言うように人間が欲望を求めることはきわめて正常である。しかし、行動嗜癖はこれを脳の機能異常とするのだから、批判が噴出するのは当然のことである。特に精神疾患とは何かを熟知している精神科医が批判を行うのは至極もっともなことである。

現在、人間の欲望に対して統制を行う行動嗜癖が射程に収めているのは、ギャンブル、インターネット、ゲーム、スマートフォン、食事、買い物といったものである。さらに、行動嗜癖の範囲は広がりを見せている。最近では、株式取引（Mosenhauer 2021）、運動をすること（Konkolÿ 2015）、ペットを飼うこと（Arluke 2017）、掃除をすること（Sinclair 2016）、セックス（Konkolÿ 2015）なども行動嗜癖として扱う論文が登場している。

（3）行動嗜癖の専門家と社会統制の欲望

行動嗜癖を広める専門家たちの動機は、新しい研究分野を開拓することである。フリードソンは「医師にとって最大の野望のひとつは、『新しい』疾患か症候群を発見し、記述し、その疾患に自分の名を冠することによって、後世に名を残すこと」（Freidson 1970=一九九二）と述べている。精神医学の主流派から批判を受けても依存症専門医たちが研究を続ける動機は、フリードソンの指摘が的確に示している。

ただし、一般的に行動嗜癖が受け入れられ始めているのは、依存症専門医の努力がおもな原因ではない。香川県条例の成立過程を見ても、旗振り役であった大山県議がゲームを害悪と見なすところから始まっており、自分の考えを正当化してくれる学者や評論家を探した結果、当時流行していた森昭雄の『ゲーム脳』にたどり着いたようである。『スマホ脳』のヒットにしても、子どものスマートフォン使用に悩む親、教育関係者、新しいテクノロジーへの嫌悪感を持つ者など、さまざまな思惑が原動力になっている。先んじてあるのは、ゲームやスマートフォンの行動を統制しようという欲望である。

両者の動機を分別することは、この現象を理解するために不可欠なことである。

（4）欲望の統制機構としての行動嗜癖

行動嗜癖という言葉も概念も、多くのひとにとってはいまだなじみ深いものではないだろう。ギャンブル、ゲーム、スマートフォンを依存症と見なすひともいる程度であろう。しかし、行動嗜癖の枠組みによって改変されたギャンブル依存症のイメージは私たちのなかにすでに深く入り込んでいる。また、行動嗜癖が成立するために必要な道具立ても整いつつある。道具立てとは、脳内物質をメタファーした脳による現象の説明、人間の行動を統制するために行動を依存症とラベリングすることであり、これらは現代社会に着実に浸透している。

私たちの社会で起こりつつあるのは、単なる脳ブームではない。行動嗜癖は人間のあらゆる行動、あらゆる欲望を対象とし、どのような行動も嗜癖、すなわち脳の機能異常と見なすことが可能になる。行動嗜癖による統制という新たな秩序の扉が、いままさに開かれようとしているのだ。

文献

American Psychiatric Association, ed., 2022, *Diagnostic and Statistical Manual of Mental Disorders: DSM-5-TR*. Fifth edition, text revision, American Psychiatric Association Publishing.

Arluke, A. et al., 2017, “Animal Hoarding,” J. Maher, H. Pierpoint, and P. Beirne eds., *The Palgrave International Handbook of Animal Abuse Studies*, Palgrave Macmillan, 29–107.

Bassareo, V. and G. Di Chiara, 1999, “Differential Responsiveness of Dopamine Transmission to Food-Stimuli in Nucleus Accumbens Shell/Core Compartments,” *Neuroscience,* 89(3): 637–41.

Cockerham, W. C., 2022, “Theoretical Approaches to Research on the Social Determinants of Obesity,” *American Journal of Preventive Medicine,* 63(1): S8–17.

Di Chiara, G. and A. Imperato, 1988, “Drugs Abused by Humans Preferentially Increase Synaptic Dopamine Concentrations in the Mesolimbic System of Freely Moving Rats,” *Proceedings of the National Academy of Sciences,* 85(14): 5274–78.

Dubois, L. et al., 2012, “Genetic and Environmental Contributions to Weight, Height, and BMI from Birth to 19 Years of Age: An International Study of Over 12,000 Twin Pairs,” *PLoS ONE,* 7(2): e30153.

Ferguson, R. A., 2014, *Inferno: An Anatomy of American Punishment*, Harvard University Press.

Ferreri, L. et al., 2019, “Dopamine Modulates the Reward Experiences Elicited by Music,” *Proceedings of the National Academy of Sciences* 116(9): 3793–98.

Fiorino, D. F. and A. G. Phillips, 1999, “Facilitation of Sexual Behavior and Enhanced Dopamine Efflux in the Nucleus Accumbens of Male Rats Afterd-Amphetamine-Induced Behavioral Sensitization,” *The Journal of Neuroscience,* 19(1): 456–63.

Frances, A., 2013, *Saving Normal: An Insider’s Revolt against Out-of-Control Psychiatric Diagnosis, DSM-5, Big Pharma, and the Medicalization of Ordinary Life*, Harper Collins（=大野裕監・青木創訳、二〇一三、『〈正常〉を救え 精神医学を混乱させるＤＳＭ－５への警告』講談社）。

Freidson, E., 1970, *Professional Dominance: The Social Structure of Medical Care*, Transaction Publishers（=進藤雄三・宝月誠訳、一九九二、『医療と専門家支配』恒星社厚生閣）。

Grimes, D. et al., 2012, "Canadian Guidelines on Parkinson's Disease," *The Canadian Journal of Neurological Sciences. Le Journal Canadien Des Sciences Neurologiques*, 39(4 Suppl 4): S1-30.

Hansen, A., 2019, *Skärmhjärnan: hur en hjärna i osynk med sin tid kan göra oss stressade, deprimerade och ångestfyllda*, Bonnier Fakta（=久山葉子訳、二〇二〇、『スマホ脳』新潮社）。

樋口進、二〇一四、『ネット依存症から子どもを救う本』法研。

保険マンモス株式会社、二〇一三、「子供にスマホをいつから持たせる?-二五〇人の保護者にアンケート-」（https://prtimes.jp/main/html/rd/p/000000056.000096733.html、二〇二五年一月一七日取得）。

井出草平、二〇一四、『アスペルガー症候群の難題』光文社。

井上志津、二〇二四、「『地位も名誉も失っても』ギャンブル依存症の怖さ」（https://toyokeizai.net/articles/-/746574、二〇二五年一月一七日取得）。

Király, O. et al., 2017, "Intense Video Gaming Is Not Essentially Problematic," *Psychology of Addictive Behaviors*, 31(7): 807–17.

Kjaer, T. W. et al., 2002, "Increased Dopamine Tone during Meditation-Induced Change of Consciousness," *Cognitive Brain Research*, 13(2): 255–59.

Koepp, M. J. et al., 1998, "Evidence for Striatal Dopamine Release During a Video Game," *Nature*, 393(6682): 266–268.

Konkolÿ-T, B. et al., 2015, "Natural Course of Behavioral Addictions: A 5-Year Longitudinal Study," *BMC Psychiatry*, 15(4).

Kringelbach, M. L. and K. C. Berridge, 2012, *New Pleasure Circuit Found in the Brain*, Scientific American.

Lakoff, G. and M. Johnson, 2003, *Metaphors We Live By*, University of Chicago Press.

マネー現代、二〇二四、「『理性で抑えられない』…!大谷翔平の通訳・水原一平氏が陥った、ギャンブル依存症「負のスパイラル」」（https://gendai.media/articles/-/126265、二〇二五年一月一七日取得）。

松浦明生、二〇二三、「スマホ脳」https://himejikenmei.ac.jp/wordpress/?p=17770、二〇二三年七月二六日取得）。

森昭雄、二〇〇二、『ゲーム脳の恐怖』日本放送出版協会。

Markey, P. and C. Ferguson, 2017, *Moral Combat: Why the War on Violent Video Games Is Wrong*, BenBella Books.

Mosenhauer, M. et al., 2021, "The Stock Market as a Casino: Associations between Stock Market Trading Frequency and Problem

Gambling," *Journal of Behavioral Addictions*, 10(3): 683–689.
中村努ほか、二〇二三、『誤解だらけの「ギャンブル依存症」――当事者に向き合う支援のすすめ』彩流社。
Nichols, D. E. and C. S. Grob, 2018, "Is LSD Toxic?" *Forensic Science International* 284: 141–145.
NTTドコモ モバイル社会研究所、二〇二四、『モバイル社会白書Web版二〇二三年版』。
岡田尊司、二〇一四、『インターネット・ゲーム依存症 ネトゲからスマホまで』文藝春秋社。
Olds, J. 1956, "Pleasure Centers in the Brain," *Scientific American*, 195(4): 105–117.
Peciña, S. et al. 2003, "Hyperdopaminergic Mutant Mice Have Higher 'Wanting' But Not 'Liking' for Sweet Rewards," *The Journal of Neuroscience*, 23(28): 9395–9402.
Puhl, R. M. and C. A. Heuer, 2010, "Obesity Stigma: Important Considerations for Public Health," *American Journal of Public Health*, 100(6): 1019–1028.
Redish, A. D. et al. 2008, "A Unified Framework for Addiction: Vulnerabilities in the Decision Process," *Behavioral and Brain Sciences*, 31(4): 415–437.
Shoblock, J. R. et al. 2003, "Neurochemical and Behavioral Differences between D-Methamphetamine and d-Amphetamine in Rats," *Psychopharmacology*, 165(4): 359–369.
Sinclair, H. et al. 2016, "Behavioural Addiction: A Useful Construct?" *Current Behavioral Neuroscience Reports*, 3(1): 43–48.
鈴木幸雄、二〇二〇、「スマホ脳」(https://www.adachi.ed.jp/adaoba-j/pdf/hibinoyubuyaki/1401tubuyaki.pdf、二〇二五年一月一七日取得)。
谷渕由布子ほか、二〇一四、「行動嗜癖」『脳科学辞典』(https://bsd.neuroinf.jp/wiki/行動嗜癖、二〇二五年一月一七日取得)。
徳山学、二〇二一、「【スマホ脳】～校長通信 No.7/42～」(https://www2.hyogo-c.ed.jp/weblog2/higashinada-hs/wp-content/uploads/2021/05/R3kochotsushin_No.42.pdf、二〇二五年一月一七日取得)。
トレンドマイクロ、二〇二〇、「子どもと保護者のスマートフォン利用に関する実態調査二〇二〇」。
ワンデーポート、二〇一二、『ギャンブル依存との向きあい方――一人ひとりにあわせた支援で平穏な暮らしを取り戻す』明石書店。
Wizleap、二〇二〇、「ゲームの規制に関する意識調査」(https://prtimes.jp/main/html/rd/p/000000017.000052686.html、二〇二五

年一月一七日取得)。

山下洋平、二〇二二、『ルポ ゲーム条例 なぜゲームが狙われるのか』河出書房新社。

Yao, Y.-W. et al., 2017, "Functional and Structural Neural Alterations in Internet Gaming Disorder: A Systematic Review and Meta-Analysis," *Neuroscience & Biobehavioral Reviews*, 83: 313-324.

第17章　インターネットにおける暴力性と情報バースト

前田至剛

はじめに

SNS上[1]を奔流となって広がる暴力的なコミュニケーションは、なぜ繰り返し発生するのだろうか。本稿の目的は、怒りや悲しみ、憎悪などネガティブな感情によって突き動かされるSNS上の膨大な情報流通を情報バーストと捉え、これらの背後に作用する独特のメカニズムを明らかにすることである。情報バーストは次のような事例が典型である。

二〇二二年二月ロシアがウクライナに侵攻する前後から、SNS上では関連するメッセージが急速に増大し始めた。原動力となったのは虚実の入り混じった情報や、敵対者を非難する言辞やヘイトであった。それらは激しい情動に突き動かされていたものの、ほとんどのメッセージの送り手にとって戦場は、物理的・社会的に隔たっていた。実際に戦場になった地域やその周辺、あるいは直接的に影響を受ける活動の当事者以外にとって、情報がセンショーショナルであるのに比して、直接的な関与や影響の程度は（当初は特に）必ずしも大きくはなかった。むしろ各種メディアが伝える「非道」な行いの「証拠」を前に、みずからが何もできない苛立ちから、過剰とも言えるメッセージが発信された側面があるだろう。

ところでこのような現象は、戦争や災害といった地球規模の事象でのみ生じるのだろうか。社会的隔たりのある事象に対し、人びとが互いに膨大なメッセージをやり取りするという現象は、程度の差こそあれ、メディアが高度に発達した今日ではむしろありふれたものである。卑近な炎上事件でも、当事者とそれを話題にする人びととのあいだには、埋めがたい社会的隔たりが存在している。本稿ではこのようなネガティブな感情を呼び起こす事象に対し、SNSを通じて膨大なメッセージがやり取りされる現象を情報バーストと呼ぶことにする。具体的には炎上現象、フェイクニュース、憎悪・分断を煽る情報の氾濫などである。SNSを通じた急速かつ膨大な情報伝播はネガティブなものに限らないが、怒りや憎悪、あるいは虚偽を含む情報のほうが、圧倒的に速く、広く拡散されることが知られているため、[2]社会問題としても広く認知されている現象を取り上げることにする。このような情報バーストに対しては、その情報伝播の実態や形式、それにかかわる人びとの動機や特性などについて明らかにされてきた。たとえば炎上現象はストレス解消や匿名性による暴力性の発露というよりも、道徳的態度や「正義の実現」のための批判が行き過ぎた結果であることがわかっている。しかしながら情報の流れや関係する各個人の動機・特性のみでは、そこにいかなる社会的メカニズムが働いているのかを十分に理解することはできない。さらに情報バーストが発生するSNS固有の要素も考慮に入れなければならない。

たしかに情報バーストは大衆社会の成立やマスメディアにおけるセンセーショナリズム、あるいはもっと古くからある流言飛語と同じ仕組みとして捉えられる部分もある。しかしかつてとは根本的に異なる要素がわれわれの社会に組み込まれたゆえに生じた現象でもある。それはＡＩ技術と人の手によらない情報流通である。

コミュニケーション資本主義の文脈で論じられてきたように、ＳＮＳ上の有象無象のメッセージは、程度の差こそあれＡＩ技術を活用した人の手によらないコンピュータ同士の接続によって制御され、資本主義的経済システムにおける利潤の追求に活用されている。メッセージの流通は、広告や消費者の選好を把握するビッグデータとなり利潤を生む。わずかな時間であっても無数の人間の注目を引き付け反応を計測することにより、モノやサービスとのマッチングを図る情報流通として活用される。とりわけ情報バーストが発生する際は、資本蓄積のための制御が主であって、他者によって発せられたメッセージの意味を解釈し、他者と意思疎通を図る人間の営みは、従属的な位置に追いやられる。しかしながらコミュニケーション資本主義についての議論は、現代の資本主義のシステムが新たな技術を組み込み作動していることとの問題は説明できても、行為者がなぜそのような作動にからめとられていくのか、そして膨大な量のコミュニケーションが暴力性を帯びてしまう理由について十分に明らかにすることはできない。

本稿の論理構成

そこで本稿で特に注目するのは、情報バーストの背後にある、次のような分離・切断のモメントである。SNSが広く普及した社会は、さまざまな近代的制度によって支えられている。資本主義経済もそのひとつであるが、そのほかにも政治や行政など、さまざまな制度の上に成り立っている。たとえば貨幣経済は、広範な交易を可能にした反面、生産物と労働、さらには人間関係までもが、貨幣に媒介される──物象化が不可避であった。あるいは政治の仕組みに導入された「投票」は、意思決定を効率化・合理化する反面、人びとによる直接的な言語を介したコミュニケーションを分離・切断した。このような近代的諸制度による分離・切断に、現代の情報環境は新たなものを組み込んだ。すなわち人びとの意思や思考そのものが、純粋にコンピュータ同士の接続に媒介され、いったんひとの手から離れることではじめて可能となる情報流通である。そこでは人びとが発信した言語や人びとの識別すらも数値化されコンピュータによる計算の対象とされ、より多くのコミュニケーションを誘発する確率の高さのみが重視され情報がコントロールされる。ただしそのようなひとの手によらない、コンピュータ同士の情報流通が拡大すればするほど、その反作用として人びとによる意味解釈＝シンボリックな言語活動に対する欲求も強まる。ちょうど物象化や合理化に対する批判として、連帯などシンボリックな意味の重要性が訴えられるのと同じように、現代の情報環境におけるＡＩによる分離・切断を経て接続されたネットワークと情報に対してもシンボリックな意味を過剰に付与する行為が発生する。それこそが情報バーストである。

先述のウクライナ侵攻以降ＳＮＳ上でやり取りされたメッセージを例に挙げると、当時人びとが感じた苛立ちは、より正確に言えば次のような二重の分離をともなうメカニズムによる。人びとはメディアを介して戦場の過酷な現実の情報に接しながらも、日常の実感として経験されるのはグローバル経済網のなかで起こる（石油や穀物など）流通の麻痺であった。それはたしかに戦争による影響ではあったが、戦地やその近隣にいる人びとの「悲劇的」現実に比して平穏なものであった。国家という近代的制度、グローバルな経済システムに分離・切断されながらも、遠く隔たった人びとがメディアを介して直接的に接続されるとき、その落差を埋めようとするのは自然なことであろう。その結果、「敵」やその「非道」に対する非難といったシンボリックな意味付与が盛んに行われる。もちろんこの行為自体も、コンピュータ同士の接続によって制御され、より注目を引き付けるよう、（偶然を装いつつ）ＳＮＳ利用者に情報がもたらされた結果である。みずからの意思とは無関係に、情報と接触させられた人びとは、より一層シンボリックな意味を過剰に付与し、さらにメッセージを発信していく。そうすることで、より多くの人びとの注目を引き付け、それに付随する広告との接触や利用者から収集されたデータが商品やサービスとのマッチングに活用されていく。

このような過剰な意味付与の過程で、無数の人びととそのコミュニケーションの集合が知覚される。きわめていびつに変形したものでありながら、われわれはこれを目撃することで、日常生活で接する人びとの範囲を超え、同時代に生きる人びとを認識している。本稿では右記のような情報バーストが発生する際の社会的機制について考察する。

一　多重の分離・切断とSNSの社会性

情報バーストの機制を分析するために、まずそれが発生する舞台である社会の特徴について整理しておきたい。その際特に注目するのは、現代社会特有のシンボリックな意味への希求と、「社会の余白」で作動する根源的な社会性である。

先述の通りSNSは、無数の分離・切断の契機を内包する社会において普及した。三上剛史はこの近代社会が不可避的に持つ分離・切断をディアボリズムと呼んだ。たとえば貨幣を媒介とした経済活動は、広範囲に及ぶ多様な交換を成立させたが、それは同時に隣人との互酬性や生産者の人格・固有性といった人びとにとって有意味な要素（＝シンボリックなもの）を失わせた。もちろんこのようなディアボリズムは、貨幣経済や労働といった経済領域に限ったことではない。官僚制的行政サービスや投票を通じた政治参加、あるいは消費を通じたアイデンティティ獲得と他者との交流など、あらゆる領域に広がっている。近代化以降の社会とは、社会的諸制度によって機能分化を遂げることでディアボリズムを内包しつつ、それゆえに規範・共同体・連帯といったシンボリックな意味を重視させる（＝シンボリズム）こととなった（三上 二〇一二）。生産や売買における人格的要素の称揚、物象化に対する抵抗、政治における公共性の実現などである。このような近代化以降の社会を前提にSNSは普及し、政治・経済・文化すべての領域で活用されることになった。そのためディボリズムを前提としたシンボリックな意味を見出す手段としても利用されている。さまざまな社会的諸制度によって、多様な他者と直接コミュニケートすることなく

（＝分離・切断され）、日常生活を送る人びとが、物理的にも社会的にも隔たった人びとの情報に出会う。このとき人びとは、その情報がみずからにとっていかなる意味を持つのか、他者といかなる関係にあるのか、シンボリックな意味を求めずにはいられない。このリアクションとその連鎖を可視化するシステムがＳＮＳにほかならない。

しかしながら、ＳＮＳは近代社会の持つディアボリズムに、新たにコンピュータとＡＩ技術に支えられた分離・切断の契機を付加することで、情報バーストの発生をもみずからの作動原理に組み込んだ。人びとがＳＮＳを通じてコミュニケーションを行うとき、いったんすべての情報がコンピュータによって数値化され、送り手・受け手のシンボリックな意味づけを捨象する仕組みによって制御されることになる。完全に一対一で行われる場合を除いて、主要なＳＮＳではどのような情報が誰に届けられるのかは、可能なかぎりユーザーの閲覧、リアクションが多く発生するよう決定されている。資本主義経済システムにおける資本の蓄積を促すためである。わずかな注意を向けることすらも、広告と結びつけ利潤追求に活用するアテンションエコノミーの仕組みは、ネットという通信手段を得てもっとも効果的に機能している（Goldhaber 1997）。人びとが何かに注目すること、個々の時間や情報接触はわずかであっても、総体としては長時間にわたって潜在的消費者の注意を引くのと同じ効果を生む。また、人びとの会話、気晴らしのための動画閲覧、物理的移動のトレース情報、睡眠リズムや購買履歴など、ありとあらゆる行動が測定され、ネットを通じて流通することで、利潤追求に貢献するビッグデータとして活用されている。いわゆるコミュニケーション資本主義（Dean 2013：伊藤 二〇一九）の仕組みである。

したがって人びとがＳＮＳ上で情報と接触するという事態は、多重の分離・切断を経ているがゆえに、シンボリックな意味付与への誘因も強烈なものとなる。他者と直接的にコミュニケートせずとも日常を送ることのできる人びとがＳＮＳを通じてそれまで出会うことのなかった他者と接触する。このときみずからの境遇と異なるほど、また怒りや悲しみなど感情が揺さぶられるほど衝撃は強くなり、シンボリックな意味付与に基づくリアクションは発生しやすくなる。ましてやコミュニケーション資本主義の仕組みは、衝撃の強さ、反応を誘発するような情報との接触を演出する。後に分析するように、この反作用としてのシンボリックな意味付与によって、暴力的なコミュニケーションが発生するのである。

このような現象は、個人化や流動化を特徴とする後期近代と呼ばれる社会と一見適合的である。すなわち社会の流動化と個人化の進展によって、集団や制度といった拘束から解き放たれた人びとは、無媒介に他者と交流し、みずからの生を意味づけることを強いられる。拘束は他方で個人を保護し、秩序を維持することにも貢献していたが、これが失われることで個人はすべて自己責任のもと他者とのつながりをコントロールする必要がある。その手段のひとつとしてSNSが普及している以上、そこでの行いは秩序を維持するさまざまな社会制度の網の目からこぼれ落ちてしまい、暴力的コミュニケーションも発生しやすくなる、と。しかしながら、これは、このような枠組みだけで捉えきれる現象ではない。後述するように近代化の以前・以後と無関係に、人と人とが出会い、規範やルールとは無関係に他者とコミュニケートするような位相は常に存在してきた。古来から人びとは一定程度移動し、その先々で他者と出会ってきたが、規範やルールの埒外での出会いが常に対立や暴力を生むわけではない。本稿でとりわけこの点に注目するのは、情報バーストのような暴力的なコミュニケーションが発生する仕組みについて正確に捉えるためである。情報バーストの暴力性は、諸制度による秩序維持が機能しない、いわば自然状態に近い状況で生じていると捉えるべきではない。後に見るように、むしろ規範や道徳、正義の実現といった「常識的な」反応に基づく行為こそが暴力の源泉であるからだ。

荻野昌弘によれば、近代化の以前・以後にかかわらず、一見秩序が維持されているように見える社会でも、人と人とが出会い相互行為が発生しつつも、その行為が規範的・道徳的に良いか悪いか、正義に適う／反するなどの判断がなされる以前の位相が常に内包されているという。それは「社会の余白」とでも呼ぶべき領域で観察される。

しかも「社会の余白」は秩序のほころびなどではなく、むしろあらゆる社会が根源的に備え、あらゆる社会性が生まれる源泉である。その意味でこの位相は「社会性零度の位相」と呼ばれている。この位相は不確定性に満ちており、規範やルールに縛られないがゆえに、詐欺が詐欺として断罪されないまま行われたり、何の見返りも期待せず贈与が行われるなど、不可避的に相互行為が発生する（荻野 二〇〇五）。この視点が斬新であるのは、欧米の社会理論のように社会秩序成立の根拠を暴力に求めるのではない点である。すなわち人間は「自然状態」では互いに暴力の行使に終始するため、法や国家のような秩序維持の仕組みが必要とされる、と。しかしながらいかに規範やルールの及ばぬ状況であっても他者との遭遇が常に暴力をともなうものではないのは明らかであろう。

ところでSNSによる他者との遭遇は、「社会の余白」でのそれと類似した性質を備えている。SNSは今日詐欺の道具として頻繁に使用されているのみならず、何の見返りの保証もなく贈与が行われることもある。そしてさまざまな社会的領域や国家の枠を越えた他者との遭遇は、規範やルールの及ばない状況を生み出す。もちろんSNSによる人びとの出会いは身体性を欠いている点で表層的にすぎない部分もある。したがってSNSが常に「社会の余白」を生じさせるわけではない。それでもここで「社会の余白」との類似性を指摘するのは、情報バーストの暴力性の源泉について捉えるためである。SNSは社会性零度の位相を現出させながらも、情報バーストが発生するときに、零度とは真逆の状態――すなわち規範や「正義」の追求というかたちで、急激にシンボリックな意味にあふれた状態になる。いわば社会性の沸点に達する状態になり、それこそが暴力の源泉となっている。次節では情報バーストに関する経験的事実とあわせてこの点について考察する。

二　情報バーストの社会性

たとえば炎上現象はどうであろうか。ここでいう炎上とは、ネット上に何らかの情報を発信したり、マスメディアを通じて何らかの行いが伝えられ、その内容に違法行為や道徳的・倫理的に問題のある事柄が含まれていた場合に、大勢の人びとから非難される現象である。非難の対象となる情報は、マスメディアやｗｅｂサイトなどＳＮＳ以外で発信されることもあるが、非難する人びとによるコミュニケーションは主としてＳＮＳを通じて行われる。そしてしばしば当該行為者の人格否定や誹謗中傷、プライバシーの侵害など暴力的コミュニケーションに発展する。炎上に近い現象はネットの普及する初期から観察されており、その動機として憂さ晴らしや単なる暇つぶしとして行われていると推論されていたこともあった。しかし近年実証的な研究が行われることで、炎上現象への参加者（非難する側）には、次のような特徴があることがわかっている。

就労不安や低所得といった不満を抱える人びとが、不満のはけ口として攻撃を行っているのではない。所得の低い者が攻撃を行いやすいという傾向はないが、調査によってはむしろある程度所得のあるひとが攻撃を行う傾向も観察された。そして動機としては社会的制裁として、いわば「正義」の実現として攻撃を行っている傾向にあるという。[3]炎上の発生は、さまざまな社会的制度に支えられ分離・切断された人びとが、ＳＮＳを通じて直接的に他者の不道徳的な、正義に反する行為を目撃することで始まる。多重のディアボリズムゆえに、シンボリックな意味を希求した結果、きわめて「常識的」で「正しさ」を求める「非難」が繰り広げられるのである。それはけっして自然状態における暴力ではない。むしろ秩序を維持せんと暴力的コミュニケーションが発生するのである。

ほかにもフェイクニュースの伝播でも同様の機制が確認できる。フェイクニュースとは虚偽の情報で構成されているニュースのことである。有名なものでは、二〇二〇年のアメリカ大統領選挙において、「ローマ法王がドナルドトランプ支持を表明した」とするものや、ピザ・ゲート事件のように、フェイクを信じた者が、ピザ店を襲撃したというもの、あるいは（重症化率の高かったデルタ株以前の）新型コロナウイルス感染症をもただの風邪だと軽視し、感染対策を講じる者を誹謗するものもある。フェイクニュースにはさまざまなものがあり、内容や背景も多種多様であるが、本稿では、情報の真偽判断とは別に、そのような情報を発信することによって賛同者の集合が形成されるタイプに注目する。

たとえば二〇二〇年の大統領選挙以降トランプ自身やその支持者がSNSを通じて多くのフェイクニュースを伝播させていた。このケースでもネットやSNSが無秩序であるゆえにフェイクが伝播したとのみ捉えるのは正確ではない。たしかにマスメディアと異なり不正確・虚偽の情報が伝播しやすいという点は秩序の欠如によるものである。しかしながら、フェイクが暴力性を持つときとは、それが大量に出回ることで他者に対する誹謗や暴力行為が誘発される場合である。ではフェイクという情報バーストの背景には何があるのか。この場合も、ディアボリズムを超えシンボリックな意味を付与する過程で、みずからの正義を志向する行為が暴力の源泉となっている。

二〇一七年に実施された調査によると、トランプ支持者の多くは、トランプが嘘をついていることを知っていた。つまりフェイクがフェイクであることを認識していた。しかしにもかかわらず、彼こそが本物の政治家であると見なされていた。嘘つきであるにもかかわらず、むしろ嘘つきであるからこそ信用に足りうる政治家だと考えられていたことになる。公然と嘘をつく行為が、「立派で」「正しい発言」をする既存の政治家とは異なる者であるというメタメッセージとなり、特定の人びとにとってみずからの声を代弁する本物の政治家であるとの評価につながる。ただしいくつか条件があり、自分たちがかつての地位を失った、没落したという意識や、有権者がみずからを既存の政治家と異なるカテゴリーに属していると認識しているときであるという（Hahl et al. 2018）。人びとをトランプ支持に向かわせた要素のひとつが、既存の政治に見捨てられたという剝奪感であったことはよく知られている。トランプ自身の発言のみならず、彼の論調に同調するようなフェイクも同種の機制によって伝播されていたであろう。

高度に機能分化した社会ではそのディアボリズムゆえに、格差を生む構造や貧困の原因は複雑で把握しづらい。それでもみずからの困窮は現実であり剝奪感は強まる一方である。これに対し、フェイクで描かれる世界こそがこの状況を解決した、つまりみずからの望む世界の実現であり、正義は果たされる。このようなシンボリックな意味が見出されたのである。ここでもやはり、フェイクを伝播させる者にとっての正義の追求として情報バーストが発生しているのである。

あるいは筆者らが行ったコロナ禍におけるフェイクニュースと社会関係に関する調査結果からも、同様の傾向に加え、もうひとつの興味深い側面が見てとれる。調査対象者のなかには、（重症化率が高かったデルタ株以前の）新型コロナウイルス感染症を、ただの風邪とするフェイクニュースに賛同し、ＳＮＳを通じて伝播する可能性があると答えた人びとが一定数存在していた。これらの人びとは、他者の行為に対する道徳性判断の根拠として、集団や国家に対する忠誠心によるものか否かを重視する傾向にあった。これは、ある種の正義を追求する傾向と相関していると考えられる。また伝播させる可能性の高いひとほど、炎上や他者に対する否定的表現を厭わない傾向もあった。さらにこれらの人びとは、ネットを介した対人関係のうち、開放性が高く新たな発見や出会いを重視するよりも、限られた範囲における直接的な援助や互いの評価を高めるような関係を志向する傾向にあった。それとは逆に、ネット上の対人関係における開放性や新たな出会いを重視する傾向は、フェイクの伝播とは相関せず、感染拡大防止への協力を呼びかける情報を伝播させやすい傾向と正の相関を示した。(4) これらの傾向は次のように解釈できるのではないか。重症化率の高い株が蔓延していた状況でコロナを軽視するフェイクに賛同する人びとは、外出自粛などの感染症対策による行動制限に不満を感じており、マスメディアで報じられ世間で共有されているパンデミックに関する認識を否定することが、みずからが信じる正義を追求することであると考えた。そしてそのための行動がフェイクを伝播することであり、分離・切断を超えシンボリックな意味を付与するのに役立ったものと考えられる。ディアボリズムを内包する社会において生じたパンデミックは、他者との接触をさらに減少させ、シンボリックな意味を枯渇させる。枯渇の原因である外出自粛等行動制限の必要性を否定するフェイクを伝播すること、ネットを通じた他者と結束するようなつながりへの希求が結びついたのである。たとえそれがフェイクを伝播する行為であったとしても、それこそがパンデミック以前の状態を回復する手段なのだ、と。彼らなりの規範的行為の結果として、攻撃的表現をも含むフェイクの伝播が、情報バーストにつながったと考えられる。

ほかにもヘイトスピーチによる情報バーストでも同種の機制が働いている。ヘイトスピーチとは人種や宗教などの違いに基づき、特定の個人や集団に対して、差別的言辞でもって誹謗や脅迫を行うことである。もちろんヘイトはネットの有無にかかわらず、人びとのあいだに存在する憎悪の感情や寛容性の欠如が背景にある。ヘイトもネットの匿名な環境を利用し容易に発信され、拡散されやすい傾向にあるが、それだけでは正確に理解することはできない。

たとえば、二〇一七年頃朝鮮学校への補助金支出を停止した自治体に対して複数の弁護士会が反対する声明を発表したところ、声明にかかわった弁護士に対し懲戒請求を呼びかけるwebページの情報がSNSなどを通じて拡散され、実際に約一三万件にものぼる懲戒請求が行われた。この事件で興味深いのは、懲戒請求を行った人びとがその動機として、「懲戒請求をすることが、日本のためになる」(5)といういわば正義の実現を目指していたとうかがえる動機を語っていたことである。ヘイトスピーチを行う人びとについては、これまで生活に対する不満のはけ口として、特定の人種や民族を攻撃していると推論されたこともあった。(6)しかし近年の研究で明らかになったのは、ウルトラナショナリストでありかつ強い正義感を持つひとほど、ネットを通じてヘイトを含む政治的意見を発信する傾向がある、という事実である。(7) おそらくヘイトへの参加者も、不満のはけ口というよりも、補助金支給を本来みずからが受け取るべき利益の棄損と捉え、みずからが信じる正義の実現のために行動したものと考えられる。あらためて指摘するまでもなく、社会保障制度が優れた機能を発揮するのは、誰が何のために費用を負担するのかを不問にするからである。それをコストの負担者の意思によって、保障する／しないを決定することを正義の実現と見なすのは明らかな誤りである。しかし誤った認識にこそ、シンボリックな意味を見出したのであろう。その過程で、朝鮮半島にルーツを持つ人びとに対するヘイトというかたちで情報バーストが発生した。この歪んだ認識に基づく暴力性も単なる無秩序によるものではなく、特定の人びとにとっての正義の実現をめざす行為が暴力の源泉だったのである。

三　常態化する社会性の沸点

これまで見てきたように、情報バーストはＳＮＳが普及した社会が内包するディアボリズムを前提としていた。政治、経済、消費などさまざまな社会制度によって支えられる日常生活において、必要最低限しか接点を持たなかった人びとが、直接コミュニケートするとき、不可視化されていた他者の存在に気づく。とりわけ他者の不正義に対する非難や同じ剝奪感を抱える人びととの共感が芽生えるとき、彼らなりの規範的・道徳的行為として暴力的なコミュニケーションが発生する。接触する者同士の社会的隔たりが大きいほど衝撃は強く、シンボリックな意味を見出す誘因は大きくなる。ましてやコミュニケーション資本主義の仕組みは、ＡＩによって情報接触時の衝撃を強め、より一層シンボリックな意味付与への誘因を強める。いわば「社会の余白」における社会性零度の位相が遍在するよう演出されると同時に、すぐさま規範や道徳に基づく「常識的」反応が発生するよう仕向けられているということである。SNSの特異性とは、零度の社会性が垣間見えた瞬間、急速に社会性が沸点に達する、そのようなことが常態化している点である。[8] しかも身体を欠いた言語を介したコミュニケーションに偏ったかたちで、常にシンボリズムが極限に達しているのである。

繰り返しになるが、情報バーストは、単にネットやSNSが無秩序であるがゆえに生じていると捉えるべきではない。SNSによる他者との接触は、たしかに規範やルールの埒外に置かれた環境でのことである。しかしながらそれはいかなる社会にも内包される社会性零度の位相でのことであり、それ自体が暴力の源泉ではない。情報バーストに限っては、むしろ規範的・道徳的な反応こそが暴力の源泉であった。そして問題の根深さもここに起因している。たとえば炎上が深刻な被害を招く事態を目の当たりにしたとき、情報の発信者のみならずそれを伝播させ非難する側のモラルの問題として取り上げられることがある。しかしながらむしろ道徳性の過剰さが暴力の源泉であった。過剰なモラルを抑制するモラルを要請する、という複雑な対応を求めることは、はたして効果的なのだろうか。またより深刻なのは、モラルに訴えることが、相反するモラル同士の対立を顕在化させてしまうことである。それはフェイクへの対応に典型的である。フェイクの広まりに対し、情報の正確性を担保する必要性や、真偽不明の情報を安易に伝播させないようモラルに訴えられることがしばしばである。しかし、ウソであることに意味が見出される以上、いかにジャーナリズムや科学が真偽を判定しても無意味どころか、むしろ事態を悪化させる。結果的にフェイクの伝播に見出されたシンボリックな意味を補強してしまうのである。真偽不明の情報を伝播させることこそが、剥奪感を抱く者同士が集合するきっかけとなり、シンボリックな意味が見出される以上、真偽不明の情報を伝播させないモラルを強調しても、貧困や剥奪状態の打破を訴えるべきというもうひとつのモラルとの衝突は避けられない。たしかに情報バーストは、その暴力性自体や社会的分断の助長など、さまざまな問題を孕んでいることは疑い得ない。しかしだからこそ、不十分な理解によってモラルの混乱や衝突を招かぬよう、社会性が常に沸点に達するそのメカニズムを正確に理解することが必要不可欠であろう。

注

（1）Facebook, instagram, X, Weibo, Youtube, tiktokなどを指す（ただしこれらSNSの機能のうち、一対一のメッセージをやり取りする行為については本稿の主たる考察の対象ではない。また同じ理由からWhatsAppやLINEなどのメッセージツールも考察の対象ではない）。

（2）ファンほか（Fan et al. 2013）やソロウッシュ（Soroush 2018）を参照。

（3）山口（二〇一七）および吉野（二〇一八）を参照。

（4）室蘭工業大学・慶應義塾大学（岸上順一）、NTT社会情報研究所（大橋重盛・中平篤・藤村滋）との共同研究に基づく。調査は二〇二一〜二〇二四年にわたって合計四回、楽天インサイトの登録モニターに対して調査を実施した。四回すべてに回答した対象者は八〇五名であった。ネット上の対人関係志向についてD・ウィリアムス（Williams 2006）による尺度を和訳し、他者の行為の道徳性判断については金井（二〇一三）、否定的表現や炎上容認については川上（二〇一三）によるSNS使用態度尺度を用いて測定を行った。

（5）『朝日新聞』二〇一八年六月二三日付東京朝刊。

（6）このような議論としては高原（二〇〇六）や安田（二〇一二）などがある。

（7）たとえば齋藤（二〇二二）は大規模調査データの分析から、ネット上での政治的情報発信を促進する要因は、ネーションを構成する成員に求められるべきとする条件が厳しく（生まれ・国籍・居住・言語・文化など）、自国中心主義的かつナショナル・プライドが高い「ウルトラナショナリズム」と、正義感の強さであることを明らかにしている。それに対し経済的不満はネット上での政治的発言を促進しないという。

（8）ここでいう社会性の沸点とは、社会性零度の対義語として使用している。それゆえデュルケーム以来論じられてきた集合的沸騰とは根本的に異なる。集合的沸騰は、宗教的祝祭に典型的なように、人びとの身体が集合し、聖なる存在と合一したかのように振る舞うことで、日常的な規範やルールが一時的に無効化される事態である。それに対しＳＮＳに見られる社会性の沸点とは、まずもって身体がともなわない、言語を介したコミュニケーションに偏った社会性の発露を特徴としている。さらに規範やルールが無効化するのではなく、行為の規範的妥当性、ルールや正義に適うか否かが、常に・過剰に、審判され続けることを特徴としている。

文献

Dean, J. 2013, "Whatever Blogging," T. Scholz ed., *Digital Labor: the Internet as Playground and Factory*, Routledge, 162-188.

Fan, R., J. Zhao, Y. Chen, and K. Xu, 2013, "Anger Is More Influential than Joy: Sentiment Correlation in Weibo," *PLoS ONE*, 9.

Goldhaber, M. H., 1997, "The Attention Economy and the Net," *First Monday*, 2.

Hahl, O., M. Kim, and E. W. Zuckerman Sivan, 2018, "The Authentic Appeal of the Lying Demagogue: Proclaiming the Deeper Truth about Political Illegitimacy," *American Sociological Review*, 83: 1-33.

伊藤守編、二〇一九、『コミュニケーション資本主義と「コモン」の探求——ポスト・ヒューマン時代のメディア論』東京大学出版会。

金井良太、二〇一三、『脳に刻まれたモラルの起源——人はなぜ善を求めるのか』岩波書店。

川上正浩、二〇二三、「ＳＮＳ使用態度に関する尺度の構成（1）・（2）」『臨床心理学専攻・附属カウンセリングセンター研究紀要』一七：四一—五九。

三上剛史、二〇一二、「ディアボリックなものとシンボリックなもの——リスク社会の〝危険〟（特集）」『日仏社会学会年報』二一：三三—四三。

荻野昌弘、二〇〇五、『零度の社会――詐欺と贈与の社会学』世界思想社。

齋藤僚介、二〇二一、「どのようなナショナリストがネット上で政治的情報発信をするのか」『マス・コミュニケーション研究』九九：五九―七八。

Soroush, V., R. Deb, and A. Sinan, 2018, "The spread of true and false news online," *Science*, 359: 1146–1151.

高原基彰、二〇〇六、『不安型ナショナリズムの時代――日韓中のネット世代が憎みあう本当の理由』洋泉社。

Williams, D., 2006, "On and Off the 'Net: Scales for Social Capital in an Online Era," *Journal of Computer-Mediated Communication*, 11: 593–628.

山口真一、二〇一七、「炎上に書き込む動機の実証分析」『InfoCom review』六九：六一―七四。

安田浩一、二〇一二、『ネットと愛国――在特会の「闇」を追いかけて』講談社。

吉野ヒロ子、二〇一八、『ネット炎上を生み出すメディア環境と炎上参加者の特徴の研究』中央大学大学院文学研究科博士論文。

第18章　非常事態の社会学
――戦争でウクライナ社会はどう変わったか

セルギー・ゲラシコフ
藤井亮佑 訳

一　すべてを変えた戦争

二〇二二年二月二四日のロシアによるウクライナへの全面侵攻は、すでに世界的な地政学的変化と混乱を引き起こしている。戦争はまた、ウクライナの何百万人もの人びとの生活と運命を大きく変えた。何千人もの市民が戦死しただけでなく、ロシア軍の砲撃や襲撃を受け、何十万もの家族が家を失い、何百万人ものウクライナ人が国内避難民や難民となってウクライナを離れた。これは新たな悲劇的体験であり、同時にウクライナ社会全体にとっての新たな現実でもある。

ウクライナにとってこの戦争は、国家の領土保全と独立を守るために必要かつ公正なものであるだけでない。ウクライナの民族共同体の存在そのものであり、自決権そのものなのである。同時に、この戦争の世界的な意義は、将来の世界秩序に関するふたつの考え方および政策の衝突にある。すなわち、国際法の普遍的なルールと規範に従って世界秩序を構築するのか、それとも、制御不能な暴力と破壊のエスカレートというカオスに世界を陥れるリスクをともなう力の法則に基づくのか、ということである。それはまた、暴力と権威主義に対する自由の価値と、民主主義の原則をめぐる世界的な戦いであり、この衝突のなかで、民主主義の主要国によって支持されているウクライナは、前哨基地であるように思われる。

L・A・ウェイ（Way 2022）が指摘するように、ロシアの侵攻をヨーロッパの民主主義をめぐる戦いにおける歴史的分岐点にしている要因はふたつある。①ウクライナに透明で明確な道徳性があること、②ロシアの新たな侵略によって安全保障が脅かされることである。T・スナイダー（Snyder 2022）はまた、この戦争に二十一世紀における新しい原則の確立と民主主義の未来の可能性を考えるうえで、紛争のグローバルで歴史的な側面を重要視している。この戦争はまた、民主主義と権威主義というイデオロギー的な側面や、民主主義そのものの基本的な倫理原則や価値観に基づく基盤の更新についてもあらわにしている。

ウクライナ戦争の結果は悲惨であり、さらに拡大する可能性がある。食糧危機や人道的危機、サイバー攻撃、経済的苦境に加え、偽情報やプロパガンダ・キャンペーン、エネルギー供給に関する地政学的緊張、さらには核戦争の脅威など、この新しいタイプのハイブリッド戦争は広範囲に影響を及ぼすと見られる（Katser-Buchkovska 2022）。

第二次世界大戦後、戦争の性質は根本的に変化した。以前は戦闘員と民間人が明確に区別された作戦領域と呼ばれていたものが、いまでは軍事、経済、情報の要素が曖昧に混在している（Geraskov 2022）。多くの人びとにとって、今日の戦争は戦場ではなく、コンピューターやテレビの空間で起こっている。情報操作、戦闘作戦のデジタル化は、現代の軍事技術に不可欠な部分となりつつある。マスメディアは毎日、部隊の動きを示す前線の地図を示している。軍事専門家がそのできごとについてコメントすることで、視聴者は軍事作戦の戦術的・戦略的計画を立案するバーチャルな司令官に変身する。戦争の非接触的なイメージは、ミサイルの発射能力が敵の全領土を脅かすという遠隔性と対応している。このようにして、これまでのすべての戦争に内在していた根本的な差異——前線と後方——は消え去り、同様に地球上のどの地点でもミサイル攻撃を受けてしまうようになれば「安全な空間」という概念も消え去る。

その一方で、戦争の結果に何らかの影響を与える機会は欠落しており、起こるのは、前線の変化を見守りながら、作戦領域の日々のレビューを通じて得られるものばかりである。J・ボードリヤール（Baudrillard 2002）が指摘するように、情報化された戦争は現実の戦争ではなく、仮想の戦争となる。メディアのおかげで、戦争は脅迫状が配達されるかのように展開し、世界的な脅威として存在している。原則として、この脅威はメディアによって放送されるニュースの構造そのものに潜んでいる。戦時下という場面で、それが黙示録的な様態にまで成長するなか、スマートフォンは重要なレジリエンス・ツール(1)となり、侵略のような極限状況下での適応、積極的な作動、対処を可能にする（Zarembo et al. 2024）。

二　マイダニティ――ウクライナの思いやり

過去三〇年で、ウクライナ社会は広い横のつながりを発展させてきた。二度のマイダン(2)（二〇〇四年のオレンジ革命、二〇一四年のユーロマイダン）は、社会の結束を大いに強めた。ロシアの本格的な侵攻が始まった当時のウクライナ社会のおもな特徴を簡単に挙げると、勇気、レジリエンス、連帯という三つのキーワードがまず思い浮かぶ。戦争は市民社会と政府にとって厳しい試練のときである。同時に、戦争はウクライナ社会の市民的・愛国的結束を大いに強化した。もちろん、外部からの軍事侵攻は、どのような社会であれ、結束のための自然な要因である。しかしウクライナの場合、ロシア軍の侵攻は特に重要である。なぜなら、ロシア軍の侵攻の前提には、まず、キーウを含むウクライナ語を主に話す西部、北部、中部と、ロシア語を主に話す南部、東部のあいだにあるウクライナの根本的な地域的・アイデンティティ的分裂に対する誤解があったからである。

プーチン政権は、ウクライナでの開戦を決定する際に、クレムリンの宣伝担当者たちが作り上げ、現在も維持しようとしている、ウクライナ人がロシア語を話し正教会に行く権利をロシアが独占しているという、いわゆる「ロシア世界」に依存しているとされる独自の幻想的な世界像の犠牲者となった（Geraskov 2022）。同時に、一九九一年以来、三〇年にわたるウクライナの独立がもたらした重要な成果のひとつは、ウクライナ国民の大衆志向のなかにウクライナ市民としてのアイデンティティが確認されたことである。戦争という場面で、ウクライナ人は国家に対する態度を大きく変え、実質的に国家を価値あるものとして認識するようになった。Y・ゴロヴァカ（Golovakha 2022）は、ウクライナ人が最終的に自分たちの国家を受け入れたことを的確に指摘している。

この実践的な愛国心の利用と、国家に対するウクライナ人のアイデンティティの変化は、観察によるものだけでなく、社会学的調査によっても確認されている。「インフォ・サピエンス」グループが二〇二二年三月にウクライナで実施した電話調査のデータによると、国境内にとどまるウクライナ人の大多数、合計六七パーセント（男性七八パーセント、女性五九パーセント）が、ロシアの侵略から国を守るために個人的な武力抵抗を行う用意があると回答している（Berger 2022）。

ウクライナ社会は、ロシアの軍事的侵略に適応し、抵抗する強力な社会組織へと変貌を遂げた。戒厳令下でのこのような社会生活と活動の基本は、自己組織化、連帯、相互扶助、軍への寄付、ＮＧＯと一般市民・企業の両方からのボランティア活動といった共通の慣習を持つマイダン現象を再び思い起こさせる。突き詰めると、マイダンのおもな思想には、少なくともその大部分には、社会を団結させるという公の目標がある。現在、その目標は国の防衛であり、敵に対する勝利であり、すべてのウクライナ領土の返還である。国際的に承認された国境内における国の保護、国の一体性と完全性は、誰かに属するものではなく、すべての人に属する共通の利益である。ウクライナ人にとって、国の領土保全は国際法と憲法に基づくものであり、政治的な非難合戦やいかなる妥協の対象でもない。二〇二二年九月、ウクライナ社会の大多数（回答者の八七％）は、いかなる代償を払っても和平を望んでおらず、特に、いわゆる和平妥協の条件としての領土の譲歩や、領土の一部を失うことを受け入れての和平には反対している（Kyiv International Institute of Sociology 2022a）。グラデュス（Gradus 2023）の調査でも、ウクライナがロシアの攻撃を撃退できると考えている回答者は八二パーセントにのぼり、国民の結束が強まっていることが示されている。重要な問題については、さらに結束が強く、そして、もちろん、回答者は国家が混乱しているときに積極的な市民的立場をとり、軍への献金、衣服の援助、情報の最前線での戦闘、ボランティア活動、その他の方法での自己組織化など、社会的に重要な事柄に従事している。

戦争中の国家総動員や抵抗は、極限的な状況において共通善としての独立国の存続というもっとも大きなものを賭けた特別な種類の集団行動であり、連帯である。そして、集団行動の理論、特にM・オルソン（Olson 1971）のアプローチでは、経済志向の集団の活動分析に焦点が当てられていることが多いが、マイダニティを無私の慈悲（思いやり）であると同時に、ウクライナ民族の抵抗の一種の集団行動として理解するのにも適用できる。たとえば、愛国心や民族感情が純粋に経済的な現象ではあり得ないように、この対立の論理は実のところ根本的に経済的なものではない。

三　ウクライナの脆弱さ

世界大戦を防ぐためのメカニズムの有効性を評価する場合、起こり得る事態の展開について、専門家たちはさまざまな立場をとる。S・ピンカー（Pinker 2012）は、識字率の向上、民主主義の普及、超国家的制度の発展、そして核兵器からテレビ、インターネットにいたる新技術が、全面戦争を引き起こす誘因を弱めたと結論づけている。

この概念は広く一般大衆の共感を得たが、歴史家、政治学者、統計学者による批判的な見方を免れることはできなかった。ピンカーの見解に対するもっとも一貫した批判者のひとりであるN・タレブは、世界における暴力の減少に関するデータを数学的に否定し、数千万人の犠牲者を出す新たな世界規模の戦争は避けられず、今後数十年のうちに起こるかもしれないという結論に達した。タレブはまた、反脆弱性《アンチフラジャイル》という新しい概念も紹介した。「反脆弱性は、回復力《レジリエンス》や頑健性《ロバストネス》を凌ぐものである。レジリエンスは衝撃に耐え、元の状態を維持するが、反脆弱性は衝撃によりさらに強くなる」（Taleb 2012: 430）。これは現在のウクライナ社会の変化をよく説明している。二〇二二年三月、ウクライナからのロシア軍撤退はロシアとの交渉の最良の結果とされ、多くの人びとがウクライナ側の条件での和平締結を期待していた。いまや、この論調はすっかり変わってしまった。ウクライナの人びとにとって、ロシアが署名した協定を信用すべきではないことが明らかになったからである。このようなウクライナ社会の感情は、政府の役人が占領者と妥協する機会を失わせた。人びとは停戦だけでなく、ウクライナでいま起きている大量虐殺に対して、勝利と責任者への処罰を求めている。

　戦時中の経済情勢が著しく悪化したことは明らかであり、誰もがこの難局を受け入れ、耐え抜くことができたわけではない。特にハルキウやドニプロのように、以前は民間部門が経済分野で積極的な役割を果たしていた地域では、地域全体の経済を好転させることは困難である。同時に、戦争が続く状況下で大企業のリノベーション（事業の再編成、適応、回復）に成功した例もあり、自身の仕事を失った人たちのほとんどが、戦後の再起を計画しており、三分の一は戦火の終結を待たずに、そしてごく一部は機会も待たずして、近い将来での再起をめざしている。「ノヴァ・ポシュタ」（荷物配送）、オッコ（ガソリンスタンド）、グッド・ワイン（食品とワイン）、パニッシャー（無人航空機システム）などの特殊なビジネス・ケースは、企業家たちの積極性が戦争による損失をいかに埋め合わせたかをすでに実証している（Ivashchenko 2022）。

戦争はまた、労働市場に新たな潮流を生み出し、雇用者と被雇用者の行動様式を変え、彼らのニーズを改革した。国民の海外への大移動と同時に、ウクライナ全土で被雇用者の内部循環が起こった。また、戒厳令の制限により、国外からの移住者のほとんどが子どもを連れた女性や、働くことができない人びと（身体障害者や退職者）であり、女性も男性も国内を移動した。

国際労働機関のデータによると、二〇二二年末時点のウクライナの雇用水準は、戦前の水準を一五・五パーセント下回っていた（二四〇万人の雇用減）。さらに、戦前に雇用されていた人のうち、その時点で職を持っていたのは六七パーセントにすぎず、正規に雇用されていた人のなかには（二〇二二年二月と比較して）賃金を低く受け取ったり、まったく受け取らなかったりした人もいた（World Bank 2023）。このように、二〇二二年末までに、ウクライナ人の七七パーセントが、二〇二二年一月と比較すれば収入が減少したと回答した一方、働いている人の八一パーセントは依然として賃金を受け取っていたが、その半数近くが将来にその確証はないと回答した（Kyslyak 2022）。

世界銀行の評価によると、二〇二三年二月の時点で、ウクライナ国民は一三五〇万人（特に欧州内で八一〇万人、国内避難民として五四〇万人）が避難民となっている（World Bankt 2023）。EU諸国に居住する難民は、そのほとんどが適切な職務経験を持つ高スキルの専門職であり、彼らの七〇パーセントが高等教育を受けている。平均年齢は四二歳、そのうち八九パーセントは女性、六三パーセントがウクライナで雇用され専門的な職務経験を積んでいる（特に教育〔二六パーセント〕、貿易〔一二パーセント〕、行政サービス〔一〇パーセント〕、医療・社会サービス〔七パーセント〕などの部門）。今後三か月以内にウクライナに戻る予定があるのは、わずか一三パーセントだった。ウクライナに戻るおもな理由のひとつは、仕事があると確信していることであり、これは治安状況に次ぐ理由である（Lives on hold 2022）。

四　ウクライナ社会は戦争をどのように受け止めているか

このようなきわめて不利な状況のなかで、ウクライナの人びとは、新たな社会的・経済的現実に溶け込む能力だけでなく、新たな専門的スキルを身につける能力も発揮している。社会生活のなかで起こる非常事態は、社会意識、世界観、価値の序列に根本的な変化をもたらすだけでなく、外部からの試練への対応というグローバルな再編成の基準を示す。その試練に対する答えは、生活様式を変え、社会組織を更新することである。

ウクライナ社会もまた、この三年間に現れた試練に対応しなければならない可能性は十分にある。経済分野では、その回答としてのデジタル労働への大量移行を考えることができる。はじまりはＣＯＶＩＤ–19のパンデミックによるものであったが、短期間で労働人口に労働組織の性質と原則を変えさせることだけでなく、必要なデジタル・スキルを習得させることを余儀なくさせた。ウクライナ領内での軍事行動は、個人にとっても国全体にとっても悲惨な結果をもたらしたにもかかわらず、大多数の労働者はデジタル・スキルの必要性を確信し、それが労働・教育活動に対する実践につながった。また、一般的には、長期的な視点（利用可能な統計データの不足を含む）で、非日常的なできごとからなる社会変化について語る必要があるが、現時点でも、多数の指標技術に基づいて現代の発展状況を分析している世界中の国際機関のいくつかのデータを注視することはできる。その場合、革新的発展の八〇の指標を含むグローバル・イノベーション・インデックス（二〇二三年版）の評価では、ウクライナは世界一三二か国中、五五位で、インド、ベトナム（現在世界でもっとも経済成長が著しい国のひとつ）に次ぐ中低所得国グループの第三位であり「期待される発展レベルを上回る生産性」という評価を受けている。長年にわたって継続しているこの国のもっとも高い指標は、創造的生産高―三七位、知識・技術生産高―四五位、人的資本・研究―

四七位、ビジネス洗練度―四八位である。

二〇二二年五月、キーウ国際社会学研究所（ＫＩＩＳ）は世論調査を実施した（表18-1）。彼らは、ロシアのウクライナに対する戦争のさまざまな側面を説明する八組の文言を挙げた。それぞれの組み合わせにおいて、一方の主張は親ロシアの立場、もう一方は親ウクライナの立場に相当する。回答者はどちらかの主張を選び、それにどの程度同意するかを問われた。

見てわかるように、八件中、七件で、少なくとも八五パーセントの回答者が親ウクライナの立場をとっていると答えている。同じペアでは、親ロシア的解釈を支持する人は八―九パーセントしかいない。つまり、回答者の少なくとも八五パーセント（特にロシア系住民の八五パーセント、ロシア語を話すウクライナ住民の九〇パーセント）が、ウクライナではロシア語を話す人びとへの弾圧はない、ウクライナには独自の長い発展の歴史と国家としての地位がある（ソ連当局が樹立した「人為的な」国家ではない）、西側のエリートはウクライナを対ロ戦争に駆り立てたいとは思っていないし引き起こしてもいない、ウクライナ政府内部の「ナチ」の思想は偽物である、戦争が始まったのはクレムリンがウクライナを征服したいからである、ロシア軍は意図的に民間インフラや民間人を攻撃している、インフラの破壊や民間人の死傷のおもな責任はロシア軍にある、と考えている。

さらに因子分析を行ったところ、これら八組の文言は密接に相関していることがわかった。つまり、これらの回答の背後には、できごとに対する親ウクライナ的または親ロシア的解釈に実際に対応するひとつの因子が存在する。この八組の文言への回答はひとつの指標にまとめることができ、〇点―親ロシア的なムードに完全に傾倒している―から、一〇〇点―親ウクライナ的なムードに完全に傾倒している―まで変化する。得られたスコアによって、明らかに親ロシア的な立場の回答者から、明らかに親ウクライナ的な立場の回答者まで、回答者を五つのグループに区別することもできる（図18-1）。

表18-1　ウクライナの人びとの戦争認識

主張1	%	%	主張2	どちらとも言えない％
ウクライナではロシア語の使用に問題はなく、ロシア語を話す市民が抑圧されたり迫害されたりすることもない	93	5	ウクライナでは、ロシア語を話す市民は、その言語のために組織的に抑圧され、迫害されている	2
ウクライナには独自の長い発展の歴史と国家としての地位がある	97	2	ウクライナは、20世紀にソ連政府によって作られた人為的な国家である	1
ドンバス住民の大多数はウクライナの一部であり続けることを望んでいる	73	17	ドンバス住民の大多数は、独立かロシアへの編入を心から望んでいる	10
西側諸国はロシアとの戦争を望んでおらず、ウクライナを挑発してロシアを攻撃させようとはしていない	85	9	西側諸国はウクライナに武器を供給し、ロシアとの戦争に引き込もうとした	6
ウクライナ当局によるナチ・イデオロギー支持は虚構である	89	8	ウクライナ当局はナチ・イデオロギーに染まっている	3
戦争は、ロシアのウクライナを征服したいという思惑から始まった	94	4	戦争が始まったのは、ウクライナに対するロシアの合理的で公正な主張のためである	2
ロシア軍は特に民間インフラと民間人を攻撃する	89	8	ロシアのミサイル攻撃の標的は、ウクライナの軍事施設と軍隊だけである	3
民間インフラの破壊と死傷者の責任はロシア軍にある	93	5	民間インフラの破壊と死傷者の責任はウクライナ軍にある	2

出典：Kyiv International Institute of Sociology（2022b）

調査によると、ウクライナ全体の平均点は九〇点となった。西部・中部は九九点、南部は九五点、東部は九五点である。ウクライナ全体のグループ別分布を見ると、親ウクライナ派八五パーセント、ほぼ親ウクライナ派一二パーセント（合計九七パーセント）、中間点二パーセント、ほぼ親ロシア派一パーセント、親ロシア派〇パーセントとなった。地域別分布では、東部の九五パーセントから西部の九九パーセントまで、回答者はほとんど、あるいは完全に親ウクライナの立場をとっている（八〇―九〇パーセントは完全に親ウクライナの立場をとっている）。西部と中部では親ロシア派はほとんどおらず、南部では二パーセント、東部では四パーセントである。

これらの指標は、ウクライナにとって非常に楽観的に見える。特に二〇二二年

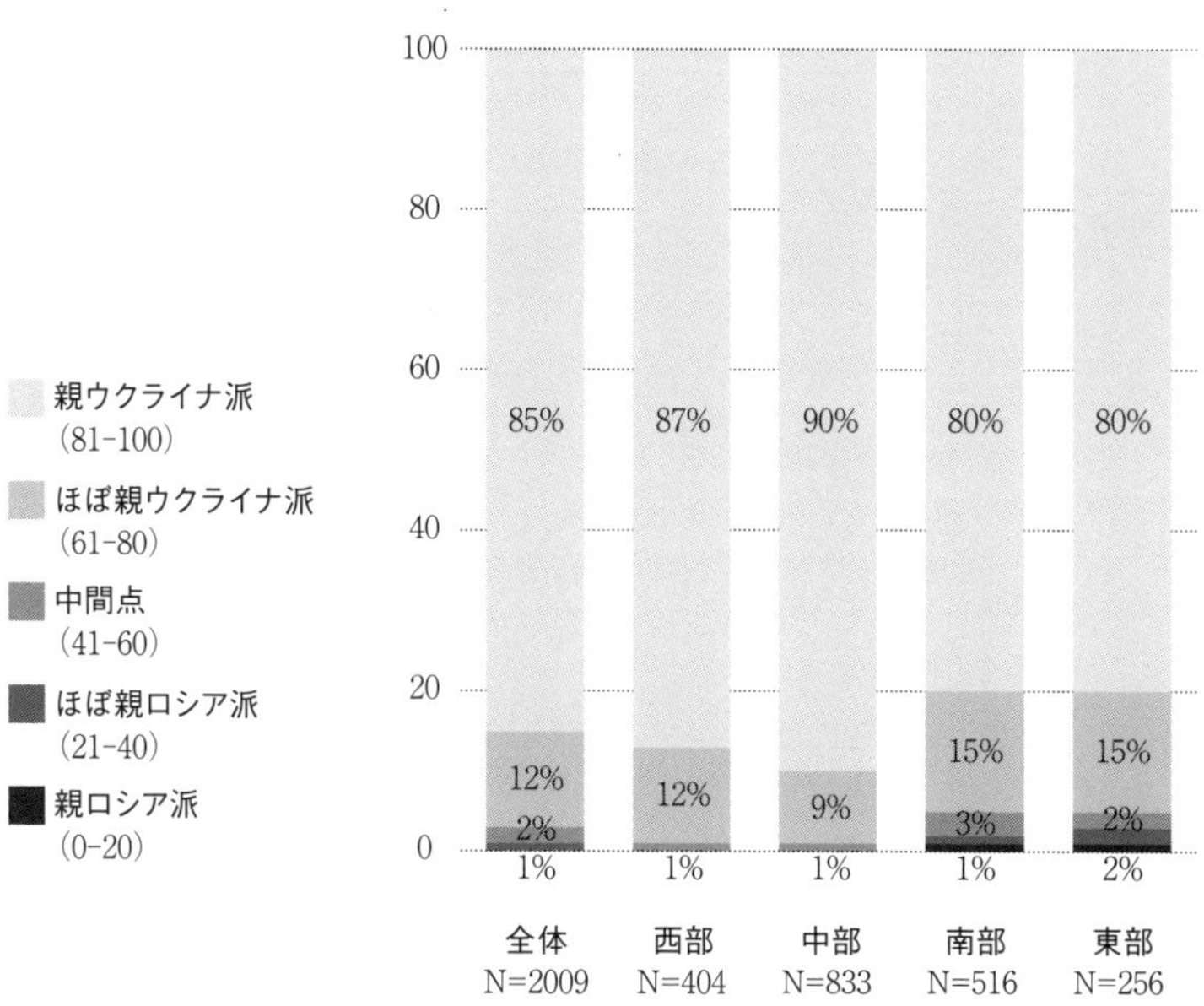

図18-1　ロシア・ウクライナ戦争に対する認識指標

出典：Kyiv International Institute of Sociology (2022b)

二月以前は、親ロシア派の論調がかなり優勢だったからである。二〇一四年以降、ロシア系および親ロシア系のテレビチャンネルの停波、ウクライナにおけるロシア系ソーシャルネットワークの禁止、偽情報やプロパガンダに対抗するための数多くの組織の活動など、多くの対策が実施されており、長期的には大きな前向きな変化につながる可能性があったが、短期的には大きな変化は見られなかった。二月上旬には、ウクライナ人の三四パーセントがロシアに対してやや肯定的な態度を示していたことは、注目に値する。現在、特に南部と東部で国民感情に大きな変化が起きているが、それはロシアとロシア人の裏切りや残酷さの「せい」で起きた。つまり、侵略と暴力の明白な事実（そして、南部と東部の多くの住民にとっては、文字通りみずからの目で見た）が、まさに現在のロシアの本質を多くのウクライナ市民に確信させる論拠となったのである。

表18-2　政府の効率性評価の推移（%）

政府は…	測定値の推移			
	2021年11月	2022年5月	2022年12月	2023年6月
…その職務にほとんど対処できていない	44.2	3.8	9.3	18.3
…部分的にその職務に対処している	40.3	39.3	46.5	58.9
…ほとんどすべての職務に対処している	5.2	53.7	41	20
どちらとも言えない	10.3	3.1	3.2	2.7

出典：Kyiv International Institute of Sociology（2023）

表18-3　ウクライナの将来に関する意見の推移（%）

ウクライナの将来について	測定値の推移			
	2021年11月	2022年5月	2022年12月	2023年6月
状況はどちらかと言えば悪化するだろう	35	6.8	7.6	10.8
状況が悪化することはないだろうが、改善する可能性は低いだろう	38	13.3	13.1	19.3
状況はどちらかと言えば改善するだろう	13.2	76.1	76.2	66.1
どちらとも言えない	13.8	3.7	3	3.9

出典：Kyiv International Institute of Sociology（2023）

全面戦争という観点から世論を研究することのあらゆる言説的・方法論的な複雑さを念頭に置きながら、二〇二二―二〇二三年に得られたいくつかのデータを検討し、二〇二一年時点のデータによって示された戦前の社会学的パターンと比較することができる。われわれの見解では、社会変化のもっとも重要な結果は、国家の価値に関する世論の本質的な変化である。

ロシアの本格的なウクライナ侵攻は、政府の職務遂行に大きな変化をもたらした（表18-2）。二〇二一年末には国民の二〇パーセントしか肯定的な評価をしていなかったのが、二〇二二年五月には絶対多数に達した。一方で、さらなる測定では、肯定的評価が顕著に減少し、中間的な評価が増加した。そして、最終の測定値では、否定的評価の数が肯定的評価の数とほぼ同じになった。

全面戦争によって、ウクライナの将来に対する社会的楽観論も大幅に増加した（表18-3）。同時に、このポジティブな傾向が目に見えて弱まっているわ

表18-4　ウクライナ国民の生活状況評価の推移（%）

ウクライナの大多数の人びとの生活状況	測定値の推移			
	2021年11月	2022年5月	2022年12月	2023年6月
全般的に悪い	52.8	27.5	29.5	31.5
おおむね満足	34.4	59.3	60.3	62.1
おおむね良好	4.2	8.8	7.5	3.7
どちらとも言えない	8.7	4.3	2.7	2.6

出典：Kyiv International Institute of Sociology（2023）

表18-5　回答者から見た利益と損失の推移（%）

ウクライナの大多数の人びとの生活状況	測定値の推移			
	2021年11月	2022年5月	2022年12月	2023年6月
損失が優勢	33.5	29.9	27.1	32
利益と損失が互いに均衡している	42.6	43.8	46	47.6
利益が優勢	8.3	17.7	20.1	13
どちらとも言えない	15.6	8.7	6.8	7.4

出典：Kyiv International Institute of Sociology（2023）

けでもない。将来の見通しに対する評価が悪化しているにもかかわらず、回答者の大多数は、状況は改善すると信じ続けている。

　ウクライナ国民の大多数に対する生活状況の評価も、それほど劇的ではないが改善した（表18-4）。国家的規模の脅威が急増し、ウクライナの国家的回復力がかつてないほど高まったことで、このような困難な時期であっても、国民は一般的に満足のいく状況で生活していることが市民のあいだに理解されるようになった。それに続く変化は、下降の動きを見せるものの、根幹を揺るがすものではない。

　独立国家としてのウクライナの利益と損失の評価については、回答結果は実際には同じレベルにとどまっている（表18-5）。二〇二一年末と同様、戦時中は、利益と損失が互いに均衡していると考える回答者が相対的に多かった。同様に、最後の調査にいたるまで、回答者のほぼ三分の一が損失の方が大きかったと答えている。

　時事問題に対する満足度もまた、安定した指標であ

表18-6　国内の時事問題に対する満足度の推移（%）

満足度	測定値の推移			
	2021年11月	2022年5月	2022年12月	2023年6月
どちらかと言えば不満	52.1	50.8	56.2	59.7
満足と不満の両方である	34.7	25.7	24.6	25.5
どちらかと言えば満足	6.9	16.7	14	10.2
どちらとも言えない	6.2	6.9	5.2	4.6

出典：Kyiv International Institute of Sociology（2023）

ることがわかったが、最後からひとつ前の回が主に中間的な評価であったのに対し、最後の回は主に否定的な評価であった（表18-6）。さらに、回答者の絶対多数は依然として時事問題に満足していない。

五　戦時下の社会学

戦争体験は、その明らかな否定的結果にもかかわらず、ウクライナ社会の変革において重要な肯定的過程も引き起こすとともに、促進させた。したがって、戦争によって国家に対する認識や市民的アイデンティティの確立に根本的な変化が生じたのである（Dembitskyi 2023）。しかし、非常事態はウクライナ社会だけでなく、ウクライナの社会学それ自体も分断し、一般集団の定義や回答者の対象範囲の関連可能性、社会文化的に広く認められ異議が唱えられることのない支配的な要素とその派生物、資源危機、方法論的課題（「対面」サンプルの限界など）にいたるまで、多くの問題に直面した。非日常的なできごととしての戦争は、非日常的な状況で得られたデータの信ぴょう性に疑問を投げかける。このデータを解釈する際、社会学者はまた、外部からの侵略が人びとによるできごとやプロセスの二元的認識（「敵か味方か」「白か黒か」「善か悪か」など）の選択肢を活性化させることを考慮に入れなければならない。このことは、量的調査のアンケートの一般的な質問の多くが「感傷的な」カテゴリーに移行し、不誠実な回答の確率が高まることを意味する。このような条件がある以上、社会学者は関連するデータを注意深く解釈し、特に平時に得られた情報と比較する場合は、一般化や結論に飛びつくことを控えなければならない。

しかし、言うまでもないことだが、この戦争はすでにウクライナの近代国家史の一部となっており、それはいまだ完結していない。社会学的な意味で、たとえばJ・C・アレクサンダー（Alexander 2003）のアプローチを適用するならば、ウクライナ社会にとってのこの戦争は、目下、文化的・社会心理学的トラウマの経験でもある。もちろん、すでにそのように認識されているが、国民的アイデンティティの一部として発展していくものでもある。ウクライナ人にとって、この戦争の意味と動機は明確で疑いのないものである。この戦争の物語を社会的に構築する際、民間伝承は実際の事実や軍事的偉業の記念化と組み合わされる。過去と化したソビエトや帝国国家の復活に関するロシアの妄想とは異なり、この戦争に関するウクライナの語りには、未来へのチャンスを求めて戦う国や人びとのヨーロッパ復興への希望が含まれている。

訳注

（1）レジリエンス（resilience）とは、自発的治癒力を意味し「回復力」「再起力」「抵抗力」「復元力」「耐久力」などと訳され、脆弱性（vulnerability）の反対の概念である。

（2）マイダン（maidan）はウクライナ語で「広場」を意味し、特にキーウの「独立広場（Maidan Nezalezhnosti）」の略称であるとともに、二〇一三—二〇一四年にかけて起こった大規模な抗議運動である「ユーロマイダン（尊厳の革命）」を意味する。この抗議運動は、ロシアから離脱しウクライナの欧州統合を求める市民がキーウの独立広場に集まり、政治的変革を訴えたことからその名がついた。

文献

Alexander, J. C., 2003, *The Meanings of Social Life: A Cultural Sociology*, Oxford University Press.

Baudrillard, J., 2002, *L'esprit du terrorisme*, Galilée（=塚原史訳、二〇〇三、「テロリズムの精神」『パワー・インフェルノ――グローバル・パワーとテロリズム』NTT出版、五一四四）。

Berger, M., 2022, "A Majority of Ukrainians Support Armed Resistance and Oppose Concessions to Russia," Poll finds 12 March 2022, Retrieved from: https://sapiens.com.ua/en/publication-single-page?id=203.

Dembitskyi, S., 2023, "Public Opinion in Ukraine and how it is Studied During the War," Ye. Golovakha and S. Makeiev eds. *Ukrainian Society in Wartime*, Institute of Sociology of the National Academy of Sciences of Ukraine.

Geraskov, S., 2022, "The Empire Strikes Back: Religious Roots of the Russian World Doctrine and its Impact on Politics," G. L. Ambrus ed., *Strange Voices from the Heartland: Essays on Religion in the Contemporary Culture of Central and Eastern Europe*, Angelicum University Press, 79–93.

Global Innovation Index, 2023, *Innovation in the Face of Uncertainty*, S. Dutta, B. Lanvin, L. R. Leon, and S. Wunsch-Vincent eds., Retrieved from: https://www.wipo.int/edocs/pubdocs/en/wipo-pub-2000-2023-en-main-report-global-innovation-index-2023-16th-edition.pdf.

Golovakha, Y., 2022, *High level of National Resilience*, Interview, 9 June 2022, Retrieved from: https://life.nv.ua/ukr/socium/chim-vidriznyayutsya-rosiyani-ta-ukrajinci-sociolog-pro-te-shcho-viyavila-viyna-novini-ukrajini-50248594.html（*in Ukrainian*）.

Gradus, 2023, *Moods of Ukrainians during the Anniversary of the Full-Scale War of Russia Against Ukraine: Analytical Report*, February 2023, Retrieved from https://gradus.app/en/open-reports/gradus-report-war-anniversary-ua/.

Ivashchenko, O., 2022, "Business in Wartime: Structuring and Survival Practices," Ye. Golovakha and S. Makeiev eds., *Ukrainian Society in Wartime,* Institute of Sociology of the National Academy of Sciences of Ukraine.

Katser-Buchkovska, N., 2022, *The Consequences of the War in Ukraine will be Far-Reaching*, 29 April 2022, Retrieved from: https://www.weforum.org/agenda/2022/04/an-unfair-war-economic-social-and-security-consequences-of-the-russian-invasion-into-ukraine/.

Kyiv International Institute of Sociology, 2022a, "Dynamics of Readiness for Territorial Concessions for the ASAP End of the War:

Results of a Telephone Survey," 7–13 September 2022, Retrieved from https://www.kiis.com.ua/?lang=ukr&cat=reports&id=1133&page=1.

Kyiv International Institute of Sociology, 2022b, *Index of Perception of the Russian-Ukrainian War: Results of a Telephone Survey*, 19–24 May 2022, Retrieved from https://kiis.com.ua/?lang=ukr&cat=reports&id=1113&page=1&y=2022&m=5（*in Ukrainian*）.

Kyiv International Institute of Sociology, 2023, *Sociological Monitoring "Ukrainian Society" After 16 Months of War*. Retrieved from https://www.kiis.com.ua/materials/pr/20230829_d/Презентація-моніторингу-2023.pdf（*in Ukrainian*）.

Kyslyak, R., 2022, *Wartime Economy: How Ukraine Survived through 2022*, Retrieved from: https://economics.novyny.live/ru/ekonomika-vremen-voiny-kak-ukraina-perezhila-2022-god-69523.html（in Russian）.

Lives on hold: Profiles and intentions of refugees from Ukraine, 2022, Regional intentions report No. 2, *UNHCR Regional Bureau for Europe*, September 2022.

Olson, M., 1971, *The Logic of Collective Action: Public Goods and the Theory of Groups*, Harvard University Press（=依田博・森脇俊雅訳、一九九六、『集合行為論――公共財と集団理論』ミネルヴァ書房）。

Pinker, S., 2012, *The Better Angels of Our Nature: Why Violence Has Declined*, Penguin Books（=幾島幸子・塩原通緒訳、二〇一五、『暴力の人類史』青土社）。

Snyder, T., 2022, "Ukraine Holds the Future: The War between Democracy and Nihilism," *Foreign Affairs*, September-October 2022, Retrieved from: https://www.foreignaffairs.com/ukraine/ukraine-war-democracy-nihilism-timothy-snyder.

Taleb, N., 2012, *Antifragile: Things that Gain from Disorder*, Random House（=千葉敏生訳、二〇一七、『反脆弱性――不確実な世界を生き延びる唯一の考え方』ダイヤモンド社）。

Way, L. A., 2022, "The rebirth of the liberal world order?" *Journal of Democracy*, 33(2), 5–17.

World Bank, 2023, "Ukraine: Rapid assessment of Damage and Restoration Needs: Feb 2022–Feb 2023," Retrieved from https://documents1.worldbank.org/curated/en/099062823034041908/pdf/P18017401fe8430010af21016afb4ebc8c4.pdf（*in Ukrainian*）.

Zarembo, K., Knodt, M., and Kachel, J., 2024, "Smartphone Resilience: ICT in Ukrainian Civic Response to the Russian Full-Scale Invasion," *Media, War & Conflict*, 0(0), 1–20, https://doi.org/10.1177/17506352241236449.

第Ⅳ部　社会の再生のために

第19章　頼母子講でコミュニティを統治する

——岐阜県郡上市八幡町の事例から

足立重和

一　現代に生き残る頼母子講は経済に限定され得るのか

いまの日本で、「頼母子講《たのもしこう》」ということばを知っているひとは、いったいどれだけいるのだろうか。

頼母子講とは、商売の資金、家の購入などの比較的高額なお金がどうしても必要になったひとに、そのまわりの仲間たちが一定額を持ち寄り貸し出す、民間の金融互助組織のことである。その貸し方を少し紹介すると、まずは一回目の会合で、皆が一定額持ち寄ったお金の大部分（「講金」という）を、そのときに必要な講員に与える。その後、二回目、三回目……と会合を重ねて同じように持ち寄った講金を、まだ取っていない講員が順々に受け取っていき、やがてすべてのひとに行き渡ったら解散となるしくみだ。地域によっては「無尽」「模合」などと呼ばれ、銀行、消費者金融、クレジットカードなどの近代的な金融制度が整う以前には多くの人びとがこれに頼った。この組織は、日本だけでなく、近代的な金融制度の恩恵を受けていない国や地域ならばいまも広く世界的に見られる現象である。

しかし、近代的な金融制度が整ったいまの日本社会において、まとまったお金を借りる手段として頼母子講に頼ることは、ほとんどないだろう。というのもいま、いくら仲間だといっても、かなり高額の金銭を融通し合うほどの信頼関係にないからである。すでに述べた概略で言えば、高額なお金を頼母子講に頼る場合、はじめの会合でお金を受け取った講員がもし頼母子講が続いている最中に消えてしまったら、債務不履行によって頼母子講は崩壊しかねない。おそらく、いまの日本社会の大部分において頼母子講が消えてしまったのは、近代的な金融制度が普及する一方で、その組織を支える仲間内の信頼関係が弱まったことにもよるのだろう。

このように、かつてに比べ、金融組織としての頼母子講に人びとが頼ろうとしないのは、それを支える地域の人間関係への信頼低下、ひいては地域コミュニティの弱体化を意味している。その点から頼母子講をひとつの指標として捉えた場合、前近代→近代→ポスト近代という時代の変遷のなかで個人化が進行し、コミュニティは弱体化したとも言えよう。

ところが、本稿の事例となる岐阜県郡上市八幡町（以下、郡上八幡）の頼母子講は、たしかに経済目的での役割を終えたが、だからといってただちに、地域の人間関係やコミュニティが崩壊あるいは弱体化しているわけではなく、むしろいまもなお、それらは比較的強固なまま存続している。郡上八幡の場合、それが可能となっているのは、かつての経済目的から親睦や遊び目的へと装いを新たにした、一見するとかつてに比べ相互信頼が弱まった頼母子講がかかわっているのだが、ではそのときのコミュニティとはどのようなものなのだろうか。

そこで本稿では、郡上八幡を事例にしながら、時代に沿って新しくなった頼母子講は、いったいどのようにコミュニティを強めているのだろうか、を明らかにすることにしたい。この問いを明らかにすることによって、人口減少時代のもとで多様な住民と暮らしていかざるを得ない現代のコミュニティはいかにして可能か、という問いへのヒントを提供するだろう。

二　頼母子講への信頼の崩壊

郡上八幡は、中部東海地方の内陸部、岐阜県のほぼ中央部にあり、清流で有名な長良川の河口から約一〇〇キロ上流の左岸沿いに位置している。二〇二三年四月のデータでは、郡上市全体の人口は三万八七六一人で、なかでも八幡町は一万二三八三人である。この町も人口減少時代に深く刻印されており、筆者がフィールドワークを始めた一九九三年では一万七七三九人であったので、確実に人口を減らしている。もちろん高齢化も深刻で、現在の高齢化率は、三七・五％となっている。

このような数字で表すと、どこにでもある地方の町という印象しかないが、特に注目したいのは、その地理的な位置である。車だと岐阜市内から東海北陸自動車道に乗って北上するのだが、その道中トンネルに次ぐトンネルで、途中の車窓から見える景色は、川と山の木々、田畑、まばらな人家ばかりで、〝こんな山のなかに町があるのか〟と不安になりながら一時間ほど走っていると、最後のトンネルを抜けた先に、城をシンボルとした開けた町場が突如として現れる。

どうして、山々に囲まれた内陸部の交通の便が悪い所であるにもかかわらず、狭小な盆地に人口が密集した町が誕生したのだろうか。そこには、かつて栄えた長良川水系の舟運が大きくかかわっている。鉄道網や自動車道が発達する以前、川を利用した舟運は、かつての主要な輸送手段として水系全般の交易にとって重要な役割を担っていた。このような物資輸送の大動脈にある郡上八幡には、舟運で儲ける「町衆」と呼ばれる豪商が誕生し、商店が軒を連ね、近郷の村々から多くの買い物客が訪れた。そういった意味で、この町を取り巻く郡上地方は、ここだけで人びとの生活が完結する、自律的な「小盆地宇宙」（米山　一九八九）なのであり、そのなかで郡上八幡は政治的・

写真19-1　郡上八幡の町並み
出典：筆者撮影

経済的・文化的な中心だったのである[1]。

　このような背景から、かつての頼母子講についてのインタビューでは、商店主たちが夜な夜な頼母子講を開き、そこで取った講金を原材料や商品の仕入れといった店の運転資金にあてていたことがよく語られていた。ということは、かなりまとまったお金が一回に集められたことになる。たとえば、一九一一（明治四四）年に開講した「愛宕保勝会」という頼母子講の場合、講員は二〇名で、一口五円（いまの貨幣価値で約一〇万円）で、単純に一〇〇円（約二〇〇万円）が一回の例会に集まる計算になる。この金額は、筆者が現在所属している一人一万円の掛け金、総勢一四名で一四万円を集める頼母子講に比べると、桁がひとつ違うほどの高額であることがわかる。なかには、桁ふたつ違う、つまり一回で一千万単位の頼母子講もあったという。

　また、かつての高額な頼母子講の場合、講員が集まる頻度は少ない。先に紹介した愛宕保勝会の場合、講則には「償還ハ一ヶ年ヲ据置キ明治四十五年ヨリ五十四年迄毎年四月十五日愛宕ニ於テ……抽籤シ以テ返還スルモノトス[2]」とあるように、一年に一度しか集まらない。それに比べ、現在の頼母子講は、基本的に月一回例会が開かれるのがほとんどである。つまり、かつての頼母子講は、金額が大きいと同時に、自分に講金が回ってくるのは遅いのに比べ、現在では金額は小さいと同時に、講金の回りは早いのだ。それだけ、かつての頼母子講は、講員相互の信頼が強固だったと言えよう。

ところが高度経済成長期に入り、前記のような信頼は崩壊し始める。たとえば、一九五六（昭和三一）年の『朝日新聞』では、当時の郡上八幡の頼母子講をこう報じている。

郡上郡八幡町の商工業者の間に多い相互金融のための頼母子講の一部に、このごろクズができて他の頼母子講にも響き、一月に入って頼母子金融が行詰り状態になっている。同町は昔から頼母子講が盛んで、最近の例では一つの講の加入者は二十人から三十人、毎月の掛金は一口五千円から一万円、一組の講金が十五万円から三十万円程度のものが一番多く、なかには二万円掛、二十五口の五十万円というものもあるが、これらの範囲のものが五十組以上もあってそれがほとんど入札で買う仕組み。／それが金詰りで競争になって買代金がだんだんとセリ上り、二十万円の講金を九万円ぐらいまで買う例もでき、また中には二十組以上の頼母子講に加入して落札した金をタライ回ししたり、他へ融通して利ザヤでもうけている頼母子屋もあって、その融資がコゲついてタライ回しができなくなったり、あるいは講金を落札した加入者が破産したりなどで追掛ができないようになったのがその原因。／このため新たな頼母子講も成立たないので、一層民間金融を行詰らせ、また他の堅実な頼母子講も掛金は絶対現金、小切手はご免という警戒ぶり(3)。

この記事において、頼母子講が一回に集める講金は、一五〜三〇万円（いまの貨幣価値で約四〇〇〜八〇〇万円）が多く、なかには五〇万円（約一三五〇万円）のものもあり、かなり高額なのがわかる。このお金をめぐって、記事ではそもそもの頼母子講の起源である〝人助け〟とは程遠い行為の数々が記載されている。これらの行為は、基本的に〝何が何でも金が欲しい〟という利己主義に基づいている。その一つひとつを、筆者が得たフィールドデータも交えながら、解説していこう。

まず「競争になって買代金がだんだんとセリ上り、二十万円の講金を九万円ぐらいまで買う例」についてだが、頼母子講のしくみでは、講員全員から集めた講金を、今回は誰に渡すかを決める際、まだ受け取っていない講員たちが〝講金を取得する権利にいくら出すか〟という具体的な金額を書いて入札し、そのなかで一番高い札を書いた講員に講金を渡すことになっている。このとき、講金二〇万円が今回どうしても必要だという講員がたくさんいるとセリが激しくなり、入札金額は吊り上がる。記事に立ち返れば、二〇万円の講金を取るために、セリの結果、九万円支払うことになったのである。実に利率四五パーセントの暴利である。この高い金利は、現時点で要りようのない、まだ講金を取っていない講員たちに均等に配分される。つまり、この頼母子講には〝喉から手が出るほど〟金が欲しい講員が複数混じっていたのだ。

このような頼母子講の講員構成は意図的に仕組まれたものであり、表向きは〝人助け〟を掲げながらも、裏では金に困っているひとの弱みを突いて利益を得ようとするものだ。たとえば、ある個人が発起人となり、頼母子講を立ち上げたとしよう。その設立の目的は、お金に困っている人びとを助けることである。この発起人はすぐに頼母子講を代表する「講長」となり、もしお金に困っている講員が掛け金を支払えなかった場合、講長はかわりに支払う責任を負う。いわば講長は保証人の役割を担っており、その信頼を担保に、知り合いを頼母子講に勧誘する。

そうやって講長の思惑通り、頼母子講が成立し、いざ講金をセルようになると、是が非でも講金を取りたいと躍起になる講員が複数存在するので、入札金額はどんどん競り上がってしまい、結果として講金をまだ取得していない講員たちへの利子＝配当が高くなるのだ。このように、〝人助け〟という本来の趣旨から大きく逸脱し、自分たちの利益のために仕組まれた頼母子講を、地元では「やくざ講」と呼び、一般的にはそういった「程度の悪い」（地元住民の表現による）頼母子講から距離を置くようにしているという。

次に、記事にある「二十組以上の頼母子講に加入して落札した金をタライ回し」とは、毎月に収める掛け金、記事でいう一口五〇〇〇円から一万円、多いもので二万円（いまで言う約一三〜二六万円、五二万円）の支払いに行き詰まった個人が、このお金を工面するために、別の頼母子講に加入して講金を取り、もともとの頼母子講の掛け金に充てる行為をさしている。簡単に言うと、借金の返済をするために借金するのと同じことである。また「他へ融通して利ザヤでもうけている」とは、自分が取得した講金を、他人に高利で貸して儲ける、いわゆる闇金行為のことである(4)。こうして頼母子講で得た講金で闇金を営んでいる者のことを、地元では「頼母子屋」と呼んでいる。ただ、頼母子屋のなかでも「その融資がコゲついてタライ回しができなくなった」とあるように、ほかに貸した金を回収できず、自分が加入している頼母子講の掛け金を払えなくなったことに記事はふれている。

最終的には「講金を落札した加入者が破産したりなどで追掛ができないようになった」とあるように、お金に困った人びとが、当初はタライ回しのため、いくつもの頼母子講で講金を取るあまり、取った後の月々の掛け金（返済）がふくらみ、やがて首が回らなくなって、そのまま行方をくらますケースが続出した。あるいは、記事には書かれていないが、高額の講金に目がくらみ、それを取って町から忽然といなくなる者も現われる。これらにより完全に、頼母子講の一部は機能不全に追い込まれた。以後、「頼母子には気をつけろ」というフレーズが町じゅうを駆け巡り、高額な掛け金での頼母子講は衰退していく。ここにいたって、郡上八幡の人びとは、頼母子講の基盤である信頼が利己的に利用されるか、裏切られるかによって、それまで保持してきた社会関係資本としての金融互助組織を手放さざるを得なくなったのである。

三　新しい頼母子講の出現とコミュニティの強化

(1) 頼母子講をカスタマイズする

だが、混乱から衰退をたどった郡上八幡の頼母子講は、昭和四〇年代から見事な復活を果たす。地元住民によれば、この時期は「頼母子ブーム」だったと言わしめるほど、町の飲み屋などは頼母子講のグループで大いに繁盛したという。一時期、地元は頼母子講で痛い目を見たにもかかわらず、なぜこのような事態を迎えたのだろうか。それはひとことで言えば、頼母子講の掛け金をかなり少額化し、その目的を「親睦」「遊び」「社交」に変えたからである。

この変化の素地は、すでにかつての頼母子講にあった。かつての人助けに由来する、比較的まとまったお金を扱う頼母子講では、発起人である講長の呼びかけに応じた他の講員みんなが自分を助けてくれているのだから、定期的に開講される例会では、助けられたひとが自分の家で酒席を設けて他の講員を接待する習わしがあった。すなわち、助けられたひとは、自分の家を「宿」として提供しなければならないのだ。このとき、頼母子講は、副次的な目的として、講員同士の親睦、遊び、社交の機能を持っていた。

ところが、経済目的の頼母子講の衰退によって、副次的な目的も同時に失ってしまったわけだが、それではあまりにも「ハリがない」ということで、地元住民は、あくまでも〝気の合う〟〝気心が知れた〟者同士が集まる親睦、遊び、社交目的に変え、頼母子講を次々と結成していく。と同時に、毎回持ちよる掛け金や、そこから捻出される講金を少額化することで、かつての轍を踏まないようにした。すなわち、個々人がこづかいの範囲でやりくりすることで無理なく掛け続けられ、しかも万が一講金を取ってから行方をくらましたとしても、そんな端金ごときで悪評が町じゅうを飛び交うのはまったく割に合わないので、そのことが生まれ変わった頼母子講の崩壊の歯止めとして効いている。

こうして頼母子講は手軽で安心なものとなり、地元住民はこぞって、同級生、地域自治会、職場、同業者組合、店の常連、趣味サークルなどの既存の集団やネットワークをもとにして気の合う者同士で頼母子講を組んでいった。気の合う者同士の親睦、遊びとひとくちに言っても実に多様である。その多様さを概観するならば、それぞれの頼母子講で独自に決められた講則、地元のフォークタームでいう「キメ」に注目すればよい。その大きな分かれ目は、講員個人のこづかい程度の講金をめぐってセリをするかしないかである。たとえば、同級生の集まりをベースにして頼母子講を結成した場合、その多くはセリをせず、くじ引きか話し合いで今月の講金取得者を決めている。というのも、親睦や遊び目的の頼母子講では、講金をセルことそのものが〝遊び〟になっているのだが、同級生ばかりの頼母子講では、セリを導入しなくても学校時代の思い出などで「会話がもつ」からだ。むしろセリは余計なのである（足立 二〇一八：二四二）。

その一方で、同じ体験の共有が少ない、異年齢から構成されている頼母子講では、セリは講員同士の会話の糸口をつかんだり、どういう人柄なのかを探ったりするための手がかりとなる。典型として店の常連や趣味サークルの頼母子講がそうなのだが、講員たちは、セリでの一人ひとりの買い方や入札金額をすぐさま話題にして親睦を図るのである（足立 二〇一二：一五九―一六二）。そういった講金をセルかどうかといった約束事は、最初の例会で講員全員の前で了承をとり、それがキメとして反映される。

また、地元で〝気の合う〟〝気心知れた〟という講員の選択基準にも、ある種の多様性をうかがい知ることができる。たとえば、ロータリークラブや同業者組合などの機能集団において、総会などの公式的な行事の後に、成員全体の懇親会が必ずセットになっているが、その時点でもう親睦の会合であるにもかかわらず、そのなかからさらに気の合う者をピックアップして頼母子講を結成する。その頼母子講の例会が終わった後に、その講員のなかからさらに〝気の合う者〟をピックアップして、またごく少人数の頼母子講を結成し、三次会とばかりに夜通し町に繰り出すのだ。というように、ひとことで気が合うといっても、〝どのくらい気が合うのか〟という程度から、気が合うことの階層性が見られ、その各レベルに応じて頼母子講が結成され、それがまたキメに反映されていく。

つまり、それぞれの頼母子講独自のキメは、そこに集う人びとの集合意識を具現化したものである。それを見れば、ある程度「人の心は分からないが人びとの心は分かる」（鳥越 一九九七：三八）のであり、講員たちは、満会を機に〝自分たちの意思〟を確認し、それに沿って必要ならばキメに手を加え、頼母子講をカスタマイズしてきたのだ。

（2） 地域自治会への働きかけ

こうして自分たちの意向に沿って頼母子講をカスタマイズし、広く行き渡らせることによって、町はどうなったのだろうか。それは、人口が密集した町に多様な住民が住んでいるのを前提にしながら、郡上八幡というコミュニティをひとつにまとめ上げようとする〝ちから〟が働いたのである。そのひとつは、地域自治会の内部に現われた。現在、郡上八幡の人びとは、地元自治会の会員から〝気の合う者〟同士で頼母子講を結成している。このような頼母子講の場合、講員たちは、郡上八幡のなかの各自治会と同時に頼母子講というふたつの集団に重複して属していることになる。これを踏まえて、事例を見ていこう。

【事例1】 の北朝日町[5]では、かつて子どもが多かった時代に、地区の大人たちが集まって子どもたちのために「子どもみこし」を手づくりして、春祭りに出していた[6]。ところが、子どもがいなくなって、子ども会は解散となり、みこしの参加もなくなった。このことが、ある年の自治会[7]の新年宴会で話題になり、地区の頼母子講である

「北朝会」[8]でも「やれたらいいな」などと皆で話していた。すると、ある地元の大工さんが春祭り近くなった月例会で、「こういうふうなやつを作りたいんやが……」と虎のミニチュア模型を作ってきてみせると、「これって何のつもりや、おまえ……」と一同は戸惑った。あまりの〝突飛な思いつき〟に、翌日の大工さんの家では妻が「そんなことはできんで」と反対し、町内をお詫びして回ったという。

　ところが、「しかたない、やろう」と彼の思いを受け止めた北朝会は、虎みこしづくりを引き受け、無事完成させて、春祭りの「みこしコンクール」に北朝日町の代表として出場したところ、見事に賞に輝いた。祭り終了後、虎みこしは、地元のバス会社から社屋のディスプレイにしたいとの申し出があり、二万円ほどで売却された。それだけでなく、二日間の祭り期間中、虎みこしが行く先々で合計二〇万円ほどおひねりが発生し、北朝会は、虎みこしで得た利益の全額を自治会に寄付した。

　翌年、自治会の会合にて、町内の電球式の街灯が古くなったので、この際ＬＥＤに変えようとの話が持ち上がった。当時の会長であるA氏は、すぐさま見積もりをとったところ、昨年の虎みこしのお金でかなり賄えそうだとわかり、すぐさま会の了承を得て、すべての街灯を一斉にＬＥＤ式に切り替えた。すると、電気代が年一万数千円ほど安くなったのに加え、年に数件あった球切れによる交換費用も不要となり、虎みこしは、まさに自治会の会計を助けた。

　まずここで自治会と頼母子講との関係を取り上げよう。鳥越皓之は、自治会の「特定の機能のうち、それが当該地区でたいへん重要となると、オヤである地域自治会から飛び出し新しい機能集団を形成する。しかし、それがさほど重要でなくなると、コは再びオヤの組織に戻ってきて、その一機能と化してしまう」というような関係を「オヤコの原則」（鳥越 一九九四：三〇）と呼んだ。【事例1】の北朝日町自治会と北朝会の二重性も、この原則に近い。【事例1】の場合、そもそも自治会＝オヤを母体にして、そこから〝気の合う者〟を選んで北朝会＝コを結成しているうえに、当初オヤである自治会で話題になったことを、コである北朝会が実働部隊として虎みこしづくりを引き受けている。さらに、コである北朝会が稼いだお金は、オヤである自治会の財布に入れられ、後に北朝日町全体のLED式街灯の設置に大きく貢献したのである。

このように見ていくと、先で述べた、郡上八幡というコミュニティをひとつにまとめ上げようとする〝ちから〟の一端は、具体的にコである地区の頼母子講が、オヤである自治会を先導しながら、オヤである自治会の機能ひいては地区全体の生活に貢献するところからきていると言えよう。では、この貢献は、【事例1】のようなモノやカネだけなのだろうか。

【事例2】の左京町にも自治会を母体とした頼母子講の「京友会」がある。[9] 現在の会が掲げる目的は、もちろん町内の親睦のためである。会ができるまで、町内の親睦といえば、年一回開かれる自治会の新年宴会だけだったが、左京町の有志は、それをより密にするために月一回、毎月第二日曜日に集まる頼母子講を導入し、いまから約四〇年前に会を設立した。

この会のユニークさは、何といっても遊びに徹した講金のセリにある。京友会は、二〇〇九年現在、講員一七名、掛け金は一人一万円で総額一七万円のうち、当日の飲み代などを引いた一人六万三〇〇〇円×二人取りの講金計一二万六〇〇〇円を用意している。講金六万三〇〇〇円をいくらで買うか＝入札するかだが、二〇〇八年五月の記録では、落札額四九一五円となっていて、利率にして約七・八パーセントである。これを高いと見るか安いと見るかだが、筆者が加入している別の頼母子講の場合、金利約一・五パーセント（足立二〇一一：一五七）と比べれば、明らかに高いことがわかるだろう。どうして高いのか。それは、入札で一番安い札を入れた講員には罰金一〇〇〇円を支払わせているからだ。「ビリには罰金」というキメは、一番安い金額を書くことによって、他の講員に対する貢献度の低さ（すなわち、配当の少なさ）への戒めである。[10] そのため、入札する講員たちは、その月にいくら講金が不要でも、「罰金を払いたくない」ために、比較的高額の札を入れようとする。そうすることで、全体的に入札額が高くなるというしくみなのだ。このようなセリについてインタビューに応えた講員B氏は、講員たちが講金を「どうでも取って利用しんならんでもないのに（高く）書いとる……（ふだん）考えられんことをやる」のが「まったくの遊び」で「おもしろい」のだと語っている。

京友会の講員は、左京町自治会が三班から構成されているのにあわせ、三班すべてから〝気の合う者〟が選ばれている。月例会の当日は、午後六時三〇分くらいから、決まった店に到着した講員から順に酒を飲み始め、午後七時になるとメインイベントである講金のセリが始まる。その後、だいたい午後八時三〇分頃にお開きになるまで、終始たわいもない雑談が続く。この会ができるまで、実は班が違うと、道で会っても挨拶ぐらいはするが、立ち止まって話し込むほどではなかった。また、町内で不幸があっても、それが自分の班ならばお葬式でのお勝手場の手伝いに行くが、他の班ならばまったく手伝いに行かなくてもよかった。ところが、この会ができてから、道で会っても親しく立ち話ができ、葬式に関しても、会のキメとして、講員ならば班に関係なく葬式の受付という重要な役割を担うことになっており、町内の結束は強まったという。

ここまでを見ると、単に親睦目的に限定されているようだが、会を設立するきっかけとなった約四〇年前〝なにゆえに町内の親睦が必要だったのか〟に立ち返ると、この会の別の側面が見えてくる。会ができる前、左京町では、町内にある小さなお稲荷さん（左京稲荷神社）の守りをはじめさまざまな地域の問題をすべて、少数の長老はじめB氏の親世代だけで決めていたという。これに対し、二代目（当時四〇代）たちは、自分たちが集まって意見をまとめ、親世代が牛耳っていた意思決定過程に参画しようとし、頼母子講を立ち上げた。つまり、そもそもの会設立のきっかけは、きわめて政治的なものだった。その結果、会設立から数年後、独自の頼母子講をもっていなかった親世代は、しっかりとした組織化の動きを前に、「もう町内のことに口出しはせん」と意思決定の場面から退き、地域運営を下の世代に任せるようになったのだ。

一見すると、月例会当日は、気の合った者同士が酒を飲み、おしゃべりして遊んでいるようにみえながらも、そこでふいに目下の地域の懸案事項が話題に上り、皆で話し合っていくうちに、一定の方向性が見えてくる。このような会には必ず講員として自治会長が入っており、自治会の総会や会合では、頼母子講で議論したことが示され、最終的に全会一致で了承されるのが常となっている。よって、京友会の講員たちは、〝ここで決まったことが町内で決まる〟という意識を持っており、「それがないと町内が回っていかん」というように、京友会という一頼母子講が地域運営を担っているのである。もしこれが頼母子講というかたちでなく、まじめな話し合いだけなら、月例会への参加者は減るだろう。それを防ぐ工夫として、会は、講金のセリを月例会に組み込むことで、講員の参加を促している。

つまり、オヤコの原則で言えば、コである頼母子講は、オヤである自治会を飛び越して自分たちの意思を固めた後、それを自治会の意思に重ね合わせて、自治会全体の意思決定を可能にしているのだ。このようなやり方は、何も【事例2】だけではなく、人口密集した町ならば、立場の異なる人びとが住んでいる地区でもよく見られるものである。ここでいう立場が異なるとは、郡上八幡が郡上一円の商業の中心地であることが深く関係しており、同じ地区に住みながらも表通りで商店を営む家々と、一筋裏に入った勤め人の家々との生活の違いである。表通りで商店を営む家々は、買い物客や観光客がたくさん町内にやってくることを望む一方で、裏通りで職住が分離する家々は、よそからひとがやってくるよりも静かにくつろぎたいと望んでおり、両者のあいだには溝が横たわっている。こういった地区の場合、経済的な関心からまちづくりを考える商店主から自治会を母体にして頼母子講の結成が呼びかけられ、両者のコミュニケーションを円滑にするとともに、まずはコである頼母子講の意思をまとめたうえで、それを自治会の意思決定過程に覆いかぶせるかたちで自治会全体の意思統一を図ろうとしている(11)。すなわち、自治会を母体にした頼母子講は、親睦をともないながらも自分たちの意思を自治会全体の意思に反映させようとする〝装置〟なのである。

(3) 公共的領域への働きかけ

頼母子講の成立には、それに先行するオヤとなる人間関係がなければならないのだが、そこで〝気の合う〟ことが講員選択の基準になっているのなら、自治会に限定されることなく、オヤになるものなら何でもよい。前述では、コである地区の頼母子講がオヤである自治会に政治的に働きかけることで、コミュニティの中核的組織である自治会がひとつにまとめ上げられる〝ちから〟に言及してきたが、ここでは、より開かれた、行政を含めた公共的な領域で発揮された〝ちから〟を見ていきたい。

いまから約六〇年前、八幡町商工会（現・郡上市商工会）のなかに青年部が発足した。その青年部一五名の理事のうちの五名は、地元ではいわゆる「北町」と呼ばれる、八幡町市街地の真ん中を流れる吉田川右岸側にある北部地域から出ていた。北町の理事五名は、半年ほど青年部で活動をともにしたころ、せっかくこういう組織ができたのだから、これをもとに「北町を盛り上げるために」頼母子講を結成して何かおもしろいことをしようという話が出たという。そこで彼らは北町ばかりの有志に声をかけ、当時二〇名ほどで「北盛会」を設立した。【事例3】の北盛会は、設立当初から、毎月一万円の掛金で、飲食した残りのお金を積み立てて、それを活動資金にして北町をにぎやかにするイベントを開催していった[12]。

たとえば、設立当初の会は、春の祭りや夏の盆踊りがない秋に、郡上郡（現・郡上市）の子どもたちをターゲットにした「ちびっこ祭り」を開催し、特撮ヒーローやぬいぐるみショーをしたり、お菓子やおもちゃをプレゼントしたりした。このイベントは、現在、行政と住民が一体になって秋に開催している「郡上八幡ふるさとまつり」の原型になっている。また、会が手掛けたイベントのなかでいまも語り草になっているのは、春祭りでの郡上八幡の芸者総出の「民謡おどり」パレードである。これは、会が当時郡上八幡に二〇名ほどいた芸者たちに「春祭りを盛り上げよう」と声をかけ、芸者たちに民謡を踊ってもらいながら、町を練り歩くというものである。この風情ある迫力に地元住民は度肝を抜いたという。これらのイベントに講員たちは「おもしろ半分でやっておった」ら、やがて会の結束は強くなっていったのだと語っている。

自分たちも〝遊び半分〟で楽しみながら、北町の発展のために労力とお金を出すかたちで一〇年ほど経過したころ、会はひと夏、講員のひとりが経営するスーパーの屋上でビアガーデンを運営したところ、当時の金額で三〇～四〇万円の純利益が出た。そこで、さまざまなイベントから講員同士の結束を強めてきた会では、それを資本金にして、講員全員が株主になる「株式会社 北盛」を設立する。株式会社は、金融機関から一五〇〇万円を借り、北町地域内の土地約二〇〇坪を購入し、それを一般貸しのガレージにして、その経営に乗り出した。借金である一五〇〇万円は、毎月の頼母子講の掛け金とガレージ収入の一部から返済するというかたちをとる。その後、会社は約五〇年続き二〇〇七年に解散した。一方、頼母子講のほうはしばらく続いたが、講員の減少によってこちらも解散にいたっている。

以上見てきたように、商工会青年部設立をきっかけに有志を募り、地元を圧倒するイベントを数々手掛け、最終的には株式会社を設立して地元の土地まで購入し、ガレージを経営する北盛会は、数ある郡上八幡の頼母子講のなかでも地元住民から「一目置かれる」団体なのである。つまり、この会の活動は、当初は北町地域の活性化を意図したものであったが、最終的には行政や町全域を巻き込む公共的な領域にまで及んでいるのだ。

このような公共的領域にかかわる事例はほかにもある。それは、【事例４】の「むすびの会」である。[13] その設立のきっかけは、一九八七（昭和六二）年頃の郡上八幡総合文化センター（現・郡上市総合文化センター）の建設にまで遡る。その当時、八幡町は、国（旧・自治省）の「田園都市中核施設整備事業」と岐阜県の補助を受け、行政・住民にとって悲願だった文化センターの設置に漕ぎつけた。ところが、国や県の補助はあくまでもハコモノのみであり、内装や設備をカバーするものではなかった。それを知った、当時小・中学校PTA連合会長だったD氏が小・中学校のPTA役員たちに声をかけ、一五名ほどで「文化センターの完成を祝う会」を立ち上げ、八幡町内を駆け回り、広く町民から「祝儀」を募った。その結果、祝儀＝募金が八〇〇〇万円ほど集まり、会はそのお金で文化センターの緞帳や椅子などの設備を充実させるのに成功する。無事、一九八八（昭和六三）年に文化センターが開館し、会もその役割終えたのだが、会員のなかから「せっかくのいい集まりなのでもったいない」ということで、祝う会は、名称を「目覚めの会」、その後に現在の「むすびの会」に変え、親睦会として存続することになった。

二〇一五年現在の会は、講員一三名で、毎月一八日に決まった居酒屋に一人一万円の掛け金を持ち寄り、それで一人あたり二〇〇〇円見当で飲み食いしている。ただ飲み食いするだけではなく、月例会には外部から「講師」を招き、開始から約三〇分の卓話の後、それをもとに酒を飲みながら、八幡町のさまざまな政策や問題について「あれってどうなるんやろう？」「どういうふうにもっていったらええんやろ？」などと尋ねたり、話し合ったりする。そのような会の性格から、かつての講員には町長や町議会議員も名を連ねていた時期もあり、講員やゲスト講師以外にも地元支局の新聞記者や警察署長が個人的にオブザーバーで参加するほどであった。つまり、会は、その立ち上げのいきさつから、郡上八幡の公共的領域と自分たちの私的領域との重なりに大きな関心を持っており、そのために講員にとって必要な情報や知識を得る場となっている。そのことは、講員から集めたお金の配分に現れている。掛け金から当日参加した講員の飲食代を引いた残りのお金は、講金として個々の講員のあいだで回すのではなく、(14)すべて会の通帳にプールされる。そのなかから機会をうかがって、会は、文化センターのさまざまな事業や平成の大合併のような行政の記念行事などへ寄付してきた。

以上見てきたように、【事例3】【事例4】のような頼母子講は、八幡町ひいては郡上市全域を対象にした「イベント」や「寄付」を実行することで、講員個々人やその家といった私的領域と、自治会といった共的領域を越えた、行政を巻き込んだ公共的領域にまで踏み込んでいる。と同時に、公共的領域を相手に講員たちみずからが動き、身銭を切る行為は、まさに「自分たちの町をよりよくしよう」という〝志を示す〟ことになり、それが「一目置かれる」というような模範的な団体として権威づけられる。実際、ふたつの事例に立ち返るならば、【事例3】の場合、吉田川左岸側に位置する「南町」でも、北盛会の活動に対抗して、すぐさま頼母子講が結成された。また、【事例4】に関しても、四季を通じて郡上八幡の自然や名所をライトアップする地域づくり活動に従事している、現在四〇代のUターン者中心のグループも、自分たちの活動のモデルはむすびの会なのだと明言している。つまり、ふたつの会が実践している〝志を示す〟という象徴的行為は、コミュニティをひとつにまとめ上げようとする〝ちから〟になり得るのだ。

四　コミュニティを構成する集団累積とソフトな統治

本稿では、郡上八幡の頼母子講を事例にしながら、一見するとかつてに比べ相互信頼が弱まったとされる現代の頼母子講は、いったいどのようにコミュニティを強めているのだろうか、を明らかにしてきた。まとめよう。まず〝気が合う〟ことでつながり、親睦を目的とした頼母子講の成立には、それに先行する集団やネットワークがなければならない。それらをオヤとすると、頼母子講はコのような関係にあり、コミュニティをひとつにまとめ上げる〝ちから〟を生み出す場合、コである頼母子講の意思がオヤである既存集団やネットワークを何らかのかたちで凌駕する必要がある。そのうえで、頼母子講がコミュニティを強める方向としては、自治会の意思決定にかかわる政治的な働きかけ、公共的領域にかかわるイベントや寄付を通じた象徴的な働きかけ、のふたつがあった。ここに頼母子講を加えると、本稿で言う〝コミュニティ〟とは、まず各自治会を下支える頼母子講のレベルがひとつの層をなしており、その上に各自治会のレベルがひとつの層として重なり、さらにその上に行政や町全域を含んだ公共的領域のレベルがもうひとつの層として覆いかぶさっているというイメージである。それら三つの異なるレベルが層として重複することで、郡上八幡というコミュニティは、ひとつにまとまるかたちで強化されていたのである。このような社会的な仕掛けを、本稿では、頼母子講によるコミュニティの「ソフトな統治」と呼んでおきたい。

このようなソフトな統治が有効となるのは、頼母子講、自治会、公共的領域という三層が重なっているように、郡上八幡の人びとが「一つの身で複数の集団に所属している」（佐藤 二〇一三：二一〇）ことが重要となる。このことは、かつて鈴木榮太郎が「集団累積体」（鈴木 一九六八：九九）と論じたものに相当する。鈴木は、日本農村にある諸集団を一〇種目に分類した後、こう述べている。

> 私が第一に認め得る事実は、……十種目の集団がその構成員に関してきわめて緊密なる関係にある事である。即ちある若干の集団は全く同一の成員によって構成されている。またある種の集団は相互に部分的に成員を重複し、しかも一定の範囲外に超出する事をしない。これらの関係は定住する土地の上に投影されているから、土地に結びつけて考える時、より明瞭に説明する事ができる。即ちそれぞれの集団を輪をもって現わすなら、若干の輪は一定の地域の上に重なっている。また若干の輪は部分的に重なり合いながら一定の地域内に累積している（鈴木 一九六八：九九）。

そのうえで、鈴木は、有名な「第二社会地区」での集団や社会関係の累積体から一個の独立した「村の精神」の存在を認めたのである（鈴木 一九六八：一〇七）。「第二社会地区」や「村の精神」はともかく、ここで問題にしたいのは、既存の集団やネットワークから〝気の合う〟という選択基準で親睦目的の頼母子講を結成し、それを既存のものに重ね合わせることは、人為的に集団累積体をつくっているということだ。そうすることで、現在の頼母子講はかつての経済目的のものに比べて相互信頼は弱くても、講員間の親睦や遊びでつながりながら、既存の集団やネットワークに重ねることで、やがてコミュニティは強化されていくのである。そのために、集団累積体としてのコミュニティは、それを構成するそれぞれの層において、成員間の親睦や遊びを優先する論理で貫いていかなければならない。このような構成から立ち現れるソフトな統治は、人口減少時代のもとで多様な住民と暮らしていかざるを得ない現代のコミュニティはいかにして可能か、という問題に何らかのヒントをもたらすのではないだろうか。

注

(1) 現在、郡上八幡は、「水と踊りの町」として全国的に有名な観光地である。この町の歴史については、足立（二〇一〇：二七―六〇）を参照のこと。
(2) 岐阜県郡上市八幡町の個人所有の史料による。
(3) 「小切手も警戒気味　郡上八幡『頼母子講』行き詰る」『朝日新聞』（岐阜版）一九五六年一月三一日朝刊による。
(4) あるいは、もうすでにお金に困っている「甲」にお金を貸した「乙」が、乙のお金をすぐに回収したいがために、その甲―乙間の貸借の事実を隠しながら、乙が「甲のために頼母子講を組んでやってくれ」とほかの仲間に声をかけ頼母子講を組み、甲が取得した講金をそのまま乙に返済するというやり方もある。
(5) 岐阜県郡上市八幡町北朝日町の事例については、二〇一九年九月一日実施の地元住民A氏（七〇代前半）へのインタビューによる。

(6)「郡上八幡春祭り」とは、毎年四月の第三土日の二日間に、地元三大神社である岸剣神社、日吉神社、八幡神社の神楽が各町内を回って奉納するとともに、各町内の子ども会を中心に「子どもみこし」を作成し、それらが町じゅうを練り歩く年中行事のことである。一日目の夜は、すべてのみこしのなかで完成度を競い合う「みこしコンクール」が行われる。

(7)二〇〇四年の郡上市誕生によって、八幡町の自治会は「地区会」という名称に変更したが、ここでは一般性を持たせるためにそのまま「自治会」と呼ぶことにする。

(8)三〇年以上の歴史のある北朝会は、現在講員一〇名、掛け金は一人五〇〇〇円で、毎月二四日に集まっている。だいたい一人あたり三〇〇〇円程度で飲み食いして、二〇〇〇円を会で積み立てている。積み立てたお金は、二～三年に一度、旅行に行くときの補助となっている。この会は、講金をセルことはしないので、地元で言う「飲み頼母子」である。

(9)岐阜県郡上市八幡町左京町の事例については、二〇〇九年三月三〇日実施の地元住民B氏（当時七〇代前半、故人）へのインタビューによる。

(10)京友会の場合、その罰金は、四番目に高い札をつけた講員にそのまま賞として渡される。そうやって講員は遊んでいるのだが、他の頼母子講では、この罰金制度を導入すると、ギャンブル性が高くなってしまい、少額とはいえお金をめぐって講員間で不公平感が増して不満が出たり、皆が金儲け主義に走って人間関係に軋轢が生じたりするので、いったん導入してもやめてしまうという。

(11)同様のことは、商店街を有する本町自治会と頼母子講「本町倶楽部」の関係や立町自治会と頼母子講「立誠会」の関係にも見られる。

(12)北盛会の事例については、主に二〇〇九年八月四日実施の当時・郡上八幡観光協会会長であるC氏（当時七〇代後半、故人）へのインタビューによる。

(13)むすびの会の事例については、主に二〇一五年二月二三日実施の地元住民D氏（現在八〇代後半）へのインタビューによる。

(14)ただ、会の設立当初からしばらくは、講金制度を設けて講員のあいだでお金を融通し合っていたという。

文献

足立重和、二〇一〇、『郡上八幡 伝統を生きる――地域社会の語りとリアリティ』新曜社。

足立重和、二〇一二、「頼母子講――なぜお金の貸し借りと飲み会がセットなのか?」山泰幸・足立重和編『現代文化のフィールドワーク入門――日常と出会う、生活を見つめる』ミネルヴァ書房、一四九―一七一。

足立重和、二〇一八、「同輩による頼母子講の相互扶助――岐阜県郡上市八幡町の事例から」鳥越皓之・足立重和・金菱清編『生活環境主義のコミュニティ分析――環境社会学のアプローチ』ミネルヴァ書房、二三三―二五〇。

佐藤仁、二〇二三、『争わない社会――「開かれた依存関係」をつくる』NHK出版。

鈴木榮太郎、一九六八、『鈴木榮太郎著作集Ⅰ 日本農村社会学原理（上）』未来社。

鳥越皓之、一九九四、『地域自治会の研究――部落会・町内会・自治会の展開過程』ミネルヴァ書房。

鳥越皓之、一九九七、『環境社会学の理論と実践――生活環境主義の立場から』有斐閣。

米山俊直、一九八九、『小盆地宇宙と日本文化』岩波書店。

第20章　民衆文化的保守
——社会の再生・新たな展開への可能性を孕むもの

松野靖子

はじめに

かつての米ソ二極構造が崩れ、進歩主義と保守主義という構図で明確に政治的立場を区別できなくなった状況が生じて以来、日本でも「保守」の意味が曖昧になってきている。中島岳志は、近年、「保守」を自称するひとがところどころに出現し、政界でも「保守」の意味についての共通合意がないままに「左翼の主張とは異なる」ものであればすべて「保守」の言葉が多用される「保守バブル」が起きていると指摘する（中島 二〇一六：三三）。中島は「保守バブル」において、多様で断片的な意味しか持たない「保守」という言葉が都合よく使われていると述べている。

こうした現状にともない、「保守」についてあらためて明らかにしようとする研究も増えている。しかし、各研究に共通する客観的な「保守」の基準は依然として存在してはいるとは言えない。これらの研究では、「保守」は在特会などの反動、排外主義といった性質と結びつくとするもの（樋口 二〇一四）、片や「保守」に進歩や自由に積極的とも言えるリベラルな側面を見出すとするもの（中島 二〇一六）、E・バークの思想を拠り所に、保守主義が自由の論理を発展させることで民主化の要求へと応え、漸次的に社会を改良していくことを重視する立場だと見るもの（宇野 二〇一六）など、研究者ごとにその根拠とする人物やデータは異なっており、各研究に共通する保守思想研究を学術的に検証する「保守」の基準は依然として存在しているとは言えない。

しかし、戦後日本の「保守」は、以下の四つの類型に分類できる。

第一の類型は、国家主義的保守である。国家主義的保守は、明治期に作られた天皇制国家観を絶対視する立場で、保田與重郎、林房雄、岡潔らによって代表される。また、国家が一つの歴史を共有し、後世に伝えていくべきという国家中心的な歴史観を有する。国家主義的保守思想は、敗戦直後には、日本の占領政策を進めるGHQによって、その存在は許されなかったが、一九六〇年代に入り、復活する。

第二の類型は、教養主義的保守である。これは、保守思想の源流とされるバークに近い立場で、国民の教養を教育によって高め、近代国家の漸進的な発展をめざす立場である。国家主義的保守が、外国とりわけ欧米の文化を排して日本古来の文化（と国家主義的保守が見なす文化）を強固にすべきだと主張するのに対して、教養主義的保守は、欧米の文化を積極的に摂取することは悪いことではないと捉える。ある意味で、丸山眞男ら啓蒙的民主主義者と同じように、大衆を啓蒙すべきであると考えている。「教養主義的保守」は、第一次吉田内閣で文部大臣を務めた田中耕太郎や、バークの思想に共鳴していた鈴木成高が該当する。

第三の類型は生きざま的保守である。K・マンハイムが分析した、国民国家成立以前の保守的生きざまにこそ、人間本来の生活の営みがあるという考え方で、国民国家や近代化そのものに否定的である。福田は、民衆の生きざまを人間本来の姿として捉え、啓蒙主義には強い抵抗を示す一方で、シェイクスピアやD・H・ロレンスのような英文学を高く評価し、保守主義とは対極的な哲学者サルトルに言及しており、ある種の教養文化主義的な側面が見られる。

第四の類型は民衆文化的保守である。橋川文三の「保守の思想」のアンソロジー（橋川 一九六八）では、柳田国男、柳宗悦が保守思想のカテゴリーに入っている。柳田に関して言えば、田中耕太郎や福田恆存に比べても世代が上であり（柳田は一八七五生まれで敗戦時七〇歳）、その研究成果の大半は戦前に刊行されている。ただ、日本人の「生きざま」を実証的に捉えようとしたのが柳田であり、それは歴史の史料だけでは捉えられない「郷土生活」を、民間伝承を通じて明らかにしようとした。こうした柳田の姿勢は、民衆文化的保守のそれであると見なすことができる。

また、柳田の思想をもとに、鶴見和子は、内発的発展論の理論を展開したが、そこでは自己存在と他者存在の出逢いによる発展を前提としており、排外思想とは相容れない特性を持つ。この他者を排除せずに、他者を受け入れながら自己を発展させることができると考える議論を追求することで、昨今の自民族中心主義や排外思想といったものを乗り越え、かつ社会の展開を考える新たな視座が得られると思われる。その考えの萌芽となるものが、民衆文化的保守のなかに見られると思われるため、以下ではそれらを見ていきたい。

一　民衆文化的保守

民衆文化的保守として、柳田國男や柳宗悦の思想を取り上げる。橋川が「保守」のアンソロジーに柳田と柳を含めている点は先述したが、佐藤（二〇〇四）も、柳田を「日本保守主義の源流」と呼んでいることからも、柳田の思想はしばしば「保守」的立場であると見なされている。柳田が国学者の本居宣長を、自己の理論に対する有力な力添えとして考えていた[1]（鳥越 二〇〇二：二一二）ことも、柳田が保守と見なされる一因である。

柳田や柳は、実際に民衆が生きるその姿の記録や、民衆が「手仕事」（柳の用語）で生み出した生産品を収集し、それぞれ「民俗学」「民芸」という学問や芸術運動を主導した。そこで、外来文化からの輸入であることがしばしばである上層階級の教養ではなく、民衆の文化を掘り起こそうとした柳田らの業績に伏在する思想を民衆文化的保守と呼ぶこととする。

(1) 柳田の民俗学

鳥越皓之によると、柳田の民俗学確立の動機には、「人びとは身近な疑問、身近であるだけに切実な疑問をもっているのに、それに答えてくれる学問が存在しなかった」(鳥越 二〇〇二：二〇九)ことから、「世を救う学問」がめざされているとする。この点について社会思想史家の川田稔は次のように柳田の民俗学をまとめている。

> 消費のあり方、……生活様式の問題、地域生活やそこでのさまざまのレベルでの共同性の問題、さらには農村伝来の教育方法、地域的コミュニケーションおよび世代的伝達の方法としての言語＝方言、信仰、内面的な価値意識、内面化された倫理的規範等、農民生活、農村生活をトータルにその全体的構造を問題とすることとなる。そして、そのための新しい認識の方法、農村の生産と消費を含めた生活全体、それを規定する意識・思考等、わが国農民生活の総体把握を可能にするような学問方法を開拓しようとする。それがいわゆる「柳田民俗学」であった(川田 一九八五：二五二)。

こうした柳田民俗学の解釈がある一方で、日本人の生活に密着する学問的立場の柳田が、日本人を単一民族と見なしているという解釈がこれまで小熊英二などによってなされている(小熊 一九九五)。たしかに、柳田は南方熊楠に宛てた書簡のなかで、「わが日本の学問上の使命」(柳田・南方［一九一九］一九八五：一五一)として、「日本人に日本の昔の生活をしのばせ、祖先の熱情に同情さするぐらいの用意はありてしかるべきなり」（柳田・南方［一九一九］一九八五：一五四）というように、日本人としての過去の生活を日本国民に教えることがみずからの使命として捉えていた。このことからも、柳田は、日本にとってのひとつの過去を固定化された像として、多くの人びとに共通のものであると見なしていたとも言える。

また柳田は、かつての日本人の多数派の農業従事民を「常民」と呼び、「常民性を追求することが、日本の民族文化を通時的に貫く特性の発見にも連なってくるのである」（宮田 一九八六：一五四）と考えていた。宮田によると、「柳田国男は、ごく普通の農民、別言すれば四反から七、八反百姓で、宗門人別改帳に記載された本百姓たちを、基本的な常民と定め、彼らの担う日常文化を、日本文化の典型とみなした」（宮田 一九八六：九三）という。

しかし、必ずしも、柳田の当初の関心は日本人の大多数だと考えられる常民に限ったものではなく、常民とはなり得ない非農業民である少数派の「非常民」と柳田が呼ぶ人びとの実態究明であった。柳田が非常民に関心を持った理由は、宮田によると「実際に郷土研究のフィールドで著しい特徴をもつのは、非常民の姿であった。かれらは常民にとってストレンジャーであり、かつ新しい文化の創造者であり、そしてその荷担者である」（宮田 一九八六：九三）という。このように、柳田の当初の関心は、新しい文化の創造者に向いており、常民の外にあった。宮田は、柳田がいずれ「郷土研究からはじまる民族調査のプロセスで、その中心的な素材が、国民の約七割を占める常民層に求められざるを得ない状況が生じ、柳田民俗学の中心テーマが常民文化に傾いたのは、致し方のない結果だと思う」（宮田 一九八六：九三―九四）と述べている。このように、採集する資料が人口の多数派の常民層であったことが柳田を常民研究に向かわせた可能性が指摘されているように、柳田が日本人の代表としての常民を研究するにいたったのは、研究過程上の問題にすぎないと思われる。したがって、柳田が日本人の代表的な常民研究に移ったからといって、柳田の当初の立場が日本主義に変化したとは考えにくい。

また、柳田は「一国民俗学」を主張したが、このことも柳田が国家主義だという批判を集めるもととなっている。しかし、柄谷によると、柳田が「一国民俗学」を主張したのは、そもそもいくつか理由がある。ひとつ目は、一九三〇年代、日本国家・資本が満州を拠点にして、脱領域性、多様性、遊動性を唱導し、「東亜新秩序」を裏づける「比較民俗学」が要請された際に、柳田はそれに背を向ける意味を込めて「一国民俗学」を主張したのだという。

ふたつ目の理由は柄谷によると、柳田は日本には世界に共通する要素が多く揃っていると考えていたことから、そうしたひとつの国としての日本を調査・実験の対象とすることで、世界的に見られる普遍的な原理の発見が期待できると考えたという意味で「一国民俗学」を唱えたという。(2) 日本は、「実験の史学」にとって恵まれた場所であるという柳田の考えがあるという。柄谷によると、柳田の「一国民俗学」は日本を特別視あるいは例外視するものではなく、日本で得られる認識は普遍的であり得ると考えているという（柄谷 二〇一四：一一四）。つまり、このように、柳田は日本の人びとの生活の記録を後世に伝えるとは言いながらも、日本自体に絶対的な独自性を必ずしも見出しているわけではないことがわかる。

ここからはむしろ、柳田は国家主義どころか、日本にある種の普遍性を見出していることもあったことから、世界を広く視野に入れているとさえ言える。

柳田は実際に、日本以外の、たとえば朝鮮の民族文化も研究の対象とする。柳田は、次のように述べている。

> 今まで我々はあまりにも内地の問題に没頭しておりました。又それ程にも新たに心付くような珍しい事実が次々と現れて来るのであります。しかしもうそろそろ外部との比較ということが、考えられなければならぬ時代になりました(3)（柳田［一九四〇］一九六四：三二八、宮田 一九八六：二〇七）。

こうした他民族の文化研究を重視する柳田の発言からも、柳田が一国の研究に閉じない姿勢がうかがえる。つまり、柳田は「一国民俗学」を主張していたが、同時に他国との類似性やつながりも考えられていた(4)。宮田によると柳田は、「昔話の伝承が、アジア的規模において類似していることに着目し、政治や軍事の制度的な側面を超えた、民族結合の原理を発見しようと努めていた」（宮田 一九八六：二〇九）という。

この考えは、柳宗悦の国家意識にも表れている。柳も橋川の「保守」のアンソロジーに組み込まれているが、本稿の民衆文化的保守に合致すると見なされる。柳も、柳田と同様に日本の文化研究にこだわらず、日本以外の国についても伝統文化が破壊されることに危機意識を持つ。たとえば、柳は、朝鮮独自の美が破壊され、伝統的な美しさが損なわれていることを残念がる。朝鮮の高等女学校を参観した柳は、その学校の生徒たちの制作を見て、次のように述べる。「余は奇異な感慨に打たれた。そこには朝鮮固有の美を認めえない現代日本風の作品——すなわち半西洋化された趣味もなく気品もない愚かな図案と浅い色彩との作品があった……あやまられた教育の罪を想い、かかる教育を強いられて固有の美を失って行く朝鮮の損失を淋しく思ったのである」（柳［一九一九］一九八一：二九）。ただここで言えるのは、国家という枠組みそのものは柳が前提としているということである。

柳は、「軍国主義を早く放棄せよ。弱者を虐げることは日本の名誉にならぬ……弱者に対する優越の快感は動物に一任せよ……自らの自由を尊重し、他人の自由をも尊重しようではないか」（柳［一九二二］一九八一：二一）とも考えていた(5)。

このように、柳は、自他ともに自由になれる可能性を考えていた。

以上から、柳田、柳ともに、自国の伝統を大事にするが、多様な存在との共生のあり方も考えられていたとみることができよう。つまり、自己の伝統を重んじる姿勢とともに、他の信仰を尊重する姿勢が両立されるべきだと考えられていると言える。

（2）民衆文化的保守と天皇制論

本項では、柳田の天皇制論を見ることで、祖霊信仰共同体に関する思想の特徴を見ていきたい。

柳田の天皇論は、「我が皇室が全国の全家族の、真の国体総本家であることは、何人もこれを信ぜんと欲して居る」（柳田一九二五：二七五）というように、皇室と庶民をひとつの共同体として捉えている。しかし、柳田は、戦前には皇室と庶民の文化的類似性を述べ、戦後にはそれらを否定しており、戦前と戦後で議論に矛盾があると言える。まず、戦前に柳田が無記名で『東京朝日新聞』に載せた「秩父殿下の御外遊」（一九二五）の文章では、以下のように一般庶民と天皇に文化的類似性を見出している。(6)

而も民庶に対して其確信を与えるには、実は格段の方法が有ったのでは無い。春明毎の御祭に、民と同じく年を祈り稔りを謝し、豊年には喜びを分かち、凶年には患いを共になされたことが、国初以来の御政事であったことを、いつと無く万人が理解して居って、力めずして自ずから国の感情の統一を見たのである（柳田［一九二五］一九六三：一一四）。

このように、戦前の柳田は、皇室と庶民の文化的類似性を述べている。このほかにも柳田は「宮中のお祭りは村のお祭りとよく似ています」（柳田［一九二五］一九六三：四九三―五〇三、柄谷二〇一四：二一四）と述べている。ただ、戦後の柳田は、上記の柳田による民衆と天皇制の文化が類似しているとする説を否定する議論を行っている。柳田は、新嘗祭について以下のように述べる。

大切な問題は、この日の祭りの式典は、果たして同じ名をもって呼び得るほどに、民も大御門も似通って居たろうかという点である。令制以後における公の新嘗には、少なくとも常人の模すべからざる特色が幾つかあった。最も見落としがたい大きな差別は、皇室が親しく稲作をなされざりしことである（柳田［一九五三］一九九七：五六四）。

このように、戦後の柳田は戦前とは異なり、民衆と天皇制の文化的異質性を説いている。したがって、儀礼上のつながりを基礎とした皇室と庶民の家族の一体性を説いたかつての柳田の議論の趣旨は崩壊したようにも思われる。(7)

しかし、佐藤光によると、柳田のこの矛盾点を指摘する研究は柳田の議論の行きすぎに修正を求めるにすぎず、(8)柳田の祖霊信仰説、つまり天皇を頂点として末端の庶民の家々にいたる共同体の考えそれ自体が揺らぐわけではないのだという（佐藤 二〇〇四：九二）。柳田の民衆と天皇制の文化的異質性を説く戦後の議論は、むしろ異質であっても同じ共同体に属することができるというように、寛容性を持つ思考に変化した可能性が考えられる。なぜなら、柳田は戦前から戦後にかけて、祖霊信仰共同体の及ぶ範囲を、ひとつの家系に属するものから、必ずしもひとつの家系に限定されない範囲へと広げているからである。そのことについて以下で見ていくこととする。

まず、柳田の戦前の論稿からは、氏神を同じ家系に属する人びとが、先祖代々の霊を神として祭った（佐藤 二〇〇四：八五）ものとして捉えていたことがうかがえる。しかし後年の柳田は、ひとつの家系よりも広く地域の家々が「祭の合同」を行う方が一般的だと考え、異なる家系の祖霊がひとつに融合合体するものとして祖霊信仰共同体を捉えている（佐藤 二〇〇四：八七）。またこのほかにも、たとえば、柳田が戦後に提案していることがある。柳田は、若くして死んだ兵士が靖国などの神社に祭られているだけでは、その兵士らは人間の祖先にはなり得ないと考える。その兵士らを人間の祖先にするために、兵士らをどこかの家が養子にして家族に入れることで、人間の祖先に迎えることが可能になるという考えも述べている（柄谷 二〇一三：二一二）。このように、厳密には同じ血筋の系統上に位置しない者同士でも、祖霊が融合合体してひとつの祖霊信仰共同体になり得るというように、戦後はむしろひとつの血統の家系に捉われずに祖霊信仰共同体になり得るとする柔軟な考えになっている。

また、柳田は、こうしたいわば自分の天皇信仰それ自体を他の信仰や宗教に優越しているとは考えない。なぜ日本においては信仰の対立がないのかについて論じているものがある。柳田のその点について、佐藤は次のように述べる。

> 個々の家族や氏神が自分たちの神だけを祭り「祈願」していたのでは「勝拠」となって「統一」は得られないが、日本という国においては、幸いなことに国づくりの始めから他の神々を敬うという「敬神」の伝統があった。……他の神々に対する寛容が、自分たちの神に対する熱烈な信仰すなわち「祈願」と矛盾なく同居していた（佐藤 二〇〇四：八九）。

このように佐藤によると、柳田は日本に「敬服」（佐藤 二〇〇四：八九）という他の信仰の存在を肯定する姿勢があったと考える。したがって柳田の思想は、日本を中心と考える国家主義な思想とは異なると言える。ここから、民衆文化的保守は、国家としての伝統文化を賛美する国家主義的保守とは異なると言える。

しかし、柄谷によると、柳田の祖霊信仰共同体説について、一君万民の天皇制を支えるイデオロギーだという批判が後にあったという（柄谷 二〇一三）。たしかに、伝統を共有する統一体としての国家を考えているという点で、国家主義的保守と類似しているとも考えられ得る。しかし、柳田が、天皇が常民と同じだというのは、あくまでも祖霊信仰共同体をもとにした民間の天皇信仰そのものに肯定的であるのにすぎず、むしろ天皇を国家権力と結びつける天皇制へは批判的であったと柄谷は次のように述べている。

柳田は国家権力と結んだ天皇制を斥けるが、天皇制を否定しない。それは国家神道を斥けるが、氏神や神社を否定しないのと同じである。というより、氏神を信じるからこそ、国家神道を否定するのである。また、氏神を信じるからこそ、若者を外地に送って死なせる国家を認めないのだ（柄谷 二〇一三：二四―二五）。

柄谷の述べるように、伝統的な氏神や神社を信じること自体は、国家権力下にある神道を信じることにはならない。

教養主義的保守の田中耕太郎は、天皇信仰を国民に強要させることは良くないが、天皇制そのものには肯定的な見方を取っていた。民衆文化的保守は、教養主義的保守の立場と一見似ており、天皇制を国家権力に結びつけることに反対である一方で、天皇制それ自体は否定しない立場である。ただ、教養主義的保守と民衆文化的保守とでは、天皇制を否定しない理由が異なっている。教養主義的保守の田中は、天皇制が日本の歴史と伝統とに深く結びついた精神的権威であるが故に敗戦後の混乱を防ぐ役割、つまり、国民国家を正常に機能させる役割として天皇制を捉えていた。一方で、柳田は、あくまでも、天皇を頂点とする家々の祖霊信仰説が人びとの生きざまを支えてきたという意味で、天皇制を否定しないのである。以上から、柳田は祖霊信仰共同体説では、自分たちの信仰の共同体に他者をも受け入れる寛容さとともに、他の信仰をも認める、自他ともに大切にする姿勢が、日本人の伝統的な生きざまのなかにあることを主張しようとしていたことが理解される。つまり、民衆文化的保守は、自己の信仰と他の信仰が排除し合うものではないと考えられていたことがわかる。

（3）内発的発展論

鶴見和子は、戦争中に書かれ戦後に出版された『先祖の話』（一九四六）に始まり、戦後に立て続けに書かれた『祭日考』（一九四六）、『山宮考』（一九四七）、『氏神と氏子』（一九四七）の柳田の意図を次のように分析する。

近代中央集権国家によって抹殺される以前の日本人の信仰と祭祀の形を掘りおこすことによって、逆に中央集権型近代を批判し、地域の自治と地域住民の主体確立の精神的な拠りどころとすることが、柳田のねらいであった（鶴見 一九九九：一三〇）。

このように、鶴見によると、柳田は中央集権型近代を批判し、かつての人びとの生きざまのなかに可能性を見出そうとした。とりわけ、民衆自身が賢くなって、自分たちの生活を創造的に切り開いていくための学問として、民俗学を定義し直した。このことは、日本の敗戦によって、初めて可能になった、と柳田は考えたという（鶴見 一九九九：一一一）。

鶴見によると、柳田は、日本人の生きざまに祈願と敬神との区別をはっきりわきまえていた（鶴見 一九九九：一三四）。ひとつは、自分の産土の神を信仰する内発的な「祈願」であり、もうひとつは、他者の氏神を承認する寛容な態度である「敬神」である。鶴見によると、柳田は、市町村合併による社会制度の中央集権化、神社合祀によって、地域住民の内発的な祈願の対象が破壊されることに繰り返し批判したのだという。鶴見は、「役人が産土社を破壊することによって、常民の祈願の心を荒廃させ、すべて敬神に画一化することによって、内発的な信仰心を形骸化した」（鶴見 一九九九：一三四）点を柳田が鋭く批判していると分析する。

宮田登によると、「柳田民俗学は、起源論よりは、民族の変化する過程に重きを置くところにある。……柳田民俗学が、中世以後の日本歴史と対応させる志向が強く働いており、歴史民俗学の日本古代に祖型を求めるアプローチを試みる点とは異質である」（宮田 一九八六：二一二）という。また、鶴見によると、「柳田は、民俗学は内省の学であるといった。これは、いいかえれば、過去を知る、未来に向かって路を切り開いてゆく主体を形成するための学問だ、といってよい」（鶴見 一九九九：一二四）という。

このように、柳田の研究には社会変動論の要素があると見なして、鶴見は、内発的発展論を展開する。柳田は、それぞれの地域の伝統が、どのように再創造されて発展経路を方向づけているか考えているという（鶴見 一九九九：一三五）。鶴見によると、柳田は「地域による差異は、古いものの残留の度合いの深浅と、外来の影響の多少によるものと判断し」（鶴見 一九九九：一三五）ており、柳田によれば、地域の特徴とは、自己の伝統と他者の伝統からの影響との関係の程度によるものである。この考えでは、伝統が発展するとはそもそも、自己の伝統が受け継がれているところに、外部からの影響が入る際につくられる新たな展開であり、化学反応的なものであると言える。

したがって、柳田は、過去の生きざまが残っている常民階層を研究した[9]。鶴見によると、「柳田が前近代の意識をよりよく保っていると考えたのは、『所謂教育を受けなかった』人々、すなわち、主として話しことばによって生活し、書きことば読みことばに頼らない人々である」（鶴見 一九九九：一二七）という。そうして柳田は、「民衆のひとりひとりが、自己の内部に、古い信仰を発掘したとき、そして古いものを通して、現代社会を見たときに、古いものが現代への批判の視点を与えることになる」（鶴見一九九九：一三五）と鶴見は、柳田の学問姿勢を分析する。

柳田の思想をもとに、鶴見は、内発的発展論の理論を展開したが、そこでは自己存在と他者存在の出逢いによる発展を前提としており、排外思想とは相容れない特性を持つ。したがってこの他者を排除せずに、他者を受け入れながら自己を発展させることができると考える議論を深堀りすることで、昨今の自民族中心主義や排外思想といったものを乗り越える新たな視座を生むのではないだろうか。その考えの萌芽となるものが、民衆文化的保守のなかに見られると思われるため、それらを見ていきたい。

二　民衆文化的保守の可能性

柳田の学問と思想は、その後、明確に保守思想として認識されるよりは、民俗学という学問の展開のなかで参照される「古典」としての性格を持つようになる。民俗学者や他の社会科学の領域における研究者たちの多くは、批判的継承している者を含め、柳田を参照する場合、柳田民俗学の保守的性格に特に着目しているわけではない。むしろ、保守派とは自認していない論者が、柳田の重要性を論じてきた傾向がある。吉本隆明の『共同幻想論』（一九六八）は、その代表例のひとつであろう。

前節で取り上げた鶴見も、そのひとりである。戦後の混乱期には、戦後民主主義の制度設計をいかにして進めるかについて、さまざまな議論があった。そこで、マルクス主義者や啓蒙的民主主義者は、民衆を啓蒙するということの必要性を強く説いていた。一方で、少数派ながら、戦後直後から民衆の知について捉えようとしていたのが、思想の科学研究会であり、鶴見は弟の鶴見俊輔らとともに、その中心的なメンバーのひとりだった。鶴見は、以下のように、日本人には、漸次的な変化しか適合しない点を指摘している。

我々は日本人だから、日本という島帝国に根を生やしている民族だから、そう飛び離れた離れわざも出来ず、やっぱり此儘じりじりと、昨日一昨日の生活の型を、僅かずつの模様替えによって、明日明後日へ運んでいくより他は無いのかも知れない。……たとえ根こそぎにそういうものを取り替えるにしても、一応は今日までの経過、否今もなお続けている生活様式を、知り且つ批判し又反省しなければならぬのである（鶴見一九九九：二一〇）。

また、「現在直面する問題の解決に向けて、過去の『生活の型』を知り、それを徐々に作り変えてゆくことが現代性なのである」（鶴見一九九九：二一〇）とも述べている。

鶴見が、柳田民俗学のなかに見出したのは、新たな社会変動論の可能性である。鶴見は、柳田と交流があった南方熊楠にも注目している。鶴見は、内発的発展論において、変化は、「翠点」で起こるという。翠点とは、南方熊楠の用語であるが、これは、さまざまな行為が交差する点であり、そのなかで変化が生じるとする。鶴見によると、この行為者の出逢いは「縁」（南方の概念である）によるものであるから、変化が生じるには、常にそうした偶然の出会いに開かれていなければならない。

また、変化が生じるには、偶然の出会いに開かれていなければならないという観点は、何ものも排除しないことが望ましいという態度につながる。民衆文化的保守の考えを淵源とする内発的発展論には、自分たちが過去から受け継いだものと相容れないものに対しても、排除的でないからこそ新たな発展が見込めるのだという考えがあり、「保守」だからといって、必ずしも排除の思想に導かれるわけではないことが理解できるのである。

結びに代えて

民衆文化的保守として捉えた柳田の考えでは、伝統が発展するとは、自己の伝統が受け継がれているところに、外部からの影響が入る際につくられる新たな展開である。また柳田の思想をもとに、鶴見は、内発的発展論の理論を展開したが、そこでは自民族中心主義や排外思想に陥らないあり方が重要視されており、それを前提とした社会の発展の可能性が論じられている。

このことはたとえば専門化が進み閉鎖的な学問からは、新たなものが生み出されにくいが、荻野社会学のように、資本主義、文化遺産、戦争、いじめ、震災、死、詐欺、開発などの幅広いテーマ――それも日本、フランスの問題にとどまらず、中国の少数民族、東南・中央アジア各地、ビキニ環礁、北アフリカ、ヨーロッパ各地、ほかにも――世界各地の現象を扱う姿勢、つまり多種多様な対象を捉えようとする学問姿勢は、新たな展開を学問にもたらすものと考えられる。

また「縁」により出会う行為者同士は、必ずしも人間だけが想定されているわけではない。この翠点では、あらゆる存在が、行為者として捉えられ、その行為者には、物も含まれると鶴見は述べる。ここから変化する社会を考えるうえで、物も行為の主体として考慮することが示唆される。荻野も近年、物から社会を捉える重要性を論じている。荻野は、「人間は物を専有できると思い、物の自由さを受け入れない。しかし、この特有の人間と物との関係性を転換し、物の自律性を認める時である」（Ogino 2022: 2）と述べたうえで、社会を研究するための新しいアプローチの可能性について、荻野は次のように論じる。「人間同士の関係性だけではなく、人間と物との関係や、物と物との関係を考えていく必要がある。このプロセスによって、より現実を全体的に捉えられるようになるのである」（Ogino 2022: 11）と述べる。社会学の新たな展開が、ここから始まることが予期されるのではないか。

注

（1）柳田は、本居の『玉勝間』の田舎の冠婚葬祭の論考などを評価していた。

（2）次の柳田の説は、戦前に述べられたものではあるが、柄谷によると柳田の生涯一貫した考えであるという（柄谷 二〇一四：四一）。「現在の我々日本国民が、数多の種族の混成だということは、実はまだ完全には立証せられたわけでもないようでありますが、私の研究はそれをすでに動かぬ通説となったものとして、すなわちこれを発足点といたします」（柳田［一九一七］一九七五：一三二）。

（3）「それには隣を接して学問をして居る二つの民族、互いに心置き無く理解し合う状態に置かれて居る者が、先ず提携するのが順序であり、又大いなる強みでもあろうと思います。そう言った条件に置かれて居る国は、幾らでも有りそうに見えて実はまだ少ないのであります」（柳田［一九四〇］一九六四：七四―七五）。

（4）一方では、柳田の考えは、藤井隆至などによって、「大東亜共栄圏」的なアジア視点を乗り越えるだけの思想性が柳田にはなかったとの批判もなされている。

（5）ただ、こうした柳の態度は、自分たちよりも劣った不幸な人びとに対する一方的な憐れみとしての「植民地史観」であるという批判もなされた（大沢 二〇一八：八四）。

（6）佐藤は「いささか思い入れが勝ちすぎた感のある文章」（佐藤 二〇〇四：八八）と指摘している。

（7）これはなぜなら、佐藤が指摘するように、「皇室の祭りは、国栖や隼人などの『山人』の祭りを継承しているかもしれず、もしそれが真実ならば、皇室の奉ずる神と日本の『里人』の奉ずる神は、本質的に異質な神かもしれないからである」（佐藤 二〇〇四：九一）。

（8）ある「家」の祖霊と他の「家」の祖霊の関係が、史実に照らして見る時、柳田説のそれより矛盾や対立の比重が大きなものであることが判明したとすれば、そのように比重の置き方を変えればよいだけのことであり、それによって、彼の説の根幹すなわち祖霊信仰論の全体が揺らぐものではない（佐藤 二〇〇四：九一）。

（9）文書に記録されたエリート階層の歴史には、明確な時代区分があるとしても、無文字の庶民層の実生活の歴史は、あたかもつららの垂れ下がるように、前代の習俗、言語、意識が、多かれ少なかれ残存しているからである（鶴見 一九九九：一一七）。

文献

橋川文三、一九六八、『戦後日本思想体系7 保守の思想』筑摩書房。

樋口直人、二〇一四、『日本型排外主義――在特会・外国人参政権・東アジア地政学』名古屋大学出版会。

柄谷行人、二〇一四、『遊動論――柳田国男と山人』文藝春秋。

川田稔、一九八五、『柳田国男の思想史的研究』未來社。

中島岳志、二〇一六、『リベラル保守宣言』新潮社。

宮田登、一九八六、『新版 日本の民俗学』講談社。

Ogino, Masahiro, 2022, "Social Sciences from Objects," *Kwansei Gakuin University Social Science Review*, 27: 1-11.

小熊英二、一九九五、『単一民族神話の起源――日本人の「自画像」の系譜』新曜社。

大沢啓徳、二〇一八、『柳宗悦と民藝の哲学――「美の思想家」の軌跡』ミネルヴァ書房。

佐藤光、二〇〇四、『柳田国男の政治経済学――日本保守主義の源流を求めて』世界思想社。

鶴見和子、一九九九、『鶴見和子曼荼羅Ⅳ　環の巻』藤原書店。

鳥越皓之、二〇〇二、『柳田民俗学のフィロソフィー』東京大学出版会。

宇野重規、二〇一六、『保守主義とは何か――反フランス革命から現代日本まで』中央公論新社。

柳宗悦、［一九一九］一九八一、「朝鮮人を想ふ」『柳宗悦著作篇第六巻　朝鮮とその芸術』筑摩書房、二三―三二。

柳宗悦、［一九二二］一九八一、「〈音楽会〉趣意書」『柳宗悦全集第六巻　朝鮮とその芸術』筑摩書房、一三一―一三二。

柳田国男、［一九一七］一九七五、「山人考」『近代日本思想体系一四　柳田國男集』筑摩書房、一三二―一四三。

柳田国男、［一九二五］一九六三、「秩父宮殿下の御外遊」『定本柳田国男集 別巻一 朝日新聞論説集 上巻』、筑摩書房、一一三―一一五。

柳田国男、［一九四〇］一九六四、「学問と民族結合」『定本柳田国男集 第三〇巻』筑摩書房、七三―七五。

柳田国男、［一九四五］一九九〇、『先祖の話』筑摩書房。

柳田国男、［一九五三］一九九七、『稲の床屋』千歳出版。

柳田国男・南方熊楠、［一九一一］一九八五、『南方熊楠選集（別巻）柳田国男 南方熊楠 往復書簡』平凡社。

吉本隆明、一九六八、『共同幻想論』河出書房新社。

第21章　変容する地域の中心

――兵庫県淡路市における廃校活用の事例から

社領雅俊

はじめに

「地方消滅」という言葉が登場する以前から、人口減少社会がもたらす変化は当該地域に生活する住民にリアリティを持って受け止められていた。そうした変化を象徴するのが、小学校の廃校である。廃校活用を研究する豊島まゆみによれば、人口減少に転じた地域が最初に直面する典型的事案が初等義務教育施設である小学校の廃校問題である。それは、毎年全国の自治体が頭を悩ませる、きわめて身近な「人口減少の典型課題」であるとされ、活用されない廃校の増加が、地域衰退の茫々たる風景を出現させている（豊島 二〇二〇：四）。文部科学省が行っている「廃校施設等活用状況実態調査」によれば、二〇〇二年から二〇二〇年の一八年間に廃校となった公立小中高等学校等は八五八〇校[1]に達し、平均すると毎年四五〇校程度の廃校が全国で発生していると報告されている（文部科学省 二〇二二：一）。つまり、人口減少に転じた過疎地域におけるありふれた問題が廃校問題なのである。

本稿で対象とする兵庫県淡路市も、他の多くの過疎化する地域と同様に、地域内の小学校が廃校となり学校統廃合が進められている。[2] では、廃校となった小学校はその後どうなるのだろうか。淡路市においては、その多くが消費施設として民間企業によって活用されている。そして、興味深いことに、そうした活用を行う民間企業は「地域活性化」や「地方創生」といった言葉を使いながら、事業を通じて地域のコミュニティの再生を目指すことを目的に掲げている。

地域において、学校は単に公教育、義務教育のみが行われる施設ではなく、地域住民によるさまざまな行事やイベントが行われる場でもある。また、明治五年の学制公布以降、小学校の設立にあたっては、地域住民の寄付や手伝いなどの協力で成立してきた歴史もあり、地域と密接な関係がある。つまり、「とくに山村部における公立の小中学校は、物理的・精神的双方の面で、名実共に地域の中心であった」（権 二〇一一：九四）。そのような「地域の中心」であった小学校も、人口減少にともない閉校し、その跡地が民間企業によって活用されている。

そこで本稿では、民間企業が地方創生を掲げて廃校を活用するにいたる背景を確認したうえで、地域内に廃校が生じる意味について考察する。そして、実際の廃校活用の事例を分析することで、過疎化する地域が、市場経済という新たな秩序のもと、再編されていることを明らかにする。さらに、そうした人口減少にともなう過疎化という、抗うことが困難な流れのなかにあって、当該地域はどのような「抵抗」をなし得るのか、その可能性の一端を示したい。

一　地方創生時代の外来型開発と変容する地域の中心

（1）地方創生時代の外来型開発

淡路市において、地方創生を掲げながら廃校となった小学校の活用を行う企業にパソナグループ（以下、パソナ）を挙げることができる。パソナは、二〇一〇年に閉校した旧野島小学校の跡地を活用し、二〇一二年よりマルシェやレストランといった機能を持つ「のじまスコーラ」[3]を展開している。同社のホームページによると、同施設は、「淡路島の地方創生のシンボル」とされ、次のように説明されている。

> のじまスコーラは、観光施設であると同時に、少子高齢化の社会課題を解決する地域活性化のモデルでもあります。淡路島の《ママ》日本の縮図といわれ、少子高齢化や人口減少が著しい場所で、野島エリアは特に深刻な地区でした。二〇一〇年、生徒数の減少により野島小学校は閉校しましたが、二〇一二年に廃校を活用した観光施設としてのじまスコーラがオープンして以来、島外から多くのお客様が集まるスポットとなり、また地域住民からも地域のシンボル的な存在として、広く愛され続けています。こうした背景から、日本全国の地方創生に取り組む自治体や企業が視察に訪れます。（パソナグループ 二〇二三）

ここで、パソナが用いている「地方創生」という言葉に注目しよう。地方創生とは、二〇一四年に地方圏を軽視した政策を転換するものとして第二次安倍政権が提唱した「地方創生（まち・ひと・しごと創生）」にある行政用語である（金井 二〇一六：三〇）。その政策は、人口減少の歯止めと東京一極集中の是正を目的とし、その実現に向けて過去のような拠点開発方式や公共事業に頼るのではなく、地域の資源と人材を生かした内発的で自律的な所得機会の創出をめざすべきだとされる（中澤 二〇一六：二八七）。金子勇は、地方創生論の根幹に内発的発展論の影響を強く受けていることを指摘している（金子 二〇一六：一一九）。内発的発展論とは、鶴見和子が提唱した概念であり（鶴見 一九九六）、拠点開発方式といった外来型開発が公害や環境問題を引き起こした反省から、地域の住民から興る自律的な発展の必要性が指摘された（宮本 一九八九：二九四）。各自治体は、地方消滅が叫ばれるなかで、地域の存続をかけて地方創生という内発的発展の要素を含めたかたちでの政策提案を政府によって外発的に促されるようになる。

林凌は、パソナが淡路島の地域開発に関わるようになった経緯を兵庫県の地域開発の歴史との関連で明らかにしている（林 二〇二二）。林によれば、民間企業を活用した地域開発はいまに始まったわけではなく、一九八八年に兵庫県企業庁が発表した「総合保養地域の整備に関する基本構想――淡路島リゾート構想」に端を発する。そうした流れを受け継ぎ、二〇一一年の『あわじ環境未来島構想』では、淡路市は国の民間企業や団体が地域開発に参入する流れのもとで「総合特区制度」の第一号に指定される。林はこの構想を、公的領域の規制緩和を推し進める「新自由主義」的レジームへの転換であり、「交流人口」という「定住していないが、その地域と強い関わりを持つ人口」いわゆる観光客を新たな評価指標として重視するようになったと指摘している。それは、長期的な定住を前提とした地域開発が困難になった情勢化において、地域開発を行うために生み出されたロジックであり、近年の「地方創生」関連施策の共通認識であると指摘する（林 二〇二二：一二三）。しかし、観光客のような「交流人口」を増やすといっても行政の側にそうした専門知識も乏しく、プランを描くことは容易ではない。そこで期待されるのが、地域活性化や地域の課題を解決するといった内発的発展の要素を持った地方創生を掲げるパソナのような民間企業である。

鳥越皓之は、「地元からの評判を良くするために、このような内発的な言葉を形式的に用いつつ、現実には中央政府からの巨大な資金援助を受けて公共事業を行ったり、地域外の特定大企業による観光開発などであったりするケースも後を絶たない。それらは外来型開発である」と指摘する（鳥越 二〇〇四：一九四）。そこで、本稿では、パソナのように過疎化が深刻となり地域の存続が危ぶまれる地域において、定住人口の増加ではなく、交流人口のような観光客を増加させる施策を、「地域活性化」や「地方創生」といった内発的発展を想起させるソフトな言葉を用いながら進める企業を、〈地方創生時代の外来型開発〉と呼ぶこととしよう。

(2) 変容する地域の中心

では次に、地域内に廃校が生じ、そうした地方創生時代の外来型開発によって開発が進められる点について検討しよう。そこでは、これまで日本各地で形成されてきた近代社会における秩序のあり方そのものの変容を象徴している点にふれておきたい。「地方創生」とは、読んで字の如く、地方に別の何かを創り、生まれ変わらせるという意味が込められている。そこには、定住する住民を中心とした時代からの転換が生じているのである。

開発によって変容する秩序の問題を考察するにあたり、参考となるのが荻野昌弘による議論である（荻野二〇一二）。荻野は、戦前の軍隊跡地の開発にともなって変化する風景の分析を通じて、異なるタイプの空間の構成要素が混在している風景を〈脱中心化する風景〉と呼ぶ。そして、中心を欠き、歴史性の欠如した脱中心化する風景が暴力を生み出す点を指摘している。「風景が暴力を生み出す」という指摘は奇妙に聞こえるかもしれないが、荻野は次のように説明する。「個人は生活の舞台となっている風景から、まったく独立した生活を営んでいるわけではない。風景は社会が生み出すものであり、個人はそれとは無縁ではいられない。それどころか、個人は社会が生産する空間のなかで生きていかざるをえない」（荻野二〇一二：二三）とし、特定の風景、つまり社会が個人に与える影響について述べている。

冒頭で紹介した権安理による指摘にもあったように、小学校は「地域の中心」であった。その多くが聖なる中心である寺院で興ったことは重要である。たとえば、一八七二年（明治五年）の学制公布を受けて、淡路島においても一八七二年から一八七九年にかけて七〇余の小学校が各村に開校した（一宮町史一九九九：九五六）。小学校の草創期の淡路島では七七校のうち五二校までもが寺院で創設されている。旧一宮町の村々ではそのすべてが寺院で創立された。その理由として、①寺の住職が寺子屋の師匠であったこと、②村には児童を受け入れる広い建物がなかったこと、③政府の要請が急務であり公共性の高い寺院が用いられた、とある。しかし、当時の制度は財政の裏づけもないうえ、学校適地も容易には定まらず、神社に移ったり、民家を利用したり、藩邸を活用したりしたようである。そこで「村の篤志家たちの努力によって、実質的には今までの寺子屋のように、村の中心の寺院を借り受け、看板を○○小学校と掲げ替えて間に合わせた」（一宮町史　一九九九：九五六）。このように、かつての聖なる中心である寺院で小学校は興り、地域住民による寄付金や労力奉仕などの贈与によって形成、維持されてきた。

荻野は、死者と生者が交わりながら編成される秩序のあり方を〈追憶の秩序〉と名づけたが（荻野　一九九八：一二一―一二三）、当該地域においても、追憶の秩序を支えていた寺、氏神が祀られる神社、そして死者を埋葬するための埋墓などの空間要素は現在でも地域内に点在している。しかし、明治に発布された学制が象徴するように、日本は近代に入り小学校や公民館といった市民社会に根ざした新たな空間要素を地域に生み出してきた。それにともない、かつての埋墓は使用されることもなくなり、追憶の秩序を構成していた空間要素から、近代社会の秩序を構成する空間要素へと地域は変化していく。ただし、この時点では、異なる時代の空間要素が点在しながらも、小学校のような新たな中心が地域内に存在するため、荻野が指摘する〈脱中心化する風景〉とはならなかった。

しかし、その後の過疎化はこうした近代的な秩序を構成する風景を切り崩していくことになる。それは、荻野が〈脱中心化する風景〉の構成要素において欠かせない空間記号として一〇番目に挙げていた「空き地」の出現である。過疎化で人口が減少するにともない、空き家や空き地が地域内に生まれてくる。その代表的なものが小学校の閉校である。このような空き地は、荻野が指摘するように、「将来どのようなかたちで利用されるのかが不確定な、まさに〈空〉の場所であり、この空の場所が、景観全体に異質性をもたらしている」（荻野　二〇一二：二一一）とされる。

地域住民からすれば、空き地や空き家、そして廃校は秩序を脅かすものである。廃校が地域に存在する状態は、自治体にとってもその存続が危ぶまれる事態であり、地域の活性化が必要となる。そこで活用されるのが、これまでも確認してきた、「地方創生」を掲げる民間企業である。空き家や廃校が地域に生じる状況は、地域住民からすれば秩序が脅かされる危機であるが、民間企業にとっては、地域の空の場所はビジネスチャンスとなり得るのである。

ここで重要な点は、かつての追憶の秩序を構成する空間要素から、近代的な秩序を構成する空間要素に変化する際には、それぞれの要素は混在するものの、地域住民によってその変化が担われ、「地域の中心」はかつての「聖なる中心」から「近代的な中心」（小学校や公民館）への移行がなされた。しかし、現在の淡路市で生じている地域開発は、民間企業による「外来型開発」によって担われている。しかも、地域の中心であった小学校までもが、民間企業によって新たな空間として利用されるほど、地域の奥深くまでその開発は入り込んでおり、地域を構成する空間要素に、消費空間という新たな要素が加わる事態が生じているのである。一見すると、空き地や空き家が減り、廃校のような「異質」な存在が消費空間に生まれ変わることは歓迎されるようにうつるかもしれない。しかし、現在の廃校活用は、かつてのように地域住民の手によって担われてはいない。そこで形成される秩序は、地域社会とは別の論理によって編成されているのである。

二　廃校活用と地域住民の「抵抗」

（1）サキア（旧尾崎小学校）による地方創再生

本節では、旧尾崎小学校の活用事例である「ＳＡＫＩＡ（サキア）」（以下、サキア）を詳しく見ていく。同施設は淡路島の北西部に位置しており、淡路市に合併される以前の旧一宮町尾崎地区にある。サキアを運営する株式会社バルニバービ（以下、バルニバービ）は、パソナと同じく地方創生を掲げて事業を展開する企業である。その廃校活用の事例を通じて、小学校というかつての地域の中心が、消費空間として、市場経済という新たな秩序のもとに編成されていく点を確認しよう。

バルニバービは大阪船場にて一九九一年に設立され、主にレストラン事業を展開してきた企業である。同社の二〇二三年七月期決算説明会資料によると「私たちが目指す地方創生は、地域の皆様、スタッフ、その他のステークホルダーの皆様と、その街に本当に必要と思えることを時間をかけて考えていくことで、住みたいと思える街をつくること。その積み重ねに私たちが目指す『日本創再生』があると考えます」（バルニバービ 二〇二三a：四）とされる。このような考えのもと、「地方創生への取り組み強化」を最重要課題と捉え、今後一〇年で「地方創生の開発エリア」を一〇か所以上とすることが目標として掲げられている。その具体的な取り組みとして、二〇二二年には、旧尾崎小学校跡地を淡路市から買収し、その廃校を活用した「サキア」の運営をスタートさせた。

廃校となった旧尾崎小学校は、一八七三年（明治六年）に長泉寺にて誕生した。その後、二〇一四年に閉校。二〇二二年より、バルニバービによってサキアとして運営されている。サキアは「食・アート・学びと地域」をコンセプトとし、それらが融合したコミュニティ施設とされる。一階には、飲食ができるレストラン「オサキ食堂カフェテラス」があり、かつて職員室として使用されていた部屋では「こども図書館 KODOMONO」として自由に書籍を閲覧することができる。二階は宿泊施設として使用され(4)、三階はワーケーションやリモートワークの利用を想定したコワーキングスペース「サトヤマデスク」となっている。ホームページには、「SAKIAは淡路島の魅力を『広く発信すること』『島内外で融合させること』『伝統を守ること』を目指し、島の活性化と未来を切り拓く『地方創再生』の拠点施設として、『食・アート・学び』をテーマにしたコンテンツを展開しています」（バルニバービ 二〇二三b）とされ、「旧尾崎小学校の歴史と趣を残すサキアが地域に暮らす方々に長く愛される施設となるように笑顔と活気があふれる豊かな風景をこの場所で描いていきます」（バルニバービ 二〇二三b）と、観光客だけでなく地域住民の利用を意識した施設であることが強調されている。

では、実際にどのように地域との関わりを進めているのだろうか。筆者は継続的に同施設を訪問し、その利用について観察を続けてきた。まず一階のレストランにおける提供メニューについてだが、ランチメニューの定食は一〇〇〇円前後であり地域住民も利用しやすい値段設定になっている。この点は筆者がヒアリングした住民からも評判がよく、利用しやすいという声が聞かれた。同施設は、運動場の一部と体育館を含めた区域が地域の防災拠点として現在でも市によって管理されている。平日の早朝には、地域の老人たちが市の管理する運動場のスペースでグランドゴルフを行い、プレーを終えた後にはサキアのレストランで談笑しながらお茶をしている。三階のかつて音楽室だった部屋には展示スペースがあり、(5)サキア祭の様子が地域との交流という観点から写真で展示されている。以上の観察から、ホームページで強調されていたように、地域との関わりを意識した取り組みを見てとることができる。また、働いている従業員に声をかけると、地元の出身者がアルバイトとして働いているほか、他の地域から移住してきた者も働くなど、雇用創出にも貢献している点がうかがえた。

では、サキアの旧小学校の廃校を活用した地方創再生は理想的な取り組みなのだろうか。地域のつながりを再生させる一助になっているのだろうか。たしかに、ほかの観光客向けの店舗よりも安価で商品を提供し、地域住民も参加しやすい設定としていることで平日に住民が集うきっかけにはなっている。しかし、穿った見方をすれば、それも平日という集客が厳しいなかでせめて地域住民に利用してもらうことで利益を出したいという企業の思惑かもしれない。あくまでも、レストランとして通常の運営を行っているだけである。ホームページでは、「伝統を守ること」を掲げていたが、当時の小学校を偲ばせる地域住民にとっての記憶を喚起するモノは特に残されてはいない。(6)そこでは、仮に平日に集まっているのが地域住民であったとしても、バルニバービからすればあくまで消費者であり、ほかの観光客となんら変わらないのである。(7)このことは、サキアが「創再生」の対象として想定する

「地域」が小学校という学区とは別にあることに関係している。そのことを示しているのがサキアで年二回、「サキア祭」という名で行われているイベントに見てとることができる。

二〇二三年九月二三日に第四回目の開催となるサキア祭に筆者も参加した。主催者が作成した第四回サキア祭を紹介する動画（バルニバービ 二〇二三c）によると、当日は約二五〇〇名の来場者があり、出展店舗も二〇二二年三月二一日に行われた第一回目が一九店舗であったのに対し、四四店舗と規模も集客力も増加している。動画では、淡路島に根づく「お祭り」として継続していくことが示されている。

イベントは「いちのみや民謡同好会」による音頭から始まり、バンドによる演奏や、淡路島に住んでいるという吉本興業株式会社に所属する芸人によるライブなど会場を盛り上げる工夫がなされていた。一階の飲食ブースでは、淡路島において事業を展開する出店者を中心に店を並べ、二階では野菜やスイーツ、パン、雑貨など、やはり淡路島内の事業者が中心に参加していた。

本稿にとって興味深い点は、尾崎地区の祭りとしての要素はなく、動画の説明にもあったように、淡路島のさまざまな魅力を詰め込んだイベントであるという点である。主催者が想定する「祭り」の対象は、尾崎地区の地域住民ではない。もちろん、来場者のなかには、地域住民が参加しているかもしれないが、参加している者がどこの出身であろうと関係はない。バルニバービが提供する淡路島に関するコンテンツに魅力を感じて足を運んでくれていれば、客、つまり消費者として平等に楽しめる開かれた空間なのである。

当日は淡路市市長の門康彦氏も来場していた。市長は挨拶のなかで、淡路市の人口が増加に転じていること、バルニバービをはじめとした約三〇社以上の企業を誘致したことで淡路市の税収が増加し、淡路市民に還元できる点が語られていた。また、「最後のお願い」として、淡路島のお土産を購入して楽しい思い出を持って帰ってほしいということが述べられていた。このことからも、サキア祭が地域の定住者ではなく、観光客という交流人口を対象として開催されていると、運営側および行政も捉えていることがわかる。

こうしたバルニバービの取り組みは、たしかに過疎化する地域を盛り上げ、サキア祭の集客に見るように交流人口の増加を促している。それは、行政としても民間企業を活用した地方創生の成功事例として取り上げることができるだろう。しかし、このことは尾崎地区という地域の再生と言えるのだろうか。市場経済という秩序と結びつけ、交流人口を増やすことは、従来から当該地域で生活する住民を豊かにするのだろうか。

そこで次に、同じ尾崎地区において、同地区の住民の豊かさの充溢をめざした取り組みに注目してみよう。

（2）尾崎ガーデンズ（旧尾崎保育園）による「ご近所づきあい」

サキアの南側には、隣接するかたちで旧尾崎保育園がある。そこは現在、尾崎地区の地域住民によって「尾崎ガーデンズ」として運営されている。同施設を紹介した記事によれば、「公民館がなく、保育園・小学校の相次ぐ統合で地域の人たちが集まる場が無くなることに危機感を抱いた皆さんの思いを原動力として平成二三年に開設された『尾崎ふれあい交流広場』」（すごいすと 二〇一八）の拠点のひとつであると説明され、明確に地域の住民同士のつながりの維持と活性化を意識した運営となっている。

尾崎ガーデンズは現在、週二日、金曜日と土曜日に運営されている。平均年齢七〇歳前後のメンバー五名ほどがほぼボランティアで切り盛りしている。土曜日限定で定食を五〇〇円という低価格で提供しており、一日三〇食が完売するそうだ。コーヒーやパンの価格は年金生活者が無理なく楽しめるようにと一〇〇円に設定されている。客は尾崎地区の地域住民が中心である。筆者が訪問した日も多くの地元住民が訪れており談笑しながら食事を楽しんでいた。食事を低価格で提供できるのは、食材の多くが尾崎地区の住民からの「お裾わけ」で成り立っているからである。運営に携わる女性のひとりは、「うまいことお裾わけしてもらうねん。世間話して、その野菜ええなぁって言うて。年寄りの知恵やで」[8]と、その秘訣を語ってくれた。お裾わけのほかにも、直売所として販売も行っている。生産者は、農協などに出荷するよりも、持ってきたものが住民の手に取られ、売れていく様子を見るのが面白いらしい。

尾崎ガーデンズの運営を長く隣で見てきた社会福祉協議会の担当者B氏の話では[9]、旧尾崎小学校の跡地が島外の事業者に買収され、レストランが運営されると聞いたとき尾崎ガーデンズの存亡が危ぶまれる危機感を抱いたという。ほかの社会福祉協議会のメンバーは「黒船が来るやないか！」と表現したそうだ。しかし、運営を行っている「おばちゃんたち」（B氏の表現）には焦る様子はまったくなかったという。これまで通り、自分たちのやりたいようにやればいいというスタンスで声高に反対をしたり存続を心配したりするような話も出てこなかった。この様子を見て、「おばちゃんたちは強い！」と社会福祉協議会のメンバーは感心したそうだ。

しかし、なぜおばちゃんたちは焦ることがなかったのだろうか。それは、おばちゃんたちのめざしているものが、サキアのめざすものとは異なるからである。運営に携わる女性のひとりは、尾崎ガーデンズの存在意義について次のように語ってくれた。「別に儲けることが目的じゃないから。小学校もなくなって、地域のひとが集まる場所がない。家に一日中おってもしゃあないし。簡単な料理とかコーヒー出して、気軽に集まってもらえたらそれでええねん。わたしもこうやって手伝わせてもらって、ありがたいわ」[10]。また、地域住民のサキアの利用状況についてうかがうと、「けっこう地域のひとも行きよるで。グランドゴルフした後にお茶飲んだりな。この辺はお茶するとこもないやろう。やからありがたいわ」と言う。この語りから言えることは、尾崎ガーデンズにとって、サキアは消費空間として観光客を奪い合う同業者としての競合ではないのである。したがって、平日にサキアを地域住民が利用することも別に気に留めることはないし、むしろひとが集まって会話ができる場所があることは望ましいことだと捉えている。

尾崎ガーデンズとサキアはめざすものが違うからといって互いに無視しているかというとそうではない。お互いにイベントの際には協賛をしたり出店をしたりとつかず離れずの関係を維持しているという。とはいえ、長年その取り組みを見てきたB氏はイベントへの出店について、「準備は、大変。サキア祭に参加したとしても大して売上があるわけではないし、準備する手間の方が。でも、こういう繋がりは絶対大切にせなあかん。ちょっとしたことでもご近所づきあいはしとかなあかん」と言い、同じ地域で活動していくうえで「ご近所づきあい」は大切だという。

たとえば、尾崎ガーデンズの園庭にて二〇二三年八月一二日に四年ぶりとなる尾崎地区の祭りが行われた際に、サキアに対して協賛のお願いを行ったという。協賛の内容としては微々たるものかもしれないが、そうしたやり取りから言えることは、ご近所づきあいをしておくことによって、地域の「要望」や「意見」を伝える通路を維持しているとも言える。これは、地域の内部にまで入り込んできている外来型開発によって変容する秩序に対する地域住民の「抵抗」のひとつのあり方とは言えないだろうか。

おわりに

本稿では、過疎化する地域における典型的課題である廃校問題について、民間企業が定住人口の増加ではなく、交流人口のような観光客を増加させる施策を、「地方創生」や「地方再生」といった内発的発展論のソフトな言葉を用いながら進める点に着目し、そうした企業を〈地方創生時代の外来型開発〉と呼んだ。そして、地域内に廃校が生じる意味を秩序の変容という点から明らかにしたうえで、具体的な廃校活用の事例を通じて、「地域の再生」を掲げながらも、企業が想定する地域と小学校が存在した学区としての地域には隔たりがあり、地域が市場経済という秩序のもとに編成されていく過程を確認した。そして、そうした秩序編成に対し、地域住民が自分たちの地域を維持するための活動に着目した。

本稿で確認してきた地方創生時代の外来型開発は今後も日本全国の過疎地域を再編していくだろう。実際、パソナもバルニバービもともに淡路島の事例をモデルケースとしてさまざまな自治体と地方創生に取り組んでいる。パソナは二〇〇八年にグループ会社、株式会社地方創生を設立している。ホームページの説明では、広報・PRの力で自治体の地方創生をプロデュースするパソナグループのPRコンサルティング会社として、香川県や岐阜県など広範囲で自治体と地方創生に取り組んでいる（地方創生 二〇二三）。ある記事では、「下関で探る淡路島の『次』パソナ、豊北エリア活性化へ[11]」とあり、「過疎化の進む中山間地における課題解決モデルを構築する」ことがめざされている。また、バルニバービも、同じ「地方創再生」を掲げ、島根県出雲市にて、淡路市で展開する事業をモデルとしたWINDY FARM ATMOSPHEREを展開している。

人口減少により地域が過疎化していくことは、その土地で生きてきた者にとっては存続が危ぶまれる大きな問題である。そして、地域の中心である小学校が廃校となる事態は、荻野昌弘が一貫して対象としてきた「破壊」を象徴していると言えるだろう。では、地域社会はこうした人口減少にともなう破壊の前になすすべがないのだろうか。われわれは、本稿で取り上げたバルニバービと尾崎ガーデンズの事例で見たように、破壊の最中に生まれているこうした新たな関係性、つまり社会を引き続き注意深く見ていかなければならない。そこには破壊の後に生まれる可能性の芽が潜んでいるかもしれないのである。

注

（1）内訳としては、小学校の廃校が五六七八校、中学校が一七二一校、高等学校等が一一八一校である（文部科学省 二〇二二：五）。
（2）「少子化で増加、空き校舎どうする？　淡路島で活用模索」、『神戸新聞NEXT』二〇二〇年一二月一九日付。
（3）のじまスコーラは、パソナグループの株式会社パソナふるさとインキュベーションが運営している（https://nojima-scuola.com/aboutus/、二〇二四年八月二〇日取得）。
（4）二階が宿泊施設として開業したのは二〇二四年四月二五日である。本稿の内容は主に二〇二三年八月から二〇二三年一二月までの現地の情報やホームページの内容に基づいている。筆者が訪問した当時、二階は開発前でありイベントの際の貸スペースであったが、ここでは、現在の状況を反映した記述としている。
（5）筆者が二〇二四年八月一六日に現地を訪問した際には展示スペースとしての利用は行われていなかった。
（6）筆者がここで念頭に置いているのは、記憶の喚起や保存を目的に、意図して展示されているモノである。たとえば、同じ淡路市には旧佐野小学校の廃校を活用した「さの小テラス」がある。この施設は、地元住民が主体となって運営がなされている点に特徴がある。同施設の三階には「昭和の教室（復元教室）」があり、小学校の歴史や児童の作品など小学校を含めた地域の記憶を保存し伝統を継承しようという意図を見ることができる。サキアは校舎の外観はそのままであり、校庭には当時使用していた倉庫や、遊具が残されているが、さの小テラスに見られるモノは残されてはいない。
（7）このことを指してサキアの取り組みを非難しているわけではない。
（8）二〇二三年一一月一六日、A氏への聞き取りによる。
（9）二〇二三年八月二〇日、B氏への聞き取りによる。
（10）二〇二三年一一月一七日、C氏への聞き取りによる。
（11）「下関で探る淡路島の『次』パソナ、豊北エリア活性化へ」、『日本経済新聞 地方経済面中国』二〇二三年一二月八日付。

文献

バルニバービ、二〇二三a、「二〇二三年七月期決算説明会資料」(https://ir.balnibarbi.com/library/result_briefing.php、二〇二三年一二月五日取得)。

バルニバービ、二〇二三b、「サキアについて」(https://sakia.jp/about/、二〇二三年一二月三〇日取得)。

バルニバービ、二〇二三c、「第四回サキア祭」(https://sakia.jp/matsuri-report/1120/、二〇二四年八月二一日取得)。

権安理、二〇一一、「廃校活用研究序説——戦後における歴史と公共性の変容」『応用社会学研究』五三：八九―九九。

林凌、二〇二二、「新自由主義地域——パソナ・淡路島・地域開発」堀江くらは編『アレVol. 11』アレ★Club一〇〇―一三一。

一宮町史編集委員会、一九九九、『一宮町史』兵庫県一宮町。

金井利之、二〇一六、「地方創生の行政学」『都市社会研究』八：一九―三四。

金子勇、二〇一六、『「地方創生と消滅」の社会学——日本のコミュニティのゆくえ』ミネルヴァ書房。

宮本憲一、一九八九、『環境経済学』岩波書店。

文部科学省、二〇二二、「令和三年度　公立小中学校等における廃校施設及び余裕教室の活用状況について」(https://www.mext.go.jp/content/20220331-mxt_sisetujo-000012748_1.pdf、二〇二四年八月一〇日取得)。

中澤高志、二〇一六、「『地方創生』の目的論」『経済地理学年報』六二(四)：二八五―三〇五。

荻野昌弘、一九九八、『資本主義と他者』関西学院大学出版会。

荻野昌弘、二〇一二、『開発空間の暴力——いじめ自殺を生む風景』新曜社。

パソナグループ、二〇二三、「のじまスコーラ団体プラン」(https://awaji-resort.pasonagroup.co.jp/、二〇二三年一二月二八日取得)。

すごいすと、二〇一八、「尾崎ふれあい交流広場」(https://sugoist.pref.hyogo.lg.jp/coco/report03_osaki/、二〇二三年九月一〇日取得)。

地方創生、二〇二三、「目指すこと」(https://chihousousei.jp/、二〇二三年一〇月三日取得)。

豊島まゆみ、二〇二〇、「廃校の社会史と廃校活用による地域活性化に関する研究——農山村地域資源の活用事例を中心として」東京農業大学大学院生物産業学研究科二〇二〇年度博士論文。

鳥越皓之、二〇〇四、『環境社会学——生活者の立場から考える』東京大学出版会。

鶴見和子、一九九六、『内発的発展論の展開』筑摩書房。

第22章　新型コロナ拡大初期における中国コミュニティ内の相互扶助についての考察
――武漢市を例にして

于　慧

はじめに

Ｍ・Ｂ・フロリック（Floric 1997）は中国が伝統的な全体主義的な政治システムを重視し、国家主導で社会を運営していると指摘する。新型コロナ拡大初期の武漢市では、ウイルスの性質が不明であること、政府の対応が適時でないことなどから、混乱状態に陥った。武漢市市政府を負荷稼働させており、従来のような「主導」や「管理」を完全に行うことができなかった。

二〇一九年一二月八日、武漢市第一例新型コロナウイルス肺炎の症例が記録された。二〇二〇年一月になると、新型コロナウイルスが武漢市内大規模に蔓延し始め、感染者数が急増し、病院に過剰な負担がかかるようになった。市長のホットラインと市民サービスのホットラインには、武漢全土の感染者から二四時間体制で救援情報が寄せられていた。

したがって、当時の武漢市政府のおもな関心は、医療システムの運営を確保し、感染者を可能なかぎり入院させ、感染拡大を制御するために最善をつくすことだ。ちょうど春節を迎え、家族を訪ねて帰省するひとも多かった。武漢は道路、鉄道、航空などの交通の要衝であるため、人口が多く、ひとの流れも多い場所であった。新型コロナウイルスが中国全土と世界に広がる事態を防ぐために、武漢市政府はロックダウンを決定した。

ロックダウン政策が実施された後、武漢市市民は自宅に隔離され、自由に移動することができなくなった。公共交通機関は封鎖され、商店なども営業が中止され、一部のスーパーや薬局が営業しているのみであった。市民は移動できなかったが、食料や日用品、薬などは必要なので、買い物はコミュニティ（中国では「社区」と呼ばれる）ワーカーの力に頼らなければならなかった。当時の社区ワーカーとは、主に社区居民委員会の行政職員やグリッドワーカーを指した。彼らは、自分が住んでいる区での移動が許可されていた。

社区ワーカーの仕事は、社区住民の情報収集、体温検査、社区に出入りするひとや車のスクリーニング、消毒、感染症が発見された場合の病院への連絡や上級行政機関への報告などであった。同時に、すべての住民のニーズに応えるという責任も担っていた。社区ワーカーの数は非常に少ないのに対して、社区の住民の数は数百から数千に及び、一世帯一世帯に対応することは不可能であった。

緊急事態が発生するときには、政府は強力な資源動員能力により、一般市民の生存を確保するために効果的に対応するのが道理である。しかし、この時点では、政府に頼って生きていくことが難しい状況のなかで、住民みずからが行動を起こし、ネットワークを介して物資を連絡し、社区の行政職員・グリッドワーカーと協力して社区の感染拡大防止・制御活動に参加し始めた。このように自発的に参加する人びとは住民ボランティア（中国語では「住民志願者」）と呼ばれる。彼らは無報酬で、ほとんどがボランティアの経験がなく、感染防止のための保護措置もなしに社区の感染拡大防止・制御活動に参加した。また、住民ボランティアの活躍したことが近隣住民同士で相互扶助する現象にもつながった。

そこで、本稿では、新型コロナウイルス第一波大流行の際の、武漢における社区住民の相互扶助活動の具体的な内容を考察し、相互扶助の現象が起きた理由を調査し、中国社会へどのような影響を与えるかを検討したい。

一　中国コミュニティの構成とコミュニティ・ガバナンス

（1）中国コミュニティの構成

理論的にはコミュニティ論を用い、森下（二〇一二）のコミュニティ三要素理論を根拠にして、中国コミュニティの四つの要素、すなわち政府主導（G）、契機となる共通の目的・目標の存在（C）、住民の集合的活動・経験の共有や蓄積（A）、帰属意識（B）を提唱した（表22-1）。新型コロナ第一波流行時の武漢市社区の状況を例にとると、共通の目的・目標は、コロナ感染拡大防止と制御、住民の生活ニーズを満たすことであり、このため、住民は相互扶助活動の集合的活動・経験を共有・蓄積してきた。住民ネットワークが形成されていて、住民たちの社区への帰属意識も生じた。

中国社会のコミュニティの特徴は、コミュニティの各要素の関係性構築の規範に対して政府の方針が影響を与えていることだと言える。ただし、中国のコミュニティに自治がないということを意味してはいない。自治の決定主体が住民だけではなく、政府（社区居民委員会などを含む）の意思決定によっても影響を受けるということである。地域の課題を取り組むためには、まず行政機関（社区居民委員会）が意思決定に対して明確な通知を下さなければならない。意思決定を推進する力には、住民の声だけでなく、行政政策の影響もある。契機となる共通の目標・目的を持った後、行政機関、住民、およびその他の主体は、集合的な活動・経験の蓄積に参加した。コミュニティ・ガバナンスと社区自治の目標を達成するために、集合的な活動／経験の蓄積に参加し、そのことでコミュニティへの帰属意識を生み出すことができた。

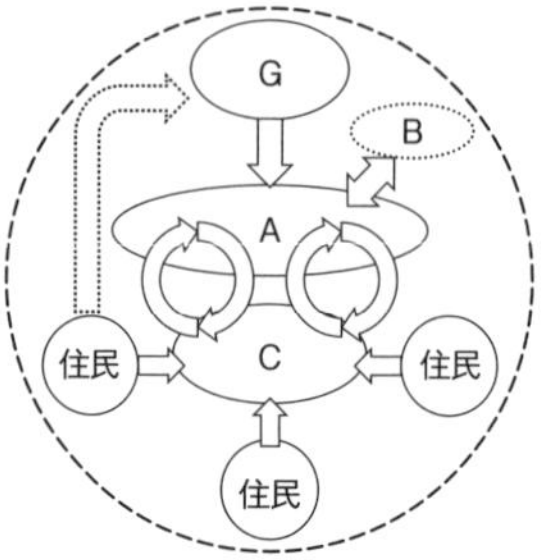

図22-1　**中国コミュニティの結節点（概念図）**

表22-1　**中国コミュニティの四要素（GCAB）**

①G（government-led） （政府主導）
②C（common purpose and objectives to work towards） （契機となる共通の目的・目標の存在）
③A（accumulation of shared activities and experience） （住民の集合的活動・経験の共有や蓄積）
④B（belonging（s sense of）） （帰属意識）

「社区自治」という言葉は、「regional autonomy」という英語表現、日本語の「地域自治」と似た意味を持っている。しかし、先に言ったように、「社区自治」は、政府主導のもとで、住民や地域支援組織がさまざまな社区課題に参与できることである。資本主義国家における「多様化、複雑化する地域の課題は、地域のことをよく知る住民が、地域の特性に応じて主体的に取り組み、行政がその取り組みを支援することにより、より良い解決を図ること」[1]という定義とは異なり、社会主義国家としての中国の場合には明らかな「大政府」色があることが見てとれる。市民が公共事務に参加する自由を十分に発揮させることが自治であるとすれば、「社区自治」における住民の自由は、西洋型市民社会理論における「一定の制限をともなう自由」として理解することができる。

（2）中国のコミュニティ・ガバナンス

コミュニティ・ガバナンス（社区治理）とは、政府、住民と営利組織、および非営利組織が市場原理、公共利益と社区認識に基づく、コミュニティの公共サービスを効果的に供給し、住民の生活ニーズを満たし、コミュニティの秩序を最適化するプロセスである。つまり、コミュニティ・ガバナンスは、複数の主体が存在できるマクロな視点から見たメカニズムである。

コミュニティ・ガバナンスの構成要素は、行政の力、市場の力、社会の力

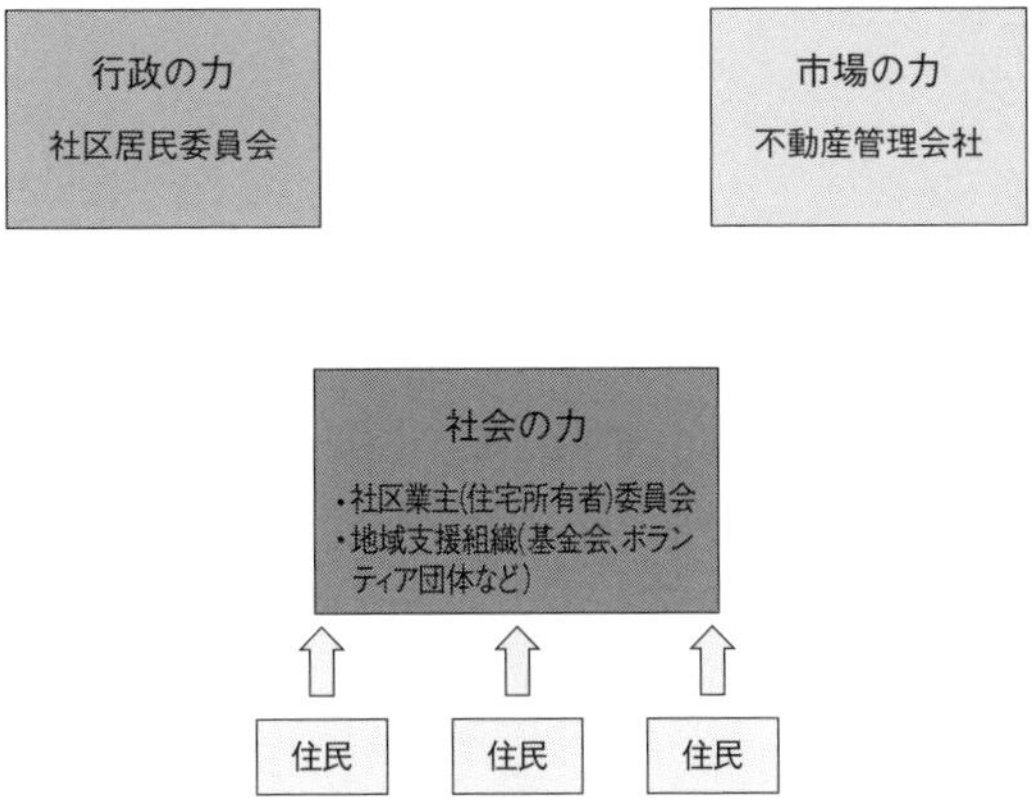

図22-2　**中国コミュニティ・ガバナンスの構成**

である（図22-2）。この三つの要素は、コミュニティ・ガバナンスのさまざまな行為主体に対応している。

行政の力は、社区居民委員会を指す。管理上、街道弁事処の管轄下になる。市場の力は、主に不動産管理会社（中国語では物業公司）を指す。中国では、土地所有権は公有であり、不動産デベロッパーは入札によって土地の使用権を取得し、マンションなどの建物とインフラを建設後に売却し、その後の維持・管理サービスは不動産管理会社に委託する。管理会社は独立法人であり、サービス企業である。住宅所有者の委託を受け入れ、関連法律および契約に従って、特定の地域で専門的な管理サービスを提供する。

社会の力は、社区業主（住宅所有者）委員会とほかの地域支援組織（基金会、ボランティア団体など）を指す。社区業主委員会は、不動産管理会社が管理区域内の住宅所有者の正当な権利と利益を代表し保護するために、地域内の全住民によって投票選出される代表組織である。しかし、この組織がすべての社区に存在するわけではない。たとえ存在しても、その役割の強さは社区によって異なる。これは、社区住民の所得水準、教育水準や公共的な事柄への関心度、代表的な住民リーダーの存在なども関連する。

筆者は本研究を通じて、政府の支配力が強いこと（外因）と住民の市民参加が弱いこと（内因）により、コミュニティ・ガバナンスの最終目標である「社区自治」の実現が難しいことに気づいた。

計画経済の歴史と共産党一党指導の存在により、政府支配に対する市民の依存度を過小評価することはできない。そのため、住民の自治の力と重要性を一般市民にどのように認識させるかは、社会学者と公共事業の実務家が懸命に取り組んでいる課題になっている。葛（二〇一九）が示唆したのは、「政府の失敗」と「市場の失敗」の両方が存在する社区には、社区自治が必要である。しかし、市民は市場が失敗するのを見たことはあっても、政府が失敗するのを見たことはなかった。そうなると、公的な問題を解決するために政府に頼るという考え方から脱却することも困難であった。

注目に値する変化点は、二〇二〇年初頭に約一か月のあいだ、武漢市において新型コロナウイルスが突然流行したことにより、武漢市市民が「政府の失敗」（市場の失敗の状況とともに）を経験したことだろう。住民相互扶助と社区運営に参加した状況が大規模に出現し、社区自治のコミュニティ・ガバナンスにおける必要性も証明されている。

二　武漢市社区住民の相互扶助の実態

次に、インタビュー調査および質的資料の内容分析を行い、住民みずからによる相互扶助の実態を明らかにしていく。二〇二〇年武漢市ロックダウン期間中に社区住民相互扶助活動（ボランティア活動、支援活動）をした経験がある住民にインタビュー調査を行って、武漢市政府政策とニュース報道の内容分析を結びつけ、当時の武漢市社区住民の相互扶助の実情を把握した。

(1)　調査方法と調査対象

社区住民相互扶助の実態をよりよく把握するため、筆者は武漢市のさまざまな地域の社区から八人のインタビュー対象者を選定し、四〇分から一時間ほどのインタビューを行った（そのうちの六人はインタビュー内容の録音に同意した）。武漢で新型コロナウイルスが流行した第一波の際、八人のインタビュー対象者全員が住民ボランティアとして社区の日常生活の確保に携わっていた。住民ボランティアをインタビュー対象として選んだ理由は、公共的な事柄に参加する主体性を持ち、社区活動のさまざまな行為主体（社区居民委員会、社区住民、不動産管理会社など）と行動をともにしていたからである。それは、住民ボランティアが、緊急事態のなかで生活している社区住民の実態を詳細に理解していることを意味する。表22-2に、八名インタビュー対象者の簡単な個人情報を表示する。

インタビューでは、新型コロナ流行のなかで社区運営に参加する住民ボランティアになることをどのように決定したか、どんな仕事をしたのか、仕事のなかで困難な状況に陥ったのか、陥った場合どのように解決したのか、他の行為主体とどのような新しい人間関係を築いたのか、などに焦点を当てた。

また、インタビューから、住民ボランティアグループの特徴をまとめると次のようになる。第一に、住民ボランティアの性別は大差なく、基本的に男女の比率は同じである。しかし、社区運営の仕事では、男性と女性で担当する仕事内容に違いがある。生活物資や医療品などの運搬、緊急車両の運転など、体力を必要とする仕事は男性の方が多く担っていた。社区住民の健康に関する個人情報の記録や戸別訪問など、細かい作業が多く、コミュニケーションの頻度も

表22-2　インタビュー対象者一覧

名前	性別	年齢	居住地域（区）	職業
Aさん	女性	29	洪山区	国有企業職員
Bさん	女性	24	硚口区	学生
Cさん	男性	26	武昌区	国有企業職員
Dさん	女性	26	武昌区	会社社員
Eさん	女性	50	江岸区	公務員
Fさん	女性	26	江岸区	会社社員
Gさん	男性	27	武昌区	公務員
Hさん	男性	27	武昌区	会社社員

高い業務は、女性の方が多く担当する傾向がある。

第二に、住民ボランティアの年齢ステージに明らかな差があることである。特に、二〇代の若者が多かった。インタビューした八人のうち、中年はひとりしかいなかった。

第三に、職業は住民がボランティアになる選択に大きな影響を与えていない。インタビューした八人のうち、ふたりは党籍のある公務員、ふたりは国有企業の職員、三人は一般会社社員、ひとりは学生であった。ただし、Eさん（五〇歳）だけは、職責や党員であることから半強制的に社区運営に参加させられていたと言える。残りの七人の住民はすべて自発的なボランティアだった。

社区内住民の相互扶助がもっとも活発な時期は、二〇二〇年一月から二月中下旬にかけての危機発生期の前半であった。流行期の後半、つまり二月中旬から下旬にかけてロックダウンが終わるころには、新型コロナウイルス肺炎患者の専門病院が設立し、全国からの医療支援隊が到着しており、武漢市政府は徐々に市民の日常生活とコミュニティ・ガバナンスのなかで力を回復した。

ロックダウン終わった後、武漢市は危機回復期に入ったが、まだコロナ禍時代が背景にあり、コロナ感染防止と制御はコミュニティ・ガバナンスの主要課題となっている。政府は依然としてコミュニティ・ガバナンスと公共サービスを支配しているが、住民の力は消えておらず、不可欠な力になると見ている。

そして、インタビューの内容に基づいて、異なる対処段階における社区住民相互扶助の実態が紹介され、四つの特徴がまとめられた。それらとは、①空間的な制約、②被災者と支援者が重なり合っていた、③多様な参加動機、④メディアの役割は非常に強い、の四点である。

（2）新型コロナ拡大初期における武漢市社区内の相互扶助モデル

武漢市での社区住民の相互扶助の考察を通じて、社区内の相互扶助をモデル化してみよう。

このモデルは当時の武漢市においては、公衆衛生危機のなかで市民の生活を維持することだという点を示している。また、武漢市社区内の相互扶助モデルの機能は、武漢市社区で住民参加意識が生まれること、近隣住民ネットワークの形成、およびコロナ時代の中国の他の都市におけるコミュニティ・ガバナンスの雛形を提供している点である。

まず、二〇二〇年一月から二〇二〇年二月中下旬にかけて、武漢で新型コロナウイルスが発生した影響で、コミュニティ・ガバナンスは市場と政府の両方が同時に失敗する状況を経験した。市場主体の利益追求属性と脆弱性により不測の事態が発生すると、最初の失敗は不動産管理会社の麻痺として現れた。Aさんの社区では、ロックダウン当初、不動産管理会社のマネージャーが入居者の情報収集や物資の購入を手伝っていたとのことだったが、実際にはこのマネージャーが個人的な人脈を利用して物資の購入や配送を行っていた。つまり、マネージャーの行動は、市場や企業の行動として完全に定義することはできない。

また、これまでコミュニティ・ガバナンスにおいて支配的な役割を果たしてきた政府は、住民たちにとって頼ることができる存在ではなかった。当時、社区居民委員会のもっとも重要な任務は、新型コロナに感染した人びとを探して病院に送ることだった。病院のベッドと医療資源の不足により、社区居民委員会は主要な病院との電話相談に多くの時間を費やした。ほかの社区住民の日常生活保障を考慮に入れることは困難だった。

絶望的な状況のなかで、住民は独自のネットワークを利用して、販売者や物資の調達・配送ルートと連絡を取るようになり、不幸と苦難を共有するムードのなかで、住民と住民のあいだに近隣としての共感とそれに基づく相互扶助の活動が生まれた。誰もが共通の目的・目標を持っていた。それは、この公衆衛生災害で生き残ることだった。

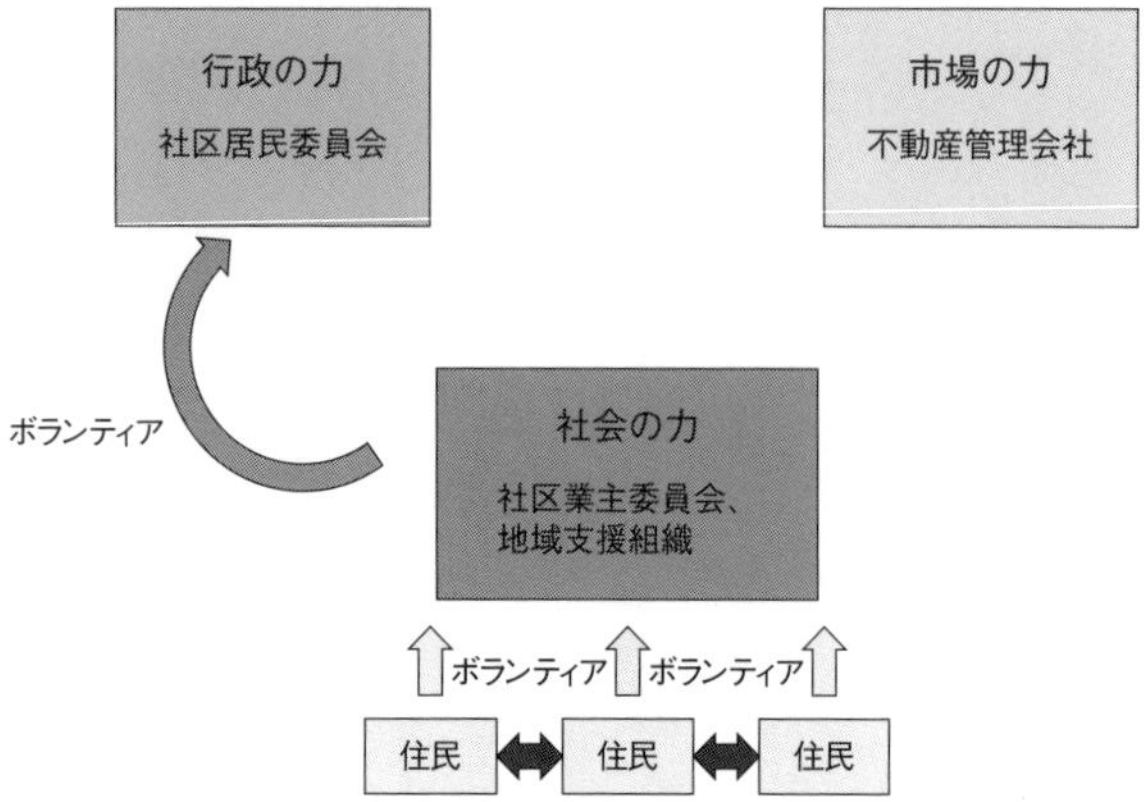

図22-3　新型コロナ拡大初期武漢市社区住民相互扶助

そして、住民ボランティアが現れ始め、彼らの活動は特別期間中のコミュニティ・ガバナンスのすき間を埋めた。同時に、社区内にWeChatグループが設立されたことで、住民間のつながりも強化された。WeChatグループ内で意見を交換し、互いに助け合っていた。たとえば、ある住民の家で野菜がなくなり、社区で共同購入したものがまだ配達されていない場合、WeChatグループに助けを求めるメッセージを送ると、残り物を持っているほかの住民がそれを彼に贈った。ボランティアは連絡を受けると、依頼者の自宅まで届けた。相互扶助の頻度が高くなることで、住民同士のあいだの信頼感も高まった。

この段階は、住民の参加がもっとも活発で意欲的な段階であると言える。住民はあらゆる資源と人脈を駆使してさまざまな方法で相互扶助することができ、住民間の尊敬、感謝、信頼はこれまでにないレベルに達していた。住民ボランティアが模範としてメディアに取り上げられるようになり、多くのひとが「ヒーロー」「ヒロイン」になりたい、社区ボランティア活動やコミュニティ・ガバナンスに参加したいと考えるようになった。

多数の住民ボランティアの出現により、政府は一息つき、二〇二〇年二月下旬から二〇二〇年四月八日（ロックダウン解除）

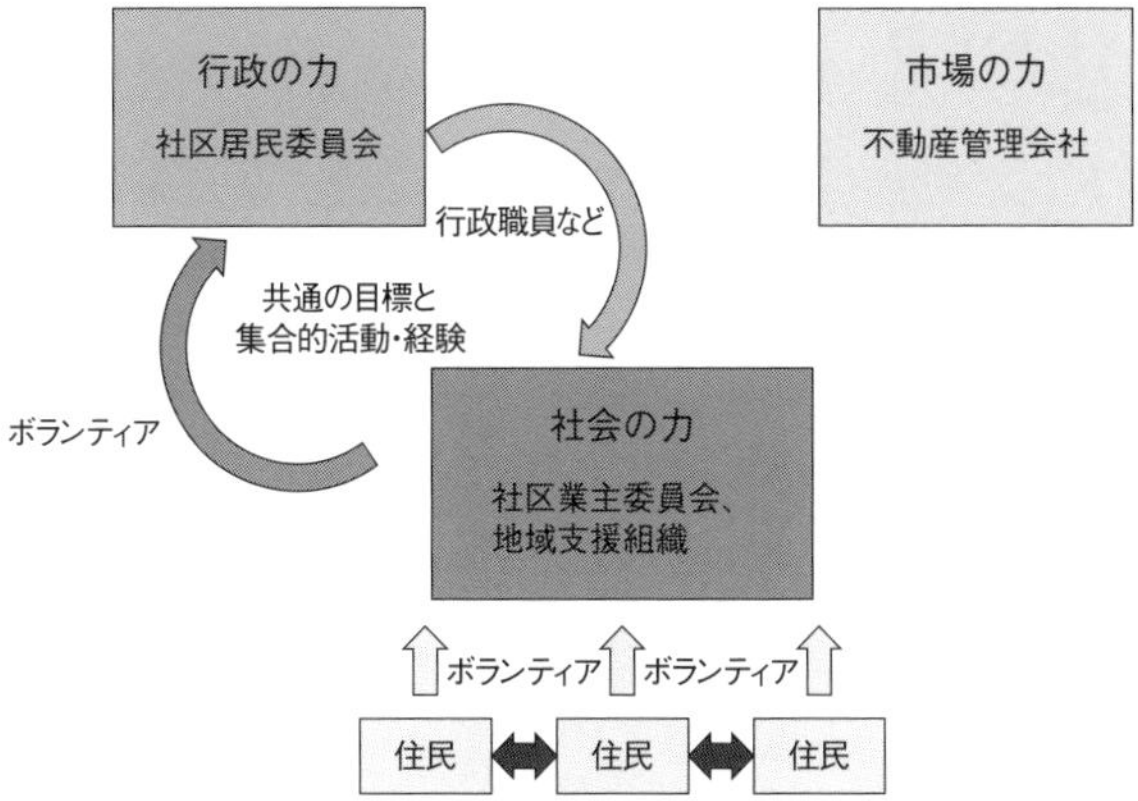

図22-4　新型コロナ拡大初期武漢市社区住民相互扶助

まで、行政力の回復の段階に入った。火神山病院と雷神山病院が完成し、全国から医療救援隊や医療物資が到着したことで、武漢での新型コロナの感染拡大は抑えられていった。政府は、一般市民の生活保障に注意を向け始めた。

社区居民委員会の行政職員とグリッドワーカーがコミュニティ・ガバナンスを主導して、住民ボランティアと一緒に住民データの統計、ニーズへの対応、体温検査、環境消毒、人員と車両のスクリーニング、政策文書の通知などの仕事を実行するようになった。政府が財政資金を利用し、資源を配分する行動が現れ始めたため、個人的な人脈関係に依存して資源を得るという行動は減少し始めた（しかし消えなかった）。

たとえば「食糧専用バス」がある。これは、武漢市民に野菜、果物、肉、卵、牛乳などの基本的な食糧供給を確保するために、武漢市政府がバス会社と協力して、バスを食糧供給専用バスとして活用した仕組みである。社区はスーパーとバス会社とのネットワークを構築し、定期的に共同購入し、スーパーにオンライン注文を行って、バス会社はバスを派遣して、食糧を社区に届けた。

中国の人類学者である項彪は、改革開放後の中国社会で人と人とのつながりが弱くなっている現象を「辺りの消滅」と呼んだ。

「辺り」とは社会的紐帯のことである。

しかし、ロックダウン期間中の武漢市社区では、「辺り」の復活が見られる。当時のコミュニティ・ガバナンスの三つの主体である住民、住民ボランティア、行政職員は互いにつながりを持っていた。

(3) 武漢市での社区内の相互扶助モデルの機能

武漢市社区内住民相互扶助モデルは、新型コロナ拡大初期の武漢市、そしてこれからのコロナ時代の中国において、都市部のコミュニティ・ガバナンスや住民の公共意識に影響を与える可能性を有している。

武漢市社区への住民参加意識が生まれる

改革開放後、経済システムの転換と個人化された社会の発展により、歴史的基盤の欠如と相まって、中国国民の公共意識は弱い状態にあった。結果として、コミュニティ・ガバナンスの側面で住民参加に対する意識は欠如していた。住民は長いあいだ、コミュニティ・ガバナンスや公共サービスを提供していた政府や不動産管理会社に依存しており、当事者意識は強くない。社会学者、ソーシャルワーカー、およびその他の専門家の努力により、確固たる地域支援組織の設立が、社区への住民参加の意欲を刺激することが期待されていたが、ほとんど成功していなかった。

しかし、新型コロナ拡大初期の武漢では、住民ボランティアの出現が、住民によるコミュニティ・ガバナンスと公共サービスへの参加の好例となった。同時に、住民と住民ボランティア、行政職員、グリッドワーカーとのあいだの日常的な接触が増加し始めた。そのため、住民は体温検査や物資の共同購入など、感染流行時のコミュニティ・ガバナンスの内実を詳細に了解し、社区行政職員（グリッドワーカー）や住民ボランティアへの称賛と支援も、住民が参加意識を持つことにつながった。

近隣範囲内で具体的な人間関係が築かれる（住民ネットワーク、帰属意識）

住民は、みずからの資源と人間関係ネットワークに頼って生存を確保するという状況に直面せざるを得なかった。災害が発生すると、被災者同士は自発的に相互扶助の関係を構築し、支援し合い、資源を共有し、WeChatなどのソーシャルメディアを通じて互いに慰め合った。以上のように、住民と住民、住民と行政職員、住民ボランティアと行政職員と住民のつながりや接触が増えてきた。共通の目的・目標を持ち、数か月間集合的な活動をすることで、身近な社区内に社会的支持ネットワークを構築することは、社区関係者のあいだに信頼感と社区への帰属意識を醸成するのに十分であると言える。

コロナ禍時代に適合した中国都市部コミュニティ・ガバナンスとして標準化

武漢市社区内の相互扶助モデルは、非常時のコミュニティ・ガバナンスにおいて、住民の主体性が重要な役割を果たすことを示している。次に、武漢での新型コロナウイルス第一波流行期は一時終息したものの、新型コロナは消滅したわけではなく、中国の他の地域でも相次いで大流行とロックダウンの現象が現れている。新型コロナウイルス流行に最初に対応した都市として、武漢は公衆衛生上の緊急事態において多くの経験を蓄積した。コミュニティ・ガバナンスに関しては、グリッドワーカーと住民ボランティアの役割が重視されており、住民の相互扶助モデルは、コロナ流行時代の中国都市部コミュニティ・ガバナンスの雛型にもなると考えている。

他の都市では、新型コロナウイルスの流行は突然的に起こる。しかし、新型コロナウイルスはもはや未知のパニックではなく、武漢の経験に基づくため、ほかの市政府はもはや大きく失敗することはない。しかも、社会的

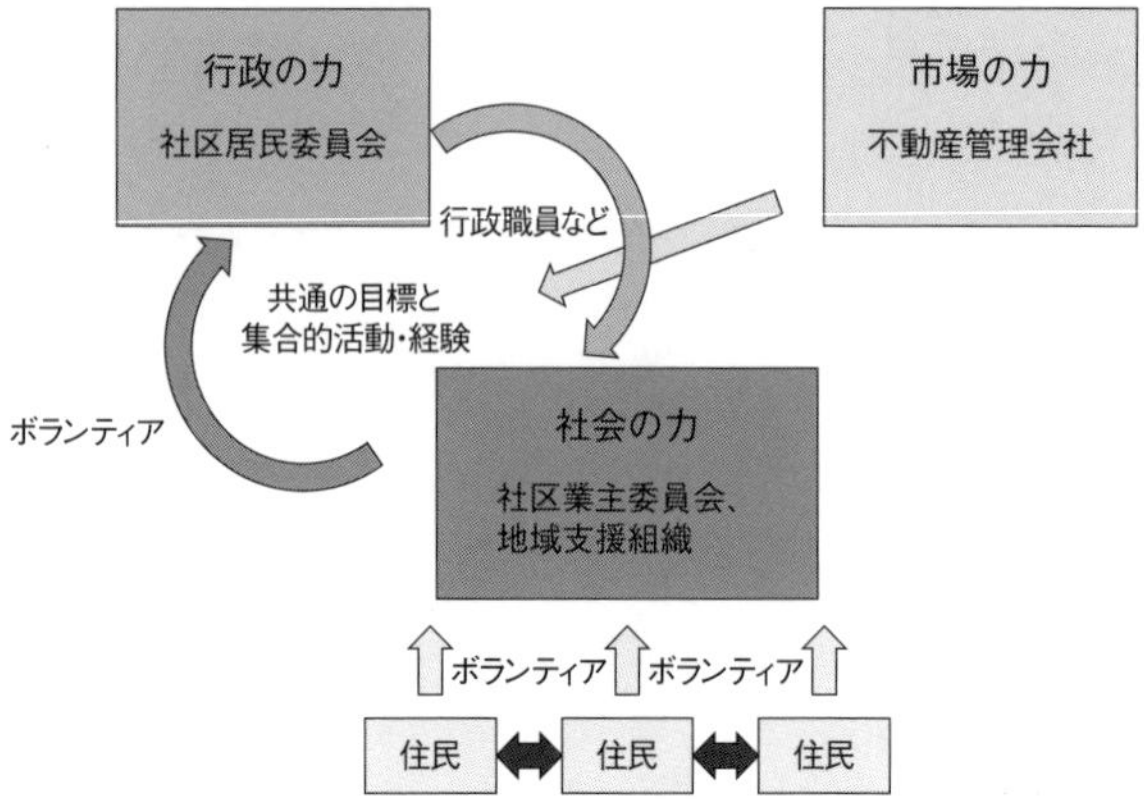

図22-5　**新型コロナ時代における中国都市部でのコミュニティ・ガバナンスモデル**

力、特に住民参加は、コロナ禍時代のコミュニティ・ガバナンスにとって非常に重要だと、政府が認識しており、住民ボランティアを大量に募集し、住民が社区の新型コロナ感染防止と制御のためのボランティア活動に積極的に参加することを奨励している。社会的力もまた、この参加奨励のなかで、顕著な役割を果たし続けている。社会の力は社区公共サービスの提供において柔軟性と多様性を備えている。政府にとっては、コミュニティ・ガバナンスにおける人手不足を補うことができ、住民にとっては、より詳細な公共サービスとより頻繁な交流と接触を得ることができる。

さらに、市場の力は、武漢新型コロナ拡大初期の完全な麻痺の状態から回復した。経済的に発達した都市の一部の高級住宅社区（居住者の平均所得が高く、教育レベルが高い社区を指す）では、社区住民の生活ニーズを十分に保証して、共通の目標のもと、社区内で集合的な活動に積極的に参与する不動産管理会社もある。

いずれにせよ、住民参加の意欲が増加し、コミュニティ・ガバナンスの各主体には共通の目標・目的と集合的な活動があり、さまざまな要因により、中国におけるコミュニティ・ガバナンスがコロナ禍時代に劇的な変化を遂げたことを示している。コミュニティの存在要素が完全になり、コミュニティへの帰属意識が高まる。

このうち、三つ目の機能が与える影響はより深刻である。近代化と都市化の発展にともない、中国の都市構造は基本的に同じである。つまり、市―区―街道―社区―小区である。また、都市管理とコミュニティ・ガバナンスに関する施策は、大きな違いはない。特にコロナ禍時代、全国的な「ゼロコロナ」政策の実施によって、感染拡大を防止・制御することは、すべての都市にとってもっとも重視する課題となっている。武漢の経験は、中国における都市の新型コロナウイルス流行防止・制御とコミュニティ・ガバナンスのための貴重なモデルを提供する。他の都市では、武漢の経験に基づいて多かれ少なかれ具体的な政策細部を変更していた。

以上が武漢における社区の住民相互扶助モデルによるプロモーション効果の一部である。本稿の結論は以下になる。二〇二〇年はじめに新型コロナウイルスが蔓延し始めた武漢市では、政府がコミュニティ・ガバナンスを常に主導してきた状況が変化したということで、「政府の失敗」によってもたらされた混乱から、住民の力が発揮され始めた。社区のコロナ感染拡大防止・制御事務に自発的に参加した住民ボランティアは、行政と協力して社区の秩序を維持し、住民の生活ニーズを満たす相互扶助活動を行った。同時に、住民は相互扶助を通じてコミュニティ・ガバナンスの内容にふれ、住民の参加意識が生まれた。また、共通の経験を積み重ねる過程で、隣人との絆が深まり、住民ネットワークが形成されることで、住民は社区への帰属意識を育むことができた。これらのプラスの影響は、中国の他の都市が武漢の経験から学ぶことを通じて、全国の都市部社区への住民参加と社区住民の関係ネットワークを形成することに効果的な変化をもたらした。しかし、インタビュー調査では、武漢市社区での住民相互扶助のプロセスに問題と障害があることが発現した。以下に、これらの問題について議論し、いくつかの解決策を提案する。

まず、ロックダウン後、多くの住民ボランティアが支援活動を終了する、住民の参加を維持することは困難である。

次に、高齢者の身体的障害とメディアリテラシーの低さにより、社区ワーカーは高齢者のニーズに対応するために多くの時間を費やす必要があった。しかし、この種の対応は、高齢者の物質的および精神的ニーズを満たすのが難しいことが理解できた。

最後に、コロナ禍の状況で、コミュニティ・ガバナンスの複雑な規制と条件により、政府の意思決定機関の同意を得るのに多くの時間がかかり、社区公共サービスや相互扶助活動への住民の参加の効率が低下し、参加への熱意が損なわれた。

右記の三つの問題に対して、三つの解決策を提案する。第一に、社区住民ボランティアの長期的なメカニズムを確立すべきである。より多くの住民が社区公共サービスおよびコミュニティ・ガバナンスに参加できるよう、末端政府機関が地域支援組織と協力して社区住民ボランティアセンターを設立することに焦点が当てられている。

第二に、社区ワーカーが高齢者のために物質的および精神的に支援をする能力を向上させる必要がある。第三に、行政の力と社会／市場の力との協力連絡メカニズムの最適化、行政機関が適切に分権すべきである。何を役割分担する必要があるのか、どのようにそれを行うのか。いずれも、行政機関は住民ボランティアなどの社区ワーカーとアンケート調査や意見収集を重ね、ソーシャルワークの専門家のアドバイスと合わせて、住民参加を活性化するコミュニティ・ガバナンスの仕組みを考えていくことが必要だ。

三　今後の中国社会におけるコミュニティ・ガバナンスの展望

本稿では、武漢市社区住民相互扶助モデルを研究することを通じて、「ゼロコロナ」政策を背景に、コロナ禍時代の中国都市部のコミュニティ・ガバナンスモデルの一般的な規律を見ることができた。つまり、地方政府は意思決定機関として、社区のコロナ感染拡大防止・制御事務を強力に管理し、同時に、武漢の経験は、行政機関が人手不足と柔軟性の欠如という欠点を補い、コミュニティ・ガバナンスの質を向上させるために、住民参加することを必要としている。市場の力は、コロナ時代のコミュニティ・ガバナンスに普遍的に関与しているわけではない。いずれにせよ、住民参加の拡大、社区住民ネットワークの形成、社区への帰属意識が生まれたのは、改革開放以降の個人化が進む中国社会で稀に見る現象である。

さらに考えるべきなのは、新型コロナ流行時代の中国におけるコミュニティ・ガバナンスモデルが、ポストコロナ時代に入り、もしくはコロナ禍が終わり、社会が正常状態に戻り、人びとが日常生活に戻った後も維持できるのかどうかということだ。

本稿を執筆している現在、中国は「ゼロコロナ」政策を廃止した。もちろん、これはコロナ時代が終わったことを意味するものではない。新型コロナウイルスは消えたわけではなく、ただ社区は隔離管理を実施されなくなり、すべての住民に対して毎日行われていたＰＣＲ検査も実施しなくなった。

新型コロナウイルス感染拡大防止・制御の任務が消えた後、コミュニティ・ガバナンスの方向性は、公共サービスの提供と住民自治の促進に戻り始めた。新型コロナ感染拡大防止・制御という明白な共通の目標を失った後、都市部コミュニティ・ガバナンスの主体（行政の力、市場の力、社会の力）は、住民参加を促進できる常態化された共通の目的・目標を引き続き模索し、住民の社区への帰属意識も存続できるように、集団的な活動／経験の蓄積の機会を開発すべきである。

さらに、ソーシャルメディアツールの存在（WeChatグループ）に依存することで、住民ネットワークは、社区住民の正常化されたコミュニケーションと相互扶助に継続的に有益な効果をもたらすことができるだろう。コロナ禍時代に確立された住民関係ネットワークは、今後も中国都市部の社区に長く存続する可能性が高いと考えられる。

注

（1）豊中市ホームページ（https://www.city.toyonaka.osaka.jp/machi/npo/jiti/index.html、二〇二三年一月一五日取得）。

文献

Beck, U., 1992, *Risk Society: Towards a New Modernity*, Sage.

Frolic, B. M., 1997, "State-Led Civil Society," T. Brook and B. M. Frolic eds., *Civil Society in China*, Routledge, 46-67.

Jia M., Donglin Z., Zhilei S., 2020, "Can neighborhoods protect residents from mental distress during the COVID-19 pandemic? Evidence from Wuhan," *Chinese Sociological Review*, 53(1): 1-26.

徐彤武、二〇〇九、「連邦政府與美国志願服務的興盛」［J］『美国研究』第三期。

葛天任、二〇一九、「建国以来社区治理的三种逻辑及理论综合」『社会政策研究』第一期。

小林江里香・藤原佳典・深谷太郎・西真理子・斉藤雅茂・新開省二、二〇一一、「孤立高齢者におけるソーシャルサポートの利用可能性と心理的健康——同居者の有無と性別による差異」『日本公衆衛生雑誌』五八（六）：四四六—四五六。

高中建・周菲菲、二〇一三、「現代公共意識的生成與公民的社会建設参与」『中洲学刊』第八期（第二〇〇期）：八七—八九。

叶好秋・陳巧香・杉万俊夫、二〇一七、「中国都市部におけるコミュニティ創造に向けた住民ネットワークの形成——政策的・歴史的考察と事例研究」『集団力学』三四：二八八—三一九。

溝口雄三、二〇〇一、「中国思想史における公と私」佐々木毅・金泰昌編『公共哲学１　公と私の思想史』東京大学出版会、三五—五七。

森下義亜、二〇一二、「コミュニティ論からみた地域社会参加の構造的課題——札幌市の事例から」『北海道大学大学院文学研究科研究論集』一二：三七五—三八九。

李妍炎、二〇一八、『下から構築される中国——「中国的市民社会」のリアリティ』明石書店。

李妍炎、二〇一二、『中国の市民社会――動き出す草の根ＮＧＯ』岩波書店。

李強・葛天任・肖林、二〇一五、「社区治理中の集体消費――以特大都市的三個基層社区為例」『江淮論壇』第四期(CSSCI)：九七―一〇二。

劉雁・渥美公秀・杉万俊夫、二〇一三、「中国の災害ＮＧＯ――『ＮＧＯ備災センター』の事例」『集団力学』三〇：一三二―二〇四。

関嘉寛、二〇一一、「東日本大震災における市民の力と復興――阪神・淡路大震災/新潟県中越地震後との比較」田中重好・舩橋晴俊・正村俊之編『東日本大震災と社会学――大災害を生み出した社会』ミネルヴァ書房、七三―一〇三。

田中謙一、二〇一二、「ボランティア保護法制の立法化」『亜細亜法学』五六(一)：七六―五一。

山下祐介、一九九六、「コミュニティ災害の社会学的意味――阪神大震災を考える」『社会分析』二三：五九―七四。

Yan Y., 2009, *The Individualization of Chinese Society*, Berg（＝陸洋ほか訳、二〇一二、『中国社会の個人化』上海訳文出版社）。

兪可平、二〇〇六、「中国公民社会的制度環境（中国における市民社会の制度環境）」兪可平ほか『中国公民社会的制度環境（中国における市民社会の制度環境）』北京大学出版社、一―四六。

第23章　レズビアンバーの秩序

――物のやり取りを通じて可視化される社会関係についての一考察

小田二元子

はじめに

あるひとが「レズビアン」であるとは、いかなる事態だろうか。たとえば、あるひとが「母親」「学生」「客」「阪神ファン」などさまざまに定義され得る場合、家庭では「母親」、学校では「学生」、店では「客」といったように、場面や状況に応じてそのつど適切なカテゴリーが立ち現れる。では、あるひとを他のカテゴリー集合ではなく、「レズビアン」に関わるカテゴリーによって名指し捉えることが適切である場面や状況とは、いかなるものであろうか。それが観察可能な空間のひとつにレズビアンバーがある。そこで本稿は、レズビアンバーにおける相互行為の記述を通じて、「レズビアン」というカテゴリーがどのような場面や状況において、いかなる振る舞いを通じて〝可視化〟されるのか、すなわち〝当該カテゴリーによって参加者を名指し捉えることが適切な状況となる〟のか、を明らかにするものである。

本稿のこうした視座は、カテゴリーの適用における〝正しさ〟と〝適切さ〟の違いに言及した西阪の以下の指摘から明らかであろう。

わたしたちは、さまざまなカテゴリーの担い手でありうる。わたしは、「男」であり「中年」であり「夫」であり「父」であり「教員」であり「日本人」であり……、という具合に。「わたしは日本人である」という命題は真である。しかしながら、「日本人」というカテゴリーをわたしに適用することが、いつも適切（レリヴァント）であるとはかぎらない。わたしが適切（レリヴァント）なしかたで「日本人」であるのは、そのつどわたしが参与している場面設定がどのように局所的に組織されているか、による。……「日本人」である、といった、いわゆる社会のマクロ・レベルにかかわることがらも、それが有意味な（レリヴァントな）かたちで現実性（リアリティ）をもったものとなるのは、そのつどの局所的な組織化をとおして、あるいはそのような組織化にほかならない（西阪 一九九七：四五―四六）。

このように西阪は、あるひとが〝誰〟（「男」「中年」「夫」「父」「教員」「日本人」など）であるかを、日常のさまざまな場面における相互行為における適切な振る舞いを通じて、そのつど局所的に達成されるひとつの現象として捉えるのである。こうした西阪の視座から本稿は、あるひとが「レズビアン」であることを、相互行為以前に設定された自明な事柄として見るのではなく、あるひとが〝「レズビアン」である〟ということを、相互行為における適切な振る舞いを通じて可視化される事象として捉える。本稿はこうした視座のもと、レズビアンバーという空間において、いかなる物が、いかなる仕方を通じてやり取りされるかを記述することで、その物のやり取りに参与するのは〝誰〟であるかを検討する試みである。したがって本稿の目的は、「レズビアン」が、いかなる物をいかなる方法でやり取りするかを明らかにするものではなく、あるひとを「レズビアン」というカテゴリーによって名指し捉えるのが適切になるのは、いかなる場面における、いかなる物の、いかなるやり取りの仕方を通じてか、を明らかにするものである。

一　物のやり取りを通じて可視化されるカテゴリー

物のやり取りを通じて、そこに参与する人びとが〝誰〟であるかを記述するという本稿の視点を明確にするために、ここでは、「卒業証書」という物のやり取りについて考えてみたい。

「卒業証書」が〝職員室〟において、あるひとからあるひとへと渡される場面を想像してみよう。あるひとが束になった「卒業証書」をあるひとへと渡す。そして「卒業証書」を受け取ったひとは、その対価としてそれに見合った代金を渡す。私たちは「卒業証書」をめぐるこのやり取りから、「卒業証書」を渡すひとが「業者」であり、一方、「卒業証書」を受け取り、対価に代金を支払うひとが「顧客」であることがわかる。これはなぜか。それは私たちが、「業者」あるいは「企業」とは、物やサービスを人びとに提供し、それに見合った対価を代金として受け取るものであると知っており、それと同様に「顧客」や「消費者」が、物やサービスを受け取り、それに見合った対価を支払うひとだと知っているからである。つまり、私たちはこうした知識ゆえに、たとえ相手が一度も面識のないひとであっても、そのひとが〝誰〟であるかがわかるのである。それゆえ、私たちは先の「卒業証書」のやり取りに参加するひとと、面識がなく、そのひとがどのようなひとか知らずとも、一方を「業者」、もう一方を「顧客」と見なし、また、そうした「卒業証書」をめぐるやり取りが〝商品交換〟であるとわかる。そして、まさにそうしたやり取りにおける振る舞いを通じて、「卒業証書」は〝商品〟として有意味なものとなるのである。

しかしながら、「卒業証書」のやり取りが、いつも常に「業者／顧客」というカテゴリーを立ち上げるわけではないであろう。「卒業証書」という物のやり取りによって可視化されるカテゴリーについて、私たちは、より一般的なものを知っている。それは卒業式の日の、卒業式が開かれている会場の壇上で、あるひとがあるひとに対し、うやうやしく「卒業証書」を渡すという場面から明らかであろう。私たちは、その壇上で「卒業証書」が渡されるやり取りを〝納品〟とも〝商品交換〟とも見なさないだろう。卒業式の日、その会場で特定の作法に従い「卒業証書」が渡され、受け取られる――こうした物のやり取りを通じて、私たちは「卒業証書」を渡すひとが「学校長」であり、一方でそれを受け取るひとが「卒業生」であるとわかるのであり、つまりこうした「卒業証書」のやり取りは〝卒業証書授与〟として有意味なものとなる。そして、この場合の「卒業証書」は〝商品〟ではなく、卒業式という儀式を象徴的する物として重要な機能を果たすであろう。したがって、物のやり取りはいつも常に特定のカテゴリーや社会関係を立ち上げるのではなく、「卒業証書」を渡すという行為がある場面や状況では〝納品〟として、また別の場面や状況では〝卒業証書授与〟として、その場面や状況、文脈に応じてそのつど、有意味なものとして立ち現れると考えられるのである。そして、まさにそうした物のやり取りを通じて「業者／顧客」「学校長／卒業生」などのカテゴリーがその場面に適切なものとして可視化されると言えるだろう。すなわち、いかなる物が、いかなる場面で、そしていかなる仕方でやり取りされるかを記述することではじめて、物のやり取りを通じて可視化されるカテゴリー（当該状況において物をやり取りしているのは〝誰〟であるか）について検討することができると考えられるのである。

そこで本稿は、レズビアンバーにおける物のやり取りを、物それ自体と、物が渡される（交換される）場面、ならびに物がやり取りされるその方法を記述することで、そこにいかなるカテゴリーが立ち現れるかを検討する。

二　レズビアンバーという空間

物のやり取りによって可視化されるカテゴリーや社会関係について検討するにあたり、「卒業証書」のやり取りの例が示すように、物それ自体のやり取りがなされる場面や状況は重要な意味を持つであろう。たとえば、「卒業証書」を渡すという行為が〝卒業証書授与〟として有意味となるのは、「卒業証書」が「卒業式」という〝場〟において渡されることもまた重要な意味を持つと考えられるからである。

では、本稿が物のやり取りの場面として対象としている〝レズビアンバー〟とはいかなる空間であろうか。まずレズビアンバーは、〝バー〟という名の通り商業的な目的で営業される「店舗」であるだろう。そして、そこは単なる「店」ではなく、「レズビアン」が集まると一般に期待される場であると考えられる。この点を踏まえたうえで、レズビアンバーという場が、一般的なバーとは異なる特徴を有することを以下で示していく。

（1）個人を特定可能な情報の秘匿

あるひとが〝「レズビアン」であること〟を公言することは、一般に「カミングアウト」と呼ばれる行為として理解可能である。ここで考えたいのは、あるひとが「学生」であることや「阪神ファン」であることを公言することを「カミングアウト」とは呼ばないであろうという点である。それが示唆するのは、「レズビアン」というカテゴリーにはいまだに社会から差別的なまなざしが向けられていると言うことであろう。つまり、「レズビアン」であることを公言することは社会的なリスクを負うゆえに、あるひとが〝「レズビアン」であること〟はしばしば秘匿されるのであり、それゆえ「レズビアン」であることを名乗ることそれ自体が抵抗や可視化の運動や実践として意味づけられてきたと言えよう。

こうした事態はレズビアンバーにおける会話からもうかがえる。たとえば、レズビアンバーにおいて店のひとやほかの客から名前や居住地、職業などを尋ねられることがしばしばある。ただしその際、本名ではなくニックネームを伝え合うという仕方で〝名前〟が交換されたり（たとえば、「みんなからは〇〇と呼ばれている」という伝え方をする）、居住地や職業などを尋ねる際は、そもそもそうした情報を尋ねてもいいかどうかを尋ねられたり（住んでいる場所や職業について尋ねる際、まず、それらを「聞いてもいい？」という問いかけがなされる）、ほかにもそうした情報を尋ねる際に「言いたくなかったら言わなくてもいい」という文言が添えられることがしばしばある。こうした発話は、〝ニックネームを教えてほしいこと〟や、〝言いたくなかったら言う必要がないこと〟を伝える発話の内容でありながら、それと同時に、〝（その空間においては）本名や居住地や職業などの詳細については詳しく話さないという作法がある〟ことを相手に呈示するという機能を果たすものであると考えられよう。このように、個人を特定可能な情報を深く聞くことについての〝配慮〟を示すという仕方で会話がなされることを通じて、レズビアンバーでは予期せぬアウティングのリスクを避けながら相手と話すことが可能となっていると考えられるのである。

（2）男性の入店の制限

また、レズビアンバーにおいて、男性客が入店しようとした場面に数度居合わせたことがある。その際は「ここは会員制なので」と店のひとが伝えることで、結果的に男性客は入店しなかった。この、「ここは会員制なので」という発話は、相手に〝その店が会員制である〟ことを伝える発話内容でありながら、それと同時に、相手の男性客に〝入店を拒む〟よう仕向ける機能を果たすと考えられる。

このように、レズビアンバーにおいてはしばしば男性の入店が制限され、それに加え、互いの本名や居住地、職業の詳細を伝えないことが、そこにおける作法として示される。したがってレズビアンバーは、男性が入店できないことや、個人の特定につながる情報を話さないといった、一定の制限のもとに人びとの交流がなされる空間であると言えよう。以下では、このような一定の制限が設けられたレズビアンバーという空間における物のやり取りに注目し、そこにいかなるカテゴリーが可視化されるかを検討する。

三　物の贈与と交換をめぐる議論

さて、レズビアンバーにおける物のやり取りを相互行為の視点から記述、分析する本稿の目的や視座はすでに示した通りである。しかしながら、物のやり取りについて議論するにあたり、その代表的な研究である「贈与論」を外して検討することはできないであろう。そこでここでは、物のやり取りを相互行為の視点から記述するという本稿の視座と、既存の贈与・交換をめぐる議論の接合を試みる。本稿は既存の贈与・交換をめぐる議論を、あくまでも物のやり取りを相互行為の視点から記述するという本稿の目的に則して整理するものである。それは換言すれば、物のやり取りを相互行為として見る本稿の視点を、既存の贈与をめぐる議論から積極的に読み取ろうとする試みであることをここに述べておきたい。

モースはその著書『贈与論』において、贈与をはじめとした交換と契約、そうした給付体系を、「〈全体的〉社会現象」であると主張する。それは「法的、経済的、宗教的であり、同時に美的、形態的」（Mauss 1925＝二〇〇九：二八三）であり、「諸制度の諸要素以上のもの、複雑な諸制度以上のもの、たとえば宗教、法、経済などに分割される諸制度の体系以上のもの」（Mauss 1925＝二〇〇九：二八五）であるという。そして、こうした贈与や交換という事象を、諸要素やテーマに「分割」することなく、あくまでもその事象そのものを諸要素が複雑に含む「全体」、すなわち「全社会体系」として「総体的」に研究・記述することで、その「一般性」や「普遍性」へとアプローチできると考えた（Mauss 1925＝二〇〇九：二八三―二八七）。こうしてモースは、ひとが誰かに物を与えるという行為の背後に、「贈与」「受領」そして「返礼」の「義務」という普遍的な原理を見出すのである[(1)]。

このように、贈与やその給付体系を「全体的社会現象」という視点によって捉え、贈与・交換という行為の普遍的な原理を解明しようとするモースは、マリノフスキーが物のやり取りをその動機によって区分することを、次のように批判する。

マリノフスキー氏が真剣に取り組んだのは、トロブリアンド諸島民内に確認したすべての取引を、動機の観点から、利益追求によるものと、無私無欲によるものとに分類することであった。そして彼はそれらを、純粋な贈与と値切りの後で行なわれる完全な物々交換との間に置いた。実のところ、この分類は適用不可能である。……例えば、マリノフスキー氏によると、純粋な贈与の典型は配偶者間の贈与である。……結局、こうした贈与は自由ではないし実際に無私無欲でもないのである（Mauss 1925＝二〇〇九：二七三）。

このように、モースはマリノフスキーによる贈与の分類を批判する一方で、同書において、マリノフスキーの著書『西太平洋の遠洋航海者』に言及しながら以下のように述べる。

彼は、クラ（kula）という名称のもので行なわれている部族内および部族間の取引の体系を述べている。……クラは日常の単純な経済的交換であるギムワリ（gimwali）と厳しく区別されている。……ギムワリは、交換を行う双方が厳しく執拗に値切り合う点で、クラにはふさわしくない方法を採る（Mauss 1925＝二〇〇九：七二―七三）。

このモースの記述が示すように、『西太平洋の遠洋航海者』において記述された「クラ」と「ギムワリ」は、その動機や目的という観点ではなく、その「方法」による分類であることがうかがえる。本稿はこのモースの示唆のもとに、マリノフスキーの記述した「クラ」という方法を以下に参照する。そうすることで、レズビアンバーにおける物のやり取りを記述する手掛かりとしたい。

トロブリアンド諸島における「クラ交易」について研究したマリノフスキーは、「クラ」において、使用価値がないに等しい腕輪と首飾り（たとえば腕輪は子どもがつけるにしても小さすぎる）が、厳格に定められた地理的な範囲のなかで、厳格な仕方（物が渡される方向や物が保有される期間、物の受け渡しの際に必ずなされる呪術的な儀礼）によって交換されることで、そこに人種や部族を越えた「共同体」や「共同関係」が立ち現れるさまを、「クラ」に参加する人びとの、物のやり取りをめぐる方法の詳細な記述を通じて描き出した[2]。すなわち、「クラ」は物の交換の厳格な規則や振る舞いを通じて、異なる人種・部族の人びとのあいだに「共同関係」という関係性を立ち上げる方法のひとつとして位置づけられよう。そしてマリノフスキーは、現地の人びとが「ギムワリ」と呼ぶ〝物々交換〟（「ギムワリ」では交換に参与する人びとは議論し、競り合い、ふたつの物品の価格を合わせるという方法・仕方で物がやり取りされる）と、「クラ」とを明確に区分していると指摘し、物が交換される際の両者の「作法」や方法の違いを記述した（Malinowski 1922＝一九八〇：一六二）。本稿はこうした視座を援用し、以下において、レズビアンバーでなされる物のやり取りをその「方法」の違いからふたつに分けて検討する。

四　レズビアンバーにおけるふたつの物のやり取りの方法

ここでは、レズビアンバーにおける物のやり取りを、その方法からふたつに分ける。ひとつは、〝商品交換〟であり、これはレズビアンバーが商業を目的とした場であることから示されるように、飲食物とそれに見合った金銭の交換のことを指す。ところで、レズビアンバーにおいては、こうした〝商品交換〟では説明し得ない物のやり取りが観察される。(3) それは以下に示す通りである。

レズビアンバーでは、そこを訪れる人びとによってしばしば物が持ち込まれる。たとえばそれは、茶菓子であったり、読まなくなった本や雑誌であったり、不要になった衣服などである。それらの物は店に持ち込まれ、「店員」に渡される。そして店員はそうした物をいったん、受け取る。そして、たとえばレズビアンに関係のない漫画や雑誌や本などは、店に置かれ、そこを訪れるひとが自由に読むことができる。一方、レズビアン関連の雑誌や本などは、いったん店員が受け取り（預かり）、店を訪れるほかの人びとへと渡される。そしてこの際、誰がそれを受け取るかはわからない。また、茶菓子はその場に居合わせた人びとへと渡される場合もあれば、茶菓子を持ち込んだ当人が居合わせなくとも、「店員」を介し、店を訪れる人びとに渡される。たとえば、茶菓子を持ち込んだ人がそのとき店にいなくとも、〝お客さんから〟として「店員」から茶菓子が配られることがしばしばある。また、持ち込まれた不要になった衣服は店の一角に置かれる。そして「店員」から、〝お客さんが持ち込んだ不要になった物がある〟と知らされ、誰でも自由に選んでそれらを持ち帰る。こうした物のやり取りを〝商品交換〟と見ることはできないだろう。また、こうした物のやり取り――そこを訪れる人びとが物を店に持ち込み、いったんは店員がそれを受け取り、そしてそこを訪れる他の人びとへと配分される――このやり取りの方法を〝寄付〟や〝支援〟として見なすこともまたできないであろう（こうした点については次節で詳しく検討する）。ここにおいて、レズビアンバーにおける、こうした〝商品交換〟とは見なせない、誰からの贈与かも、そして誰への贈与かもわからないような物のやり取りを、ひとまずレズビアンバーにおける〝商品交換とは呼べない贈与〟として位置づけることとする。

以下では、レズビアンバーにおいてなされる〝商品交換〟と〝商品交換とは呼べない贈与〟について、それぞれその方法を記述し、そうした物のやり取りを通じていかなるカテゴリーが立ち現れるかを検討する。

(1) 〝商品交換〟

まず、レズビアンバーにおいて、あるひとが飲食物を提供し、それを受けとったひとがそれに見合った対価として金銭を渡すという物のやり取りについて検討する。レズビアンバーにはメニュー表があり、設定された値段に基づいて飲食物が提供される。そしてそれらの飲食物は、そこを訪れる人びとに提供され、それを受け取った人びとはその対価として金銭を渡す。こうした方法によってなされる物のやり取りは、〝商品取引〟として理解可能であろう。そして、こうした物のやり取り・交換を通じて、そこに「客／店員」というカテゴリーが立ち現れるのであり、こうした物の交換は、まさにその空間が「店」であることと切り離して考えることはできないのである。なぜなら私たちは、「店」において「店員」はモノやサービスを提供するひとであり、「客」はそれに見合った対価を金銭によって支払うひとであると知っている。そしてまさにそうした知識を通じて、レズビアンバーにおける〝飲食物〟と〝金銭〟の交換が〝商品交換〟として有意味なものとなり、飲食物を提供するひととして「店員」が、そして受け取った飲食物に見合った代金を支払う「客」というカテゴリーが、そこに立ち現れると考えられるのである。

(2) 〝商品交換とは呼べない贈与〟

では次に、レズビアンバーにおいてなされる〝商品交換とは呼べない贈与〟について検討しよう。先に紹介したように、レズビアンバーではしばしば、そこを訪れるひとによって物が持ち込まれる。それは、茶菓子や読み終わった本や雑誌、不要になった服などである。それはしばしば店員を通じて、そこを訪れる人びとに配分されるが、こうした物の贈与・交換には先の〝商品交換〟とは異なり、一切対価が発生しない。それはたとえば、レズビアンバーを訪れるひとによって店に持ち込まれた茶菓子は、「店員」に渡され、「店員」からそこを訪れる他の人びとへと配られるが、その際、その茶菓子を受けとった人びとは、「店員」にも、それを持ち込んだひとにもその対価を一切払わない。それは、店の一角に置かれる、持ち込まれた不要になった服などを店を訪れた人びとが持ち帰る際も同様である。このように、こうした物のやり取りは往々にして「店員」を介してなされるがゆえに、物を贈与するひとと受け取るひととが直接顔を合わせることなく物がやり取りされることも珍しくない。したがってときには、顔も知らず会ったことすらもない相手から、物を受け取ることもある。それは物を持ち込むときも同様であり、持ち込んだ物がその場に居合わせた人たちに配られるときもあれば、店員を介して、顔も名前も知らない店を訪れた誰かに贈与されることもある。どこの誰から贈られた物かわからない物を受け取り、どこの誰かわからない人たちへと贈与・返礼する。つまり、こうした物のやり取りは、特定の個人間でなされる贈与というよりむしろ、「レズビアン」であろう人びと（集団）に対する〝匿名的な贈与〟と呼び得るものであり、こうした物のやり取りの方法を通じて贈与者は「客」として、また受領者も同様に「客」として、そのカテゴリーが可視化される。しかもそれは単なる「客」と「客」との物のやり取りではなく、そこがレズビアンバーという場であるがゆえに、贈与者と受領者は「レズビアン」と「レズビアン」としてそのカテゴリーが有意味なものとして立ち現れる。すなわち、レズビアンバーがまさに「レズビアン」であろう人びとが訪れると期待される空間であるがゆえに、そうした物のやり取りの方法を通じて、その贈与・交換に参与する人びとは〝「レズビアン」というカテゴリーの共成員〟として、つまり〝「レズビアン」であるわたしたち〟として可視化されると考えられるのである。

おわりに――レズビアンバーにおける〝社交的贈与〟(4)

レズビアンバーにおける〝商品交換とは呼べない贈与〟は、先に示したように匿名的な性格を持つ。したがって、この贈与の方法・振る舞いは、〝募金〟や〝献血〟に代表されるような匿名の他者に対する贈与と一見すると類似の性質を持つように思われる。そこで、本稿のまとめに際し、レズビアンバーにおいて見られるこうした贈与と類似の性格を持つと思われる〝匿名的な贈与〟の代表的なひとつとして〝献血〟を取り上げ、両者の比較を通じて、レズビアンバーにおける〝商品交換とは呼べない贈与〟について考察する手掛かりとしたい。

ではまず、〝献血〟という匿名的な贈与が可視化するカテゴリーについて検討しよう。献血は、病気などの理由によって血が必要なひとに対してなされる贈与である。したがって、一般に献血は、その贈与の方法を通じて、そこに「健康なひと」から「病人」への〝支援〟という形式が可視化される。そして、〝献血〟によって贈与される「血」はいわば〝支援物資〟として意味づけられるのであり、ここから、〝支援〟という形式を示す贈与によって、そこに「困っているひと（支援が必要なひと）」／「支援するひと（＝支援が必要ではないひと）」というカテゴリーが可視化されると言えよう。

一方で、前節で示したように、レズビアンバーにおいて、そこを訪れるひとが店に持ち込んだ物は、「客」から「客」へ、つまり「レズビアン」から「レズビアン」へと渡されることを示した。したがってそれは「困っている相手」への贈与、つまり〝支援〟という形式をとらない。なぜなら、そこにおいて「病人／健康なひと」あるいは「被災者／災害ボランティア」といった、異なるカテゴリーが可視化されるわけではなく、レズビアンバーにおけるこうした贈与は、贈与者と受領者はレズビアンバーの「客」同士であること、つまり「レズビアン」同士であることが有意味となるのであり、したがって、そのやり取りを通じて贈与される物は〝支援物資〟とは見なし得ない(5)。それは、レズビアンバーにおけるこうした贈与において、「血」や「支援物資」のように生活に必需な物が贈与されているとは言い難いことからも示されよう。

以上のことから、レズビアンバーにおけるこうした物のやり取りを通じて「受け取られた物（茶菓子や読まなくなった本や雑誌、不要になった衣服など）」は、いわば〝「レズビアン」であろうひとからもらった物〟以上の意味を持ち得ないことが示唆される。ここにおいて、レズビアンバーにおけるこうした贈与のいくつかの特徴が示されるであろう。それは、匿名的な性質を持つということ、そしてその贈与に参与する人びとが共通のカテゴリーによって可視化されること（〝「共成員」であること〟が成し遂げられること）、そして、そうした方法を通じて贈与された物が、〝共成員である誰かから贈られた物〟以上の意味を持ち得ないであろうことである。つまり、レズビアンバーにおけるこうした贈与は、その空間において居合わせた「レズビアン」であろう人びと、そしてこれからそこを訪れる「レズビアン」であろう人びとに対してなされる贈与であり、持ち込まれた物に値段はつけられず、そこを訪れる不特定多数の「レズビアン」であろう人びとに（ときには、一度も顔を合わせることも、会話を交えることさえもなく）分配される。なぜ、レズビアンバーにおいてこうした仕方で贈与がなされるのだろうか。以下では、こうした贈与の方法がレズビアンバーという空間でなされることの意味を考えたい。

先述のように、こうした贈与によってやり取りされる物は、〝生活必需品〟と言い得るものではなく、強いて言うならば、〝同じ「レズビアン」であろう相手から贈られた物〟以上の意味を持ち得ないと考えられる。すなわち、こうした贈与において贈与される物は、それ自体の価値よりもむしろ、物がやり取りされていること自体に何らかの機能があるように思われる。それは、マリノフスキーが「クラ交易」において交換される「二つの意味のない、まったく無用な品物」（Malinowski 1922＝一九八〇：一五二）が、「いかなるばあいにも、ある一つのだいじな目的をもつ――つまり、所有され、交換されるという目的を持つ」（Malinowski 1922＝一九八〇：三三二）と述べることから示唆されよう。それは、レズビアンバーにおけるこうした贈与によってやり取りされる物は、交換されること自体に重要な役割があるという示唆である。こうした贈与の特徴は、ジンメルの提唱する「社交」という相互作用の性質に類するものであると考えらえる。ジンメルは、「社交」における人びとの〝会話の方法〟について以下のように述べる。

人々は、実生活では、彼らがたがいに伝えようとし、互いに分からせようとする内容の為に話すが、社交では、話すことが自己目的になる。……純粋社交的な会話では、話の内容は、話そのものの活発な交換が生む魅力の、無くてはならない運び手に過ぎない。……しかし、社交的会話の内容がどうでもよいと言うのではない。それは本当に面白いもの、魅力あるもの、いや、有意義であるべきである。——ただ、内容そのものが会話の目的になってはいけない（Simmel 1917＝一九七九：八四—八五）。

言うなれば、ジンメルは「社交」における会話を、会話するために会話と見なすのであり、したがって「社交」における会話の話題は、会話をするための単なる手段にすぎないのである。このようにジンメルは、つながることだけに目的化されたような人びとの振る舞いを通じて「社交」は維持されると考えた。

こうした「社交」における人びとの振る舞いから、本節で検討してきたレズビアンバーにおける〝商品交換とは呼べない贈与〟の輪郭が浮かび上がってくる。それはすなわち、「社交」における会話が、会話をすることそれ自体に目的化された会話であるように、〝商品交換とは呼べない贈与〟はその特徴を抽出して言えば、レズビアンバーという空間を訪れる「レズビアン」であろう人びとに対し、〝渡されるために渡される贈与〟であり、それはまさに、「レズビアン」であろう誰かとつながることそれ自体がその結果として達成される、いうなれば〝贈与するための贈与〟として位置づけることができるということである。この意味で、レズビアンバーにおけるこうした贈与の方法は「社交」の性質を含むものであり、こうした贈与はまさに〝贈与することが目的化した贈与〟、すなわち〝社交的贈与〟と呼び得るものであるだろう。

そして、レズビアンバーにおけるこうした〝社交的贈与〟という振る舞いを通じて、その参与者たちは、たとえ見ず知らずの相手との間であろうとも——贈与者や受領者がどのようなひとであるかを知らずとも、また相手がどのようなひとであるかという情報が明かされずとも、あるいは直接顔を合わせることすらなくとも——そこに「レズビアン」同士であるという「共同関係」が可視化されるのである。

すなわち、〝社交的贈与〟は、物のやり取りを通じて人びとがあるカテゴリーの共成員であることを成し遂げるひとつの方法であると考えられよう。そして、まさにこうした物のやり取りの方法を通じて、レズビアンバーにおける社交的な秩序が維持・形成されていると考えられるのである。(6)

注

(1) ジンメルの言う「社会化」の「内容／形式」の区分（Simmel 1917＝一九七九：六八—六九）から見れば、こうしたモースの視点は、贈与をめぐる人間一般に共通する普遍的な「社会化」の「内容」についての議論として位置づけられるかもしれない。なお、ジンメル自身が言及するように、同じ「社会化」の「内容」であっても、異なる「社会化」の「形式」をとり得る。たとえば、愛情によって〝結ばれる〟場合もあれば、愛情によって〝戦争〟が起こる場合もあるだろう。このような事態を踏まえると、人びとが「社会化」にいたるまでの、その「内容」と「形式」との狭間が必然的に見えてくる。こうした「社会化」の「内容」と「形式」のあいだの不確定な領域を、荻野は「社会性零度の位相」（荻野 二〇〇五：七四）として位置づけたと考えられる。

(2) マリノフスキーが「クラ交易」という物のやり取りによって結ばれる関係を同書において「共同関係（パートナーシップ）」、「クラ共同体」、「クラ仲間」と表現したことからも示唆される。

(3) ここにおけるレズビアンバーとは筆者がこれまで訪れたレズビアンバーを指し、したがって、レズビアンバーであればどこでも、こうした方法において物の贈与・交換がなされるわけではないであろう。それにもかかわらず、本稿がこの事例を取り上げるのは、なぜこのような物のやり取りが、レズビアンバーという空間においてなされるか、その意味を明らかにすることをめざすからであり、したがって、その一般性や普遍性を主張するものではない。なお、店の特定を避けるために店の詳細については明記しない。

（4）これは、後述するジンメルの「社交的会話」という表現から着想を得たものである。

（5）これはたとえば同じカテゴリーの成員同士の〝支援〟という形式がないことを意味しない。たとえば「ピアサポート」は、まさに「共成員」による〝支援〟を指すものであろう。ただしその一方で、「ピアサポート」という語の存在自体が、まさに〝支援〟が一般に「非・共成員」においてなされるものであることを示唆しているとも言えるだろう。

（6）もし仮に、レズビアンバーにおける物のやり取りにおいて、〝レズビアンバーだからこその物〟が、〝レズビアンバーだからこそのやり取りの方法〟を通じてなされるとしよう。それはたとえば、入会規定に則り、その規準を満たした者に会員証や記章などが与えられるという贈与が想定されよう。そしてその会員証や記章の相互の提示によって、メンバーであることが相互に確認、承認されるという方法が考えられる。しかしながら、実際に会員証を持つメンバーのみが入店可能なレズビアンバーは筆者の知るかぎり存在しない。つまり、レズビアンバーは明確な会員の証明が存在しないなかで、会話や物のやり取りを通じて、当該カテゴリーのメンバーであることが相互に確認され、承認されている空間であると言えるだろう。ではなぜ、レズビアンバーにおいて、このような〝ありふれた方法〟によって物がやり取りされているのだろうか。この〝ありふれた方法〟は、それがよく知られた方法であるがゆえに、特別なルールや規定によって物のやり取りに参与できるひとを限定することなく、レズビアンバーに訪れるひとが〝誰でも〟そのやり取りに参与可能となると考えられる。その意味で、本稿が取り上げたレズビアンバーにおける物のやり取りは、閉じられた空間における開かれた物のやり取りの方法であると言えよう。まさにそうした方法によって、初対面同士であっても、「常連客／一見の客」に関係なく、その物のやり取りに参与することが可能となるのであり、まさにそうした方法を通じて、「レズビアン」がそこに可視化されると考えられるのである。

文献

Malinowski, B., 1922, *Argonauts of the Western Pacific: an Account of Native Enterprise and Adventure in the Archipelagoes of Melanesian New Guinea*, Routledge（=寺田和夫・増田義郎訳、一九八〇、「西太平洋の遠洋航海者――メラネシアのニュー・ギニア群島における、原住民の事業と冒険の報告」『マリノフスキー　レヴィ=ストロース』中央公論社、五五―三四二）。

Mauss, M., 1925, "Essai sur le don: Forme et raison de l, échange dans les sociétés archaïques," *L, Année Sociologique*, nouvelle série, 1（=吉田禎吾・江川純一訳、二〇〇九、『贈与論』筑摩書房）。

西阪仰、一九九七、『相互行為分析という視点』金子書房。

荻野昌弘、二〇〇五、『零度の社会――詐欺と贈与の社会学』世界思想社。

Simmel, G., 1917, *Grundfragen der Sociologie: Individuum und Gesellschaft*, Walter de Gruyter（=清水幾太郎訳、一九七九、『社会学の根本問題』岩波書店）。

第24章　開発される都市空間における路上ライブ
――空間としての路上ライブと贈与の関係

多田　駆

はじめに

現代の都市におけるターミナル駅周辺では、民間企業や行政が連携して開発者となり、ショッピングセンターやオフィス、ホテル、マンション等が集積する大規模複合施設が次々に建設されている。このような開発は、しばしばターミナル駅周辺で同時多発的に行われており、特定のエリアを一体の空間として開発する都市開発事業の一環として位置づけられる。こうして開発される都市空間では、買い物をする、歩きまわる、あらかじめ用意されたイスで休憩するなど、一見自由な振る舞いが可能な一方で、無数の監視カメラや禁止事項・注意事項を示す看板の設置、警備員の配置によって開発者の意図にそぐわない行為は排除することがめざされている。言い換えると、開発される都市空間では開発者の意図に沿うかぎりにおいて、人びとが安全かつ快適に空間を享受することができるような管理が行われている。

しかし、管理は開発される都市空間の隅々まで浸透しているわけではない。なぜなら、都市という空間そのものが不特定多数の人びとに開かれている以上、そこには人びとによる自由な空間利用の可能性が潜在的に含まれているためである。

本稿では、こうした都市空間における人びとの自由な空間利用として、路上ライブを取り上げる。路上ライブは、文字通り路上という公共的な空間を利用し演奏者が楽器演奏や歌を披露する行為であり、ターミナル駅周辺では日常的に行われていることから、これらの空間を特徴づける一風景として定着している現象とも言える。しかし、ほとんどの場合、日常的に見られる路上ライブは駅や商業施設等の管理者や公道を管理する警察の許可を得て行われるわけではなく、演奏者やそこに集う聴衆によって空間が独自に利用されることで行われている。このような特徴から、開発される都市空間における路上ライブは、単に路上を利用して行われる演奏行為のみならず、演奏者やそこに集まる人びとによって開発者の意図とは異なるかたちでの空間認識がなされ、実際に人びとによって空間が利用されることで生じる空間的な営為であるとも言える。

本来、こうした空間利用は開発者が設定した意図にはそぐわないものであり、排除の対象とされ得るものである。しかし、そうでありながら路上ライブは今日においても日常的に行われ続けているのである。

本稿では、管理の徹底がめざされる今日の開発される都市空間において、なおも路上ライブが行われ続けているという点に着目し、実際に大阪府随一のターミナル駅であるJR大阪駅と各線梅田駅の周辺（以下、梅田エリア）で行われる路上ライブを対象とした質的調査の結果をもとに、それがいかなる役割を果たし得ることで、今日においても維持され続けているかについての分析を行う。とりわけ、H・ルフェーヴルが『空間の生産』（Lefebvre 1974=二〇〇〇）で提示した空間概念を導入し、路上ライブの現場そのものをひとつの空間として捉えることで、路上ライブの空間がどのような法的な規制のもとにあるのか、また路上ライブが通行人や聴衆といった「空間を共有する他者」といかなる関係性にあるのかを論じる。これを通じて、今日の開発される都市空間における、路上ライブの空間的役割を明らかにする。

一　空間理論と路上ライブの分析枠組み

ルフェーヴルによると、「空間とは事物というよりもむしろ、事物（物および生産物）相互の間の一連の関係」（Lefebvre 1974=二〇〇〇：一四二）であり、何らかの行為や社会関係が生じる単なる「場」のような所与の枠組みではない。つまり、空間それ自体が行為や社会関係から成る生産物であり、また反対に行為や社会関係はその空間との関係において生じるものとして捉えられる。さらに、このような空間には「空間的実践」「空間の表象」「表象の空間」という三つの異なる局面が存在していることが論じられる。

第一に「空間的実践」とは、「日常の現実（時間の利用）と、都市の現実（労働の場と『私』生活の場と余暇の場をたがいに結びつける経路及びネットワーク）とを、知覚された空間の内部において密接に結びつけている」（Lefebvre 1974=二〇〇〇：八二）のであり、これは「知覚される空間」とされる。たとえば、開発される都市空間においては、開発者によってあらかじめ空間に設定されたストーリーのもとで、都市に生きる人びとはこれらのストーリーを日常的な空間利用のなかで読み取り、実際に（ショッピングやホテルでの宿泊、レジャー施設の利用といったように）それに沿うような実践を行っている。このような実践は、あらかじめストーリーを付与された都市の現実と、日常の現実としての人びとの空間認識とが密接に結びついて行われており「空間的実践」に位置づけられる。

第二に「空間の表象」は、「生産諸関係が課する『秩序』に、したがって認識、記号、規範、さらには正面切っての諸関係に結び付けられる」（Lefebvre 1974=二〇〇〇：七五）のであり、これは「思考される空間」とされる。冒頭にも述べたように、今日の都市開発においては、行政や民間企業といった開発者により、資本主義的な秩序を前提とした消費空間が開発されている。さらに、この秩序を維持することを目的として、空間におけるルールや基準が設定される。この際、空間は開発者によって一定の規範や記号（図面上での空間設計やマーケットの論理に基づく空間配置）のもとに認識される。すなわち、「思考される空間」であり、「空間の表象」に位置づけられる。

第三の「表象の空間」は、「いかなる統合にも、いかなる結束力のある者にも拘束されない……感情と行為の場を、生きられる状況の場をふくみ、それゆえ直接に時間をともなっている」（Lefebvre 1974=二〇〇〇：八七）空間であり、ルフェーヴルはこれを「生きられた空間」としている。開発される都市空間において行われる路上ライブは、都市に生きる人びとが直接的に空間を認識することによって生じており、「空間的実践」のように開発者の設定したストーリーに合致するような実践とも、「空間の表象」のように計画的な規範や秩序のもとで認識される空間とも異なるものである。むしろ、路上ライブは、こうした「空間的実践」や「空間の表象」としての規範の埒外に生じているのであり、都市を利用する人びとが演奏や聴視を通じて主観的に空間を認識し、表現することで生じる空間である。したがって、路上ライブの空間は「表象の空間」として位置づけられる。

ところで、ルフェーヴルはこれらの三つの概念について「この三重性が重要である。……二項の諸関係は、つまるところ対立、対照、敵対に要約される」（Lefebvre 1974=二〇〇〇：八三）と指摘する。この三項の枠組みは、現代の都市空間の特徴として管理の側面を指摘してきた監視社会論や、包摂―排除の関係性を論じた議論では積極的には取り入れられてこなかったものである。なぜなら、これらの議論では「開発を行う側」と、「開発され提供される側」という二者の権力関係に照準することで、その対抗的関係を明らかにすることが目的とされているためである。したがって、ルフェーヴルのように実際の都市空間における人びとの直接的な空間認識や、そこに存在する複数の主体間の構造的な関係性にまでは踏み込んでいない。

仮にこれらの議論をルフェーヴルの空間概念に位置づけるならば、開発者による「空間の表象」と都市に生きる人びとの「空間的実践」の二項の関係のみについて論じたものとして捉えることが可能である。

たとえば、M・デイヴィスは「ショッピングモールや疑似公共空間の設計者は、群衆を均質化することで彼らに攻撃を加えるのだ。彼らは『有害分子』を取り除くような建築上のそして記号論的な障壁を作り上げる」（Davis 2006=二〇〇八：二一七）として、一見公共的な場として開発される都市空間が、そこに相応しくないとされる存在を構造的に排除する仕組みを有していることを論じる。また、S・ズーキンは、大規模な開発によって人びとはきれいな空間と改善された治安が享受できるとしながらも、このような開発が「都市の雑多性への懸念を呼び込んでいます」（Zukin 2010=二〇一三：二一）と述べており、開発される都市空間がはらむ権力作用によって、そこで包摂される対象と排除される対象が明確に分離されることを批判的に論じている。

これらの議論は、「空間の表象」の否定的な側面を捉えたものとも理解できる。たしかに、実際のターミナル駅周辺を見ると、いたるところに禁止行為を示す看板や注意書きが設置されており、しばしばそこに路上ライブの禁止を示す文言も含まれていることから、それが都市を開発する側にとって受け入れざる存在とされていることは明らかである。そのため、これらの議論に路上ライブの位置づけ、対抗的な意義を論じることも可能である。しかし一方で、こうした議論からは、それが開発される都市空間において排除の対象でありながらも、現在においてなおも都市を生きる人びとによって行われ続けているという、路上ライブ特有の性質を十分に分析することができない。

そこで、本稿ではルフェーヴルによる三項の枠組みを前提として、なかでも「表象の空間」として路上ライブを位置づけることで、単なる排除の対象や権力への対抗としての位置づけとは異なる、路上ライブの空間的な役割を明らかにすることを試みる。

また、ルフェーヴルはその議論のなかで現実の都市空間において「表象の空間」がどのような形をとって現れるのか、といった具体的な内容にまでは踏み込んでいない。そのため、「表象の空間」として路上ライブを位置づけ、それが今日の開発される都市空間においていかなる関係のもとで行われるのかを分析することは、ルフェーヴルの議論の現代における有用性を探るという点においても一定の意義があると言える。

二　路上ライブの現状と規制――大阪梅田エリアを例に

それでは、実際の路上ライブはどのような空間において行われているのであろうか。ここからは、梅田エリアで行われている路上ライブを対象として筆者が行った調査をもとに、その実態について論じる。

梅田エリアでは、日常的に複数の場所で路上ライブが行われており、特に夕方以降の時間帯は頻繁に行われている。図24-1は実際の調査[1]で確認できた路上ライブ（一七三組）を梅田エリアの地図上に表示したものであり、地図上の点は路上ライブが確認できた地点を示している。ここからも梅田エリアにおいて複数の路上ライブが行われていることが理解できる。

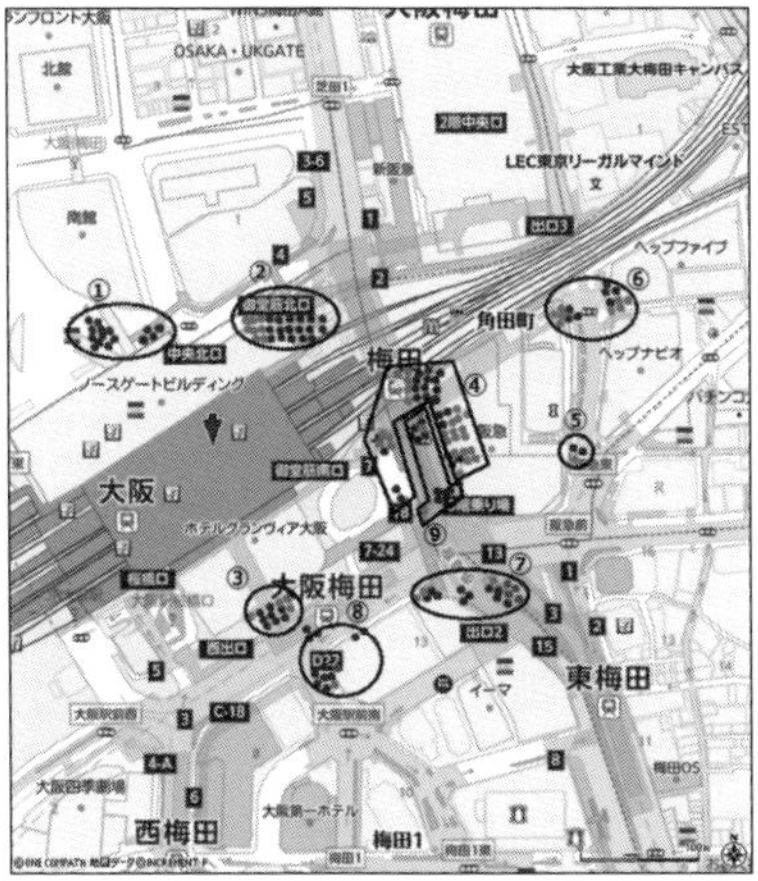

図24-1　**梅田エリアで確認された路上ライブの地点**

出典：ONE COMPATH（地図データINCREMENT-P）に筆者加筆

梅田エリアでは、二〇〇〇年代から現在にかけて大規模な再開発が進められており、なかでも広範囲にわたって開発が行われたのが、JR大阪駅北地区[2]の開発およびJR大阪駅の再開発である。大阪市ホームページに掲載の「うめきた（大阪駅北地区）プロジェクト」によると、このプロジェクトは一九八七年の国鉄改革にともない、梅田貨物駅用地が国鉄清算事業団へ継承されたことに端を発している。その後、二〇〇二年に都市再生機構、関西経済連合会、大阪市商工会議所、大阪府、大阪市などで構成された実行委員会が設立され、翌年には「大阪駅北地区全体構想」が策定される。さらに、これをもとに具体的な開発計画が推進され、二〇〇六年に先行開発区域[3]の開発事業者として民間の不動産開発会社や電鉄会社などを中心とした共同開発事業者が決定され建設工事が進められた。こうして、二〇一三年四月に開業した大型複合施設がグランフロント大阪である。さらに、現在においても先行開発区域の西側に広がるうめきた二期区域では「(仮称) うめきた二期地区開発事業」が進められている。このように、大阪駅北地区は行政や経済団体、民間企業など複数のアクターが関与し開発が行われてきた。

一方、このような大阪駅北地区の開発に合わせ西日本旅客鉄道株式会社（以下、ＪＲ西日本）によるＪＲ大阪駅構内や隣接する駅ビルの再開発も同時に行われてきた。大阪ステーションシティのホームページによると、二〇〇三年一二月に「大阪駅改良・新北ビル開発計画」を発表、二〇〇五年には「大阪駅南側広場整備・アクティ大阪増築計画」を発表しており、これに基づきノースゲートビルディング[4]、サウスゲートビルディング[5]というふたつの複合施設の建設のほか、大阪駅の大規模改良工事が行われ二〇一一年に完成する。

これ以外にも、二〇一〇年代には梅田エリアを代表する百貨店である阪急百貨店や、阪神百貨店の改修工事が相次いで行われており、梅田エリアでは二〇〇〇年代から現在にいたるまで大規模な再開発が行われ続けてきた。しかし、大阪駅北地区・ＪＲ大阪駅・各百貨店は、同時期に開発されていながら、開発計画者や事業者はそれぞれ別の主体であり必ずしもエリア全体として一体となり開発されてきたわけではない。

その理由として、そもそも都市開発が土地や建物の所有に基づき、これに応じた範囲でのみ行われるという特徴が挙げられる。これにより、結果的に開発後の管理もそれぞれが開発した範囲に限定して行われることとなり、それを超えた範囲には及ばない。したがって、たとえ隣接する私有地同士や道路であっても、管理においては互いに不可侵であり空間全体の一体的な管理には及んでいないのである。

このような所有に基づき分割された管理によって、開発される都市空間に路上ライブが行われるような隙間が生じる。図24-1の路上ライブを示す点からは、梅田エリアの中でも特定の場所に路上ライブが集中していることが理解できる。これらの場所はいずれも商業施設や駅の出入り口付近であり、梅田エリアの中でも人通りの多い場所である。加えて、①のグランフロント大阪うめきた広場[6]以外の場所には、いずれも大阪市都市整備局[7]と警察署との連名で禁止行為を示す看板（写真24-1）が設置されていたことから、これらの場所が私有地ではなく行政や警察の管理のもとに置かれた公道であることがわかる。しかし、実際には看板を無視するかたちで路上ライブが行われ続けている。

写真24-1　歩道に設置された禁止行為を示す看板

出典：筆者撮影

このような看板は、公道での行為を規制する法律としての道路交通法に基づいて設置されている。道路交通法第七十七条一項[8]では、路上で行うにあたって警察の許可が必要な行為について明記されており、その第四号では

> 道路において祭礼行事をし、又はロケーションをする等一般交通に著しい影響を及ぼすような通行の形態若しくは方法により道路を使用する行為又は道路に人が集まり一般交通に著しい影響を及ぼすような行為で、公安委員会が、その土地の道路又は交通の状況により、道路における危険を防止し、その他交通の安全と円滑を図るため必要と認めて定めたものをしようとする者

と定められている。たしかに、路上ライブはそこにひとが集まることで道路の交通に影響を与える可能性があり、許可が必要な行為にも該当し得

る。しかし実際には、調査を通じて確認できた路上ライブはすべてが無許可で行われており、しばしば警察による取り締まりが行われていた。

それでは、なぜ路上ライブは許可が必要な行為にもかかわらず、無許可で行われているのであろうか。この点について、演奏者への聞き取りでは「何度も警察に話したが許可されなかった」「路上ライブは道路使用許可を申請しても許可されないと聞いた」という理由が挙げられており、(9) それが容易には許可されないことが示されている。

道路の使用が許可される条件については、先に参照した道路交通法第七十七条一項に続く第二項で以下のように明記されている。

二　前項の許可の申請があつた場合において、当該申請に係る行為が次の各号のいずれかに該当するときは、所轄警察署長は、許可をしなければならない。

一　当該申請に係る行為が現に交通の妨害となるおそれがないと認められるとき。

二　当該申請に係る行為が許可に付された条件に従って行なわれることにより交通の妨害となるおそれがなくなると認められるとき。

三　当該申請に係る行為が現に交通の妨害となるおそれはあるが公益上又は社会の慣習上やむを得ないものであると認められるとき。

この条文を検討すると、路上ライブが許可されないふたつの理由が読み取られる。まず、第一にそれが「交通の妨害となるおそれ」があると判断されるためである。これは先に見た第一項の事由にも関連した理由である。しかし、たとえ交通の妨害となる恐れがあっても、第三号で定められているように「公益上または社会慣習上やむを得ないもの」であれば許可され得ることも同時に示されている。たとえば、路上ライブと同様に公道を使用して行われる政治活動の街頭演説やデモ、全国各地で公道を使用して行われる祭りはこれに該当するものとして許可される。つまり、路上ライブが許可を得られない背景には、少なくとも許可する側である警察にとって、それが公益上または社会慣習上やむを得ないものとしては認められていないという点が関係しているのである。

このような法のもと、実態として路上ライブは無許可で行われている。しかし、必ずしも路上ライブは常に路上において厳格な取り締まりにさらされているわけではない。そもそも、法令では、どれほどの行為が交通の妨害になる恐れがある行為であるかは明確にされておらず、路上ライブがこれに該当するかは、現場での判断に委ねられている。実際の路上ライブにおいても、取り締まりはパトロールの一環や通報者からの要請によって行われており、あくまで路上における交通への影響を回避するために一時的に行われるものがほとんどである。そのため、具体的な取り締まりはその場で演奏を中止させ演奏者や聴衆を解散させる程度に留まっている。また、演奏者はこれに応じて一時的に路上ライブを中断するものの、警察が立ち去るのを待つ、場所を移動するなどして、路上ライブを継続することもある。

さらに、注視すべきは、路上ライブの現場には、演奏者のみならずそれを聴視する聴衆が存在しているということである。この点から、路上ライブは必ずしも通行の妨げとして捉えられるだけでなく、一定数の人びとに容認されており、むしろ現場において一種の公益性を有するものとして認識されているとも言える。

このように路上ライブは、それを規制しうる法のもとで明確には許可されていないものの、実際の現場における取り締まりは交通の状況や警察の判断という曖昧な取り締まり基準に依拠している。加えて、演奏者以外にその空間に存在する人びとにいかに捉えられているか、という現場における他者との関係性にも左右されている。つまり、路上ライブを規制しうる法は常に絶対的なものとして行使されるのではなく、現場という社会のもとでその実効性が左右されるという社会的な性質を有していると言える。

三　「空間を共有する他者」と贈与

ここまで、道路交通法を参照しながら、それが法的な規制の対象となる可能性がありながらも、実際には法の実効性が現場という社会に依拠しており、厳格な取り締まりにはいたっていないことを論じた。またその要因として、そもそもの道路交通法による定義の曖昧さに加え、路上ライブが現場において一種の公益性を持つものとして認識され、容認され得ることを示した。

それでは、路上ライブは実際に空間においてどのような存在として容認されるにいたっているのであろうか。以下では、演奏者以外にその空間に存在する人びとを「空間を共有する他者」と定義し路上ライブに対する態度を分析することで、いかにしてそれが容認され得るのかについて論じる。

空間を共有する他者は大きく三つの態度に分類できる。第一に路上ライブに関与しない「通行人」、第二に路上ライブに否定的に関与する「反対者」、第三に路上ライブに肯定的に関与する「聴衆」である。

第一の通行人は、まったく見向きせず無視して通り過ぎる、もしくは歩きながら演奏者を見るなどの関心は示しながらも、関与することなく通過する人びとである。そもそもターミナル周辺の路上に存在する人びとの多くは、何らかの目的地に向かうために路上を通行しているのであり、路上ライブはみずからの目的とは無関係な他者による行為である。このような通行人の態度は、ゲオルク・ジンメルが都市に特有の他者関係として論じた「控えめな態度」（Simmel 1903=二〇一一）として論じられる。

ジンメルは、近代の都市が見知らぬ他者同士が共存する空間であることにその特徴を見出しており、近代の都市における人びとの関係が「小さな町の住民を取り囲んでいる度量の狭さや偏見とは対照的に、高度で洗練された意味で『自由』」（Simmel 1903=二〇一一：一四）な関係性であることを論じる。この自由は「お互いの控えめな態度や無関心」（Simmel 1903=二〇一一：一四）によってもたらされる。つまり、近代の都市においては見知らぬ他者同士が控えめな態度をとり、互いに個人に対する過度な詮索をあえて行わないことで、個人の独立性や自由がもたらされるのである。通行人の態度においても、同じ空間に存在する路上ライブをあくまで無関係な他者による自由な行為として、あえて関与しないという態度がとられる。このような態度は控えめな態度として理解でき、結果として路上ライブを黙認する態度であると言える。

第二の態度は、路上ライブに否定的に関与する反対者である。この点については、演奏者から経験談として、直接文句を言われた、譜面台を蹴られた、警察に通報された、などが挙げられている。また、二〇一九年一月には東京都の秋葉原駅前で路上ライブを行っていた演奏者が自作のＣＤをその場で販売していたところ、購入した人物に目の前でＣＤを踏みつけられ破壊されるという動画がＹｏｕＴｕｂｅに投稿され、インターネットを中心に話題となった(10)。このような態度は、第一の通行人のような控えめな態度とは異なり、路上ライブに積極的かつ否定的に関与しようとする態度であり、今日の都市空間における排除の論理にも関連するものである。園部雅久は先述のジンメルの議論に対して、「後期近代（ポストモダン）の都市においては、もはや近代アーバニズムに見られたような、見知らぬ他者に対する〈無関心の倫理〉は後景化し……我々と彼らとの間の線引きがはっきりし、彼らは往々にして不審者とみなされ監視、排除の対象となる」（園部 二〇一四：二三〇）と論じる。園部が指摘するように、現代の都市においては先述したような「控えめな態度」の一方で、開発者や管理者のみならず、他者同士の関係においても監視や排除が行われるという相互監視的な側面が見られる。たとえば、先に事例として挙げたＣＤを踏みつけた人物は、みずからの行為について「路上ライブを許可なしでやっている方をやめさせたい。僕のなかでの正義感で動いている感じ」とも発言しており、法的に許可されていない路上ライブを行う他者を、規範に反する存在としてみずから排除しようとする相互監視的な側面を如実に反映したものである。

この反対者の態度に示されるように、路上ライブが現場における人びとにまったく許容されず、単に迷惑な存在として認識されているのであれば、より厳格な取り締まりに晒されることも推察できる。しかし、重要な点はいま一方の態度として、むしろそれに積極的かつ肯定的に関心を示す聴衆が存在するという点である。具体的には、聴衆は路上ライブを立ち止まって聴視するほか、投げ銭や差し入れをする、CDやグッズ、演奏者のライブのチケットを購入するなどの関与が挙げられる。こうした聴衆にとって路上ライブは、一種の公益性を有する存在であり、積極的に容認すべき対象として捉えられる。

聴衆には、演奏者のSNS等で行われる告知によって場所や時間を事前に把握したうえで、特定の路上ライブを目的として訪れるファン的な聴衆[11]も見られるが、一方で偶然その場を通りかかった通行人が何らかの理由で関心を示し聴衆へと変化する、一時的な聴衆が存在している。このとき、路上ライブは黙認の対象ではなく肯定的に関与すべき対象として認識される。

それでは、どのような場合に通行人の認識に変化が生じ聴衆となるのであろうか。表24-1は、筆者が実際に路上ライブに足を止めて演奏を聴いていた聴衆への聞き取り調査を行い回答をまとめたものである。

まず、⑤過去の聴視経験の有無に着目すると、聴衆は過去の聴視経験の有無にかかわらず聴視していることがわかる。また、過去に聴視経験があると答えた聴衆は、路上ライブを聴視する基準として「好きな雰囲気」「面白いと思った場合」「好きな曲や世代の曲が演奏されていたら」「時間があれば」などさまざまな基準を挙げており、このような基準に合致したときに路上ライブを聴視している。

さらに、②聴視の動機からはどのような場合に通行人が路上ライブに足を止め聴衆となり得るのかが読み取られ

表24-1　聴衆への質問と回答

	①	②	③	④	⑤
	聴視時の状況	聴視の動機	聴視以外の行為	聴視以外の行為の理由	過去の聴視経験の有無（有の場合その基準）
聴衆A	仕事帰り	自身の演奏の参考として	投げ銭（金額不明）	楽器の演奏が上手かった	無
聴衆B	パチンコ帰り	演奏の雰囲気が良かった	差し入れ（ジュース）	パチンコ帰りで景品のジュースをたくさん持っていた	有（好きな雰囲気なら聴く）
聴衆C	飲み会帰り	演奏者が頑張っているから	投げ銭（1000円）	女性ひとりで路上で演奏する演奏者の根性を買った	有（面白いと思った場合）
聴衆D	イベント帰り	演奏者のひとが良さそうだった	投げ銭（100円）	良いひとそうだった	無
聴衆E	飲み会帰り	好きな曲が演奏されていた	投げ銭（金額不明）	聴いていて上手いと思った 酔っているため	有（好きな曲や世代の曲が演奏されていたら）
聴衆F	買い物帰り	自身が過去に路上ライブをしていた	チラシの受け取り	（自身も路上ライブをしていたため）気持ちがわかる	有（時間があれば基本的に立ち止まる）

る。たとえば聴衆Aは、「自身の演奏の参考として」という模範的な意味を見出したことがその動機となっており、聴衆Dは「演奏者のひとが良さそう」という演奏とは一見無関係な道徳的な意味を見出したことが聴視の動機となっている。つまり、いずれの聴衆においても路上ライブを単に見知らぬ他者の活動としてではなく、そこに自発的に何らかの意味を見出し、みずからと関わりのある存在として捉えているのである。このようにして、路上ライブが個人にとって単なる演奏を超えた何らかの意味を持つものとして経験されたとき、通行人は肯定的に関与する聴衆へと変化し得る。

　ところで、こうした聴衆と演奏者の関係には一種の贈与の性質が見られる。たとえば、先に挙げた聴衆たる通行人は、演奏技術や良い人格の人物に出会うことができたという感情を路上ライブから受け取っており、路上ライブが一種の贈り物のようにも捉えられていることが読み取れる。M・モースは、贈与について「贈り物をおこなう義務」「贈り物を受け取る義務」「受け取った贈り物に対してお返しをする義務」（Mauss 1924=二〇一四）の三つの義務から成り立つことを論じる。聴衆にとっての路上ライブは演奏者からの贈与であり、聴視という行為はこの贈り物を受け取る義務を果たすものとも捉えられる。さらに、路上ライブではしばしば聴衆による「④聴視以外の行為」として演奏者に対する差し入れや投げ銭が行われる。ここでは、路上ライブという贈り物を受け取ったことに対して、モノや金銭を通じた明確な返礼がなされており、お返しをする義務が果たされている。

ただし、モースは贈与の本質を継続的な関係性の維持に見ており、それが互いに繰り返されるものとして論じるが、路上ライブにおける演奏や返礼は、このような継続的な関係性の構築のために行われる贈与とは異なる。路上ライブの場合、演奏はあくまで空間を共有する他者という不特定多数の対象に対して行われるものであり、路上ライブが贈与として成立するかどうかは、演奏を受け取った空間を共有する他者に委ねられている。すなわち、潜在的な聴衆たる通行人が路上ライブから何かしらを受け取り、これに対して自発的にお返しをする義務を負ったとき、それが贈与となり得るのである。

このような、聴衆みずからによって行われる自発的な返礼を荻野昌弘による「贈与への意思」（荻野 二〇〇五）の概念を援用し「返礼への意思」とする。荻野によると、贈与には「見返りを期待しない純粋贈与と、贈与が交換を生む契機となる贈与交換のふたつのタイプがある」（荻野 二〇〇五：一三六）。路上ライブにおける聴衆は、その場の判断で聴視したり各々のタイミングで路上ライブから立ち去ったりしており、次にその演奏者と出会うかも定かではない、きわめて偶発的かつ一時的な存在である。そうでありながら、――本来その義務が生じていないにもかかわらず――偶然出会った路上ライブに対してみずから返礼を行う。この点で、継続性を前提とした交換的なものではなく純粋贈与に近いものである。また、純粋贈与では送る側による積極的な「贈与への意志」が引き出されるが、路上ライブにおいては演奏を通じて聴衆みずからによる自発的な返礼への意思が引き出されている。つまり、路上ライブはその空間における不特定多数に向けた贈与であり、返礼への意思を引き出す装置であるともいえる。

なぜ、路上ライブは返礼への意思を引き出すのであろうか。荻野は「道徳が贈与への意思を引き出そうとするための道具である」（荻野 二〇〇五：一三六）とも論じている。路上ライブにおいても、表24-1の②聴視の動機で挙げられたように「演奏者のひとが良さそうだった」「演奏者が頑張っているから」という道徳が聴視の動機となることがあり、道徳によって返礼への意思が引き出されるという側面が見られる。ただし、それ以外にも「演奏の雰囲気が良かった」や「自身が過去に路上ライブをしていた」という理由が挙げられており、この点は必ずしも道徳のみが返礼への意思を引き出す要因ではないことを示している。

むしろ、これらの理由からは路上ライブの空間そのものが作り出す雰囲気や、路上ライブという空間が維持されていること自体が返礼への意思を引き出しており、特定の演奏者による演奏行為だけでなく路上ライブの空間そのものが、返礼の対象とされているのである。いずれにしろ、路上ライブにおいては、このような一時的に生じる贈与の関係によって演奏者と聴衆のあいだに共同性が生じており、これによって空間を共有する他者に容認されることで現場における公益性を得ているのである。

四　路上ライブの空間的役割

これまで論じてきたように、路上ライブは開発される都市空間において、単に開発者の意図やストーリーに含まれない存在として、排除の対象とされるのみではない。むしろ、私有地に分割され開発される都市空間が、その性質として厳格な管理が及ばないようなすき間を生み出しており、そこには路上ライブが生じる余地がある。こうした空間を利用して行われる路上ライブは、単なる演奏者による演奏行為としてではなく、その空間を共有する他者との関係性のもとで成立しており、一空間として成り立っている。また、それを肯定的に捉え関与する聴衆によって容認され、現場における一種の公益性を有することで、容易には排除し得ないものとなっている。そして、このような聴衆による容認は、路上ライブが贈与として捉えられ聴衆の返礼への意思が引き出されるという、贈与による共同性が生じることでなされるものである。

このような贈与による社会関係は、開発される都市の消費空間（商業施設・ホテル・娯楽施設など）からは積極的に排除されてきたものである。なぜならこれらの空間が「空間の表象」のもと資本主義的な秩序を前提として開発されているためである。したがって、贈与のように必ずしも貨幣を媒介とせず、対等な取引が行われるとも限らない関係性は、資本主義的な秩序を脅かすものであり徹底して排除されなければならないものとされるのである。ルフェーヴルは消費空間について「市場の空間であり、市場を通してフローが道をたどる空間であり、国家が管理する空間であり、それゆえ厳密に数量化された空間である」（Lefebvre 1974=二〇〇〇：五〇八）と論じる。消費空間として開発される商業施設などはまさにこのような空間であり、周辺人口分布や購買能力をもとに開発者が設定する、コンセプトやターゲットに従い、その開発から管理にいたるまで市場の空間として厳密に数量化され、貨幣を用いた交換的な取引によって秩序立てられた空間である。

ただし、このような秩序を前提として明確に管理された取引は開発者が私有する範囲でのみ徹底される。そのため、こうした空間の外部では、路上ライブのように今日の資本主義的に開発される消費空間では果たされ得ない、贈与による社会関係が生じ得る。換言すると、路上ライブは昨今の開発される都市空間の中心である消費空間では満たされ得ない、贈与の欲求（返礼への意思）を吸収するという空間的な役割を担っているとも言える。

荻野は、資本主義システムが予測可能なものを前提とする一方で、贈与においては「実現することが困難な『物語』のほうにひとびとは魅了され、そのほうが希望を与えることがある……合理的に計算可能な範囲を超えている場合にこそ物語は価値を帯びる」（荻野 二〇〇五：一八八）とも指摘している。厳密な計画のもと秩序立てられ開発される消費空間に対して、路上ライブの発生やそれとの出会いは合理的に計算不可能なものである。さらに、それは常に開発者や警察による規制にさらされる可能性を孕んでおり、実現することが困難な物語という側面も持つ。ここからも、路上ライブが開発される都市空間において、人びとの贈与の欲求（返礼への意思）を引き出す空間として、その役割を担っていると言える。

おわりに――都市の諸矛盾の表出

本稿ではルフェーヴルの空間概念をもとに、開発される都市空間において、開発者によって計画的に管理される「空間の表象」とも、空間に設定された意図を認識し、それに沿うように行われる「空間的実践」とも異なる、ユーザーによる「表象の空間」として路上ライブを位置づけることで、その空間的役割を明らかにすることを試みてきた。その結果、路上ライブは、演奏者のみならず空間を共有する他者も含めた都市に生きる人びとによる独自の空間認識のもとで行われており、特に贈与の関係性が生じる空間として成立していることにその特徴が見られることが明らかとなった。

こうした空間では、演奏者と聴衆が空間を共有することで独自に贈与という共同性を生じさせており、まさに直接的であり「具体的」かつ「主観的」な空間であると言える。この点において、路上ライブは開発者やその意図に従って行われる実践には回収され得ない、「表象の空間」が具体的に表出したものである。

そして、この路上ライブは現在においても行われ続けており、開発される都市空間では、開発者の認識する空間、人びとがそれに従い認識する空間、このような認識とは別の位相で直接的に認識し生きられる空間、という三項が同時に表出しているのである。ルフェーヴルは「空間の諸矛盾こそが、社会諸関係の諸矛盾を効力のあるものにするのである。言い換えれば、空間の諸矛盾こそが、諸利害の紛争と社会・政治的な諸勢力の紛争を『表現する』のである」（Lefebvre 1974=二〇〇〇：五二四）とも論じている。

今日、開発される都市空間、とりわけ消費空間として開発される商業施設などは、単なるものやサービスの消費を超えて、空間の快適さや居心地の良さが消費の対象とされ、空間そのものがより巧妙なかたちで消費へと向かわせる装置として機能させられている。それと同時に、一見そこが公共的かつ自由な振る舞いが可能な空間であり、人びとの欲求がくまなく満たされる空間であるかのようにも感じさせられる。しかし、このような快適さは消費の秩序に従って提供されるものであり、贈与の欲求（返礼への意思）を吸収する空間とはなり得ない。言い換えると、消費空間から排除されているのは特定の主体ではなく、――贈与の関係のような――人びとによって直接的かつ主観的に生み出される社会関係そのものなのである。これは、ある意味で空間における社会関係の破壊とも言えるであろう。

他方で、その外部には路上ライブの空間に示されるように、それとは異なる空間認識の可能性が常に生じており、これらが混在しながら都市空間は維持されている。こうした点で、開発される都市空間は開発者による「空間の表象」、そこに付与された意図や意味に沿うように行われる「空間的実践」、都市に生きる人びとによる直接的に認識される「表象の空間」が混在しており、これらの諸矛盾こそが都市性を表しているのである。

都市空間には、単なる一方的な権力関係による包摂や排除からは捉えきれない、より微細な矛盾や対抗、諸問題が現実レベルで表出している。こうした点から、そこに生じる現象を単に当事者間の行為として分析するのではなく、一空間として捉え、その空間をめぐる複数の人びとの社会関係、および空間そのものとの関係から分析するという「空間」の視点は、今日における都市研究においても必要不可欠なものである。

注

（1）二〇二〇年二月三日〜二月九日の毎日一六時〜二三時三〇分のあいだに梅田エリアを巡回し、路上ライブが行われている地点を記録した。
（2）二〇二四年四月現在、グランフロント大阪と「（仮称）うめきた二期地区開発事業」として開発が行われているエリアの総称。
（3）現在の「グランフロント大阪」。
（4）二〇二四年四月現在、「ＬＵＣＵＡ ｏｓａｋａ」といった商業施設のほかオフィスが入居する複合施設。
（5）二〇二四年四月現在「大丸梅田店」や「ホテルグランヴィア大阪」が入居する複合施設。
（6）この場所は、「グランフロント大阪」の私有地の一部であり「ＭＵＳＩＣ ＢＵＳＫＥＲ ＩＮ ＵＭＥＫＩＴＡ」としてグランフロント大阪による許可制で行われる路上ライブである。ホームページによると「事務局が実施するオーディションに合格することが条件」と明記されており、本稿が対象とするような人びとによる空間利用としての路上ライブとは性質が異なるため、分析の対象としない。
（7）大阪市都市整備局は大阪市の行政機関であり、大阪市の保有地や行政が管理する道路等の管理や都市計画の策定を担う。「令和二年度 都市整備局運営方針〔概要版〕」によると活動目標として「地域との連携による魅力と活気のあふれるまちづくり」「安全･安心に住み続けられる住まいづくり」「持続可能で効率的な公共建築づくり」を掲げている。
（8）昭和三十五年法律第百五号道路交通法による。
（9）筆者が実施した聞き取り調査による（二〇二〇年二月九日実施）。
（10）日刊ゲンダイＤＩＧＩＴＡＬ 二〇一九年一月三一日。
（11）ファン的な聴衆はもともと演奏者の知り合いだったという場合もあるが、その多くは当初は偶然通りかかった通行人であり、ファン的な聴衆にいたる過程として一時的な聴衆の段階を経験している。そのため、ここでは一時的な聴衆に限定した議論を行う。

文献

Davis M., 2006, *City of Quartz: Excavating the Future in Los Angeles*, Verso（=村山敏勝・日比野啓訳、二〇〇八、『増補新版 要塞都市ＬＡ』青土社）。

グランフロント大阪、二〇二四、「ＭＵＳＩＣ ＢＵＳＫＥＲ ＩＮ ＵＭＥＫＩＴＡ——ミュージックバスカー」グランフロント大阪ホームページ（https://www.grandfront-osaka.jp/music_busker/、二〇二四年八月二二日取得）。

国家公安委員会、二〇二四、「昭和三十五年法律第百五号道路交通法道路交通法」（https://elaws.e-gov.go.jp/document?lawid=335AC0000000105_20240401_505AC0000000063、二〇二四年八月二二日取得）。

Lefebvre H., 1974, *La production de l'espace*, Éditions Anthropos（=斎藤日出治訳、二〇〇〇、『空間の生産』青木書店）。

Lyon David, 2001, *Surveillance Society: Monitoring Everyday Life*, Open University Press（=河村一郎訳、二〇〇二、『監視社会』青土社）。

Mauss M., 1925, "Essai sur le don: forme et raison de l'échange dans les sociétés archaïques," *Année sociologique*, N.S.: 30-186（=森山工訳、二〇一四、『贈与論 他二篇』岩波書店）。

日刊ゲンダイＤＩＧＩＴＡＬ、二〇一九（・一・三一）、「ＣＤ踏みつけ動画が大炎上…路上ミュージシャンの過酷な現実」（https://www.nikkan-gendai.com/articles/view/geino/246525、二〇二四年八月二二日取得）。

荻野昌弘、二〇〇五、『零度の社会——詐欺と贈与の社会学』世界思想社。

大阪市、二〇二四、「うめきた（大阪駅北地区）プロジェクト」、大阪市ホームページ（https://www.city.osaka.lg.jp/osakatokei/page/0000005308.html、二〇二四年八月二二日取得）。

大阪ターミナルビル株式会社、二〇二四、「会社概要」大阪ステーションシティホームページ（https://osakastationcity.com/otb/、二〇二四年八月二二日取得）。

大阪ターミナルビル株式会社、二〇二四、「大阪ステーションシティ（大阪駅）の歴史」大阪ステーションシティホームページ（https://osakastationcity.com/about/gallery/develop.php、二〇二四年八月二二日取得）。

Simmel, G., 1903, "Die Großstädte und das Geistesleben," *Jahrbuch der Gehe-stiftung zu Dresden* 9, K. F. Koehler（=松本康訳、二〇一一、「大都市と精神生活」松本康編『近代アーバニズム』日本評論社、三―二〇）。

園部雅久、二〇一四、『再魔術化する都市の社会学――空間概念・公共性・消費主義』ミネルヴァ書房。
Zokin S. 2010, *Naked City: The Death and Life of Authentic Urban Places*, Oxford University Press（=内田奈芳美訳、二〇一三、『都市はなぜ魂を失ったか――ジェイコブズ後のニューヨーク論』講談社）。

第25章　知行合一
――荻野昌弘の学術研究に対する考察

王　永健・王　天歌
村島健司　訳

はじめに

中国明代の偉大な思想家である王陽明は、「知行合一」という認識論的・実践論的な思想を提唱したことで知られている。今日にいたるまで、人びとはしばしば「知行合一」を用いて、認識と実践を結びつけることの必要性を表現してきた。「知」とは内面的な認識、すなわち物事に対する理解であり、「行」とは人びとの実際の行動である。物事の道理に対する認識と実践的な行動は不可分であるのだ。中国の学界には「学問は天下の公器である」という古くからの伝統的な格言があり、これは学問の公共性と社会的責任を表している。学問は全人類共通の進歩と発展に奉仕する公共の道具や資源であるべきであり、私的利益や特定の利益に左右されるべきではない。学問は国境や人種、階級を超え、人類社会全体に知的支援と精神的推進力を提供すべきであることが強調されているのである。荻野昌弘はまさに「知」と「行」を兼ね備えた学者であり、学術研究を「天下の公器」と位置づけ、人類共通の利益と問題に立脚し、人類社会の発展に叡智を捧げることに尽力している。彼の研究分野は、社会学、文化遺産、民俗学、民族芸能など多岐にわたり、その深い洞察力と確かな学識で、人類社会の進歩と発展に重要な思想的裏づけと理論的指導を行ってきた。さらに荻野の学術研究は、理論的な議論だけにとどまらず、実践的な応用にも重点を置いている。学術研究と社会的実践を結びつけ、現実社会の問題を解決するための効果的な方法を探求することに力を注いでいる。彼が提唱する学術概念と実践の精神は、学術研究の社会的責任と公共性の推進に大きな啓示を与えるものである。

荻野との出会いは、二〇一二年に中国芸術人類学会と内モンゴル大学が共催した「中国芸術人類学国際シンポジウム」に、荻野が外国人招聘研究員として参加したことに始まる。当時、私（王永健）は中国芸術研究院の博士課程に在籍していたが、光陰矢の如しで、すでに一二年の歳月が流れた。この間、荻野が中国国家外国専家局に招聘されて学術シンポジウムに参加したり、私が日本の関西学院大学で客員研究員を務めたりするなど、親しい付き合いをしてきた。私は荻野のゼミに所属する日本の大学院生ではないが、彼の海外における弟子である。その近くで彼の学問的思考や見識を学ぶ機会を得たことは、私にとって大きな収穫であった。荻野の定年退職にあたって、荻野との出会いや学術研究の知識をまとめる機会を得たことに際して、荻野と関西学院大学に、私の生活および学術研究を支えていただいたことに感謝の意を表したい。

一　荻野昌弘との歩み

荻野昌弘は、生涯にわたり社会学と文化遺産研究の分野で深く実りある成果をあげてきた、国際的に大きな影響力を持つ学者である。雲南省のイ族村落で綿密なフィールドワークを行い、頻繁に中国を訪れ学術会議で関連論文

写真25-1　2012年中国芸術人類学国際シンポジウムにおいて基調講演をする荻野

を発表していることから、中国学術界においてもその名がよく知られている。

荻野との出会いは、二〇一二年に中国芸術人類学会と内モンゴル大学が共催した「中国芸術人類学国際シンポジウム」であり、そこで荻野は「無形文化遺産再考――身体と時間の次元」というテーマで基調講演を行った。講演では、「私たちは神聖化された欲望を満たすために、自らの風俗文化遺産を作り出す。そこでは、あらゆるものが無形文化遺産となるため、無形文化遺産という概念は無意味であり、その概念を再考する必要がある」（荻野二〇一二）と述べ、身体と時間の概念を通して再考を試みた。

荻野の論点は再帰的で、無形文化遺産の認定において重大な示唆に富み、有益なものであった。基調講演後のディスカッションにおいて、荻野と雲南大学の何明教授が、芸術をどう定義するかという問題で激論を交わしていたのが印象的で、きわめて理論的な対話であった。まだ博士課程の学生であった私にとって、現場のその光景は圧倒的なインパクトであり、学術的に洗練された語り口でそれぞれの見解が展開される議論は魅力的であった。議論はヒートアップすることもあるが、すべては問題を解明するためであり、討論が終わるとふたりの学者はともに歩み寄って握手を交わし、舞台の場から生活の場に入った。この議論でふたりの学者の学術論争を目の当たりにした私は、学術研究とは真理探究であり、ひとではなく問題に対して探求や議論することこそが大切であることを学んだ。会議を通して、荻野のフォーマルな身だしなみ、鋭い学問的思考、問題の本質をつく学問的表現力、控えめで謙虚なひと付き合いなどが、私に深い影響を与えた。

二〇一五年、私は芸術人類学研究所に残り、働き始めて一年が経過していた。方李莉研究員が設立し、所長を務めていた芸術人類学研究所は、すでに学会で幅広い影響力を持っており、中国の芸術研究所のなかでももっとも国際的な学術的視野を持つ研究所のひとつであった。当時、中国国家外国専家局は中国芸術研究所に、学術交流と国際共同研究のために、国外の専門家を中国に招聘するプロジェクトを、財政的支援を含めて提供していた。方所長から当プロジェクトへの申請についての協力要請が私にあり、荻野を中国芸術学院に招き、「景徳鎮における伝統陶磁器工芸の復興と変容に関する人類学的研究」と題する学術交流および共同研究の申請を準備することになる。それにともない、荻野と連絡を取り合う機会が訪れ、プロジェクトの円滑な申請のために頻繁にメールを交換し、個人または学術的経歴を求める一方で、プロジェクト申請の進捗状況をその都度報告した。荻野はとても忍耐強く、私たちのプロジェクト申請を手助けしてくれ、二〇一五年九月に中国国家外国専家局からプロジェクトが認可された。そして、同年一〇月に荻野が北京入りする。

北京到着後、荻野は中国芸術研究院にて「文化遺産の社会学的研究」と題する連続講義を大学院生たちに行い、私は幸運にもその全課程に参加することができた。荻野の幅広い学問的視野はきわめて国際的であるが、それは学部、修士、博士課程をすべてフランスで修了し、修士課程の指導教官は著名なフランスの社会学者ボードリヤールであったという、早くからの海外留学経験によるものでもある。また、ユネスコの本部もパリにあり、荻野も博士課程在学中に指導教官とともに文化遺産保護の研究をしていたことから、文化遺産分野への研究着手は非常に早く、ユネスコの文化遺産保護に関する最先端の理論と実践に対して、当初からともに歩んできたと言える。講座では、文化遺産保護に関する国際的な最先端理論の紹介だけでなく、日本における文化遺産保護の実践についても詳しく論じられた。日本は世界でもっとも早くから文化遺産の保護に取り組んできた国のひとつであり、一九五〇年代には文化財保護法が制定され、ユネスコの無形文化遺産制度も日本の関連法を参考に作成された。日本の文化遺産保護の歴史は長く、完全な法案と実りある研究成果を持ち、世界に重要な影響を及ぼしている。荻野の素晴らしい講義は、大学院生たちから熱烈な賞賛を受けた。

一連の講義が終わると、方李莉所長と荻野に同行して景徳鎮（江西省東北部の都市。磁器発祥の地として知られ、文化遺産保護対象都市として、関連する大学や研究機関などが多く位置する）の現地調査を実施した。中国陶磁器博物館、御窯博物館、陶渓川、景徳鎮民窯芸術研修院、高嶺、瑶里、進坑、三宝磁器谷、九江、廬山などを訪問し、景徳鎮の陶磁器に関する歴史や文化、原料の生産や販売ルートなどを主に調査した。途中、景徳鎮の陶磁器工芸の復興や今日にいたる変遷、また文化遺産の保護に関する問題を中心にさまざまな議論を行った。進坑では、景徳鎮陶瓷大学の黄薇教授の工房で、お茶を飲みながら議論を深め、景徳鎮陶瓷大学の教員や大学院生も多数参加するという、いま思えばとても珍しい光景が見られた。この議論は、『「無形遺産」保護の理論と実践に関する国際的対話――「中国芸術人類学のフロンティア・トピック」鼎談（二〇）』（方・荻野・王 二〇一七）という成果も生んだ。そこでは、中国と日本の具体的な無形遺産保護の事例を踏まえながら、国際的な視野から無形遺産保護の理論的問題が論じられている。この論文は中国の学界に大きな影響を与え、引用回数も多い。

両教授との議論や対話は、私にとって非常に勉強になった。理論は実践から導き出されるものであり、単なる空想の産物ではない。一方、実践は理論を鮮やかに検証し、動機づけるものであり、理論を抽象的なレベルから現実の生活へと導くことで、理論と実践を相互強化の関係におく。理論を実践することで、その適用範囲や有効性をより深く理解することができ、それが新たな理論の創出を促すのである。このたえまない相互作用の過程で、私たちは理論と実践のあいだに補完的な関係を見出し、知識生産への道を拓くのである。学問的背景は違っても、知識が生み出される方法には本質的な一貫性があると言える。

外国専家局プロジェクトの終了後、荻野は日本に帰国した。二〇一八年、中国芸術人類学会は再び荻野を南京で開催された「中国芸術人類学国際シンポジウム」に招いた。私はそこで荻野と再会し、出版されたばかりの私の単著『新時代以降の中国芸術人類学における知の系譜に関する研究』（王 二〇一七）を送った。本書では荻野の学術研究についてもふれているからである。さらに、私は荻野に、客員研究員として日本に行って彼のもとで学びたいという希望を伝えた。荻野はとても喜び、私の願いを受け入れ、また推薦状も作成してもらうことになった。彼の推薦で、私は国際交流基金の「二〇一九年日本研究奨学金（RJS-FW）プログラム」(1)に応募し、無事に採択された。私は関西学院大学にて六か月間研究する機会が与えられ、関西学院大学は荻野の推薦で私を上級客員研究員の待遇で迎え、住居と研究室を提供してくれた。これは私にとって願ってもないことであった。中国では独立した研究室がなかったので、人生初の研究室が日本になるとは思ってもみないことであった。

二〇一九年九月、関西学院大学のある兵庫県西宮市に到着した私は、荻野がみずから駅まで迎えに来て、大学が手配した住居まで送ってくれたことに感動した。印象に残っているのは、荻野が冷蔵庫に貼られているゴミの出し方を示す表を指さしながら、丁寧にゴミの収集日や分別方法を教えてくれたことだ。当時の中国ではゴミの分別は行われていなかったが、異国の文化に足を踏み入れるとき、その土地の社会制度や習慣、行動規範を尊重し、遵守しなければならない。人類学を学ぶ私にとって、それは難しいことではないが、重要なのは、素早く適応し、考え方を変えなければならないことだ。翌日、さっそく手続きのために大学に行った。関西学院大学は百年以上の歴史を持つキリスト教の大学で、著名な教授も多く、関西四大私立大学のひとつに数えられている。キャンパスは丘の上にあり、古風な建物が立ち並び、とても静かな環境である。

社会学部に着くと、学部事務長の温かな出迎えを受け、私を研究室まで案内してくれた。日本の大学では学者はとても尊重されている。私の研究室は教授棟の二階にあり、研究室のドアプレートにはすでに私の名前が貼られていたことに驚いた。部屋はとても清潔で、鍵と図書カードが机の上に置かれている。図書カードまですでに用意されているとは思いもよらなかった。このカードがあれば、図書館で一度に六〇冊の本を半年間借りることができる。このような待遇はすべて、私がこれまでに経験したことのないものであり、私は研究者に対する尊重を感じ、

写真25-2　2019年関西学院大学荻野研究室でのゼミの様子

大きな感動を覚えた。それゆえ、このような素晴らしい環境を提供してくれた関西学院大学社会学部と荻野にとても感謝している。

関西学院大学での滞在中は、貴重な学びの機会を大切にするために、荻野の修士・博士課程の大学院生を対象にしたゼミに毎週出席することにこだわった。議論された問題の範囲は幅広く、社会学や人類学の最先端の理論や論文、また院生それぞれの学位論文の進捗状況も報告された。荻野が欧米アカデミズムの最前線にある独創的な理論的論文を選び、それを各自が読み、ゼミでともに議論できるようにしていたのが印象的であった。あるとき私たちは、直接的と意味的、すなわち個人的記憶と自伝的記憶に関する議論を交わした。事前に原文が全員に配布され、各自が自由に理解や意見を述べ、最後に荻野が理論的にまとめるという、焦点の定まった議論が展開された。原文を読むという課題を与え、大学院生が意識的かつ自主的にディスカッションを行うことで、一方では大学院生の表現力を鍛え、他方では集団討論のなかで理論的な知識を深めることができる、非常に良い指導方法だと思う。荻野は優れた理論家であるだけでなく、優れた教育者でもあったのだ。

ゼミの場での議論以外にも、文化遺産保存や、日本における芸術を通したコミュニティ形成に関する学術的な議論を重ねた。国際交流基金に応募したプロジェクトもこのふたつのテーマと関連しており、日本の地域社会についても現地調査をしたいと計画していた。文献調査や、荻野との議論を経て、最終的には「越後妻有国際大地の芸術祭」「瀬戸内海国際芸術祭」「黄金町バザール」の三つを対象とすることにした。越後妻有が中山間地型の地域づく

写真25-3　関西学院大学にて荻野（右）との交流の現場、2019年10月

り、瀬戸内海が島嶼部の地域づくり、黄金町が都市部の地域づくりをそれぞれ代表している。二か月に及ぶフィールドワークで大量の一次データを収集し、事前の文献調査とあわせて荻野に調査結果を報告したところ、丁寧に話を聞いてもらい、論文執筆のアイデアについて助言を受けた。その成果は、「日本における芸術による地域創造の実践・啓示・反省——瀬戸内・越後妻有・黄金町芸術祭を例として」（王 二〇二一）と題する論文にまとめ、国際交流基金のプロジェクトの最終成果となる。また中国でも発表し、中国の学界および政界で高い地位と影響力を持つ中国社会科学院報告書『中国農村文化建設発展報告（二〇一八—二〇二一）』にも収録された。これらの成果は荻野の指導のおかげであり、心より感謝する次第である。

二　荻野の中国研究

荻野は中国研究に多大な功績を打ち立てた学者である。さかのぼること三〇年、雲南省の少数民族イ族についての研究を皮切りに、その後もグローバル化と商品経済が周縁化された社会に与える影響に焦点を当て、社会学的な観点からイ族社会の研究に取り組んできた。一九九四年にはじめて雲南省を訪れ、翌年には雲南社会科学院の李永祥とともに、雲南省の少数民族が徐々に国家の政治体制に組み込まれる過程における社会や文化の変遷について、竹園村の「竜神祭」を事例に考察した。少数民族社会へ調査は、グローバリゼーションが拡大し、世界中で商品経済が浸透し始めることで、国家の周縁にいる少数民族の社会はそれをどう受容するのだろうか、という理論的な関心に由来する。こうした問題関心から、少数民族が多く住む雲南省を訪れ、綿密な現地調査を通して、イ族社会が商品経済の中で社会的にどのように変容してきたのかを明らかにしてきた。

　これらの研究成果は『中国雲南省から見える多元世界』（荻野・李編 二〇一七）にまとめられている。そこでの中心的な論点は、商品経済の浸透により、周縁の人びとも現代的な消費に合わせた都市的生活を営むことを好むようになるということである。つまり欲求を満たすために生産するのではなく、消費の欲望を満たすために生産するのである。消費と生産は明確に分離される。生産と消費が厳格に区別されている国家では、国境地帯の民族は中央政府を異質な存在と見なすことになる。荻野の研究は、ひとつは国境を越えた民族と国家の関係、もうひとつは消費文化が少数民族の社会秩序へ浸透する際、いかにして伝統的な秩序を維持しながら同時に開発を進めるのか、というふたつの側面に焦点を当てている。

　前者について荻野は、イ族における民族的アイデンティティの文化的象徴であるビモ（畢摩）を中心とする祭祀[2]によって、イ族は民族の結束と独自性を維持し、共同体の秩序を安定させると同時に、祭祀を通じて中央権力と地方土司制度との交換関係を形成していると主張する。後者については、竹園村の龍神祭という伝統的祭祀を事例として取り上げ、神を祀る村落の祭りを通して、共同体が維持されていることを明らかにしている。龍神祭における「犠牲」の意味は、過剰な生産と消費を抑制し、余剰回避の原則を確立することにある。儀式において、犠牲と食事のあいだには密接な関係があり、儀式の飲食行為において「余剰回避の原則」が徹底されなければならない。さもなければ、生み出される食品廃棄物は、商品の過剰生産や不必要な消費と同じように、互恵的な行為となる。荻野は、「余剰回避の原則」は商品経済の論理に逆行する可能性を意味し、そのような原則に基づいて将来の地域発展の方向性を予測することは不確実性が高いと述べる。まさにこうした不確実性を前提としているからこそ、グローバル化が進行するなかで、超グローバル化した社会秩序を形成するこの小さな村において、龍神祭に注目し続ける必要があるのだ。

この事例の研究は、一見小さな事例に見えるものが、グローバリゼーションの時代と商品経済の浸透が周縁化された地域の社会に与える影響という大きな問題を含意していること、とりわけ「余剰回避原則」は、商品経済の基本的な論理と矛盾する、きわめて再帰的なものであることを示している。イ族の龍神祭の背景にある社会学的含意は、儀式を通じて村人たちが過剰生産と過剰消費を制限され、共同体における「無駄をしない」という原則があらためて思い起こさせられることにある。この反語的な「余剰回避原則」は、環境保護や過剰の防止を暗黙のうちに推進するもので、超グローバル化社会の秩序形成に示唆的である。

もうひとつの研究は、社会学的観点から戦争や災害に関わる社会的変遷に焦点を当てたものであり、雲南社会科学院の李永祥との共編著『戦争・災害と社会変遷――騰衝抗日戦争の社会人類学的研究』（荻野・李編 二〇一二）がその成果である。荻野は雲南省騰衝市にて現地調査を行い、国家が辺境を開拓する戦争という暴力がもたらした社会問題と、戦争で荒廃した地域の「負の遺産」が現代社会で果たす役割について論じた。荻野は、「第一の辺境」と「第二の辺境」という概念を打ち立て、辺境を生み出すことが戦争という暴力の社会学的考察においてきわめて重要であることを指摘する。辺境は物理的なものだけでなく、象徴的なものでもあり、その内と外に存在する人びとのあいだに相互作用や対立を生み出すものであるのだ。戦争がもたらす社会問題は「両義的な他者」にあり、それは文化の融合および相互排除、あるいは場所と記憶の時空間的関係における異なる象徴体系の絡み合いによって形成される施設や景観に現れている。さらに戦争の遺産は、新しい空間を形成する際に、部分的に軍用地の痕跡を取り除くが、戦争の痕跡自体は人びとの心から消し去ることはできず、過去を保存する活動が生み出される。荻野は、国家形成過程における辺境の設定とその役割の重要性を強調する。戦争の暴力と空間の記憶に関する考察とそこで生み出された理論は、社会学的研究に大きな示唆を与えるものと言える。

三　荻野の学術研究および理論構築に対する考察

学術研究にとって、概念レベルでの認知とそこからの理論構築は複雑で挑戦的な作業である。研究者は幅広い知的視野を持つことで、異なる学問分野からの視点やアプローチを効果的に自身の研究に統合する。また、現在の歴史や文化的背景について、一定の歴史認識や批判的思考があれば、構築された理論が単なる抽象的なものではなく、社会、歴史、文化における現実との関連を確保できる。

荻野の学問は、広い視野、明確な問題意識、学際的な知識の活用を重視し、学術研究を日本の社会や文化発展のための実践に応用することが強く意識されている。これは、彼が早くからフランスに留学し、モンペリエ第三大学、パリ第一〇大学、パリ第七大学でそれぞれ社会学の学部、修士、博士課程を修了したという学問的背景と関係している。フランス留学を通して西洋社会学の専門教育を受け、後に専門とする文化社会学、歴史社会学、文化遺産学、社会学理論の基礎を築いた。

西洋において専門教育を受けたものの、彼の研究は西洋の理論を模倣したものではなく、強い批判的精神を持っていた。したがって、日本の研究実践に基づき、西洋の社会学理論を鋭く批判する。日本への帰国後は、社会学的観点からの文化遺産研究に焦点を当て、オルタナティブなアプローチの入り口として、文化遺産の社会学の方向性を創造的に切り拓いた。もちろんこの研究の方向性は、荻野がフランス留学中に指導教官とともに文化遺産の研究に携わっていたこと、またユネスコ本部があるパリで、早い時期から文化遺産分野の研究にふれることができたことも関係している。

荻野の学術研究は、社会学、文化遺産学、芸術人類学など多岐にわたる。「追憶の秩序」理論や、文化遺産の社会学的研究、さらに無形文化遺産の研究においても、贈与理論を独自に理解し、応用することが荻野理論の原点であり、今日にいたる彼の学問的理論の源である。荻野の学術的な著作や論文は数多いが、以下はその重要な理論のほんの一部である。

（1）「追憶の秩序」の理論的構築

荻野の理論は、欧米社会学理論に対する批判と、日本での研究実践に基づいている。社会学理論については、「追憶の秩序」と「他者」像の相互関係の枠組みが構築されてきた。「他者」とは、社会の内部であると同時に外部でもある両義的存在であり、社会の秩序を保つダイナミズムとして定義されている（荻野 一九九三）。他者像の違いを理解することで、社会のさまざまな特質が明らかになり、明確な他者像が構成されることによって、社会的区分が生まれ、社会秩序が安定する。たとえば、トロブリアンド諸島のクラ交易では、外部からの訪問者は地域の社会秩序を乱す恐れがあるため、共同体は見知らぬ訪問者を無制限に受け入れることはなかった。訪問者がコミュニティ内で「守護霊」として認識されたときにはじめて、儀式的な歓迎が行われ、交易のプロセスが生まれるのである。荻野の社会学理論では、商品経済はそのような他者と見なされている。他者は現在の社会秩序を乱すことを許されないが、商品経済の発展としての資本主義の力とは、本質的に封建的支配を不安定にする。

かつて西ヨーロッパに存在した「追憶の秩序」はフランス革命によって破壊され、国民国家体制を中心とする新しい社会秩序が誕生した。一方で日本の「追憶の秩序」は、西ヨーロッパのモデルとは異なり、商品経済成立後も維持された。この原理は絶妙であり、日本の民族性に根ざして存在している。R・ベネディクトは『菊と刀』において、日本の民族性として恩を受けた者が与えた者にお返しをするという「恩と報恩」について言及している。まさに、トロブリアンド諸島を訪れた見知らぬ訪問者が島の共同体に富をもたらし、島の共同体は彼らを先祖代々の「守護霊」として扱うことで儀式的な返礼をしたことと重なる。恩と報恩の原理は、追憶の秩序における生者と死者の交換原理の日常生活におけるものである（荻野 一九九八：五九）。より安定した秩序のためには、特定のカテゴリーを「他者像」として固定化し、他者選択の恣意性を排除する必要があるのだ（荻野 一九九一、一九九二、一九九五a、一九九三）。日本において商品経済は「両義的な他者」と見なされ、「追憶の秩序」に組み込まれ、天皇を中心とした資本主義的社会秩序が形成された（中野 一九九八：一二〇）。「天皇」という身分を維持するために、家父長的な「忠孝倫理」に基づく日本の共同体秩序が維持され、それが日本の植民地主義のイデオロギーのなかで拡大されたのである。

荻野の博士論文『資本主義と他者』、原題は「資本主義発展前夜のイギリスと日本における他者像」（Représentation d'autrui en Angleterre et au Japon à la veille du développement du capitalisme）であり、一〇年の歳月を経て一九九八年に出版された。本書は資本主義（商品交換経済）の誕生を取り上げ、「資本主義の誕生にはある種の他者像が必要である」という考えを提示し、西欧資本主義との比較から、「追憶の秩序」によって構成された劇場国家としての日本資本主義の誕生とその特徴を論じている。いわゆる「追憶の秩序」とは、人類が現世と死後の世界との交換を通じて社会秩序を構築する方法である。その四つの要素と構造モデルは次の通りである。①記憶の喚起。追憶の秩序では、共同体の記憶を、共同体のかつての成員や関わりがあった死者の霊への記憶を喚起することによって、共同体の秩序が構築される。②聖なる空間の設置。死者の霊を喚起するためには、死者の霊が棲む聖なる空間を設置する必要がある。神社であれ寺院であれ、それらは神聖な空間であり、現世とは異なる世界とつながる超越的な空間である。この空間において、共同体の成員は死者の霊や神々に近づくことができる。③未知の理解システム。追憶の順序では、未知なものや珍しいものは、すべて死者の霊や神々によってもたらされる。このように理解することで、共同体の成員は未知なるものを受け入れることができる。一見すると新奇に見えるものも、実際には神から与えられた共同体との関係を通じて、共同体に認められ、受け入れられているのだ。この点からすれば、まったく新しいものは原理的には存在し得ない。④霊的存在への返礼。富や資源などは死者の霊や神々から与えられるものなので、ここには贈与の関係がある。先祖への借りを供物を通じて返礼することで、共同体の秩序と機能が維持されるのである（荻野 二〇二二：六）。この理論は、社会秩序の構築における重要な要素として、記憶、聖なる空間、未知なるものへの理解、霊的存在や神への返礼を強調し、社会における秩序の形成と維持に文化的な視点を提供し、超自然的な信仰と社会的連帯の関係を浮き彫りにしている。

(2)「詐欺」と「贈与」によって形成される「人間社会成立の想像力」

複雑な社会的実践のなかから問題を発見し、そこから理論を構築することは容易ではない。これは、社会学がその誕生から大きな関心を注いできた問題領域において特に当てはまる。日本における資本主義的社会秩序の成立は、西欧諸国と比較して、社会における原動力に違いがあると、荻野は論じている。商品経済が主導する資本主義的社会秩序では、「交換における正義」が「正しさ」の重要な基準のひとつと判断され、それに反する「詐欺」は「正しくない」と見なされる（藤吉 二〇〇六）。荻野は『零度の社会――詐欺と贈与の社会学』のなかで、ひとは生きていくためにしばしば詐欺を行う必要があり、また積極的に騙されることさえある。つまり人間関係形成の根底には常に「詐欺」が潜んでいると指摘している（荻野 二〇〇〇：一三七）。制度化された社会では、共同体内の人びとは、制度の枠組みから外れないように慎重に行動する傾向がある。つまり、人間の社会性と非社会性が露呈し得ないのである。

しかし詐欺が発生すると、当事者は社会秩序の安定のために詐欺師との同調関係を維持し、「他者」（第三者）との接触を避けるので、この欺瞞的な関係が明らかになる。相対的な詐欺関係では、騙す者と騙される者の関係は、「他者」が参入し秩序が乱れるまで、微妙なバランスを保つ。ここで詐欺師を社会共同体と考えると、共同体の秩序を正しく保つためには、必然的に個人に対する「詐欺」の要素が含まれる。共同体に入ることを望む部外者は、「贈り物」によってある種の「詐欺」の意図を隠し、共同体の構成員を「欺く」必要があるのだ。これが、商品経済が日本の社会秩序に組み込まれたもうひとつの原理であった。商人階級は、大名や武士階級のための資本の輸入を、彼らに対する資本の支配に移行させることで、それまでの社会秩序を欺くという目標を達成し、その後はみずからを新しい秩序の不可欠な一部へと変貌させたのである。

「他者」が詐欺的な関係に入り込むと、騙す者と騙される者の微妙なバランスが崩れることで不確実な場が生まれ、新たな秩序を構築するために暴力が発生する。そこで荻野は「社会性零度の位相」「社会の暴力の位相」「社会性停止の位相」という三つの概念を打ち出す（荻野 二〇〇五）。これら三概念は、均衡のとれた社会秩序、社会秩序が破壊されたときに起こる暴力的対立、そして確立された秩序が危機に瀕したときの社会的規範の喪失に対応している。ホッブズに始まる欧米の社会学理論は、暴力を社会秩序の不可欠的要素と見なしたが、日本は西欧のように本来の社会秩序を完全に転覆させるのではなく、「追憶の秩序」によって調和的な関係を作り上げてきた。社会秩序が危機に瀕すると、共同体内外の人びとは攻撃的で暴力的な傾向を持つが、これは非社会性の状態と考えられる。しかし、「人間の存在が本質的に非社会的な側面を持つ」伝統社会では、暴力のもたらす不確実性が既存の社会秩序によって容認される。「追憶の秩序」のもとで、究極の保証人である天皇は、贈与を通じて、詐欺師と被詐欺師の関係を通して秩序を成り立たせる。これが資本主義社会的秩序の成立における西欧諸国と日本の本質的な違いである。

社会秩序が静的であり続けることは不可能である。未来には常に予測できない状況が出現し、その不確実性がリスクの源泉となる（荻野 二〇二二：一四）。社会発展の不確実性を受け入れなければ、社会は進歩しないのである。社会秩序に確実性を求めると、「詐欺的な関係」という不安定な状態に陥り、それはしばしば不確実性と非現実の想像力をともなう。荻野は、レヴィ＝ストロースが放棄した「人類社会成立の想像力」を社会学研究に再び導入し（山 二〇二二：一二二）、「想像力は虚偽を生み出すときだけでなく、真実を伝えるときにも必要である」（荻野 二〇〇〇：一四一）と指摘する。そうすれば、男性が女性に甘い言葉をかけるのと同じように、女性は男性の想像がつくり出した世界をそのまま信じることを選ぶだろう。または、裁判官の赤いローブや医師の白衣は想像力を喚起する象徴符号である。白衣を着ないと医療技術を信用できないということにはならないが、現実的に人びとはみずからの心に思い描くイメージを見たがるものであり、医師は白衣を着用しなければならない。したがって、「詐欺」が成立するためには、人類の想像力を常に満たす必要がある。そして想像力は、「詐欺師」と「騙される者」のあいだに安定した関係を紡ぎ出す。資本主義が浸透する過程で明らかになった伝統的社会の不安定さは、贈与によって詐欺師と騙される側の関係の同調性が保証され、その結果、人間は常に想像力によって他者を欺き、欺かれ、時には意図的に自己を欺くことになる（山 二〇二二：一二三）。そこで荻野は、「想像力こそが社会進歩の源泉である」という考えを提唱したのである。

荻野は、社会における詐欺、贈与、想像力の関係に注目することで、社会的行為における多様性、不確実性、変革を理解するための独自の理論的枠組みを提供している。

（3）文化遺産研究への社会学的アプローチ——国際対話における理論的緊張関係

文化遺産研究は荻野の重要な研究分野であり、社会学的観点から文化遺産研究に取り組んでいる。研究対象としての文化遺産には現在ふたつのトレンドがある。ひとつは伝統的な資源を活用した場所の活性化であり、もうひとつは「いま」を保存するという選択肢である。前者について、荻野は『論理的刷新――日本の文化遺産』のなかで、「時間的認識の相違が文化遺産研究の違いを生む」という考えを提示している（荻野 二〇二三）。つまり、欧米社会と非欧米社会では社会の発展の程度に時間的な差があり、フランスは文化遺産を静的なシンボルとしてのみ美術館に保存し、すでに完成された作品のなかに伝統が存在する。一方、日本の文化遺産保存の考え方は、完成前の制作過程のなかに伝統があると考える。したがって伝統技術とは、過去の遺産をそのまま保存することではなく、過去に存在した物事や過程を「現在化」して提示することなのである（荻野 二〇二二：八）。この「現在化」の表れは、モノが過去を象徴するものではなく、常に現在にあることを示している（荻野 一九九五b：六九）。これは伝統や遺物を現在の一部と捉える文化遺産保護の論理的刷新であり、モノの保存を通じて過去を継承しようとする論理を超えたものである（荻野 二〇二三：九六）。この観点からすれば、伝統そのものは存在しないし、存在したとしても目に見えない状態にすぎない。日本の重要無形文化財や「人間国宝」は、こうした目に見えない文化の伝統を「現在化」する責務を負っている。

後者について、文化遺産という概念は仏像や障壁画など歴史的遺産にとどまらず、現代社会で日常的に使われているもの（荻野 二〇〇三）、つまり「現在」の社会に遺産の価値を求め、現在起きているさまざまなできごとや社会問題を保存・展示の対象として扱おうとする動きが顕著になっている（荻野 一九九七：一〇三―一〇八）。たしかに、遺産化の特徴がどうであれ、最終的な目的は「追憶の秩序」を通じて「中心」を再現したいという願望にある。したがって、文化遺産の顕在化という点では、文化遺産そのものよりも、文化遺産を指定することの方が重要である（荻野 二〇二〇：七六）。換言すると、文化遺産の指定は、「追憶の秩序」における「中心」としての文化遺産の特殊性を保持するものである。しかし他方では、文化遺産そのものではなく、それをどのように表現するかが非常に重要とされた「奈良文書」の三つの成果をさらに発展させたものであり、文化遺産の識別における物語的戦略の重要性を意味している（荻野 二〇二〇：七四）。

人びとが積極的に保存に参与し、（ネガティブな記憶を呼び起こすような経験であっても）できるだけ詳細に、共通の遺産とする「保存の時代」に入ったと言える。なかでも「負の記憶を誘発する」遺産は荻野社会学の対象であり、文化遺産の問題は集合的記憶の問題でもあるとして、二〇〇二年に「負の遺産」という概念を提示した。「負の遺産」に対する人類の思考は、一方ではできるだけ忘れたいと思い、他方では負の経験を証明しようとするように、ふたつの異なる方法で変化してきた。そこで荻野は、負の記憶は本来二重のものであり、寺院や神社のような「中心」を建てて死者を供養する一方で、遺骨の一部を保存したり博物館を建てたりすることで、生者と死者が交換する「追憶の秩序」を通して被災者の心が慰められると論じている。

結語

荻野昌弘は、欧州の社会学的伝統を基礎に、日本固有の社会に深く切り込むことで、人類社会の根本的な問題に対して独自の理論的視点を生み出してきた。その研究分野は、「追憶の秩序」理論、文化遺産の社会学的研究、「詐欺」と「贈与」の社会形成など多岐にわたる。「交換」理論の理解と解釈によってもたらされたこれらの研究の相互関連性は、日本社会学の独自の魅力を世界に示している。

荻野の研究は、グローバリゼーションと商品経済が周縁化された社会に与える影響を深く明らかにし、フィールドワークを通して、この課題に直面したイ族の社会が示した複雑な変容と反応を明らかにしている。彼の研究は、民族と国家の関係に焦点を当てるだけでなく、近代化の過程で伝統文化の継承や発展の可能性を探るものでもある。その研究成果は、グローバル化という課題に直面するなかで、伝統文化と生態環境のバランスを保つことが重要であり、伝統文化に込められた価値観が現代社会に有益な示唆を与える可能性があることを示している。

次に、荻野の研究は、社会の形成と秩序の維持に関する文化的観点を検証するものであり、社会秩序の構築における記憶、聖なる空間、未知なるものへの理解、神との相互作用といった要素の重要性を強調している。西洋の社会学理論への批判と日本社会におけるローカルな研究実践を通して、「追憶の秩序」と「他者化」の相互関係の枠組みを構築し、社会内外の両義的存在と、社会の原動力としての「他者」の役割を論じる。そのなかで、社会的発展における詐欺、贈与、想像力の重要な役割と、それらの関係の複雑な絡み合いについての洞察を提供しているのである。彼の理論的枠組みは、社会秩序の形成や維持を理解するための新たな視点を提供し、社会的行為の多様性と変革の不確実性を強調している。

さらに、荻野の社会学的アプローチによる文化遺産研究は、文化遺産の概念と実践、そして社会発展や個人の記憶との複雑な関係を明らかにしている。彼は文化遺産の「現在化」に注目し、伝統的な技術と現代社会との結びつきを強調することで、文化遺産が現代社会で活性化され、継承されることを示す。同時に彼の研究では「負の遺産」について考察がなされ、「中心」を築く一方で遺構を保存することで、被災者の心を慰めるという、負の記憶の二重性について論じている。その研究は、文化遺産の多様性とダイナミズムを理解するための新たな視点を提供し、文化遺産研究の理論的枠組みを豊かにし、文化遺産の保存と継承を推進するための重要な啓示となっている。

荻野とともに過ごした年月を振り返ると感無量である。荻野の学問に対する厳格な態度、独自の学問的洞察、そして文化交流に対する情熱は、私たちが見習うべき手本である。その学問的思考は、人類社会の発展と変容を理解するための貴重な知的資源を提供し、その研究は国際的な学界に広く影響を与え、社会学と芸術文化研究の分野の発展に大きく貢献してきた。未来に目を向けると、荻野の研究成果をもとに、社会の発展と文化継承の問題を深く掘り下げ、人類社会の発展について、より有益な知見を提供していくことができるだろう。定年退職を機に、その学術精神を受け継ぎ、学術研究の発展に貢献したいと思うと同時に、荻野のご健勝とご多幸をお祈り申し上げる。これからも、芸術人類学を深く研究し、学んだことを実践に生かし、人類社会の発展に貢献できるよう努力していく所存である。最後に、あらためて荻野と関西学院大学に敬意と感謝を表す。荻野昌弘は私の目標であり、その精神は常に私の前進を激励してくれるであろう。

注

（1）日本学術振興会二〇一九年度日本研究Fellowship（RJS-FW）プロジェクト『日本のコミュニティ創造と文化遺産保護』：31RE002 Ref. No: 10120418。

（2）ビモ（畢摩）はイ語の音訳であり、「畢」は「経典を唱える」、「摩」は「知識のある年長者」を意味し、共同体を代表して儀式や祈祷、祭祀を司る司祭の一種である。ビモの地位はイ族社会における聖なるものであり、「茲（土司）」「莫（裁判官）」「畢（ビモ）」「格（工人）」「卓（百姓）」の五階級の中で三番目に位置し、イ族文化を継承し、イ族文字を広める知識人という立場にある。ビモの儀式には、司祭、占術、医療行為、一連の文化的慣習、中央権力に忠誠を誓う政治的慣習が含まれる。イ族独自の社会組織、儀式、宗教信仰に根ざしたビモの儀式は、社会秩序を維持し、社会関係を安定させ、社会や集団の成員間の凝集性を高める社会的事実である。

文献

藤吉圭二、二〇〇六、「書評：荻野昌弘著『零度の社会――詐欺と贈与の社会学』」『ソシオロジ』五一（一）：一九九―二〇七。

方李莉・荻野昌弘・王永健、二〇一七、「〝非遺〟保护理论与实践的国际对话――〝中国艺术人类学前沿话题〟三人谈之十」『民族艺术』一三五：二八―三六。

中野秀一郎、一九九八、「書評：荻野昌弘著『資本主義と他者』」『ソシオロジ』四四（二）：一一九―一二七。

荻野昌弘、一九九一、「資本主義勃興期における他者像（一）――日本の場合」『関西学院大学社会学部紀要』六四：八七―九三。

荻野昌弘、一九九二、「資本主義勃興期における他者像（二）――日本の場合」『関西学院大学社会学部紀要』六六：五九―六六。

荻野昌弘、一九九三、「社会的区分の生成と他者像」『社会学評論』四四（三）：二九八―三一三。

荻野昌弘、一九九五ａ、「資本主義勃興期における他者像（三）――日本の場合」『関西学院大学社会学部紀要』七二：一四三―一五一。

荻野昌弘、一九九五ｂ、「現在化の論理――文化財と日本」『関西学院大学社会学部紀要』七三：六七―七四。

荻野昌弘、一九九七、「保存する時代――文化財と博物館を考える」『ソシオロジ』四二（二）：一〇三―一〇八。

荻野昌弘、一九九八、『資本主義と他者』関西学院大学出版会。

荻野昌弘、二〇〇〇、「詐欺の社会学序説」『関西学院大学社会学部紀要』八四：一三七―一四三。

荻野昌弘、二〇〇三、「文化財の修復と保存の社会的意味――合成素材の使用をめぐって」、園田直子編『国立民族学博物館調査報告三六――合成素材と博物館資料』。

荻野昌弘、二〇〇五、『零度の社会――詐欺と贈与の社会学』世界思想社。

荻野昌弘（李修建訳）、二〇一二、「反思非物质文化遗产――身体和时间的维度」『内蒙古大学艺术学院学报』二（四）。

荻野昌弘（王永健訳）、二〇二〇、「文化政治与世界遗产」『民族艺术』一五七：七一―七八。

荻野昌弘（朱翊叶訳）、二〇二二、「围绕文化遗产的社会学研究――荻野昌弘学术自述」『民族艺术』一六七：五―一七。

荻野昌弘（许卢峰訳）、二〇二三、「更新的逻辑：日本的文化遗产」『民族艺术』一七一：九五―一〇四。

荻野昌弘・李永祥編、二〇一二、『战争灾害与社会变迁――腾冲抗战的社会人类学研究』云南美术出版社。

荻野昌弘・李永祥編、二〇一七、『中国雲南省少数民族から見える多元的世界』明石書店。

王永健、二〇一七、『新时期以来中国艺术人类学的知识谱系研究』中国文联出版社。
王永健、二〇二一、「日本艺术介入社区营造的实践、启示与反思——以濑户内、越后妻有、黄金町艺术祭为例」『粤海风』第三期：五三—六二。
山泰幸（冯彤訳）、二〇二二、「世界著名社会学家与我——荻野昌弘教授学术评介」『民族艺术』一六七：一八—二三。

第26章　「他者」の視点
——極私的学術遍歴

荻野昌弘

一　誕生

私は、一九五七年に生まれ、五歳まで東京の新宿区（最寄駅は東中野）で育った。そのころ、私は病気がちで、床に伏してばかりいたことが思い出される。いつも寝ているだけの私を不憫に思ったのか、弁護士である父は私のために、そのときはまだ高価だったテレビを購入し、私はほかの子どもたちにさきがけて、テレビを見る毎日を過ごした。日本は一九六〇年から高度成長期に突入し、東京は急激に変化していった。私が住んでいた町には、大きな工場はなかったが、東京全体が工場の煙で覆われ、劣悪な環境のなかで生活していた。私の体調が優れないこともあってか、父の実家がある東中野から、母の実家がある、電車で東京から一時間ほどの千葉市（最寄駅は新検見川）に家を建て、引っ越すことになった。はじめて新築の家の最寄り駅を降りたとき、駅前に牛乳屋があるほかは、田んぼばかりがある光景に出会った。

母方の祖父は銀行の頭取で、そこには、きたちゃんと私が呼んでいた「お手伝いさん」がいた。私は時々母方の実家に預けられ、きたちゃんが私の面倒を見てくれた。きたちゃんは、千葉近郊の漁村から母の実家に通いで来ていたのだが、あるとき、私はきたちゃんの村祭の見物に誘われた。それが私にとっては、はじめて都会生活者とは異なる村人との出会いだった。きたちゃんの家族は私を歓待してくれ、きたちゃんの娘たちが祭りや近くの海岸に案内してくれた。きたちゃんの一家はせっかく来たのだから家に泊まっていけと言い、一泊することになった。床に入り、眠りに落ち入ったころ、私は突然起こされた。祖父が迎えを寄越したのである。このときのことは、両親も覚えており、数年経ってから、祖父は漁民の不衛生な家に泊まって病気になったら困るという理由で、私がきたちゃんの家に泊まることを許さなかったのだという話を聞いた。

父によれば、きたちゃんは、その後離婚し、一家は離散することになったという。一家の不幸は、漁業権補償で、一家が大金を手にしたことから始まる。一九六〇年代の高度成長期に工業地帯は東京の湾岸部から周辺部に広がっていった。東京に隣接する千葉の沿岸部は埋め立てられ、そこに新たに工業地帯が造成されていった。漁業を営むことができなくなった漁民たちには多額の補償金が支払われたが、大金を手にした漁民たちは、それを散財し、しかも生業を奪われたため、困窮するはめに陥ったのである。

私の引越し先も、牛乳屋のかわりに大手のスーパーが進出し、田畑は住宅に変わった。そして、海岸部は埋立てられていった。そこには集合住宅が建設され、新たに鉄道も敷かれ、新たな駅が誕生した。また、隣町には幕張メッセが建てられた。町の中心は、しだいに埋立地の方に移った。一方、私の実家がある地域には空き家が目立つようになった。ただ、私は、こうした一連の変化を詳しく知らない。なぜなら、私は、高校卒業後にフランスに飛び立ったからである。

二　フランスに飛び立つ

(1) サド侯爵からフランスへ

私は幼いころから、世界の国々について興味を持っていた。幼稚園のころに、世界中の子どもたちが描いた絵を集めた画集を、毎日のように見ては、そこに描かれた世界中のさまざまな地域の生活に魅せられていた。日本とは異なる世界を見てみたいという気持ちが、そのときから醸成され始めたのかもしれない。

そこで、私は、高校を卒業後、日本でフランス語を勉強してから、フランスに飛び立った。いまでも、なぜ高校を出てすぐにフランスに行ったのかという質問を受けるが、端的に言えば、それはなぜかわからない。日本を飛び出て、日本とは異なる世界を見てみたいという気持ちはあったが、日本を出ることがしだいに唯一の選択肢であるかのように思えてきたという方が適切かもしれない。それが運命であったかのように。

また、なぜフランスだったのかについても、明確で積極的な理由はない。ただ、高校のクラスで私の後ろに座っていた同級生が、フランス革命が起こるまでバスチーユ牢獄に幽閉されていたマルキ・ド・サドの小説を読んでおり、私にも勧めてきたことは、ひとつのきっかけになっているかもしれない。私自身は、三島由紀夫の作品を好んで読んでおり、三島の戯曲に『サド侯爵夫人』があったので、サド侯爵の名は知っていたため、サド侯爵がどのような小説を書いているのか知りたいと思い、『悪徳の栄え』を手に取ってみた。たしかに読んでみると興味深い作品だったが、とりわけ翻訳者の文体に惹かれた。そして、この小説を訳した澁澤龍彦というフランス文学者に関心を持つようになった。澁澤が高く評価している文学者や思想家の作品も読むようになり、ジョルジュ・バタイユやガストン・バシュラール、ミルセア・エリアーデなどの作品を知ることになった。ただ、こうした思想家よりは、澁澤という人物自体、あるいは澁澤が示す生の style に関心があったというのが、事実に近い。

(2) フランスにおける日本＝他者

実際にフランスに来てみると、日本人が漠然と抱いているフランスのイメージと現実とは、かなり違っていた。一方で、フランスにおける日本人のイメージがどのようなものであるかも感得できた。一九七〇年代後半の日本のイメージは、アジアで唯一経済成長を遂げており、しかも、フランスなどとは異なり、伝統を維持しながら近代化していった社会であるというものだった。私自身は、こうした日本のイメージに対して、いささか違和感を抱いていた。すでにふれたように、私の幼少期は、日本が大きく変わる転換期にあった。それは、たしかに経済成長をもたらしたが、一方でさまざまな社会問題を生み出していた。日本が伝統と近代が調和した社会というのは、そうした社会を理想的に捉えているフランス人が作り出した幻影にすぎない部分があると感じていた。

フランス滞在当初は、フランス語を学んだが、その後こうした疑問を解き明かすには社会学が一番適切なのではないかと考え、南仏のモンペリエにあるポール・ヴァレリー大学の社会学・民族学科に入学した。フランスの講義では、さまざまな参考文献が挙げられたので、それを片っ端から読破していった。社会学の講義では、カール・マルクスについて多く言及があり、参考文献として『ドイツイデオロギー』が挙げられたが、それにとどまらず『資本論』も読み始めた。

当時のフランスの社会学者では、ジャン・ボードリヤールの『消費社会』の文体と表現に魅力を感じた。そこに、三島や澁澤のそれと似た感性が感じられたからである。三島、澁澤やボードリヤールに共通するのは、「自己」「自我」に固執することの虚しさ、馬鹿らしさを十分に知悉しているという点にある。「私」に固執する知識人や文学者を結果的に嘲笑しているところに共感したのである。マルクスも含めた、これらの人物に共通しているのは、

「他者」から世界を捉えようとしている点である。

三　資本主義と文化

(1) パリに向かう

モンペリエの大学では、十分な知的刺激が受けられないということを感じ始め、私は、パリに行くことにして、パリ第一〇・ナンテール大学の修士に登録し、ボードリヤールがジャック・ドンズローと合同で行っていたセミナーを受講した。これは、かなり奇妙なセミナーで、冒頭にボードリヤールとドンズローが、質問があるかと受講生に聞くが、受講生は何を質問していいかわからないので、沈黙が長く続くというものだった。ボードリヤールは、博士課程の学生を指導する資格がなかった。また、博士論文として準備しようとしていたテーマに適した指導教授を選ぶ方がいいと考え、博士課程ではパリ第七大学に移った。そこで、フランスにおける日本像、非西洋文化圏で、いかにして資本主義システムを形成したのかについて、研究しようと考えた。これは、高度成長期に育った私自身の経歴とも緊密に関わる問いである。

日本における資本主義の形成について研究する際に、どこを起点とするかが問題となる。制度上、いわゆる「近代化」が始まるのは明治政府が誕生してからであるが、それ以前に、資本主義が成立する素地があったのではないかという発想から、私は江戸時代（一六〇〇―一八六八）における文学、思想、芸術について調べようと考えた。そこで、思想に関して社会学の立場から研究していたパリ第七大学のピエール・アンサールに指導を仰ぐことにした。

そこで、まず注目したのは、一八世紀初頭に誕生した「世話物」と呼ばれる人形浄瑠璃の分野である。これは、近松門左衛門によって生み出されたもので、その第一作が『曾根崎心中』である。『曾根崎心中』以前の浄瑠璃は、荒唐無稽な物語ばかりだったが、『曾根崎心中』は作者近松の同時代の大阪が舞台となっており、まさに彼が生きている社会を描いている。それは、貨幣経済が浸透した商人社会で、題材も恋愛と金銭の貸し借り、詐欺行為が絡まる内容で、まさに貨幣経済が野放図に拡大すると、社会秩序の危機が生じる点を描いている。

ただ、一八世紀初頭では、まだ貨幣経済の広がりは局地的だった。ところが、一九世紀に入ると、江戸（東京）、京都、大阪といった大都市を越えて、貨幣経済は大きな広がりを見せた。それだけではなく、北からロシアが通商を求めてくるようになった。ここで重要になるのは「他者」概念である。私は、フランスで過ごしているときに、商品は本来的に特定の文化と結びついているという認識を持った。それは、パリでFUTONという商品を見たときのことである。FUTONは日本の布団から来ているが、実際に売られているのは布団ではないマットレスだった。同様の例はほかにもあり、商品の消費とは他者の生産物を購入する行為であり、商品の生産はみずからのためではなく、他者のために行う行為であることを理解した。しかし、日常生活に不在の他者の生産物を購入し、使用することには一定のリスクがともなう。また、商品交換は、売り手と買い手の対等な関係構築を促し、既存の秩序を解体する方向に向かう。マルクスが分析した通り、フランス革命はその典型例であるが、一九世紀初頭の日本にも、同様の状況が生起しつつあった。そして、この点を強く認識し、社会の改革を提案する思想家が現れ始めた。

（2）国学と水戸学

こうした思想家には異なるふたつの流れがある。当時は将軍を頂点とする幕府が中央にあり、その支配下に諸大名が藩を統治する幕藩体制だった。藩のひとつである水戸藩のなかで、日本史の編纂が進んでおり、一八世紀後半から「万世一系」の考え方につながる思想が生まれていた。これは、中国と異なり、日本では建国以来、同一の王家である天皇家が君臨し、それが日本の社会秩序を支えているという思想である。これが新たな思想潮流のひとつで水戸学と呼ばれる。もうひとつの流れは、在野の知識人が牽引した国学の流れである。国学は、日本で最古の出版物である古事記や、その後に出版された日本書紀を再評価しようとする文芸運動に端を発するが、一九世紀になり、平田篤胤が登場すると、それは政治的色彩が強くなる。篤胤も天皇中心の国家建設を強く主張したが、それだけではなく、新たな国家は世界を支配するべきだと説き、後の皇国史観を基礎づけるものだった。

水戸学や国学は、日本のナショナリズムの源流であるが、それは天皇を信仰の対象とし、天皇中心の統治機構を構想しただけではなく、国家の外部に存在する他者を明確に認識し、他者像を具体的に提示したところが重要である。平田篤胤は、天皇中心思想を説きながらも、それは排外主義的な性格のものではなく、反対に外国の文化は積極的に取り入れるべきだと説いていた。国民国家を基礎づける国家の歴史的イメージは、同時に国家の外部に位置する他者の表象をともなう。この他者像の構成が、資本主義が確立するうえで決定的な意味を持つというのが、私が博士論文で提示した仮説である。なぜなら、商品交換はお互い他者同士が行う交換であり、他者は異なる文化圏に属する存在である以上、不透明な存在と交換できる他者認識の方法が社会において確立されていなければ、交換への一歩を踏み出せないからである。

以上のような内容に加えて、イギリスの思想と日本思想を比較し、*Représentation d'autrui en Angleterre et au Japon à la veille du développement du capitalisme*と題して、パリ第七大学に博士論文を提出し、一九八八年に博士学位を得た。その後一〇年間この内容を精査し、ようやく一九九八年に『資本主義と他者』（関西学院大学出版会）を刊行した。

（3）文化遺産の社会学

博士学位を取得した後、私は日本に帰国することにした。そして、一九九〇年関西学院大学に着任し、今日にいたる。日本に戻ってまず解明しようと考えたのは、フランスにおいては、博物館や文化遺産が社会において非常に重要な意味を持っているのに対して、日本ではフランスほど大きな役割を果たしていないのはなぜかという問いだった。それは、渡仏した直後から感じていたことで、なぜ、これほどまでに国家によって文化財と見なされた物品が保存されているのかが、不思議に思えた。後述するように、この問いは、博士論文における資本主義成立の事情と対になった問いである。

たまたま、友人で社会学者のアンリ・ピエール・ジュディ（Henri-Pierre Jeudy）から、日本の文化財保存についての論文執筆依頼を受けた。ジュディは、*Les Mémoires du social*を一九八六年に刊行しており、社会学における文化遺産研究では草分け的存在である。そこで、私は日本の無形文化財について取り上げ、一九九五年、人類学、民族学の領域では代表的な学術誌である*Ethnologie Française*にLogique d'actualisation. Patrimoine et le Japonと題する論文を発表した。

この論文は、時間認識の違いが文化遺産に関する考え方の相違を生むのではないかという仮説に基づいている。絵画などの美術品や歴史的建造物を文化遺産として保存するのは、過去・現在・未来の時間軸が直線的な歴史意識に基づいている。博物館に展示された美術工芸品は、あくまで過去に帰属しており、過去を示す記号群としてのみ存在している。一方、日本では、こうした直線的な時間意識ではなく、別の時間意識が働く。それは、伝統が必ずしもすでにできあがった作品のなかにあるのではなく、それが作り上げられていく過程のなかにあるという考え方である。したがって、伝統芸能は過去の遺産を忠実に保存するのではなく、かつてあったはずのものを現在化することになる。このような視点に立てば、伝統それ自体は存在せず、あるいはもしあったとしてもそれは不可視であり、明るみに出されなければならない。日本における重要無形文化財保持者、俗に言う人間国宝は、不可視の伝統を現在化する存在なのである。こうした日本における文化遺産保存の時間認識を論文のタイトルにあるように、現在化の論理logique d'actualisationと呼んだ。

無形文化遺産に関する論文発表後、一九九七年から四年間、ジュディらと日仏で文化遺産と社会の関わりに関する共同研究を進めた。そこでは、あらためてフランスで執筆した博士学位論文の理論枠組と概念群が役立った。学位論文のなかで、私は、人間は、現世と現世を越えた世界とのあいだの交換を通じて（あるいはそうした交換があるように振る舞いながら）、秩序を作り出してきたという考え方を提示した。そして、このような根源的な秩序編成のあり方を追憶の秩序と名づけた。

追憶の秩序は、次の四つの要素から成る構造的モデルとして捉えられる。

①記憶の喚起

追憶の秩序では、かつて共同体の成員であったり、共同体と何らかの関わりがあった死者の霊、神への記憶を喚起することで、共同体秩序が編成されていく。

②聖なる空間の設定

死者の霊を喚起するためには、死者の霊が棲む聖なる空間を設定しなければならない。神社や仏寺も、聖なる空間、もしくは現世とは別次元に存在する空間に通じる場所であり、そこに行けば、神や仏に近づくことができるとされている。

③未知の理解システム

追憶の秩序では、未知のモノ、珍しいモノは死者の霊や神がもたらしたと理解することで、はじめて受け入れ可能になる。一見新奇に見えるモノも、実は共同体と関係がある点が示されて、はじめて公的に認知される。この意味で、原理的にはまったく新しいモノは存在しない。

④霊的存在への返礼

富が死者の霊や神によってもたらされるものである以上、彼らには借りがある。共同体の維持は、供物を通じて祖先への借りを返していくことによって可能になる。

追憶の秩序は、共同体外部からの来訪者を制限する。したがって、追憶の秩序は、商品経済の広がりを抑止する方向に働く。仮に商品経済が一定の広がりを見せても、社会を支える追憶の秩序自体が危機に瀕してしまい、その結果、商品経済自体の進展も滞ってしまうことになる。こうした商品経済と追憶の秩序（社会秩序）とのあいだに生じるジレンマを克服するには新たな社会秩序を構築する必要があり、それが国民国家だった。

（4）他者の生産物への欲望——資本主義的欲望と博物館学的欲望

国民国家は、新たな他者認識の方法を根幹に据えた秩序を作り出す。それは、多かれ少なかれ他者抜きには成り立たないような秩序である。そこで、ふたつの欲望が新たに社会的に認知された。ひとつは他者の生産物である商品への資本主義的欲望である。いまひとつの欲望は、商品ではない他者の文化的生産物に対する欲望である。それは、資本主義の推進主体であるブルジョワジーが、王侯貴族や非西欧地域の所有物に対して抱いたものである。ただ、国民国家の根幹を支えるこの欲望は、モノを私有物ではなく、国民が共有する公共財と見なし、文化財公開の原則が生まれる。こうして、王宮だったルーブルが、文化財公開のための博物館となり、文化遺産制度が生まれるのである。資本主義的欲望とは異なるこうした欲望を博物館学的欲望と呼ぶことができる。

博物館学的欲望にいったん火がつくと、次から次へと新たな遺産が生み出される。空間的、時間的に距離のある地域、時代の文物だけではなく、現代の建築物や作品、あるいはそれ自体美術的価値がなくとも、戦争のような悲惨なできごとの記憶を克明にとどめている負の遺産が、博物館学的欲望の対象となっていく。

同時に、かつてのように、ブルジョワジーのような一部の階層だけではなく、誰もが博物館学的欲望を抱くようになる。博物館学的欲望は、「民主化」されていくのである。こうした状況では、ほとんど顧みられることがなかった事物が、文化遺産として登録されるようになる。とりわけ、地域の文化や歴史を示す事物の意義を説き、発見・再発見され、地域が誇る文化遺産として保存しようとする運動がいたるところで生まれてくる。たとえば、日本でもフランスでも一九九〇年代から産業構造の転換で閉鎖されざるを得なかった工場やその生産物、あるいは鉱山そのものを博物館として保存し、過疎化に歯止めをかけるための苦肉の策として、かつて地域が栄えていた時代の記憶を記録しておこうという試みが生まれている。産業遺産は、観光の対象、すなわち一種の商品となり、いわば資本主義的欲望と博物館学的欲望が交差する場所となる。

ようするに、いまや、欲望の対象にすぎなかった「他者」が、受け身の存在であることをやめて、みずからの文化をみずからの言葉で語り、評価する時代が到来している。その結果として、かつてのように、欲望の主体とその対象が分かれているのではなく、同一の存在が、欲望の主体であると同時にその対象＝他者でもあるような事態が生じる。世界は、身近な日常であるとともに、博物館学的欲望に駆られて探索することが可能な未知の世界となる。博物館学的欲望を抱く者にとって、いわば世界は二重化していく。

このような現代に顕著な特徴を中心に、日仏の共同研究の成果を『文化遺産の社会学――ルーヴル美術館から原爆ドームまで』として、二〇〇二年に刊行した（新曜社刊）。それは、社会学のみならず、人類学、民俗学などの分野で広く受容され、新たな研究領域として認められた。

四　自然災害と戦争

(1) 阪神・淡路大震災

『文化遺産の社会学』のもとになった共同研究の準備を始めたのは、一九九五年のことである。この年に起こった大事件をここで記しておく必要がある。それは、阪神・淡路大震災である。いまから思えば、阪神・淡路大震災は、文化遺産に関する研究を始める重要な契機であった。大震災は都市の建造物であるビルや高速道路、鉄道の高架を一瞬にして破壊した。「近代」の到達点であるはずの都市が、実はかくも脆い建造物群にすぎないことが、地震によって露呈したのである。崩壊した都市機能をいかに取り戻すかが震災直後の課題のひとつであり、当時マスメディアにおいて頻出した言葉のひとつが復旧だったのは必然的だった。単純に震災前の状態に戻すだけではなく、都市開発自体を見直す復興という視点も提示されてはいたが、それも、開発の論理から大きく外れることはなかった。

一方で、阪神・淡路大震災以前にはなかった新たな試みも生まれた。それは、まさに文化遺産と直接関わることであり、具体的には淡路島の野島断層の天然記念物指定と、それを一般に公開する野島断層保存館が創設された点である。野島断層が横切った民家もメモリアルハウスとして保存され、これらを園内施設とする北淡町震災記念公園が誕生した。われわれは、まだ開館したばかりの保存館とメモリアルハウスを調査し、『文化遺産の社会学』のなかでも、ヨーロッパにはない自然災害に関する博物館として言及している。

野島断層の天然記念物指定は一九九八年八月三一日であり、一九九五年一月一七日の大震災から三年半しか経っていない。これは異例の早さであろう。実際、震災直後から活断層の研究者が北淡町で調査を開始し、すぐに天然記念物指定を申請することで合意したようである。甚大な被害を被った北淡町の住民が避難所生活をしているその横で、活断層の保存への取り組みが着々と始まっていたのである。

阪神・淡路大震災におけるこうした取り組みは、当時は周辺的なできごとにすぎなかった。しかし、二〇一一年に起こった東日本大震災後では、震災遺構の保存は中心的な論点のひとつとなる。震災遺構の保存という問題は、大災害の後に欠かせないものとなったのである。それは日本にとどまらない。東日本大震災以前に大津波に見舞われたインドネシアのバンダ・アチェでは、陸地に流された大型ディーゼル船や、家に乗り上げてしまった船など被災の記憶をとどめる光景が保存されている。

阪神・淡路大震災では、私自身も被災し、私が勤める関西学院大学の学生にも一六名の犠牲者が出た。そこで、阪神・淡路大震災の被災者への調査を一九九五年から三年間にわたって行った。その成果は、フランスで*Fissures*と題して、Editions de la Villetteから出版した。この著書のなかで、私は、一九八〇年代から開発の論理が依拠する時間原則を、〈未来の現在への取り込み〉と捉えた。この原則は、未来を先取りし、現在のうちに未来を取り込もうとする志向性に支えられている。都市開発はこの原則に基づいている。また、ローンによる分譲マンションの購入は、実際には遠い未来にしか取得できないマンションに即座に入居できるシステムであり、それは現在のうちに未来を取り込む時間原則がなければ成立しない。

野島断層保存館のような災害の記憶の保存は、開発が依拠する時間原則である〈未来の現在への取り込み〉とは正反対の〈過去の現在への取り込み〉として捉えることができる。これは、過去のできごとを「いま」起こり得る事態として把捉している。それは、過去の悲惨なできごとを示す建造物などを保存することで、恐怖心を喚起し、現在の安全が、いつ脅かされるかわからないことを自覚するようにしむける。しかし、同時に、防災・防犯意識を持つことで、安全の維持が可能であることも示そうとする。現在化の論理においては、あったはずの過去を現在に蘇生させるという意味で、過去と現在の往復運動があるが、〈過去の現在への取り込み〉は、過去を現在のなかに取り込んでしまう点が異なる。〈未来の現在への取り込み〉と〈過去の現在への取り込み〉は相反するふたつの原理に見えるが、未来と過去を現在の下に従属させる作用があるという点は共通している。それは、認識を現在に限定することで、近未来と近過去にしか視野が広がらないような効果を及ぼしているのである。

(2) 負の遺産

阪神・淡路大震災の遺構や活断層は、文化遺産の保存に関して、もうひとつの新たな傾向を示している。それは、大災害のような不幸なできごとを記憶にとどめようとする動きである。大災害に限らず、原爆ドームのような戦争遺産や、環境汚染や労働災害をもたらした廃坑、旧植民地時代の建築物のように、近代史の否定的側面を示す遺産は、「負の遺産」と呼ばれている。

負の記憶は、本来、両義的である。一方で、忌まわしい記憶は、これをはやく忘れてしまいたいという思いを引き起こす。完全に忘れることはできなくとも、できるだけふれたくはない。ふれなくてはならない場合でも、心の底の思いは隠そうとする。このような感覚は、負の記憶に関しては固く口を閉ざし、それを喚起する事物はすべて消し去りたいという衝動につながる。東西ドイツが統一されたとき、いちはやく壊されたのがベルリンの壁だった（結果的に、一部だけ保存されたにしても）。

しかし、負の記憶は、たとえ、忌まわしい過去であっても、それを記録したい、あるいは、さまざまなかたちでそれを表現したいという願望も喚起する。負の記憶を喚起する事物は、それを遺産として保存するべきだという考え方と、「負」の作用を及ぼすからこそ、はやく撤去すべきだという考え方のふた通りを生む。また、負の記憶を持つ人びとは、保存への強い意志と徹底した忘却願望のあいだで揺れ動く。そして、沈黙を頑なに守り続ける者と、積極的に証言しようとする者に分かれていく。負の記憶は、本来、両義的なのである。

負の遺産の保存の是非は、実は追憶の秩序と深い関わりがある。たとえば、災害の後に、地蔵や仏が作られる。それは、災害で突然の死を迎えた者への供養の意味がある。人びとはそれによって身近な存在の死を何とか納得し、悲しみを忘却して、社会秩序の維持を図ろうとしてきた。天変地異のような不幸の精神的処理は、追憶の秩序を通じて行われていたのである。追憶の秩序は、死者の記憶を喚起する一方で、その死者が現世で被った不条理や、犠牲者を生んだ家族の悲しみを忘却させる装置でもある。ところが、現代では、犠牲者を生み出した家族は、追憶の秩序を通じて、その悲しみを昇華できず、いつまでも悔恨の思いだけが残る。阪神・淡路大震災から東日本大震災にいたる不幸の記憶をとどめるため、被災建造物を保存し、災害に関する博物館を設立するのは、宗教的儀礼などとは異なるかたちの試みである。ちなみに、負の遺産については、「負の歴史的遺産の保存」と題する論文を片桐新自編『歴史的環境の社会学』（新曜社、二〇〇〇年）に発表している。また、東日本大震災については、編著『3・11以前の社会学——阪神・淡路大震災から東日本大震災へ』（生活書院、二〇一四年、蘭信三との共編）を刊行している。

(3) イ族の文化

資本主義が、いち早く日本で確立していったのに対して、中国や朝鮮半島は同じような歴史をたどらなかった。これは資本主義に関する興味深い問いである。ただ、一九九〇年代、中国は改革開放政策に基づき、市場経済の導入を進めていた。そこで私は、文化遺産に関する調査と並行して、中国社会がどのように変化していくかについて調べようと考えていた。それも、できることなら、少数民族の村について調査したいと考えていた。それは、中国が多民族国家を形成しており、その周縁部で生活する少数民族が、どのように変化に対応していくのかを見極めたいという発想に由来しており、とりわけ、少数民族の文化がどのように変容するのかについて把捉したいと考えていた。そのために、はじめて少数民族が多く生活する雲南省を視察したのは一九九四年だったが、その翌年から雲南社会科学院の尹紹亭教授の紹介で、当時助手だった李永祥と本格的に調査を行うことになった。一九九六年には、彝族である李が生まれた竹園村を訪れ、村の龍神祭を調査した。竹園村に行くには、新平で一泊した後、劣悪な道路を走って老蔽まで向かい、その後は道が雨でぬかるんでいることが多いため、ジープを利用するか、さもなければ歩かなければならない。このような条件のもとでは、よほどのことがないかぎり、新平県の外からわざわざ竹園村に訪れる者はいない。そもそも、新平県が外部に開放されたのは一九九二年のことで、それまでは、外部の者が訪れることは原則的にはなかった。竹園村を訪れる外国人も私がはじめてである。私は、村役場の一室に滞在し、祭りを含む村の生活を映像として記録した。付言すれば、祭りに関心を持ったのは、いまから思えば、幼少期に漁村の祭りに行ったことと関係があるのかもしれない。

　私が、村についてまず気づいたのは、村のなかではゴミを棄てる場所がないという点である。つまり、余剰物が一切出ないようなシステムが成立していた。龍神祭も、こうした余剰回避の原則を支える儀礼だった。とりわけ、祭りでもっとも重要な供犠において生贄になる豚は富の象徴であり、生贄の豚を村人がともに食することで、村人が一時に消費できる富の限界を示そうとしている。この消費の限界点は神が定めたと考えられており、供犠は、神とともに消費の限界点を確認する儀礼である。龍神祭の隠された社会学的意味は、供犠を通じて、過剰な生産や消費を制約し、村の暮らしを支える余剰回避の原則を再確認するのである。供犠と食が密接な関係にあるのは、食生活から余剰回避の原則が貫徹されていかなければならないからである。

　私は、二〇一五年に、竹園村がどのように変化したかを捉えるため、再調査を行った。二〇年近くの時を経て、道路は整備され、老蔽から竹園村までは、車で簡単に行くことができるようになった。二〇年前、すでに稼働していた銅山開発が進み、その恩恵を受けたのである。また、新たにサトウキビ栽培が始まり、村人は、製糖工場が定めるサトウキビ収穫期に合わせて働いていた。これに龍神祭も左右され、たまたま収穫期と祭日が重なると、祭りへの参加者も少なくなる。また、祭りを司るビモの後継者も作ることができない。二〇年前には、彝族が中国語を日常で話さないため、学校教育に支障が出ていることを学校関係者は嘆いていたが、いまやそうした問題は解消され、彝族出身者のなかには中国語の教員になる者も出てきている。学校教育の浸透は、若年層の都市への移動を促進する。こうした状況で、彝族の伝統は危機に瀕していると言える。今後、竹園村出身の若者たちは、彝族の文化をどのように考えていくのか。今後も継続的に調査していく意義があるだろう。雲南省の少数民族に関する研究成果として、編著『中国雲南省少数民族から見える多元的世界』（明石書店、二〇二〇年）を刊行している。なお、フランスの村落についても調査し、*Un Japonais en Haute-Marne*, Châtelet-Voltaire, 2011を刊行している。

五　資本主義と詐欺

(1) 絵画の買いつけと詐欺

パリで「資本主義の成立」について社会学的に考えてみようと思い立って以来、もうひとつ研究対象にしてみたいことがあった。それは詐欺である。資本主義の成立について考える場合、どうしても詐欺の問題について考えざるを得ない。近松門左衛門の『曾根崎心中』は、題名通り、恋する男女が心中する物語である。しかし、心中のきっかけは、男が詐欺に遭い、しかも反対に詐欺師呼ばわりされてしまったことである。舞台となっている商人の町大阪では、商業が盛んであるだけに詐欺も後を立たなかったのであろう。

加えてパリ時代の個人的な体験が、私の詐欺への関心を高めることになった。博士論文を準備しながら、私は、日本のある画廊のために定期的に通訳をしていた。あるとき、ゴーギャンの「タヒチの時代」の作品を売りたいというひとがスイスのジュネーブにいるという話を聞きつけ、急遽、画廊の社長、専務と一緒に、パリからジュネーブまで出向くことになった。価格は、日本円で三〇億円相当で、社長はドル建ての小切手を三枚持ってきていた。話を持ちかけてきたのは、フランス人の女性だったが画商ではなかった。

ゴーギャンのタヒチの時代に当たる絵が市場に出回ることはほとんどない。これは、数多くの作品を残したルノワールのような画家との大きな違いである。私自身、何度かルノワールの絵を見たことがある。たとえば、パリのサンジェルマン教会裏のマンションに住む有名出版社のオーナーG氏が私蔵する「麦わら帽子の少女」。フランスの資産家（ブルジョワジー）は、所有している絵を一枚売れば、それだけで生活していけるのである。G氏の私邸は、各部屋に祭壇がある異様な内装だったことが、強く印象に残っている。

仲介者のフランス人女性は、「先方（売り主）」との交渉の場所を指定してきた。約束の場所に行く前に、画廊の社長が、なかば冗談半分にこぼした。「もし、だまされたら、湖に身を投げるしかないな」。私たちが滞在していたのは、レマン湖のほとりにある高級ホテルだった。それから、三枚の小切手をどうするかという話になった。ホテルに預けるべきか。いや、ホテルも信用できない。約束の場所まで持っていくことにしよう。しかし、相手がやくざもので、私たちを脅して、小切手を強奪するようなことがあったらどうするか。結局、三枚の小切手を社長、専務、私が、それぞれ一枚ずつ持って先方に会いにいくことにした。

約束の場所に来ていたのは仲介人だけで、絵の持ち主を知るというスイスの画商はいなかった。われわれは、まず実物を見なければ買うかどうか判断できないと仲介人に伝えた。仲介人が連絡を取り、電話でその旨伝えると、画商は「いまは見せることができないが、それが可能になりしだいホテルに連絡する」と言った。そこで、われわれはホテルで待機することになった。一日中ホテルで電話の前に座り、ただ待つだけの毎日である。結局、電話のベルが鳴ることはなく、ゴーギャンの絵があるという話は「ガセネタ」だったことがわかった。

言うまでもなく、犯罪としての詐欺は許されることではない。ただ、ゴーギャンの絵画を入手することは画商にとっての夢であり、一瞬のあいだ、詐欺師によって、画商は夢を見ることができた。こうした詐欺師の存在は、世界には予測不可能な事態があり、それが不確定性を生んでいることを端的に示す。それは危険を孕んでいるが、不確定性に賭ける意志を持たなければ、未来への地平を開くことはできないのである。事実、実現することが困難な「物語」の方に人びとは魅了され、それこそが希望を与える。実現可能かどうかは不確定な場合、合理的に計算可能な範囲を越えている場合にこそ、物語は価値を帯びるのである。社会のいたるところに、こうした夢を見る機会があり、夢が実現可能かどうかは不確定であるが、そこに賭ける人びとが存在していることが、社会を変化させていくのではないかというのが、詐欺に関する社会学的研究から得られた知見である。

詐欺に関する研究は『零度の社会――詐欺と贈与の社会学』と題して、世界思想社から二〇〇五年に出版された。その後、*Scams and Sweeteners A sociology of Fraud*というタイトルで、二〇〇七年に英語翻訳版がTrans Pacific Pressから刊行された。英語版が出版されたことで、詐欺の研究は、*Handbook of Crime*, Routeledge, 2010、*The Oxford Handbook of the Sociology of Finance*, Oxford University Press, 2011、*The SAGE Encyclopedia of Economics and Society*, Sage, 2015などの事典類でも引用されている。

六　開発空間の発見

その後、二〇〇五年から、負の遺産のなかでも戦争遺産に関する調査を行った。中国の雲南省でも調査を行い、荻野昌弘・李永祥編『戦争災害与社会変遷――騰衝抗戦的社会人類学的研究』（雲南美術出版社、二〇一二年）を刊行したが、その途中で、あることを発見した。

発端は、一九九四年に遡る。その年、テレビで相次いで起こるいじめ自殺の報道を見ながら、私は、ひとつのことに気がついた。事件が起こるたびに、テレビに映し出される中学校の映像に、共通点があるように感じたのである。それは、いじめ自殺が起こる中学校の周辺に広がる風景に、共通の要素があるということを意味する。いじめ自殺を生み出してしまう固有の風景があるのではないか。これが、私がテレビを見ながら抱いた直感である。

そこで、私は、一九九四年一二月、いじめ自殺事件が起こった直後の愛知県西尾市に、実際に赴いてみた。この事件は、国会でも問題にされるほど大きな反響を呼んだ。それは、自殺した少年が死ぬ直前にしたためた長文の遺書が公表されたからである。中学生が長文の遺書を残すことはめずらしい。遺書には、どのようないじめに遭っていたのかが詳しく記されていた。

遺書のなかで、私が驚いたのが、少年が、自殺する理由を同級生たちから金をとられ続けており、もう渡す金がないからだと述べていたことである。少年は、まるで借金を返す当てがないので、自殺したかのように見える。私はこの遺書を読んだとき、『曾根崎心中』を思い出していた。『曾根崎心中』で、男女が心中するきっかけは主人公の徳兵衛が借金を返すことができなくなったことにある。商品経済がいちはやく発達した一八世紀初頭の大阪と、農業地域の近くに工場が建ち、急速に開発が進んだ二〇世紀後半の西尾とのあいだに、奇妙な共通点があるような気がしたのである。それは、商品経済の浸透に、社会が十分に適応していない点である。

中学校周辺を歩いてみて、私の直感は確信に変わった。中学校の周辺には田園地帯が広がっているが、少し歩くと、小高い丘を切り開いて造成した新興住宅地がある。西尾市には、一九七〇年に、大規模な工場が建てられており、その後に住宅地が開発されたのである。太平洋戦争の遺産について調べるため、かつて軍関連施設があった場所を訪れるたびに、その風景が、西尾市で見た風景と似ていることに気づいた。

敗戦後、軍隊は解体され、広大な軍用地のかなりの部分は、戦後の食糧難を改善するため、農地に転用された。

ただ、実際には多くの土地は、農地には適しておらず、一九六〇年代からしだいに工業団地や住宅地が造成されていった。私が幼少期を過ごした東京は、工場が臨海部に林立し、過密状態になっており、ほかに工業団地を作る必要があった。そこで、日本のいたるところで、新たに工業団地の開発が進んだ。私が調査した、三〇ほどのいじめ自殺が起こった地域では、いずれの地域も近郊にかつて軍用地があり、そのうち三つの地域には、特攻基地があった。

工業団地などの開発が始まると、開発以前の風景と開発以後の風景が混在するようになる。これを〈脱中心化する風景〉と呼ぶことができる。脱中心化する風景は、生産と消費というふたつの異なる論理に分裂した世界の様相を映し出している。学校や工場のように、生産の論理に基づく建築物と、ショッピングモールなどの消費の場とが混在しているからである。ただし、こうした風景のなかで、しだいに消費の場のほうが空間的に拡大していく。子どもたちが形成するグループのなかには、消費に強い関心を示し、仲間のうち、特定の者から金銭を奪ってでも、消費の場に足を踏み入れようとする。ここで、暴力が発生するのである。

いじめ自殺が社会問題になり始めたのは、一九八〇年からであり、地域の開発が始まってから、一五年足らずで、いじめ自殺が起こる。年齢は、一四、五歳であり、開発が進むなかで成長した子どもたちのあいだで暴力が生じる。つまり、地域が大きく変わりつつある時期に成長した子どもたちが、その影響を強く受けるのである。

脱中心化する風景では、文化遺産として認識されている場所が存在しないことが特徴として挙げられる。つまり、地域における中心が欠如している。さまざまな地域で文化遺産探しが進んでいるというのが文化遺産研究で得られた知見のひとつだが、それは地域の新たな中心を構築する試みであり、それによって社会秩序を安定させようとしているのである。この研究は、『開発空間の暴力——いじめ自殺を生む風景』として、二〇一二年に『文化遺産の社会学』を出版した新曜社から刊行された。

七　時間・空間の秩序

『開発空間の暴力』は、空間の問題を扱っている。そこで、早い時期から関心を持っていた時間の問題もあわせて、時間と空間という観点から社会秩序の問題を考えていく必要があるという考えにいたった。

社会は、時間が確実に経過しているにもかかわらず、あたかも同じ状態が継続しているように見せかける。その際に、景観に変化がないことが不可欠である。同じ光景を日々体験できるとき、空間が安定している。これを場所の同一性と呼ぶことにする。

いうまでもなく、時間の経過とともに景観は変容していくため、本来的には完全な意味における場所の同一性はあり得ない。人為的に景観を変更することも日々行われているが、それは、「工事中」などのかたちで表示され、変更に意味が付与されている。したがって、変更は一時的なものであり、それは社会的に承認されている。一方で、景観の変更が公知されずに起こることもある。その典型が、戦争のような破壊行為や災害などが起こったときである。戦争や災害などでは、空間が破壊され、被災者は移動を余儀なくされ、「難民」となる。大災害において決定的な変化は空間の変化であり、津波で町が流されてしまった後の空虚な空間は、場所の同一性が完全に喪失してしまったことを示している。

ただ、場所の同一性が失われている空間は、大災害後の被災地のような場所だけではない。ある景観において、過去の痕跡がそのまま放置されているような場所があると、場所の同一性が壊されてしまう。放置された土地の周囲に誰も住んでいなければ、時間の経過によって、土地が荒れ地になるだけである。しかし、人びとが住んでいる町並みの一角に、そこだけ時間が止まっているような場所があると、通常意識されない、過ぎ去ってしまった過去が剝き出しのまま現れてしまう。

西日本の人口一〇万人に満たない地方小都市である高砂市の例を取り上げよう。高砂市は古くからの港町であったが、現在、海岸部は埋め立てられ、港町の面影はない。その痕跡を示しているのは、かつて港町だったことを示す立て看板だけである。駅前は整備され、ショッピングモールが建っている。地域住民は、主にそこで買い物をする。また、旧市街の周辺には工場が建ち並んでいる。ショッピングモールのすぐ先にあるのが、かつて住民が買い物をしていたであろう商店街である。現在、店を開けているのは酒屋だけで、商店街の屋根は破れた状態である。商店街は時間が凍結されている、周囲とは、まったく異質な空間である。再開発されることもなく、街区に亀裂を生んでいる点で、そこはまさに両義的な空間である。

建物が異なる時期に建てられることは一般的な事実であるが、建造物の用途と様式が統一されていない場合、そこに統一性はない。高砂市の場合も、ほかの多くの地域に見られるように、伝統的な町並みが解体され、工場やショッピングモールなどが新たに建設されている。まさに、脱中心化した風景が現出している。脱中心化した風景は、すでに場所の同一性をある程度欠いた状態にあるが、そこに、シャッター商店街のような場所があると、空間の同一性のなかに時間経過を封じ込めておくことができない状態が露わになる。いわば、空間の殻を破って、時間がほとばしり出てしまうのである。寂れた商店街は、ほとばしり出た時間がそのまま凝固してしまっている。そこだけは、時間が止まってしまっているように見える。このように過去が凝固した場所が、結果的に時間の経過を端的に示すことになる。

過去が凍結した場所があると、不確定な現実を体感して生きることになる。高砂市で育つ若者は、場所の同一性に亀裂を入れる場所の存在を知っている。それは、将来どうなるかが定まらない、もっとも未来が不確定な場所なのである。不確定な未来が物理的に可視化されている状態が恒常的となることは、望ましい状態とは言えない。それはトラウマのように個人に影響を与え続ける。そして、それは暴力を誘発する可能性を秘めている。

暴力を回避するためには、新たに空間が時間を統制する秩序を作り出さねばならない。そのために、今日選択肢として想定するのは、まず、再開発によって、過去の払拭をすることである。商店街であれば、これを解体し、マンションなどを建設することである。もうひとつの選択肢は、過去の名残りをとどめる文化遺産として博物館化することである。実際、こうした商店街を博物館として保存する試みは、いくつかの地域で行われている。それによって、凍結した時間を再び動かし、周囲の時間に合わせるのである。

おわりに

本稿は、私自身の研究歴を通じて、社会学において、資本主義経済と文化領域の関係を捉える視点として、どのような方向性があるのかを明らかにしようとしたものである。前節で述べたように、時間と空間概念をどのように捉えるのかが重要な課題であることは明らかであると思われるので、最後にこの点について、補足しておこう。

地理学者のデヴィッド・ハーヴェイは、世界を「時間―空間の圧縮」として捉えている。インターネットが世界的に普及することによって、人びとのあいだの時間的、空間的距離が狭まったことは誰もが認める事実であろう。つまり、時間と空間を通じた秩序の形成は、世界的規模で進んでいる。理論的な観点では、社会秩序を捉えるためには、ただ単にあるひとつの社会を完結したかたちで捉えるだけでは不十分である。エミール・デュルケームは、社会を共通の信仰（集合意識）を持ち、自律的に発展するものとして捉えた。これは社会学における社会像の基礎となったが、こうした社会像は不十分であり、社会は、社会の外部に位置する他者の存在を通じて産出されるという視点の導入が必要である。

こうした視点から、私自身は、世界遺産に関する研究を進めており、その成果は、*Sociology of World Heritage Asian perspective*, Routledge, 2021として刊行された。世界遺産制度を研究対象にしたのは、それが、ある社会における文化的基準に影響を及ぼす「他者」だからである。世界遺産制度は人類共通の普遍的遺産があるという前提に立って評価基準を策定しており、世界遺産に登録されるためには、それに応じたかたちで、地域そのものの文化遺産保全のあり方を変えていかねばならない。こうしたなかで、各地域の文化的な価値基準は、変貌を余儀なくされている。それは、各地域の個別的な文化価値をいかに維持し得るのかという重要な問いを提起している。この問いに答えるため、今後ますます国際比較研究が必要とされていくであろう。

あとがき

本書の出発点は、二〇二一年一二月二七日、まだコロナ禍の最中であったが、制限がゆるやかになった束の間に、阪急夙川駅近くのイタリアンでランチをしながら、荻野、山、雪村の三名が集まり、荻野教授が退職まで残り三年であること、退職に合わせて論文集を出版しようと話し合ったことに始まる。いつものように荻野教授は昼間からワインを立て続けに開けて、じつにエネルギッシュに若々しく話をされていたので、退職が近いと聞き、意外な感じがするとともに、過ぎゆく時の早さに驚いたのを覚えている。山の提案で、足立が編集に加わることになり、二〇二二年一月二七日に荻野、足立、山、雪村の四名がオンラインで最初の会合を持ち、荻野、足立、山を編者に、雪村を事務局に、荻野の提案で、さらに前田がネット上での原稿のやり取りを、村島が中国語論文の翻訳をサポートする体制で、出版に向けて動き出すことになった。

出版に向けての話し合いのなかで、フランス社会学を軸に絶えず日本の社会学に刺激を与え、斬新かつスケールの大きな議論を展開してきた荻野教授の研究を一言で表すならば、それは〝破壊〟ではないか。編者のひとりである足立の発案をもとに、〝破壊〟を大きな柱にしながら、〝破壊の社会学〟という新領域を切り拓くことを目指して編まれたのが本書である。

本書には、荻野教授がフランス留学から帰国され、関西学院大学に着任されて以来、実に三〇数年に及ぶ長いあいだに、荻野教授から直接指導を受けた者、共同研究や学会活動を通じて影響を受けた者など、いずれも荻野教授の学問に魅力を感じ、その人柄を慕い集まった多くの者たちが原稿を寄せている。多様な執筆陣と多岐にわたる論考は、荻野教授が与えた影響とその学問のスケールの大きさを物語っていると言えよう。

あっという間に三年の月日が流れ、このように出版まで漕ぎ着けたことを、編者のひとりとして心から安堵している。また、貴重な論考をお寄せくださった執筆者の方々に、心より感謝をしたい。

荻野教授の著書『資本主義と他者』に感銘を受けて、お手紙を差し上げたことをきっかけにして荻野教授と出会い、以来、親しくご指導受け、国内外の多くの地域の調査にお伴させていただいた日々が懐かしく思い出される。荻野教授との出会いを通じて、荻野教授の学問の強い影響のもとに研究を続けてきた者のひとりとして、荻野教授の長年にわたる学恩に心より感謝するとともに、これからの益々のご活躍を心より祈念したい。

（山　泰幸）

今回、一編者として本書の編集に携わって気づいたのは、荻野教授の研究が社会学の周縁（fringe）に立っているということだ。それは、これまでの社会学の中心が扱ってこなかった〝破壊〟を荻野教授が扱ってきたからというだけではなく、その説明のしかたに大きな隔たりがあることを意味している。

まず、ここで言う社会学の中心とは何か。一例を挙げると、本書で扱った、死、災害、暴力、戦争、病、犯罪などの破壊現象には必ず、多くの犠牲者や被害者が生み出される。そういった人びとを前に、これまでの社会学ならば、「なぜ犠牲者や被害者が生み出されるのか」を問い、彼らを取り巻く資源、資本、価値、規範、ネットワーク、階層、階級、構造といった社会的ファクターから説明しようとする。そのような説明をすることによって、社会学者は、破壊そのものに宿っている〝不条理〟の〝不〟を抑え込んで、〝条理〟を示そうとしてきた。もっと言えば、それは一見すると〝偶然〟に見える破壊を〝必然〟に変える試みである。社会学の中心とは、このような説明体系で占められており、それはそれでたいへん意義深い。

しかし、犠牲者や被害者とまったく同じ社会的境遇にありながらも、まったく無傷な人びとが存在する。そのような人びとを傍らで眺めながら、犠牲者や被害者は、それまで日々無事を祈り、誠実に生きてきたにもかかわらず、ある日突然、何の理由もなく破壊現象に巻き込まれる。このとき、犠牲者や被害者の立場からすれば、「なぜほかでもない、この私がこんな目に遭わなければならないのか」と自問自答せざるを得ない。この問いかけを前に、われわれは、何と応えればいいのだろうか。これを〝不条理〟と言わずして何と言おうか。このように「偶然」としか言いようがない、一切の理由を跳ね返し無効にしてしまう問いかけに、「それはあなたの属する階層が……」などという社会的ファクターからの説明に固執する社会学的な知は、あまりにも無邪気で、無力だ。しかも、その社会学的説明が緻密かつ明晰であればあるほど、その無邪気さや無力さは、増していく。

一方、ここで社会学の周縁と位置づけられた荻野教授の研究は、これまでの社会学的説明の限界、より正確に言えば、これまでの社会学的説明の中心から周縁に向かっていくにつれて徐々に〝社会学色〟が薄れていき、やがてかすれいくところから新たな社会学が始まっている。しかも、そのような周縁に安住することなく、そこから翻って中心を揺さぶるのが、荻野社会学のスタイルなのである。

では、その特徴とは何か。それは、死、災害、暴力、戦争、病、犯罪などの破壊をテーマにしながら、これまでの社会学的説明を跳ね返し無効にしてしまう、社会の零度、余白、恣意性、無根拠性といった〝不条理〟の領域を指し示し、そこから社会の生成をダイナミックかつ説得的に論じた点であろう。だが、不条理は破壊だけに宿るのではない。一見すると破壊とは正反対とされる、愛や絆といった〝創造〟にも、その根底には不条理があり、それが創造そのものを駆動させている。たとえば、子育てを取り上げてみよう。多くの親は、これから生まれてくる子に〝生命〟を与え、〝愛〟をもって育てる。M・モース流にいえば、親は子に〝生命〟と〝愛〟を贈与したことになる。しかも、親には「なぜほかでもない、この子に生命と愛を与えるのか」という明確な理由があるわけではない。このとき親は、うっすらと将来、子からの見返りを期待してそれらを与えているのかもしれないが、期待通りになるという保証はない。つまり、親が子に生命と愛を「与えることは、子という不確定な存在に賭けること」

（荻野昌弘、二〇〇六、「贈与の論理、経済の論理――贈与と経済の分岐点」富永健一編『理論社会学の可能性――客観主義から主観主義まで』新曜社、一五八―一五九）なのだ。

一方、子は〝生命〟と〝愛〟を受贈するのだが、「なぜこの私に〝生命〟と〝愛〟が与えられるのか」しかも「なぜほかでもない、この親から受け取らなければならないのか」という問いかけへの明確な理由がないにもかかわらず、親から突如として〝生命〟が与えられ、〝愛情〟が注がれる。そうすると、子はやがて親に負い目を感じて返礼に向かわざるを得ない。よく昔のテレビドラマでの親子喧嘩で、思春期のグレた子が親に向かって「生んでくれと頼んだ覚えはない」と口答えするシーンがあるが、それはまさにその通りで、そうであるにもかかわらず返礼（＝親の意向に沿うこと）を求められても困るのだ。つまり、子を生み育てることには、「好きなものは好き、嫌いなものは嫌いであり、そこには何らの理由はない」「何の根拠もなく、選択される」（荻野昌弘、二〇〇一、「ブルデューと現代フランス社会学」状況出版編集部編『社会学理論の〈可能性〉を読む』状況出版、二六九、二六八）という不条理が根底にある。そのように考えるならば、これからの荻野社会学は、破壊だけでなく、その対極にある愛や絆といった創造をも含めた〝不条理の社会学〟に向かっていくだろう。

最後に、ご自身の研究や著書もそうなのだが、他者の研究に対しても、細々したことは一切言わず、一気に本質を射抜く荻野教授のコメントに私はどれだけ救われたことだろうか。それは、私だけではなく、編者のひとりである山をはじめ、本書の執筆陣みなそうだ。荻野教授からいただいた学恩は計り知れないものだが、私なりに研究を続けることでコツコツと返していくほかない。これまでの荻野教授からの学恩にあらためて深くお礼を申し上げるとともに、益々のご研究の発展を心より祈念したい。

（足立重和）

（付記）本書は、関西学院大学社会学部研究会助成を受けている。社会学部研究会に深く感謝の意を表したい。

松本隆志（まつもと・たかし）第14章執筆
関西学院大学非常勤講師
関西学院大学大学院社会学研究科社会学専攻博士課程後期課程修了　博士（社会学）
「『贈与論』から見る秩序問題――潜在的闘争関係を抱える危うい秩序」（『日仏社会学年報』第25号、2014年）
「2つのタイプの原理の併存、葛藤、循環――大村理論再訪」（『関西学院大学社会学部紀要』第112号、2011年）

圓田浩二（まるた・こうじ）第15章執筆
沖縄大学経法商学部教授
関西学院大学大学院社会学研究科博士課程後期課程単位取得満期退学　博士（社会学）
『誰が誰に何を売るのか？――援助交際にみる性・愛・コミュニケーション』（関西学院大学出版会、2003年）
『ダイビングのエスノグラフィー――沖縄の観光開発と自然保護』（青弓社、2022年）

村島健司（むらしま・けんじ）第8章翻訳・第25章翻訳
尚絅大学現代文化学部准教授
関西学院大学大学院社会学研究科博士課程後期課程単位取得退学　博士（社会学）
『世界は不正に満ちている――階層、平等、新たな人文知』（共訳、法政大学出版局、2024年）
『포스트 · 포스트 콜로니얼리즘〔ポスト・ポストコロニアリズム〕』（共著、亦楽、2023年）

森 真一（もり・しんいち）第6章執筆
追手門学院大学社会学部教授
関西学院大学大学院社会学研究科博士課程後期課程修了　博士（社会学）
『自己コントロールの檻――感情マネジメント社会の現実』（講談社、2000年）
『ほんとはこわい「やさしさ社会」』（筑摩書房、2008年）

雪村まゆみ（ゆきむら・まゆみ）第5章執筆
関西大学社会学部教授
関西学院大学大学院社会学研究科博士課程後期課程修了　博士（社会学）
「アニメ聖地巡礼による空間価値の創出――アート・ワールドにおける背景美術の躍進と能動的オーディエンスという視点から」（『アニメーション研究』第23巻1号、2023年）
『社会学で読み解く文化遺産――新しい研究の視点とフィールド』（共著、新曜社、2020年）

李 永祥（り・えいしょう）第8章執筆
雲南省社会科学院教授
ワシントン大学大学院博士課程修了　博士（人類学）
『国家权力与民族地区可持续发展：云南哀牢山区环境、发展与政策的人类学考察』（中国书籍出版社、2008年）
『泥石流灾害的人类学研究』（知识产权出版社、2012年）

中村健太（なかむら・けんた）第13章執筆
岡山県立大学保健福祉学部助教
関西学院大学大学院社会学研究科博士課程後期課程単位取得退学　修士（社会学）
「個体群の統治メカニズム――現代社会の統治を検討するモデルとしてのミシェル・フーコーの安全概念」（『社会学評論』第73巻2号、2022年）
「不安定化する社会における個人像――ロベール・カステルの議論に着目して」（『日仏社会学会年報』第34号、2023年）

西村正男（にしむら・まさお）第8章翻訳・第11章執筆
関西学院大学社会学部教授
東京大学大学院人文社会系研究科博士課程単位取得退学　博士（文学）
『移動するメディアとプロパガンダ』（共編、勉誠出版、2020年）
郭強生『惑郷の人』（翻訳、あるむ、2018年）

濱田武士（はまだ・たけし）第4章執筆
総合地球環境学研究所研究員
関西学院大学大学院社会学研究科博士課程後期課程単位取得退学　博士（社会学）
「戦争遺産の保存――原爆ドームを事例として」（『関西学院大学社会学部紀要』第116号、2013年）
『社会をひらくスポーツ人文学――身体・地域・文化』（共著、嵯峨野書院、2024年）

藤井亮佑（ふじい・りょうすけ）第2章執筆・第18章翻訳
関西学院大学・大阪産業大学非常勤講師ほか
関西学院大学大学院社会学研究科博士課程後期課程単位取得満期退学　博士（社会学）
『死が消滅する社会――遺品整理業をめぐる死とモノの社会学』（関西学院大学出版会、2025年）
「死のゲマインシャフト化／ゲゼルシャフト化――遺品整理業の作業事例にみる死の社会的処理の類型」（『ソシオロジ』第66巻3号、2022年）

前田至剛（まえだ・のりたか）第17章執筆
追手門学院大学社会学部准教授
関西学院大学大学院社会学研究科博士課程後期課程単位取得満期退学　修士（社会学）
『昭和五〇年代論――「戦後の終わり」と「終わらない戦後」の交錯』（共著、みずき書林、2022年）
『身体化するメディア／メディア化する身体』（共著、風塵社、2018年）

松野靖子（まつの・やすこ）第10章翻訳・第20章執筆
関西学院大学社会学部非常勤講師
関西学院大学大学院社会学研究科博士課程後期課程修了　博士（社会学）
「福田恆存にみる保守思想の一系譜」（『社会学史研究』第44号、2023年）
「ドイツにおける保守主義の誕生――カール・マンハイムの保守主義論から」（『ソシオロジ』第67巻1号、2022年）

小田二元子（おだに・もとこ）第23章執筆
関西学院大学社会学部非常勤講師
関西学院大学大学院社会学研究科博士課程後期課程単位取得退学　修士（社会学）
「“「レズビアン」であること”をすること――レズビアンバーにおける相互行為の分析から」（『ソシオロジ』第69巻2号、2024年）
「セクシュアリティの多様性と変容――大阪界隈のレズビアン・バーの調査から」（『先端社会研究所紀要』第12号、2015年）

金菱 清（かねびし・きよし）第9章執筆
関西学院大学社会学部教授
関西学院大学大学院社会学研究科博士課程後期課程単位取得退学　博士（社会学）
『3.11 慟哭の記録――71人が体感した大津波・原発・巨大地震』（編著、新曜社、2012年）
『生ける死者の震災霊性論――災害の不条理のただなかで』（新曜社、2024年）

社領雅俊（しゃりょう・まさとし）第21章執筆
関西学院大学大学院社会学研究科博士課程後期課程在籍
追手門学院大学大学院現代社会文化研究科修士課程修了　修士（社会学）

ГЕРАСЬКОВ СЕРГІЙ ВАДИМОВИЧ（セルギー・ゲラシコフ）第18章執筆
イーゴリ・シコルスキー・キーウ工科大学社会学・法学部哲学科准教授
ウクライナ国立学士院H. S. スコヴォロダ哲学研究所　博士学位（PhD）取得（宗教学）
「現代ウクライナにおける日本文化の受容――ステレオタイプを超えて」（原田義也訳、服部倫卓・原田義也編『ウクライナを知るための65章』明石書店、2018年）
Strange Voices from the Heartland: Essays on Religion in the Contemporary Culture of Central and Eastern Europe (co-authored, Angelicum University Press, 2022)

多田 駆（ただ・かける）第24章執筆
商業施設開発会社勤務
関西学院大学大学院社会学研究科博士課程前期課程修了　修士（社会学）

鳥羽美鈴（とば・みすず）第12章執筆
関西学院大学社会学部教授
一橋大学大学院言語社会研究科後期博士課程修了　博士（学術）
『移民の社会的統合と排除――問われるフランス的平等』（共著、東京大学出版会、2009年）
『多様性のなかのフランス語――フランコフォニーについて考える』（関西学院大学出版会、2012年）

〈分担執筆者紹介〉(50音順)

井出草平(いで・そうへい) 第16章執筆
多摩大学情報社会学研究所客員教授
大阪大学大学院人間科学研究科博士後期課程修了　博士(人間科学)
『ひきこもりの社会学』(世界思想社、2007年)
『アスペルガー症候群の難題』(光文社、2014年)

今井信雄(いまい・のぶお) 第7章執筆
関西学院大学社会学部教授
神戸大学大学院文化学研究科博士課程修了　博士(学術)
「死と近代と記念行為 ── 阪神・淡路大震災の「モニュメント」にみるリアリティ」(『社会学評論』第51巻4号、2001年)
『震災復興と展望 ── 持続可能な地域社会をめざして』(共著、有斐閣、2019年)

于 慧(う・すい) 第22章執筆
関西学院大学大学院社会学研究科博士課程前期課程修了　修士(社会学)

Eric L. Hsu(エリック・シュー) 第10章執筆
アデレード大学(Adelaide University) 社会学上級講師
フリンダース大学(Flinders University) 博士学位(PhD) 取得(社会学)
Technosleep: Frontiers, Fictions, Futures (co-authored, Springer Nature, 2023)
"The sociology of sleep and the measure of social acceleration" (*Time & Society*, 23(2), 2014)

王 永健(おう・えいけん) 第25章執筆
中国芸術研究院芸術学研究所教授
中国芸術研究院大学院博士課程修了　博士(芸術人類学)
『新时期以来中国艺术人类学的知识谱系研究』(中国文联出版社、2017年)

王 天歌(おう・てんか) 第25章執筆
北京外国語大学研究員
中国芸術研究院大学院博士課程修了　博士(芸術人類学)

小川伸彦(おがわ・のぶひこ) 第3章執筆
奈良女子大学教授
京都大学大学院文学研究科社会学専攻博士後期課程単位取得満期退学　修士(文学)
『文化遺産の社会学 ── ルーブル美術館から原爆ドームまで』(共著、新曜社、2002年)
『社会学の基本　デュルケームの論点』(共編、学文社、2021年)

〈編著者紹介〉

荻野昌弘（おぎの・まさひろ）序章・第26章執筆
関西学院大学社会学部教授
パリ第七大学大学院社会科学研究科博士課程修了　博士（社会学）
Sociology of World Heritage Asian Perspective（Routledge, 2021）
Un Japonais en Haute-Marne（Châtelet-Voltaire, 2011）

足立重和（あだち・しげかず）第19章執筆
追手門学院大学社会学部教授
関西学院大学大学院社会学研究科博士課程後期課程単位取得退学　博士（社会学）
Everyday Life-Environmentalism: Community Sustainability and Resilience in Asia（co-authored, Routledge, 2024）
『コロナ時代の仕事・家族・コミュニティ――兵庫県民の声からみるポスト／ウィズコロナ社会の展望』（共編著、ミネルヴァ書房、2022年）

山 泰幸（やま・よしゆき）第1章執筆
関西学院大学人間福祉学部教授・学部長、関西学院大学災害復興制度研究所所長
大阪大学大学院文学研究科博士後期課程単位取得退学　博士（社会学）
『江戸の思想闘争』（角川選書、2019年）
『だれが幸運をつかむのか――昔話に描かれた「贈与」の秘密』（筑摩書房、2015年）

破壊の社会学
社会の再生のために

2025年3月8日 初版第一刷発行

編著者　荻野昌弘、足立重和、山泰幸

発行者　田村和彦
発行所　関西学院大学出版会
所在地　〒 662-0891
兵庫県西宮市上ケ原一番町 1-155
電　話　0798-53-7002

印　刷　株式会社クイックス

Printed in Japan by Kwansei Gakuin University Press
ISBN 978-4-86283-392-1